SECOND EDITION

A-LM®
SPANISH

LEVEL TWO

HARCOURT BRACE JOVANOVICH

New York   Chicago   San Francisco
Atlanta   Dallas   *and*   London

The first edition of this work was produced pursuant to a contract
between the Glastonbury Public Schools and the United States Office
of Education, Department of Health, Education, and Welfare.

PRINTED IN THE UNITED STATES OF AMERICA

TEXT PHOTOS: opp. p. 1 Photo Cine Colón Vernis, S. A.; 6 Harbrace; 20, 30 Photo Researchers; 39 Harbrace; 42 Magnum; 44 Rapho Guillumette; 48, 62, 64 Photo Researchers; 66 Michael Kuh, Rapho Guillumette; 84 George Holton, Photo Researchers; 88 Fujihira, Monkmeyer Press Photos; 92 Cornell Capa, Magnum; 103 Jacques Jangoux; 118 David Follansbee; 122, 143 Michael Kuh, Rapho Guillumette; 152 Mauro Mujica; 173 Fujihira, Monkmeyer Press Photos; 178, 191 Michael Kuh, Rapho Guillumette; 208 Mauro Mujica; 236 Michael Kuh, Rapho Guillumette; 240 Jacques Jangoux; 253 Adrian Wecer; 260 Fujihira, Monkmeyer Press Photos; 264 Mauro Mujica; 281 United Press Photo; 286 Jacques Jangoux; 297 Mauro Mujica; 308 Morton Beebe, Photo Researchers; 318 Jacques Jangoux; 332 Mauro Mujica; 349 Peter Larsen, World Health Organization; 356 Michael Kuh, Rapho Guillumette; 369 Mauro Mujica.

PICTORIAL SECTION PHOTOGRAPHS: Positions are shown in abbreviated form as follows: t-top, b-bottom, l-left, r-right, c-center.
S3 t Ronny Jacques, Photo Researchers; b Mauro Mujica; S4 tl Mauro Mujica; tr Jacques Jangoux; cl Mauro Mujica; cr Adrian Wecer; bl Jacques Jangoux; S5 tl Howard Harrison, Nancy Palmer Agency; tr Marc and Evelyn Bernheim, Rapho Guillumette; bl Dr. Georg Gerster, Rapho Guillumette; br Jacques Jangoux; S6 tl Jacques Jangoux; cr Jacques Jangoux; bl Jacques Jangoux; S7 tl Dr. Georg Gerster, Rapho Guillumette; cr Jacques Jangoux; bl Adrian Wecer; br Jacques Jangoux; S8 tl Marc and Evelyn Bernheim, Rapho Guillumette; tr Thomas Hollyman, Photo Researchers; cl Ted Spiegel, Rapho Guillumette; cr Harbrace; b Michal Heron, Photo Researchers.

MAPS: 91 Harbrace; 121 courtesy American Heritage and New York Public Library Map Room; S1-2 Harbrace.

CARTOON: permission granted by YA Publication; Datile, cartoonist. Appeared in YA newspaper, September 6, 1969.

ACKNOWLEDGMENTS: For permission to reprint copyrighted material, grateful acknowledgment is made to the following sources:
EDITORIAL LOSADA, S.A.: "Recuerdo infantil" by Antonio Machado from *Obras de poesía y prosa.* "Cuadrados y ángulos" by Alfonsina Storni.

ISBN   0-15-388735-4

WRITING AND CONSULTING STAFF

WRITERS: **Barbara Kaminar de Mujica**

Guillermo Segreda, *Manhattanville College, New York*

CONSULTING LINGUIST: **James W. Harris,** *Massachusetts Institute of Technology*

TEACHER CONSULTANT: **Peter Patiño,** *Abraham Lincoln High School,*
Los Angeles, California

RECORDING SPECIALIST: **Pierre J. Capretz,** *Yale University*

GENERAL CONSULTANT: **Nelson Brooks,** *Yale University*

A·LM AUDIO-LINGUAL MATERIALS
LISTENING · SPEAKING · READING · WRITING

A four-level secondary-school program
of text, audio, and visual materials in
French, German, Russian, and Spanish

LEVEL TWO PROGRAM: *Second Edition*

Student Materials:

STUDENT TEXTBOOK

EXERCISE BOOK

PRACTICE RECORD SET

STUDENT TEST ANSWER FORM BOOKLET

Teacher Materials:

TEACHER'S EDITION

CUE CARDS

TEACHER'S TEST MANUAL

Classroom/Laboratory Recorded Materials:

$7\frac{1}{2}$ ips FULL-TRACK TAPE SET

$7\frac{1}{2}$ ips TWO-TRACK TAPE SET

$7\frac{1}{2}$ ips FULL-TRACK TESTING TAPE SET

$33\frac{1}{3}$ rpm RECORD SET

CONTENTS

BASIC DIALOG

Las quince primaveras[1]

BÁRBARA	¿Ya te vas? ¿Por qué no te quedas un rato más?
CECILIA	No, si no me acuesto temprano, no me levanto mañana.
BÁRBARA	¿Tú estás invitada a la fiesta de Ana? Yo, no, fíjate.
CECILIA	Yo tampoco. Tal vez no ha hecho la lista todavía.
BÁRBARA	Tu cumpleaños es muy pronto también, ¿no?
CECILIA	Sí, pero yo no voy a hacer una fiesta muy grande.
BÁRBARA	¿A quiénes piensas invitar?
CECILIA	A unos veinte muchachos y a unas diez amigas.
BÁRBARA	Me parece muy bien. El doble de hombres.
CECILIA	Sí, ¡porque siempre se presenta la mitad!

Sweet Sixteen (The Fifteen Springs)

BÁRBARA	Are you going already? Why don't you stay a while longer?
CECILIA	No, if I don't go to bed early, I won't get up tomorrow.
BÁRBARA	Are you invited to Ana's party? I'm not, just imagine.
CECILIA	Neither am I. Maybe she hasn't made the list yet.
BÁRBARA	Your birthday's very soon too, isn't it?
CECILIA	Yes, but I'm not going to have a very big party.
BÁRBARA	Who do you intend to invite?
CECILIA	About (some) twenty boys and about ten girl friends.
BÁRBARA	That seems fine to me. Twice as many (the double) men.
CECILIA	Yes, because half always show up (present themselves)!

---

[1]It is the custom in some Spanish-speaking countries for girls to celebrate their fifteenth birthday (**las quince primaveras**) in much the same way girls celebrate their "sweet sixteen" in many parts of the United States.

◀ *A Mexican girl celebrates her fifteenth birthday at a party as elegant as a debutante ball.*

Supplement

¿Te aburres mucho?	Do you get very bored?
¿Te asustas mucho?	Do you get very frightened?
¿Te cansas mucho?	Do you get very tired?
¿Te enojas mucho?	Do you get very angry?
¿Te preocupas mucho?	Do you get very worried?

¿Por qué no te sientas ahora?	Why don't you sit down now?
te vistes	get dressed
te bañas	bathe

Si no me duermo ahora,	If I don't go to sleep now,
no me despierto mañana.	I won't wake up tomorrow.

¿Me puedo lavar las manos?	May I wash my hands?

No ha escrito la lista.	She hasn't written the list.
dicho	said
visto	seen
abierto	opened

¿Dónde ha puesto la lista?	Where has she put the list?

¿Han vuelto solos?	Have they come back by themselves (alone)?

Ella cumple quince en el verano.	She'll be (fulfill) fifteen in the summer.
el otoño	the autumn
el invierno	the winter

¿En qué estación estamos?	What season is this?

¿Cuándo es tu aniversario?	When is your anniversary?
santo[2]	saint's day

¿Me quito el abrigo?	Shall I take off my coat?
Me pongo	put on

---

[2] In many Spanish-speaking countries it is the custom for a person to celebrate the day of the saint for which he was named, instead of, or as well as, his own birthday. In certain areas women celebrate only their saint's day while men celebrate only their birthday.

BASIC FORMS

Verbs

*aburrirse	*dormirse (ue)	*ponerse
*acostarse (ue)	*enojarse	*preocuparse
*asustarse	*fijarse	*presentarse
*bañarse	invitar	*quedarse
*cansarse	*irse	*quitarse
cumplir	*lavarse	*sentarse (ie)
*despertarse (ie)	*levantarse	*vestirse (i)

Nouns

cumpleaños *m.*	mano *f.*
doble *m.*	mitad *f.*
hombre *m.*	

Vocabulary Exercises

1. QUESTIONS

1. ¿Está Bárbara invitada a la fiesta de Ana?
2. Y Cecilia, ¿está invitada ella?
3. ¿Por qué no están invitadas, según Cecilia?
4. ¿A usted le gusta dar fiestas?
5. ¿Cuándo va a dar una?
6. ¿A quiénes va a invitar?
7. ¿Va a invitar al maestro de español?
8. ¿A usted le gusta invitar a sus amigos a la casa?
9. ¿Le gusta bailar? ¿Cuáles bailes le gustan más?
10. ¿Le gusta hablar por teléfono?

2. FREE COMPLETION

1. Siempre me acuesto muy _____.
2. ¿Por qué no te sientas en el _____?
3. Los domingos me levanto a las _____.
4. No he escrito la _____.
5. Me voy a lavar _____.

3. QUESTIONS

1. ¿Va a ser pronto el cumpleaños de Cecilia?
2. ¿Va a hacer una fiesta de cumpleaños ella?
3. ¿A cuántos muchachos piensa invitar? ¿A cuántas muchachas?
4. ¿Qué le parece la idea a Bárbara? ¿Por qué le parece bien?
5. ¿Cuándo es su cumpleaños?
6. ¿Cuántos años va a cumplir?
7. ¿Piensa dar una fiesta?
8. ¿Va a invitar a más muchachos o a más muchachas? ¿Por qué?
9. ¿Sabe usted cuándo es su santo?
10. ¿Sabe cuándo es el aniversario de sus padres? ¿Cuándo es?
11. ¿En qué estación estamos?
12. ¿Cuál estación prefiere usted? ¿Por qué?
13. ¿Cuántas estaciones hay en un año? ¿Cuáles son?
14. ¿En cuál estación hace calor? ¿En cuál estación hace frío?

4. ANTONYMS

Me acuesto temprano.
Voy a hacer una fiesta grande.
Me quito los guantes.
Me acuesto tarde.
El almacén está cerrado.

GRAMMAR

Irregular Past Participles

GENERALIZATION

Some verbs have an irregular past participle. The most common irregular past participles are these:

abierto	(abrir)	puesto	(poner)
dicho	(decir)	visto	(ver)
escrito	(escribir)	vuelto	(volver)
hecho	(hacer)		

STRUCTURE DRILLS

5. PERSON-NUMBER SUBSTITUTION

1. No he abierto la puerta.
   (nosotros)
   (ellos)
   (tú)
   (él)

No he abierto la puerta.
No hemos abierto la puerta.
No han abierto la puerta.
No has abierto la puerta.
No ha abierto la puerta.

2. ¿Has visto al jefe?
   (ella–ustedes–usted y yo–tú)

6. ITEM SUBSTITUTION

1. No he visto la lista.
   (escribir)
   (hacer)
   (decir)
   (ver)

No he visto la lista.
No he escrito la lista.
No he hecho la lista.
No he dicho la lista.
No he visto la lista.

2. ¿Qué has puesto en la cocina?
   (ver–hacer–decir–poner)

7. PRESENT → PRESENT PERFECT

¿Ya vuelven los muchachos?
¿Qué haces?
¿Abres las cartas?
No vuelve todavía.
Yo no digo nada.
¿La lista? No la hago todavía.
¿El correo? Lo pongo en su escritorio.
¿Él? Nunca nos escribe.

¿Ya han vuelto los muchachos?

8. DOUBLE ITEM SUBSTITUTION

1. He escrito la lista.
   Voy a _____.
   _____ escribiendo _____.
   _____ hacer _____.
   He _____.
   Estoy _____.

He escrito la lista.
Voy a escribir la lista.
Estoy escribiendo la lista.
Voy a hacer la lista.
He hecho la lista.
Estoy haciendo la lista.

(*continued*)

(*continued*)

2. No hemos dicho nada.

—— vamos a ————.

—— estamos ————.

———— visto ————.

—— vamos a ————.

9. FREE RESPONSE

¿Ya ha hecho usted toda su tarea para mañana?

¿Ha escrito la lección de español?

¿Ya la ha puesto en mi escritorio?

¿Este libro está escrito en inglés o en español?

¿Qué han tenido que leer ustedes para hoy?

¿Ya ha vuelto su padre del trabajo? ¿A qué hora vuelve él?

¿Está abierta la puerta? ¿Están abiertas todas las ventanas?

¿Alguno de ustedes ha visto al maestro de geografía hoy?

10. WRITING EXERCISE

Write the responses to Drills 6.2, 7, 8.2.

Girls attend a bullfight in Mexico. Bullfighting is popular in only six Spanish American countries.

Reflexive Pronouns

PRESENTATION

Sólo yo <u>me</u> **presento.**
Sólo tú <u>te</u> **presentas.**
Sólo él <u>se</u> **presenta.**
Sólo nosotros <u>nos</u> **presentamos.**
Sólo ellos <u>se</u> **presentan.**

Which word means *myself? yourself* (familiar)? *himself? ourselves? themselves?* What is the position of these words in relation to the verb?

GENERALIZATION

1. Reflexive pronouns are object pronouns which are the same in reference as the subject. In English they end in *self* or *selves*.

   John cut himself.

   We saw ourselves in the mirror.

2. These are the reflexive pronouns in Spanish:

	Singular	*Plural*
1	**me**	**nos**
2	**te**	
3	**se**	

Me, te, and **nos** have the same form as the corresponding direct and indirect object pronouns. The third person pronoun **se** is invariable; it does not change to show either number or gender agreement.

3. The reflexive pronouns occupy the same position in sentences as the direct and indirect object pronouns.

No <u>se</u> reconoce en la foto.
She doesn't recognize herself in the picture.

Nunca <u>se</u> han visto en televisión.
They've never seen themselves on television.

STRUCTURE DRILLS

11. PERSON-NUMBER SUBSTITUTION

1. No se presenta. ⊗
   (yo)
   (los muchachos)
   (nosotros)
   (Ana)
   (usted)
   (tú)
   (ella)
   (ellas)

   No se presenta.
   No me presento.
   No se presentan.
   No nos presentamos.
   No se presenta.
   No se presenta.
   No te presentas.
   No se presenta.
   No se presentan.

2. Me veo en la foto. ⊗
   (usted–Cecilia y Carlos–yo–tú–Hernán y yo)

12. PAIRED SENTENCES

¿Nunca se ha visto en televisión? ⊗
Hasn't he ever seen him on television?
Hasn't he ever seen himself on television?

¿Nunca se ha visto en televisión?
¿Nunca lo ha visto en televisión?
¿Nunca se ha visto en televisión?

No se reconocen en esa foto.
They don't recognize them in that picture.
They don't recognize themselves in that picture.

13. WRITING EXERCISE

Write the responses to Drills 11.2 and 12.

Reflexive Pronouns with Service-Disservice Verbs

GENERALIZATION

You learned in Unit 9 that the person or thing for whom a service or a disservice is performed is usually expressed as an indirect object in Spanish. When someone performs a service (or disservice) for himself, the appropriate reflexive pronoun is used. Note the use of the definite article—not a possessive—with the direct object.

Juan se lava las manos.
John is washing his hands.

Yo me quito los guantes.
I'm taking off my gloves.

STRUCTURE DRILLS

14. PERSON-NUMBER SUBSTITUTION

1. Me lavo las manos. ⊗
   (tú)
   (nosotros)
   (él)
   (los chicos)
   (yo)

Me lavo las manos.
Te lavas las manos.
Nos lavamos las manos.
Se lava las manos.
Se lavan las manos.
Me lavo las manos.

2. ¿Cómo? ¿Te compras un carro nuevo? ⊗
   (usted–la maestra–ustedes–yo–tú)

15. PAIRED SENTENCES

Me quito los zapatos. ⊗
I take off their shoes.
I take off my shoes.

Me quito los zapatos.
Les quito los zapatos.
Me quito los zapatos.

Me pongo los guantes.
I put his gloves on (him).
I put my gloves on.

Se compra un carro.
He buys them a car.
He buys himself a car.

(continued)

¿Te haces un vestido?
Are you making her a dress?
Are you making yourself a dress?

16. PATTERNED RESPONSE

¿Su mamá les pone la ropa a los chiqui-   No, ellos se ponen la ropa solos.
   tos?
¿El peluquero le lava el pelo a usted?
¿Usted le limpia los zapatos a su her-
   manito?
¿La criada le hace la comida a su mamá?
¿Usted les quita los guantes a los geme-
   litos?

17. FREE RESPONSE

¿Qué se pone usted para ir a una fiesta? ¿y para venir a la escuela?
¿Qué se pone cuando hace frío?
¿Se quitan ustedes el abrigo cuando llegan a la escuela? ¿y los guantes? ¿y los zapatos?
¿Su mamá le hace la ropa a usted?
¿Cuándo se lava el pelo usted?
¿Quién le lava el pelo? ¿su mamá? ¿la peluquera?
¿Usted se limpia los zapatos todos los días?
¿Su papá se compra un carro nuevo cada año?
¿Le va a comprar uno a usted este año?

18. WRITING EXERCISE

Write the responses to Drills 14.2, 15, and 16.

More about Reflexive Pronouns

GENERALIZATION

1. Some Spanish verbs, like **lavar, sentar,** and **preocupar,** always have a direct object. If the direct object is not the same in reference as the subject, the pattern of the Spanish sentence is like that of the English equivalent.

Juan está lavando las paredes.
John is washing the walls.

Rosa sienta a su tía.
Rose is seating her aunt.

Yo preocupo a mi mamá.
I worry my mother.

If, however, the direct object is the same in reference as the subject, a reflexive direct object pronoun is used in the Spanish sentence, while the English equivalent may show no object at all (*I worry*), use *get* + an adjective (*I get worried*), or use some word like *up* or *down* (*She sits down*).

Juan se está lavando.
John is washing (up).

Rosa se sienta.
Rose sits (down).

Yo me preocupo.
I worry (get worried).

2. Other verbs like **lavar, sentar,** and **preocupar** which you have learned are these:

	Used with a Direct Object	*Used with a Reflexive Direct Object*
aburrir	*bore* (someone)	*get bored*
acostar	*put* (someone) *to bed*	*go to bed*
asustar	*scare, frighten* (someone)	*get scared, frightened*
bañar	*bathe* (someone)	*bathe, take a bath*
cansar	*tire* (someone)	*tire, get tired*
despertar	*wake* (someone) *up*	*wake up*
enojar	*make* (someone) *angry*	*get angry*
levantar	*lift, raise* (something)	*rise*
	get (someone) *up, out of bed*	*get up, out of bed*
llamar	*call* (someone)	*be named*
mojar	*wet* (someone, something)	*get wet*
presentar	*present* (someone, something)	*show up*
vestir	*dress* (someone)	*dress, get dressed*

3. The following verbs are always reflexive with the meanings given:

quedarse	*stay*
resfriarse	*catch a cold*
equivocarse	*be mistaken, make a mistake*

4. **Dormir** means *sleep;* **dormirse** means *fall asleep.*

> **Todos duermen.**
> *They're all sleeping.*

> **Juan se duerme inmediatamente.**
> *Juan falls asleep immediately.*

5. *Go* has two Spanish equivalents: **ir** and **irse. Ir** is used when the destination is expressed or at least clearly understood.

> **¿Vas a la fiesta? No, no voy.**

Irse is used when the destination is not mentioned, or when it is mentioned but the emphasis is on the departure rather than the destination. In addition to *go,* common English equivalents for **irse** are *leave* and *go away.*

> **¿Ya te vas?**
> *Are you going (leaving) already?*

> **Me voy a México mañana.**
> *I'm leaving for Mexico tomorrow.*

STRUCTURE DRILLS

19. PERSON-NUMBER SUBSTITUTION

1. ¿Te sientas aquí? ⊗   ¿Te sientas aquí?
   (nosotros)   ¿Nos sentamos aquí?
   (yo)   ¿Me siento aquí?
   (ustedes)   ¿Se sientan aquí?
   (su cuñado)   ¿Se sienta aquí?
   (tú)   ¿Te sientas aquí?

2. Nunca se aburren en esta clase. ⊗
   (nosotros–yo–mis compañeros y yo–los alumnos–el maestro–tú)

3. Me quedo un rato más.
   (nosotros–ustedes–Bárbara–tú–los muchachos–mi mamá y yo)

20. PATTERNED RESPONSE

¿Ya te vas?   No, me voy a las cinco.
¿Ya se van los muchachos?   No, se van a las cinco.
¿Ya se van ustedes?   No, nos vamos a las cinco.

¿Ya se va la señora?   No, se va a las cinco.
¿Ya te vas?   No, me voy a las cinco.

21. PAIRED SENTENCES

Estoy muy cansado. ⊗   Estoy muy cansado.
I get very tired.   Me canso mucho.
I am very tired.   Estoy muy cansado.

¿Ya estás vestido?
Are you getting dressed already?
Are you dressed already?

¿Por qué están enojados?
Why are they getting angry?
Why are they angry?

22. ADJECTIVE → REFLEXIVE CONSTRUCTION

Los muchachos están aburridos. ⊗   Los muchachos se aburren.
La maestra está enojada.
Yo estoy preocupado.
Mis amigos y yo estamos cansados.
El jefe está equivocado.
Las chicas están asustadas.
Los chicos están resfriados.

23. WRITING EXERCISE

Write the responses to Drills 19.2 and 22.

24. PROGRESSIVE SUBSTITUTION

Los alumnos se aburren mucho. ⊗
Yo _____.
_____ nos _____.
_____ cansas _____.
Él _____.
_____ te _____.
_____ preocupamos _.

25. FREE SUBSTITUTION

La maestra nunca se enoja.

26. DIRECTED DIALOG

Pregúntele a *Juana* a qué hora se levanta.
Juana, contéstele.

Juana, ¿a qué hora te levantas?

Pregúntele a *Pepe* a qué hora se acuesta.
Pepe, contéstele.

Pregúnteles a *Elena* y a *Susana* hasta qué
  hora se quedan aquí.
Elena, contéstele.

Pregúnteme a mí si yo me enojo mucho.

27. BASIC DIALOG VARIATION

Say the first part of the Basic Dialog again, this time making it a conversation between two
ladies who address each other as **usted.** Omit the expression **fíjate.**

28. TÚ → USTED

Te llamas Juan. ⊗
Te reconozco.
Te hablo mañana.
Siempre te enojas.
¿Ya te vas?
Te traigo un regalo.
No te veo.

Se llama Juan.
Lo (*or* la) reconozco.
Le hablo mañana.

29. PAIRED SENTENCES

No se asusta. ⊗
He doesn't frighten me.
He doesn't get frightened.

No se asusta.
No me asusta.
No se asusta.

Me despierto.
I wake him up.
I wake up.

Tú te preocupas mucho.
You worry me a lot.
You worry a lot.

Nunca se aburren.
They never bore us.
They never get bored.

30. FREE RESPONSE

¿A qué hora se despierta usted?

¿Quién lo despierta?

¿A qué hora se levanta?

¿Se lava la cara cuando se levanta?

¿Se baña o solamente se lava la cara?

¿A qué hora se acuesta usted?

¿Se duerme inmediatamente?

¿Cuántas horas duerme usted?

¿Va usted a muchas fiestas?

¿Se preocupa su mamá cuando usted llega tarde de una fiesta?

¿Y usted se enoja cuando ella se preocupa?

¿Tienen ustedes muchos exámenes?

¿Se asustan cuando tienen un examen?

¿Hasta qué hora se quedan los alumnos en la escuela?

¿A qué hora se va usted?

¿Hasta qué hora se quedan los maestros?

¿Cómo se llama usted?

¿Tiene usted hermanos? ¿Cómo se llaman ellos?

¿Sabe cómo me llamo yo?

31. WRITING EXERCISE

Write the responses to Drills 24, 28 and 29.

Writing

11. SENTENCE CONSTRUCTION

MODELS: Yo / levantarse / temprano   Juana / haber / escribir / carta
         Yo me levanto temprano.   Juana ha escrito la carta.

1. alumnos / siempre / presentarse / tarde
2. primos y yo / sentarse / suelo
3. hermanito / vestirse / solo
4. todo el mundo / irse / ahora
5. mamá / quitar / guantes / hermanita
6. criada / haber / abrir / puerta
7. Ana y yo / haber / hacer / lista
8. chicos / no / haber / volver / todavía

2. PARAGRAPH COMPLETION

Copy the following paragraphs, filling in the blank spaces with the appropriate reflexive pronoun.

¡Qué aburrida es mi vida! Todos los días cuando __1__ despierto, mi mamá me grita: ¡Apúrate, Juan! ¿No __2__ has vestido todavía? ¿Ni siquiera __3__ has levantado? Yo __4__ levanto, __5__ baño, __6__ visto y voy al comedor.

Mi hermana Teresa __7__ sienta conmigo y empieza a hablar y hablar. Mi mamá y mi papá __8__ enojan porque creen que vamos a llegar tarde a la escuela. Por fin __9__ levantamos. Yo __10__ pongo el saco y Teresa __11__ pone el swéater y __12__ vamos a la escuela. ¡Cómo yo __13__ aburro!

RECOMBINATION MATERIAL

Dialogs

I

BÁRBARA	Elena, ¿me prestas tu swéater nuevo?
ELENA	¿Estás loca? ¿Para qué lo necesitas?
BÁRBARA	Ay, tú siempre te enojas cuando yo te pido algo.
ELENA	Es que tú siempre quieres usar mi ropa.
BÁRBARA	¡Qué hermana más antipática! Lo necesito para la fiesta de Ana.
ELENA	Bueno, pero si algo le pasa a ese swéater, yo te MATO.

QUESTIONS

1. ¿Qué le pide Bárbara a Elena?
2. ¿Qué le pregunta Elena?
3. ¿Cuándo se enoja siempre Elena, según Bárbara?
4. ¿Qué quiere siempre Bárbara, según Elena?
5. ¿Para qué necesita el swéater Bárbara?
6. ¿Le presta el swéater por fin Elena?
7. ¿Qué dice Elena que va a hacer si algo le pasa al swéater?
8. ¿Es exagerada ella?

DIALOG VARIATION

Read the dialog once again. This time it will be an argument between two brothers, one of whom wants to borrow a tie from the other.

II

MAESTRO	¡Viera usted la clase de español que tengo! Esos chicos son imposibles.
MAESTRA	No lo creo, Sr. Almanza. Usted es tan exagerado.
MAESTRO	¡Ja! Uno se levanta; el otro sale sin pedir permiso; el otro se aburre y se duerme . . .
MAESTRA	Es que usted los hace trabajar mucho.
MAESTRO	No es eso, es que son imposibles.

QUESTIONS

1. ¿Quién es el Sr. Almanza?
2. ¿Qué dice de su clase de español?
3. ¿Cree la maestra lo que dice él? ¿Por qué no?
4. ¿Qué hacen los alumnos del Sr. Almanza?
5. ¿Por qué hacen eso, según la maestra?
6. ¿Y según el Sr. Almanza?

III

HERMANO	¿Sigues hablando? ¿No te puedes apurar un poco?
HERMANA	Sí, sí, —y fíjate, Marta, que hay una liquidación de . . .
HERMANO	¡Caramba! Esta hermana mía pasa horas hablando por teléfono. ¡¡¡APÚRATE!!!
HERMANA	¡Shhh! ¡Cómo gritas! —y otra cosa que te tengo que contar, Martita. . . .
HERMANO	¿ME VAS A DEJAR USAR EL TELÉFONO?
HERMANA	—Bueno, Martita, no puedo hablar más. Parece que mi hermanito quiere usar el teléfono. Hasta luego, chica.

QUESTIONS

1. ¿Qué está haciendo la hermana?
2. ¿Qué quiere el hermano?
3. ¿Por qué necesita usar el teléfono él?
4. ¿De qué están hablando la hermana y su amiga?
5. ¿Cómo pasa horas la hermana?
6. ¿Se apura en colgar ella?
7. ¿Qué cosa grita el hermano, por fin?
8. ¿Cuelga la hermana, por fin?

Narrative

Problemas entre° hermanos

entre: *between, among*

A mí me encanta ver la televisión, pero desgraciadamente°, a mi hermanito también le gusta mucho. Él siempre quiere ver esos programas* para niños°, esos programas aburridos de cowboys*. Me cansa tener que pelear° con él cada vez que quiero

5 ver algo interesante. A mí me gustan los programas para adultos*. . . las noticias, por ejemplo, o un buen programa musical*. También me gustan esas películas que dan en las noches, muy tarde. Pero no me gustan esos programas ridículos* de indios y cowboys.

desgraciadamente: *unfortunately*
niño: *child*
pelear: *fight*

10 Pero mi hermano es un niño todavía, tiene solamente nueve años. Él no entiende ni las noticias ni la música* ni ninguna de las cosas que a mí me interesan*. Y ahora que tenemos una nueva televisión en colores, la situación* está peor°.

peor: *worse*

El otro día, por ejemplo, llego yo de la escuela, y después

15 de comer algo y estudiar un poco, voy a la sala para ver uno de mis programas favoritos*. Diez minutos* después llega mi hermanito. Se queda viendo el programa un rato, y luego se levanta y se acerca° a la televisión. ¡Ni siquiera pide permiso! Cambia° el canal* sin decir una palabra, ni una sola palabra. ¡Nunca he

acercarse: *approach, go towards*
cambiar: *change*

20 visto a un chico como ese hermano mío! A veces creo que hace estas cosas para molestar, nada más. ¡Qué muchacho más antipático!

Bueno, él se sienta otra vez, y allí estoy yo, teniendo que ver uno de esos programas ridículos. Primero aparece* el héroe*,

25 guapo, simpático, inteligente . . . un cowboy típico* con un gran sombrero y dos pistolas*. Luego sale el indio y empiezan a pelear. ¡Qué absurdo*! Claro que yo me aburro viendo esas cosas, y entonces, después de dos o tres minutos, me levanto, voy a la televisión, y cambio el canal. No le digo nada a mi hermano.

30 ¿Para qué? Él no entiende nada. Además, él también cambia el canal cuando quiere y no le pide permiso a nadie. Ésta no es la primera vez, no señor. Esto ocurre casi todos los días en mi casa. Él siempre hace lo que quiere. Bueno, vieran ustedes cómo llora y grita ese chiquito porque yo cambio el canal. ¡Qué barbaridad!

35 En ese momento* llega mi papá, enojadísimo. Mi hermano y yo estamos muy asustados porque cuando nuestro padre se enoja, se enoja de verdad. Pero mi papá no nos dice nada. Ni siquiera nos mira. Va a la televisión y cambia el canal una vez más. Y se

40 sienta a ver las noticias. Mi hermano y yo salimos sin abrir la
boca°. Él se va a su dormitorio y cierra la puerta. Yo me voy a   **boca:** *mouth*
mi escritorio y me siento a hacer mis lecciones. Y en la sala, con
excepción de la voz° del comentador* de las noticias, silencio   **voz** (*f*): *voice*
total* y absoluto.

QUESTIONS

Yo soy Juanita Martínez, la autora de la narración que ustedes acaban de leer.

1. ¿Qué me encanta a mí? ¿y a mi hermano?
2. ¿Qué programas le gustan a él?
3. ¿Qué tengo que hacer cada vez que quiero ver algo interesante?
4. ¿Qué programas me gustan a mí?
5. ¿Por qué está peor la situación ahora?
6. El otro día, cuando llego de la escuela, ¿que hago primero? ¿y luego?
7. ¿Quién llega diez minutos después?
8. ¿Qué hace él por un rato?
9. ¿Qué hace después?
10. ¿Qué me dice cuando cambia el canal?
11. ¿Por qué hace estas cosas, probablemente?
12. ¿Cómo es el programa que él quiere ver?
13. ¿Quién aparece primero?
14. ¿Cómo es el héroe?
15. ¿Quién aparece luego?
16. ¿Qué empiezan a hacer?
17. ¿Qué hago yo después de dos o tres minutos?
18. ¿Le digo algo a mi hermano? ¿Por qué no?
19. ¿Qué hace mi hermanito cuando yo cambio el canal?
20. ¿Quién llega en ese momento?
21. ¿Qué hace mi papá?
22. ¿Qué hacemos mi hermano y yo?
23. ¿Adónde va él? ¿Y yo qué hago?
24. ¿Qué hay en la sala?

Conversation Stimulus

Usted quiere ver las noticias en la televisión, pero su hermano quiere ver un partido de tenis.

Start like this: Las noticias empiezan en cinco minutos.
¿Cómo? Tú quieres ver las noticias ahora?
Sí, _____.
¡Qué aburrido! _____.

¿Puede usted describir un programa de televisión típico?

Use the following questions as a guide:

1. ¿Quién es el héroe?
2. ¿Cómo es él?
3. ¿Quién es la novia del héroe?
4. ¿Cómo es ella?
5. ¿Pelean el héroe y su novia?
6. ¿Pelea el héroe con otra persona?
7. ¿Con quién?
8. ¿Termina* el programa con todos contentos?

BASIC DIALOG

Regreso de los Estados Unidos

CLAUDIA	Ay, no nos oye. ¡Señor! ¡Por favor, mi maleta!
GLORIA	Y la mía también. ¡Por favor, que tenemos prisa!
EMPLEADO	No tengo mil manos. Paciencia, ya se la doy. ¿Cuál es la suya?
CLAUDIA	La negra. Ésa no, la otra. La que acaba de tocar. Ésa. Gracias.
GLORIA	¡Allá arriba está toda la familia!
CLAUDIA	El de anteojos negros . . . ¿es Alberto ése?
GLORIA	Sí. ¡Qué alto está nuestro hermanito!
CLAUDIA	¡Altísimo! ¡Qué emoción[1] estar de vuelta en Colombia!
GLORIA	¡Y no tener que hablar más inglés!

Back (Return) from the United States

CLAUDIA	Darn, he doesn't hear us. Mister! Please, my suitcase!
GLORIA	And mine too. Please, we're in a hurry.
EMPLOYEE	I only have two hands. (I don't have a thousand hands.) Patience, I'll give it to you in a second (now). Which is yours?
CLAUDIA	The black one. Not that one, the other one. The one you just touched. That one. Thanks.
GLORIA	The whole family's up there!
CLAUDIA	The one with sunglasses . . . is that Alberto?
GLORIA	Yes. Our little brother certainly has got tall!
CLAUDIA	Very tall! It's so exciting (what emotion) to be back in Colombia!
GLORIA	And not have to speak English any more!

---

[1] ¡Qué emoción! is an expression more commonly used by women than by men.

◀ *An aerial view of Bogotá, Colombia. The city is built on a sloping plain at the foot of two mountains.*

Supplement

¿Cuándo regresan?	When are they returning?
¡Por favor, mi baúl!	Please, my trunk!
equipaje	baggage
Están en la ciudad.	They're in the city.
el edificio	the building
el departamento	the apartment
el jardín	the garden
Me das mis llaves, por favor.	Will you give me my keys, please.
mi cartera	my purse
mi paraguas	my umbrella
mi impermeable	my raincoat
mi cepillo	my brush
mi peine	my comb
Gracias. De nada.	Thank you. You're welcome.

Allá abajo está toda la familia.	The whole family is down there.
A la derecha	on the right
A la izquierda	on the left
¡Qué joven está!	How young he looks!
viejo	old
¡Qué brutal!	That's terrific (brutal)!
estupendo	wonderful
espantoso	awful
¡Y no tener que aprender más inglés!	And not have to learn English any more!
enseñar	teach
Vamos a hacer las maletas ahora.	We're going to pack now.

BASIC FORMS

Verbs

aprender	regresar
enseñar	tocar

Nouns

anteojos *m.pl.*	peine *m.*
baúl *m.*	ciudad *f.*
impermeable *m.*	emoción *f.*
jardín *m.*	llave *f.*
paraguas *m.*	

Adjectives

brutal   joven

Vocabulary Exercises

1. QUESTIONS

1. ¿De dónde acaban de regresar Claudia y Gloria?
2. ¿Qué le están pidiendo al empleado?
3. ¿Qué tiene Gloria, paciencia o prisa?
4. ¿Qué les dice el empleado?
5. ¿De qué color es la maleta de Claudia?
6. ¿Tienen mucho equipaje las chicas?
7. ¿Tengo yo paciencia con ustedes?
8. ¿A usted le gusta viajar?
9. ¿Tiene usted un baúl?
10. ¿Tiene unas maletas?
11. ¿Qué pone en su maleta cuando hace un viaje?
12. ¿Hay edificios grandes en esta ciudad?
13. ¿Vive usted en una casa o en un departamento?
14. ¿Tiene su casa un jardín?
15. ¿Tiene usted una llave de la casa?
16. *María,* ¿qué tiene usted en la cartera?

2. SENTENCE COMPLETION

1. ¡Cómo llueve! Necesito mi _____.
2. Por favor, ¿me da mi _____?
3. Vivo en _____.
4. Los niños están jugando en el _____.
5. No encuentro nada en esta _____.

---

3. QUESTIONS

1. ¿Quiénes están en el aeropuerto cuando llegan Claudia y Gloria?
2. ¿En qué parte del edificio están, arriba o abajo?
3. ¿Quién es el muchacho de anteojos negros?
4. ¿Está muy alto él?
5. ¿Usa usted anteojos para leer?
6. ¿Están contentas de estar de vuelta las dos chicas?
7. ¿Por qué están tan contentas?
8. ¿Piensa usted hacer un viaje este verano?
9. ¿Va a tener que hablar español durante el viaje?
10. ¿Qué tiene que hacer cuando hace un viaje? ¿comprar los boletos, y qué más?
11. ¿Quién les enseña español a ustedes?
12. ¿Enseñan francés en esta escuela? ¿Cuáles otras lenguas enseñan?
13. ¿Quién está a su derecha? ¿a su izquierda?
14. ¿Quién está delante de usted? ¿y detrás de usted?

4. SYNONYMS

Están de regreso.
¡Qué horrible!
¿Cuándo van a volver?
Es un hombre muy simpático.

5. ANTONYMS

Alberto es tan alto.
¡Allí están, a la derecha!
¡Qué espantoso!
La Sra. López aprende inglés ahora.
¿Quién es esa mujer?
Todo el mundo está arriba.

6. REJOINDERS

Hay un examen de español mañana.
¡Por fin estamos de vuelta en los Estados Unidos!
¡Gracias!

GRAMMAR

Object Pronouns in Sequence

PRESENTATION

¿**Me** da **la maleta,** por favor?
¿**Me la** da, por favor?

Te presto **los apuntes.**
Te los presto.

Nos dice **el nombre.**
Nos lo dice.

Se pone **los guantes.**
Se los pone.

What is the position of the direct object pronoun in relation to the indirect object pronoun in the second sentence in each pair?

Ya **le** doy **la maleta.**
Ya **se la** doy.

¿**Les** prestas **el carro?**
¿**Se lo** prestas?

Which single pronoun replaces **le** and **les** immediately preceding a direct object pronoun beginning with the letter <u>l</u>?

GENERALIZATION

In the kinds of sentences you have learned so far, two object pronouns in the same sentence must occur in the following order:

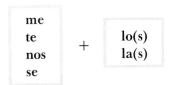

This chart summarizes the following facts:

(*continued*)

(*continued*)

a. The third person direct object pronouns **lo, los, la, las** never precede another object pronoun.

Me da el libro.	→	**Me lo da.**
¿Te vende la casa?	→	**¿Te la vende?**
Nos trae los libros.	→	**Nos los trae.**
Nos presta las maletas.	→	**Nos las presta.**

b. Spanish does not permit two object pronouns beginning with l to occur together: **se** replaces **le** and **les** before **lo, los, la, las.**

Le da el libro.	→	**Se lo da.**
Les vendo la casa.	→	**Se la vendo.**
Le trae los libros.	→	**Se los trae.**
Les presto las maletas.	→	**Se las presto.**

STRUCTURE DRILLS

7. NOUN → PRONOUN

1. Se pone el impermeable. ⊗   Se lo pone.
   ¿No te quitas los guantes?   ¿No te los quitas?
   Se lavan las manos.   Se las lavan.
   Me limpio los zapatos.   Me los limpio.
   Se compra la cartera.   Se la compra.

2. Le presto el paraguas. ⊗   Se lo presto.
   Les doy las llaves.
   ¿Nos traen el equipaje?
   No me han dicho la dirección.
   Les damos los papeles mañana.
   ¿Te han pedido los pasaportes?
   ¿No les cuentas las noticias?

8. PERSON-NUMBER SUBSTITUTION

1. ¿Me la da, por favor? ⊗   ¿Me la da, por favor?
   (a él)   ¿Se la da, por favor?
   (a mi hermana)   ¿Se la da, por favor?
   (a nosotros)   ¿Nos la da, por favor?
   (a los niños)   ¿Se la da, por favor?
   (a mí)   ¿Me la da, por favor?

2. Ya te las doy. ⊗

    (a usted–a ellos–a ustedes–a ti–a usted y a ella)

3. ¿Cuándo me lo trae? ⊗

    (a Juana y a mí–a Marta y a Luisa–a Juan y a usted)

9. WRITING EXERCISE

Write the responses to Drills 7.2, 8.2 and 8.3.

10. CUED RESPONSE

¿A quiénes les trae el papel? ⊗   Se lo traigo a esos señores.

    (a esos señores)

¿A quién le presta las llaves?

    (a Juan)

¿A quiénes les enseña la canción?

    (a los niños)

¿A quién le pide los apuntes?

    (a ustedes)

¿A quién le trae este regalo?

    (a Luisa)

¿A quién le cuenta sus problemas?

    (a mi mejor amigo)

¿A quién le da el dinero?

    (a él)

¿A quién le escribe la carta?

    (a ella)

11. DIRECTED DIALOG

Pregúntele a *Marta* quién le compra la ropa.   *Marta*, ¿quién te compra la ropa?

Marta, contéstele.   Mi mamá me la compra.

Pregúntele a *Diana* si ella se compra la ropa sola.

Diana, contéstele.

Pregúntele a *Pedro* quién le presta los apuntes cuando no viene a clase.

Pedro, contéstele.

(*continued*)

(*continued*)

Pregúntele a *Roberto* quién le hace el
   desayuno.
Roberto, contéstele.

Pregúntele a *Lupe* si ella se lava el pelo
   sola.
Lupe, contéstele.

Pregúntele a *Juan* si él le lava el carro
   a su papá.
Juan, contéstele.

12. PATTERNED RESPONSE

¿Le dan el dinero a Pepe? ⊗   No, no se lo dan a él.
¿Le venden los boletos a usted?
¿Nos enseñan los bailes a nosotros?
¿Les leen la carta a sus compañeros?
¿Me traen el diccionario a mí?
¿Les piden la visa a ustedes?
¿Le compran el carro a su hijo?
¿Le hacen la fiesta a María?

13. WRITING EXERCISE

Write the responses to Drills 10 and 12.

14. FREE RESPONSE

¿A quién le pide los apuntes cuando usted no puede venir a clase?
¿Él se los presta?
¿Usted le presta los apuntes a él cuando no viene a clase?
¿Ustedes le dan la tarea a la maestra todos los días?
¿Ya se la han dado hoy?
¿Quién le lava la ropa a usted?
¿Usted se limpia los zapatos o alguien se los limpia?
¿Su mamá le arregla el cuarto?
¿Ella le hace las maletas cuando usted hace un viaje?
¿Le presta su padre las llaves del carro?
Usted no se las pierde, ¿verdad?

Position of Object Pronouns

PRESENTATION

García **nos** está **molestando.**
García está **molestándonos.**

¿**Me** estás **poniendo** atención?
¿Estás **poniéndome** atención?

Where does the object pronoun occur in the first sentence in each pair? and in the second?

¿**Me** puedo lavar las manos?
¿Puedo **lavarme** las manos?

Mi papá **me lo** va a **comprar.**
Mi papá va a **comprármelo.**

Where do(es) the object pronoun(s) occur in the first sentence in each pair? and in the second?

GENERALIZATION

1. Object pronouns may precede a verb form with a person-number ending. In the kinds of sentences you have learned so far, they never immediately follow.

   No **nos** oye.
   Se lo ha dado.
   ¿**Me** puedo lavar las manos?
   Te estoy hablando.

2. Object pronouns may also be attached to the end of an infinitive or a present participle. If two or more pronouns follow the verb, they occur as an inseparable unit.

   ¿Puedo **lavarme** las manos?
   Voy a **dárselo.**
   Estoy **hablándote.**

   The object pronoun never directly precedes an infinitive or present participle.
   The infinitive requires a written accent on the stressed syllable when more than one object pronoun is attached to the end. The present participle requires a written accent on the stressed syllable when one or more object pronouns are attached to the end. (See page 86.)

3. In phrases which consist of a verb form with a person-number ending and an infinitive or a present participle, object pronouns either precede or follow the whole phrase. They never occur between the two verbs.

¿<u>Me</u> puedo lavar las manos?
¿Puedo lavar<u>me</u> las manos?

<u>Te</u> estoy hablando.
Estoy hablándo<u>te</u>.

STRUCTURE DRILLS

15. TRANSFORMATION DRILL

Me voy a sentar aquí. ⊗   Voy a sentarme aquí.
Te estoy hablando.   Estoy hablándote.
No la debemos invitar.   No debemos invitarla.
El niño no se quiere acostar.   El niño no quiere acostarse.
¿Le estás escribiendo una carta? ¿Estás escribiéndole una carta?
Nos acaban de llamar.   Acaban de llamarnos.
Se lo tengo que comprar.   Tengo que comprárselo.
Te lo acabo de decir.   Acabo de decírtelo.
¿No me lo puede traer?   ¿No puede traérmelo?
Se lo estoy trayendo.   Estoy trayéndoselo.

A laborer from the hot coastlands of Colombia.

16. PATTERNED RESPONSE

1. ¿Cuándo vas a hacer las maletas? ⊗   Estoy haciéndolas ahora.
   ¿Cuándo vas a arreglar el cuarto?
   ¿Cuándo vas a leer el periódico?
   ¿Cuándo vas a abrir los regalos?
   ¿Cuándo vas a llamar a la chica?

2. ¿Ya te has lavado las manos? ⊗   ¡Paciencia! Voy a lavármelas ahora.
   ¿Ya me has comprado las cosas?
   ¿Ya le has escrito la carta?
   ¿Ya te has puesto el abrigo?
   ¿Ya nos has hecho el almuerzo?

17. WRITING EXERCISE

Write the responses to Drills 16.1 and 16.2.

Nominalization

PRESENTATION

La maleta negra.
La negra.

Esa maleta no.
Ésa no

La otra maleta.
La otra.

La maleta que acaba de tocar.
La que acaba de tocar.

What is the English equivalent of each of these phrases? Which word occurs in the English equivalent of the second phrase in each pair? In the examples in Spanish, how does the second phrase in each pair differ from the first?

GENERALIZATION

1. In English we normally say *"Not that suitcase, the other one,"* instead of *"Not that suitcase, the other suitcase." One* is substituted for *suitcase* in the second noun phrase. In similar Spanish

sentences, the repeated noun is simply omitted. Nothing is substituted in its place: **Esa maleta no, la otra maleta.** → **Esa maleta no, la otra.** The deletion of **maleta** from the noun phrase **la otra maleta** leaves the adjective **otra** functioning as the head of the noun phrase. This process is called <u>nominalization</u>.

2. The following lines from the Basic Dialog are examples of nominalization.

¡Por favor, mi maleta!   *Please, my suitcase!*
Y la mía también.   *And mine too.*
    ↑
(**maleta** is dropped, leaving **mía**
as a nominalized possessive)

¿Cuál es la suya?   *Which is yours?*
   ↑   ↑
 maleta maleta

La negra.   *The black one.*
  ↑
 maleta

La que acaba de tocar. Ésa.   *The one you just touched. That one.*
 ↑   ↑
 maleta   **maleta**

3. Nominalized demonstrative adjectives have a written accent on the stressed syllable. (See page 87.)

ese baúl	→	**ése**
esa maleta	→	**ésa**
esos cepillos	→	**ésos**
esta cartera	→	**ésta**
estos guantes	→	**éstos**

STRUCTURE DRILLS

18. DELETION DRILL

¿Es cara esa cartera?   ¿Es cara ésa?
¿Cuál cartera?   ¿Cuál?
La cartera blanca.   La blanca.

¿De quién son esas llaves?
¿Cuáles llaves?
Las llaves que están en la mesa.

Ese impermeable es muy bonito.
¿El impermeable amarillo?
No, el impermeable rojo.

Los amigos tuyos son muy perezosos.
¿Los amigos míos?
Sí, los amigos que siempre invitas a la
    casa.

19. PATTERNED RESPONSE

1. ¿Dónde está la cartera café?   ¿La café? No tengo la menor idea.
   ¿Dónde está el cepillo blanco?
   ¿Dónde está el peine negro?
   ¿Dónde están las maletas nuevas?

2. ¿Es nuevo ese impermeable?   ¿Éste? No, no es nuevo.
   ¿Son nuevas esas llaves?
   ¿Son nuevos esos anteojos?
   ¿Es nuevo ese cepillo?

3. ¿Quién es el señor que está allí?   ¿El que está allí? No sé.
   ¿Quiénes son los muchachos que están
      allí?
   ¿Quién es la señora que está allí?
   ¿Quiénes son las chicas que están allí?

4. Tus boletos están aquí, ¿verdad?   ¿Los míos? Sí.
   La cartera de Eva está aquí, ¿verdad?   ¿La suya? Sí.
   Las llaves de ustedes están aquí, ¿verdad?
   Mi peine está aquí, ¿verdad?
   Nuestras cosas están aquí, ¿verdad?

20. FREE RESPONSE

   ¿Cuál libro es el suyo? ¿Éste o ése?
   ¿Cuál cartera es la suya, *Ana*?
   ¿Y cuál es la suya, *Rosita*?
   ¿Son estos anteojos los míos o los de *Pepe*?
   ¿Y este swéater?
   ¿Y estas llaves?
   ¿Cuál cuaderno es el suyo, *Juan*? ¿el azul?
   ¿Cuál pluma es la suya? ¿la roja?
   ¿Cuál lápiz es el mío?

(*continued*)

(*continued*)

¿Son de *Juana* los guantes negros?

Y los blancos, ¿de quién son?

¿Cuál cartera es la mía, ésa o la que acabo de tocar?

¿Cuál libro está en mejor condición, éste o el que está en la mesa?

¿Cuál chico se llama *Pedro*, éste o el que está sentado allí?

21. WRITING EXERCISE

Write the responses to Drills 19.1, 19.2, 19.3, 19.4.

Comparatives: más/menos . . . que

PRESENTATION

Esta escuela es **más** bonita **que** la otra.

Juan es **menos** alto **que** Pedro.

Which words mean *more . . . than* in these sentences? Which words mean *less . . . than?*

GENERALIZATION

1. The following sentences are called comparative sentences.

> *Jack is smarter than Jill.*
> *Jill is more beautiful than Susan.*
> *Susan is less intelligent than George.*

Spanish has no suffix like the comparative *-er* of English. With the exceptions given on the next page, comparatives of this type are expressed in Spanish with the following words:

$$\left.\begin{array}{l}\textbf{más}\\\textbf{menos}\end{array}\right\} \;+\; \textbf{que}$$

Yo soy más perezoso que usted.
I'm lazier than you.

Pedro es menos ambicioso que Juan.
Pedro is less ambitious than Juan.

2. If a pronoun follows **que,** it is the subject pronoun, not the prepositional pronoun.

Yo soy más perezoso que tú.

3. English has some irregular comparative adjectives, like *good → better,* and so does Spanish.

más bueno	→	mejor
más malo	→	peor
más joven	→	menor
más viejo	→	mayor

The regularly formed **más bueno, más malo,** and **más joven** are used interchangeably with the irregular **mejor, peor,** and **menor. Más viejo,** however, is not completely interchangeable with **mayor. Más viejo** classifies the person or object described as old: **Mi abuelo es más viejo que mi abuela. Mayor** simply describes an age relationship; it does not imply that the persons or objects described are old: **Ana es mayor que María.**

4. Except in a few special cases, **de** instead of **que** is used before numbers.

Tengo más de cien pesos.

5. To express the ideas *-est, most, least,* Spanish uses the definite article with **más, menos,** or an irregular comparative adjective.

María es la chica más linda del mundo.	*María is the prettiest girl in the world.*
Juan es el chico más inteligente de la clase.	*Juan is the most intelligent boy in the class.*
Josefina es la mejor alumna de la escuela.	*Josefina is the best student in the school.*
Paco es el menos perezoso.	*Paco is the least lazy.*

Note the use of **de** for *in* in this construction: **del mundo, de la clase, de la escuela.**

STRUCTURE DRILLS

22. PATTERNED RESPONSE

1. Pedro es listo, ¿y Pepe? ⊗   Pepe es más listo todavía.
   Sue es linda, ¿y las gemelas?
   Esto es bueno, ¿y eso?
   El abuelo es viejo, ¿y la abuela?
   Doña Delia es joven, ¿y doña Marta?
   Esto es malo, ¿y eso?

(continued)

(*continued*)

2. Elena es alta, ¿y Lupita?   Lupita es menos alta.
Él es pretencioso, ¿y ella?
El muchacho es simpático, ¿y su hermana?
Los dictados son fáciles, ¿y los exámenes?

23. CUED DIALOG

(vestido)

1ST STUDENT   Quiero un vestido más barato, por favor.
2ND STUDENT   Éste es el más barato que tenemos.

(camisas)
(zapatos)
(traje)
(medias)
(paraguas)
(cartera)
(guantes)

24. PATTERNED RESPONSE

Yo soy muy perezoso.

1ST STUDENT   Yo soy más perezoso que usted.
2ND STUDENT   Pero yo soy el más perezoso de todos.

Blanca es ambiciosa.
Ellos son muy distraídos.
María es muy joven.
Yo soy muy alto.
Él es muy delgado.

25. ENGLISH CUE DRILLS

1. Jorge es más alto que Enrique.
Enrique is fatter than Pedro.
Pedro is older than Juan.
Juan is shorter than Jorge.
Jorge is taller than Enrique.

2. ¡Qué chico! Es el alumno más inteligente de la clase. ⊗

He's the most ambitious son in the family.
He's the handsomest boy in the class.
He's the nicest classmate in the school.
He's the least pretentious boy in the
world.
What a boy! He's the most intelligent
student in the class.

26. PAIRED SENTENCES

Invita a más muchachos que mucha-
chas. ⊗   Invita a más muchachos que muchachas.

She invites more than ten boys.   Invita a más de diez muchachos.
She invites more boys than girls.   Invita a más muchachos que muchachas.

Ellos han dado más fiestas que nosotros.
They've given more than five parties.
They've given more parties than we
(have).

Ella tiene más dinero que yo.
She has more than a hundred pesos.
She has more money than I (do).

27. FREE RESPONSE

¿Tiene usted un hermano? ¿Es mayor o menor que usted?
¿Es usted el mayor de la familia? ¿Es el menor?
¿Quién es el más perezoso de la familia? ¿Quién es el menos perezoso?
¿Quién es su mejor amigo? ¿Es él más o menos alto que usted?
¿Cuántos años tiene? ¿Es mayor o menor que usted?
¿Tiene usted más de diez años?
¿Son ustedes los mejores alumnos de la escuela?
¿Quiénes son los peores?
¿Quién es el mejor maestro de la escuela?
¿Quién es el maestro más estricto?
¿Quién es el más simpático?

28. WRITING EXERCISE

Write the responses to Drills 22.1, 22.2, 25.2, and 26.

Writing

1. MULTIPLE ITEM SUBSTITUTION

MODEL   El equipaje que usted acaba de tocar es el mío.
maleta / tú / abrir
La maleta que tú acabas de abrir es la mía.

1. ¿Cuál cartera te gusta más a ti? ¿La roja o la amarilla?
paraguas / a usted

2. Este edificio es más alto que el otro.
ciudad / menos / grande

3. ¿Cuál impermeable vas a comprar? ¿Éste o el que está en la silla?
anteojos / usar / escritorio

4. Este aeropuerto es más moderno que el de Quito.
tiendas / menos / Madrid

5. ¿Cuáles llaves necesita usted? ¿Éstas o las que acabo de tocar?
cepillo / querer / lavar

6. Este peine no es el mío. Es el de Juan.
llaves / suyo / María

7. ¿Cuál maleta es la tuya? ¿Ésta o la que acaban de abrir?
baúl / cerrar

8. Este departamento es más bonito que el de la Sra. Pérez.
casa / menos / Sr. García

2. SENTENCE CONSTRUCTION

Construct a sentence using the following words, as shown in the model. Then write a second sentence, replacing the underlined noun with a pronoun.

MODEL   (yo) / dar / maleta / a Carmen
Le doy la maleta a Carmen.
Se la doy a Carmen.

1. (ella) / enseñar / bailes / a las muchachas
2. (tú) / ponerse / impermeable
3. Juan / abrir / puerta / al maestro
4. los niños / nunca / decir / verdad / a ti
5. (ellos) / prestar / carro / a mí

RECOMBINATION MATERIAL

Dialogs

I

CLAUDIA	No encuentro nada en esta cartera.
GLORIA	¿Qué buscas, tus llaves?
CLAUDIA	Sí, para abrir la maleta. ¡Por fin! Aquí están.
GLORIA	Yo te la abro . . . ¿Qué pasa? No puedo abrirla.
CLAUDIA	A la izquierda . . . más . . . más . . . a la derecha ahora . . .
GLORIA	No, no puedo. Tal vez ésta no es la llave.
CLAUDIA	Sí, ésa es . . . ¡ay, caramba! ¡Todas mis cosas están en el suelo! Sí, chica, ésa es la llave.

QUESTIONS

1. ¿Cuál es el problema de Claudia?
2. ¿Es éste un problema típico de las mujeres?

(*continued*)

A department store in Mexico. Department store chains, with branches in different cities, are not common.

(*continued*)

3. ¿Qué busca ella?
4. ¿Para qué necesita sus llaves?
5. ¿Las encuentra por fin?
6. ¿Qué le dice Gloria?
7. ¿Es fácil abrir la maleta?
8. ¿Por qué no puede abrirla, según Gloria?
9. ¿Es ésa la llave?
10. ¿Dónde encuentra su ropa Claudia cuando Gloria abre la maleta?

II

SEÑORA	Señorita, ¿dónde están los impermeables?
EMPLEADA	¿Para hombres o mujeres?
SEÑORA	Para mujeres.
EMPLEADA	¿Qué tamaño busca?
SEÑORA	Cuarenta y dos[2].
EMPLEADA	A ver, no estoy segura. Tengo que preguntarle a mi jefe.
SEÑORA	Muy bien, señorita.

DIALOG VARIATION

Usted está en un almacén y quiere comprar un abrigo.

III

CHELA	¿Por qué no vienes a mi casa esta tarde?
MARÍA	No sé si puedo. Tengo que ir a la biblioteca.
CHELA	La chica americana va a enseñarnos unos bailes nuevos.
MARÍA	¿Bailes americanos? ¡Brutal!
CHELA	Claro. Va a enseñarnos los bailes "a gogo".
MARÍA	¡Estupendo! Y yo tengo unos discos nuevos . . .
CHELA	¿Pero no vas a ir a la biblioteca?
MARÍA	¿La biblioteca? ¿Estás loca?

---

[2] European measurements are used in most Latin American countries. Size 42 corresponds approximately to size 10 in the United States.

QUESTIONS

1. ¿Adónde invita Chela a María?
2. ¿Dice María que puede ir?
3. ¿Adónde tiene que ir ella esta tarde?
4. ¿A quién más ha invitado Chela a su casa?
5. ¿Qué va a enseñarles la chica americana?
6. ¿Quiere María aprender unos bailes americanos?
7. ¿Cuáles bailes va a enseñarles la americana?
8. ¿Qué tiene María?
9. ¿Qué le pregunta Chela a María?
10. ¿Ha cambiado María sus planes para la tarde?

Narrative

Folklore de pueblo° chico°

    Los viejos de este pueblo cuentan muchas historias* misteriosas* y fantásticas*—historias que encantan y asustan a los jóvenes, quienes creen todo lo que sus abuelos les dicen. Yo no sé si esas leyendas* lindísimas que forman una parte tan impor-
5 tante* de nuestra tradición* folklórica* están basadas* en la verdad o si son productos de la imaginación de la gente° de aquí, pero sí sé que tienen una profunda* influencia* en la vida de cada uno de nosotros.

    Mi abuelo es uno de los hombres más viejos del pueblo, y
10 conoce todas las leyendas de la región. Cuenta la historia de un marinero°—figura importante de nuestro folklore—que, ya viejo, abandona* su barco y viene a vivir a nuestro pueblo a la casa de su hija Consuelo y del marido de ella. Vive y trabaja en el pueblo, pero piensa constantemente* en el mar, su gran amor.
15 Por horas y horas contempla* el horizonte* y los barcos que pasan. Y cuando uno de éstos llega al puerto, busca a los marineros para conversar con ellos y escuchar las noticias que le traen de distantes lugares. "Algún día voy a volver al mar"—les dice a sus amigos.

20   Pero él está muy viejo ya, y un día, enfermo y cansado de la vida, muere°.

            *   *   *

pueblo: *village*
chico: *pequeño*

gente *f:* personas

marinero: *sailor*

morir (ue): *die*
p.p.: **muerto**

Pasan los años. Más barcos llegan al puerto; unos marineros se quedan en el pueblo; otros vuelven al mar. La vida continúa como siempre. Ya casi nadie recuerda al viejo marinero.

25 Una noche, en la casa de su hija, todos duermen. De repente° Consuelo se despierta.

de repente: *all of a sudden*

—¡Hay alguien en el patio*!—dice nerviosa*, despertando a su marido—Oigo voces . . .

Pero él, completamente dormido, no le contesta.

30 —¡Juan!—le grita a su marido—estoy segura de que oigo voces, y creo que vienen del patio.

Juan se despierta por fin. —¿Voces?—le pregunta medio dormido—¿Quién es?

Consuelo está muy asustada y empieza a llorar. —No sé—le
35 dice—creo que es la voz de mi padre.

—Consuelo, mi amor, estás muy nerviosa y cansada. Tienes que dormir. Y Juan, cerrando los ojos otra vez, se duerme inmediatamente.

Pero ella no puede dormir. Se levanta y se pone la bata°.
40 Va a la cocina y busca una vela°. Encuentra una y se acerca a la puerta de la casita. Escucha . . . escucha . . . pero ni ve ni oye nada en el patio. De repente nota* algo en el suelo que le llama la atención. Está asustadísima, pero por fin se acerca.

bata: *robe*

vela: *candle*

Dock workers load a ship in Cartagena, one of Colombia's two major ports on the Caribbean.

—¿Qué es esto?—se pregunta—¿qué puede ser esto?

45 —Y de repente lo ve claramente. Es un charco° de agua—   **charco:** *puddle*
un charco de agua del mar.

Consuelo se tranquiliza*; ya no está asustada. —Mi padre ha
vuelto a visitar a su hija—se dice. —Ha vuelto del mar.

Consuelo vuelve al dormitorio, y pocos minutos después,
50 duerme tranquilamente*.

QUESTIONS

1. ¿Qué cuentan los hombres viejos del pueblo?
2. ¿Cree usted que estas historias están basadas en la verdad o que son solamente productos de la imaginación?
3. ¿Es el marinero una figura importante en el folklore del pueblo?
4. ¿Por qué abandona su barco el marinero?
5. ¿Adónde va a vivir?
6. ¿En qué piensa constantemente?
7. ¿Qué contempla por horas y horas?
8. ¿Qué pasa cuando un barco llega al puerto?
9. ¿Para qué busca a los marineros que llegan en el barco?
10. ¿Qué les dice a sus amigos?
11. ¿Qué pasa un día?
12. ¿Qué hacen todos en la casa de Consuelo?
13. ¿Quién se despierta de repente?
14. ¿Qué le dice a su marido?
15. ¿Le contesta él? ¿Por qué no?
16. ¿Qué hace Consuelo entonces?
17. ¿Se despierta Juan esta vez?
18. ¿Qué empieza a hacer Consuelo?
19. ¿De quién cree ella que es la voz?
20. ¿Qué le dice su marido?
21. ¿Qué hace él entonces?
22. ¿Puede dormir Consuelo?
23. ¿Qué hace ella?
24. ¿Qué se pone?
25. ¿Adónde va primero?
26. ¿Qué busca allí?
27. ¿Adónde va entonces?
28. ¿Oye algo en el patio?
29. ¿Qué nota de repente?
30. ¿Qué hace por fin?
31. ¿Qué es lo que está en el suelo?
32. ¿De dónde viene el agua?
33. ¿Se tranquiliza entonces Consuelo?
34. ¿Por qué? ¿Quién ha venido a visitarla?

Conversation Stimulus

¿Tú sabes la leyenda del marinero que vuelve del mar?
Claro, mi abuelo _____
¿Me la _____?
Ahora no, porque tengo que _____
¿Cuándo, entonces?
_____

BASIC DIALOG

Los últimos días

MAESTRA	Si le presto el libro, ¿cuándo me lo devuelve?
JOSÉ LUIS	La semana próxima, sin falta.
MAESTRA	La semana próxima vamos a estar en vacaciones.
JOSÉ LUIS	El viernes, entonces. A propósito, ¿nos va a dar las notas hoy?
MAESTRA	Sí, esta tarde se las doy.
JOSÉ LUIS	¿No me puede dar la mía ahora? No sabe cómo estoy sufriendo.
MAESTRA	No. Lo siento mucho.
JOSÉ LUIS	¿Pero no puede decirme al menos si voy a pasar?
MAESTRA	Mmm, bien. Va a pasar, pero raspando, con un cinco[1].
JOSÉ LUIS	¡Gracias, señorita! ¡Gracias!

The Last Days

TEACHER	If I lend you the book, when will you return it to me?
JOSÉ LUIS	Next week, without fail.
TEACHER	Next week we're going to be on vacation.
JOSÉ LUIS	Friday, then. By the way, are you going to give us our grades today?
TEACHER	Yes, this afternoon I'll give them to you.
JOSÉ LUIS	Can't you give me mine now? You don't know how I'm suffering.
TEACHER	No. I'm very sorry.
JOSÉ LUIS	But can't you tell me at least if I'm going to pass?
TEACHER	Mmm, all right. You're going to pass, but barely (scraping), with a five.
JOSÉ LUIS	Thank you, señorita! Thank you!

---

[1] Grades in Spanish-speaking countries are normally based on a number system. In some countries they are based on a scale of 10, 5 being the lowest passing grade. In others they are based on a scale of 7, 4 being the lowest passing grade.

◄ *Students receive a diploma called the* bachillerato *after six years of high school and a difficult exam.*

Supplement

Le presto la revista.	I'll lend you the magazine.
novela	novel
máquina de escribir	typewriter
Se lo traigo dentro de una semana.	I'll bring it to you in a week.
pasado mañana	the day after tomorrow
mañana por la mañana	tomorrow morning
de hoy en ocho[2] (días)	a week from today
de hoy en quince[2] (dias)	two weeks from today
Vamos a la piscina.	We're going to the swimming pool.
a la playa	to the beach
al campo	to the country
a la hacienda	to the farm, ranch
Le mando una tarjeta.	I'll send you a card.
nota	note

No sabe cómo me duele la cabeza.	You don't know how my head is hurting.
la garganta	my throat
el estómago	my stomach
Me duelen los brazos.	My arms are hurting.
las piernas	My legs
los pies	My feet
Los otros no están tan tristes como yo.	The others aren't as sad as I am.
alegres	gay
Ellos no tienen tantos problemas como yo.	They don't have as many problems as I do.
Los otros no sufren tanto como yo.	The others don't suffer as much as I do.
Yo siempre saco un diez en matemáticas.	I always get a ten in mathematics.
historia	history
álgebra	algebra
dibujo	drawing

---

[2] In the expressions **de hoy en ocho** and **de hoy en quince,** *today* is considered the first countable day. Thus, a week from today is eight days from today.

BASIC FORMS

Verbs

devolver (ue)   raspar
doler (ue)   sacar
mandar   sufrir

Nouns

pie   *m.*
álgebra[3]   *f.*

Adjectives

alegre
triste

Vocabulary Exercises

1. QUESTIONS

1. ¿Qué le va a prestar la maestra a José Luis?
2. ¿Cuándo quiere devolvérselo él?
3. ¿Por qué no puede devolvérselo la semana próxima?
4. Entonces, ¿cuándo va a devolverle el libro a la maestra?
5. ¿Cuándo empiezan las vacaciones en esta escuela? ¿pasado mañana?
6. ¿Cuándo es su último examen?
7. ¿Cuándo es el próximo examen en esta clase?
8. ¿Qué va a hacer usted durante las vacaciones?
9. ¿Va a ir a la playa todos los días?
10. ¿Prefiere ir a la playa o a una piscina?
11. ¿Prefiere nadar en el mar o en una piscina?
12. ¿Va a ir al campo durante las vacaciones?
13. Me va a mandar una tarjeta, sin falta, ¿verdad?
14. ¿Ha estado usted en una hacienda?
15. ¿Qué le pregunta José Luis a la maestra con respecto a las notas?
16. ¿Cuándo les va a dar ella las notas a sus alumnos?
17. ¿Está usted contento con sus notas? ¿Por qué (no)?

---

[3] The masculine definite article is used with **álgebra: El álgebra es difícil.** (See page 133.)

2. FREE COMPLETION

1. Estoy leyendo una _____.
2. Durante las vacaciones voy a ir a _____.
3. ¿Vas a mandarme una _____?
4. Escribo con una _____.

3. QUESTIONS

1. ¿Qué le pide José Luis a la maestra?
2. ¿Por qué necesita saber su nota inmediatamente, según él? ¿Se la da la maestra?
3. Si no puede saber su nota, ¿qué quiere saber José Luis, al menos?
4. ¿Qué le dice la maestra?
5. ¿A usted le duele la cabeza antes de un examen? ¿Le duele el estómago?
6. ¿Va a pasar raspando usted en esta clase?
7. ¿Qué nota va a sacar en la clase de historia? ¿y en la clase de álgebra? ¿y en la de dibujo?
8. ¿Estudia usted dibujo? ¿Estudia música? ¿Cuál clase le gusta más?
9. ¿Usted va a seguir estudiando español el año próximo? ¿Qué más va a estudiar?
10. ¿Están ustedes tristes porque las clases van a terminar pronto?
11. ¿Está usted resfriado hoy? ¿Le duele la garganta? ¿y la cabeza? ¿y el estómago?
12. *Juan,* ¿le duelen las piernas después de pasar todo el día jugando fútbol? ¿y los pies?
13. ¿Le duelen los pies después de hacer uno de esos bailes modernos? ¿y las piernas?
14. ¿Le duelen los brazos después de pasar todo el día nadando?

Private beach clubs are popular among Argentina's wealthy.

4. BASIC DIALOG VARIATION

Change the Basic Dialog to narrative form.

GRAMMAR

Infinitives as Verb Complements

PRESENTATION

¿No me **puede dar** la mía ahora?
Prometo no **gastar** mucho.
¿**Desea dejar** algún recado?
¿**Quieres escuchar** unos discos?
Debe ser muy bonita.

Does the first verb in each sentence have a person-number ending? Does the second? What is the form of the second verb?

GENERALIZATION

In Spanish, as in English, many verbs may be followed by an infinitive (or an infinitive phrase), just as they may be followed by a noun phrase.

The structure of examples like the following is practically identical in English and Spanish. The English infinitive marker *to* is matched by the Spanish infinitive ending **r** in these examples.

Verb + Noun Phrase	*Verb + Infinitive (Phrase)*
Quiero el dibujo.	**Quiero leer.**
I want the drawing.	*I want to read.*

The infinitive marker *to* is not used in English after *can, must,* and a few other verbs.

Puedo salir.
I can leave.

Debo salir.
I must leave.

STRUCTURE DRILLS

5. DOUBLE ITEM SUBSTITUTION

Prefiero trabajar ahora. ⊗
Quieren _____.
_____ sentarse _____.
Necesita _____.
_____ llamarlo _____.
Debemos _____.
_____ economizar ___.
Prometo _____.
_____ estudiar _____.

6. SENTENCE COMBINATION

¿Desea un café? ¿Toma un café? ⊗   ¿Desea tomar un café?
Queremos una tarjeta. Mandamos una
   tarjeta.
Prefiero la hacienda. Visito la hacienda.
No sabe el número. No marca el número.
Necesito buenas notas. Saco buenas notas.

7. FREE RESPONSE

¿Sabe usted nadar?
¿Sabe jugar tenis?
¿Le duelen los brazos después de un partido de tenis? ¿y las piernas?
¿Piensa usted jugar tenis este sábado?
¿Piensa hacer una fiesta? ¿Son alegres las fiestas de la escuela?
¿Qué piensa hacer este sábado?
¿Qué prefiere hacer, escuchar discos o estudiar?
¿Qué deben ustedes hacer esta tarde?
¿Piensan estudiar esta tarde?
¿Necesitan estudiar mucho?
¿Me prometen estudiar más el año próximo, sin falta?
¿Piensa trabajar durante las vacaciones?
¿Prefiere usted trabajar o viajar?
¿Qué piensan hacer sus amigos?

8. WRITING EXERCISE

Write the responses to Drill 6.

More about Infinitives as Verb Complements

PRESENTATION

Vamos <u>a</u> estar en vacaciones.
¿Aprenden <u>a</u> hablar español?
Acaba <u>de</u> salir.
¿Tienes <u>que</u> comprar algo?

Which word precedes the infinitive in the first two sentences? in the third? in the fourth?

GENERALIZATION

Some Spanish verbs, unlike those on page 293, require **a, de,** or **que** before an infinitive.

Verb		*Examples*
aprender		Aprenden a hablar español.
comenzar		Comienza a gritar.
empezar		¿Cuándo empezamos a estudiar?
enseñar		Inés nos enseña a cantar.
entrar	a	¿Entramos a ver la película?
invitar		¿Me invitas a bailar?
ir		Vamos a dar una fiesta.
llamar		Los llamo a almorzar.
salir		Salen a cenar todos los sábados.
venir		Vengo a ver a Pedro.
acabar	de	Acaba de salir.
terminar		¿Cuándo terminas de escribir la tarea?
tener	que	Tengo que estudiar.

STRUCTURE DRILLS

9. DOUBLE ITEM SUBSTITUTION

Quiero estudiar. ⊗
Empiezan ———.
——————— comer.
Prefieren ———.
——————— volver.
Puedes ———.
——————— economizar.
Aprenden ———.
——————— nadar.
Vamos ———.
——————— contestar.
Acaba ———.
——————— levantarse.
Tienen ———.

10. EXPANSION DRILL

Empiezan la novela. ⊗
   (leer)   Empiezan a leer la novela.
Por fin termina sus lecciones.
   (hacer)
¿Aprendes español?
   (hablar)
No sé el nombre.
   (escribir)
Me enseñan el cha-cha-cha.
   (bailar)
Llamo a los niños.
   (comer)
Tengo una máquina de escribir.
   (comprar)
¿Cuándo comienza su tarea?
   (hacer)

11. FREE RESPONSE

¿Va usted a pasar este año?
¿Va a pasar raspando, o va a sacar buenas notas?

Si pasa raspando, ¿me promete estudiar más el año próximo?
¿A qué hora empieza a hacer su tarea?
¿Ya sabe usted jugar tenis?
¿Piensa aprender a nadar este verano?
¿Quién va a enseñarle a nadar?

12. DOUBLE ITEM SUBSTITUTION

Prometo estudiar. ⊗   Prometo estudiar.
Estoy _____.   Estoy estudiando.
_____ trabajado.   He trabajado.
Tengo _____.   Tengo que trabajar.
_____ comiendo.   Estoy comiendo.
He _____.   He comido.
_____ vistiéndome.   Estoy vistiéndome.
Acabo _____.   Acabo de vestirme.

13. WRITING EXERCISE

Write the responses to Drills 9 and 10.

Adverbs with -mente

PRESENTATION

> Ella no es muy bonita, **francamente.**
> ¡Es **absolutamente** imposible!
> Voy a hablar con su jefe **inmediatamente.**

Which words are the adverbs in these sentences? What suffix do they end in? What part of speech is the word to which the suffix is attached? Is it attached to the masculine or the feminine form?

GENERALIZATION

In English, many adverbs are formed by adding *-ly* to an adjective.

$$
\begin{array}{lcl}
immediate & \rightarrow & immediate\underline{ly} \\
perfect & \rightarrow & perfect\underline{ly}
\end{array}
$$

In Spanish many adverbs are formed by adding **-mente** to the feminine singular form of an adjective.

inmediata	➞	**inmediata<u>mente</u>**
perfecta	➞	**perfecta<u>mente</u>**

STRUCTURE DRILLS

14. ADJECTIVE ➞ ADVERB

inmediato	inmediatamente
perfecto	
absoluto	
fácil	
posible	
principal	
seguro	
exagerado	
triste	
loco	
alegre	
franco	
distraído	
desgraciado	

15. TRANSFORMATION DRILL

Aprendemos esa lección de una **manera** fácil. ⊗	Aprendemos esa lección fácilmente.
Los niños cantan de una manera alegre.	Los niños cantan alegremente.
Me duele la cabeza de una manera horrible.	Me duele la cabeza horriblemente.
Ella siempre habla de una manera exagerada.	Ella siempre habla exageradamente.
La criada grita de una manera loca.	La criada grita locamente.
La maestra nos mira de una manera triste.	La maestra nos mira tristemente.

16. FREE SUBSTITUTION

Es <u>absolutamente</u> <u>imposible</u>.

Comparatives: tan/tanto . . . como

PRESENTATION

Ellos no están <u>tan</u> **tristes** <u>como</u> yo.
Cristina no aprende <u>tan</u> **fácilmente** <u>como</u> tú.

Which words mean *as . . . as* in these sentences? Which part of speech is the word that follows **tan** in the first sentence? Which part of speech is the word that follows **tan** in the second sentence?

Ellos no tienen <u>tantos</u> **problemas** <u>como</u> yo.
Yo no tengo <u>tanta</u> **prisa** <u>como</u> ella.
Los otros no sufren <u>tanto</u> <u>como</u> yo.

Which words mean *as much (as many) . . . as*? In which of these sentences does a form of **tanto** function as an adjective? Does **tanto** show number and gender agreement when it functions as an adjective? Does **tanto** function as an adjective or an adverb in the last sentence?

GENERALIZATION

Spanish	*English*
tan + $\begin{Bmatrix} \text{adjective} \\ \text{adverb} \end{Bmatrix}$ **como**	*as* + $\begin{Bmatrix} \text{adjective} \\ \text{adverb} \end{Bmatrix}$ *as*
tanto, -a + $\begin{Bmatrix} \text{singular} \\ \text{noun} \end{Bmatrix}$ **como**	*as much* + $\begin{Bmatrix} \text{singular} \\ \text{noun} \end{Bmatrix}$ *as*
tantos, -as + $\begin{Bmatrix} \text{plural} \\ \text{noun} \end{Bmatrix}$ **como**	*as many* + $\begin{Bmatrix} \text{plural} \\ \text{noun} \end{Bmatrix}$ *as*
tanto como	*as much as*

1. As an adjective, **tanto** agrees in number and gender with the noun it modifies: **tanto dinero, tanta prisa, tantos muchachos, tantas muchachas.**

2. If a pronoun follows **como,** it is the subject pronoun, not the prepositional pronoun.

Ellos no tienen tantos problemas como <u>yo</u>.
María no es tan alta como <u>tú</u>.

STRUCTURE DRILLS

17. PAIRED SUBSTITUTIONS

1. Este edificio no es tan grande como el otro. ⊗
   _____ piscina _____.
   Esta playa es tan linda como la de Miami.
   _____ aeropuerto _____.
   Esta máquina de escribir es tan cara como la tuya.
   _____ carro _____.

2. José Luis tiene tantos problemas como yo. ⊗
   _____ dinero _____.
   Yo no leo tantas revistas como tú.
   _____ libros _____.
   Ellos no tienen tanto trabajo como nosotros.
   _____ tarea _____.

18. PATTERNED RESPONSE

1. Juan es guapo. Su hermano, también. ⊗   Su hermano es tan guapo como **Juan.**
   Ana es simpática. Isabel, también.
   Mamá está preocupada. Papá, también.
   Los niños están cansados. Yo también.
   Los alumnos están aburridos. La maestra,
      también.

2. Ella ha leído diez novelas. Él ha leído   Él no ha leído tantas novelas como ella.
      menos. ⊗
   Arturo ha mandado dos tarjetas. Juan ha
      mandado menos.
   José tiene muchos problemas. Los otros
      alumnos tienen menos.
   Enrique gana mucho dinero. Miguel
      gana menos.
   Este carro usa mucha gasolina. El jeep
      usa menos.

3. Pedro estudia más que Juan. ⊗   Juan no estudia tanto como Pedro.
   José Luis sufre más que sus compañeros.
   El maestro se aburre más que los chicos.
   Mi papá se ·enoja más que mi mamá.
   La garganta me duele más que la cabeza.

19. CUED DIALOG

(carro)   1ST STUDENT ¡Qué lindo es este carro!
               2ND STUDENT Sí, pero no es tan lindo como el otro.

(dibujos)
(hotel)
(tarjetas)
(piscina)
(aviones)
(tren)
(casa)

20. FREE RESPONSE

Juan, ¿es usted tan alto como su papá?
¿Es usted tan inteligente como él?
¿Es él tan simpático como usted?
Ana, ¿es usted tan bonita como su mamá?
¿Es tan alta como ella?
¿Ella habla español tan bien como usted?
¿Estudia usted tanto como los otros alumnos?
¿Habla español tan bien como ellos?
¿Saca notas tan buenas como ellos?
¿Habla español tan rápido como el maestro?
¿A usted le gusta la clase de historia tanto como la de español?
¿Le gusta la clase de inglés tanto como la de matemáticas?
¿A usted le parece tan fácil hablar español como inglés?
¿Tienen ustedes tantos exámenes en la clase de historia como en ésta?
¿Tienen tanta tarea?
¿Está usted tan contento el primer día de clases como el último?

21. WRITING EXERCISE

Write the responses to Drills 18.1, 18.2, and 18.3.

Writing

1. MULTIPLE ITEM SUBSTITUTION

1. ¿A qué hora empiezan a estudiar los muchachos?
   terminar / trabajar / médico

2. Aprendemos a hablar español ahora.
   preferir / estudiar / álgebra

3. ¿Desean dejar algún recado?
   tener / escribir / tarjetas

4. Pienso sacar un siete en historia.
   querer / diez / matemáticas

5. Tú y yo no hemos hecho tanto trabajo como ella.
   los otros alumnos / leer / novelas / yo

6. Tú no has mandado tantas tarjetas como yo.
   los muchachos / recibir / recados / ella

7. Este carro no es tan barato como el de Juan.
   máquina de escribir / mi hermana

8. Esta maleta no es tan bonita como la de la otra muchacha.
   baúl / grande / muchacho

9. Al niño le encanta la película.
   a mí / doler / pies

10. ¿A ti te aprietan los zapatos?
    a usted / doler / cabeza

2. SENTENCE COMBINATION

MODELS   Esta tarjeta es bonita. La otra, también.
<u>Esta tarjeta es tan bonita como la otra.</u>

Yo mando muchas cartas. Ella, también.
<u>Yo mando tantas cartas como ella.</u>

1. El álgebra es difícil. La historia, también.
2. Esta revista es interesante. Ésa, también.
3. Tú lees muchas novelas. Yo, también.
4. Las gemelas García tienen mucho dinero. Ellos, también.
5. La maestra sufre mucho. Los alumnos, también.

6. La máquina de escribir mía es cara. La suya, también.
7. Ana está triste. Su mamá, también.
8. Los gemelos nadan muy bien. Su hermano mayor, también.
9. La criada grita exageradamente. La señora, también.
10. Yo lo siento mucho. Usted, también.

RECOMBINATION MATERIAL

Dialogs

I

JOSÉ LUIS   ¿Cuándo vas a devolverme el libro? Lo necesito.

PATRICIO   Te lo doy mañana por la mañana. Marta lo tiene ahora.

JOSÉ LUIS   Yo se lo pido a ella, entonces. Es de la maestra, y tengo que devolvérselo esta tarde sin falta.

JOSÉ LUIS   Marta, ¿tienes el libro? Se lo tengo que devolver a la maestra.

MARTA   ¿Cuál libro? Ah, sí, ése. Dolores lo tiene. Lo necesita para su clase de historia.

JOSÉ LUIS   ¡Qué barbaridad! La maestra me mata si no le devuelvo ese libro.

MARTA   Vamos a la casa de Dolores. Ella lo tiene seguramente.

JOSÉ LUIS   ¡Si no se lo ha prestado a otra persona!

QUESTIONS

1. ¿Qué le pregunta José Luis a Patricio?
2. ¿Quién tiene el libro, según Patricio?
3. ¿De quién es el libro?
4. ¿Cuándo se lo tiene que devolver, sin falta?
5. ¿Tiene el libro Marta?
6. ¿Quién lo tiene, según ella?
7. ¿Para qué lo necesita Dolores?
8. ¿Qué le hace la maestra a José Luis si no le devuelve el libro?
9. ¿Adónde quiere ir Marta?
10. ¿Qué cree José Luis que Marta ha hecho con el libro, probablemente?

II

MÉDICO	A ver, Juan. ¿Qué tiene usted?
JUAN	Me duele mucho la garganta.
MÉDICO	¿Qué más le duele? ¿La cabeza? ¿El estómago?
JUAN	La cabeza. Estoy muy resfriado.
MÉDICO	¿Ha tomado algo?
JUAN	Sí, para la garganta.
MÉDICO	Bueno, usted va a tener que quedarse en casa algunos días. Necesita dormir.
JUAN	¡Ay, no! Tengo un examen importantísimo esta tarde.
MÉDICO	¡Los buenos alumnos se preocupan porque no pueden ir a la escuela y los malos porque tienen que ir!

QUESTIONS

1. ¿Dónde está Juan?
2. ¿Qué le duele?
3. ¿Qué más le duele?
4. ¿Le duele el estómago?
5. ¿Le duelen las piernas?
6. ¿Ha tomado algo?
7. ¿Qué le dice el médico?
8. ¿Quiere Juan quedarse en casa?
9. ¿Por qué no?
10. ¿Qué dice el médico?
11. ¿Es Juan un buen o un mal alumno?
12. ¿Hay muchos alumnos como Juan?

DIALOG VARIATION

Change the dialog to narrative form.

III

RAÚL	¡Por fin van a terminar las clases!
PACO	Sí, ¡estamos libres dentro de una semana! El viernes es el último día.
RAÚL	Yo nunca voy a abrir otro libro de álgebra.
PACO	Ni mirar otro libro de historia.
RAÚL	Yo voy a ir a la playa todos los días.
PACO	Yo voy a pasar las vacaciones en el campo, en la hacienda de mi tío.

RAÚL ¡Y no voy a decir ni siquiera una palabra en inglés por tres meses!

PACO ¡Yo tampoco!

REJOINDERS

¡Por fin estamos libres!

Narrative

Carta de un alumno costarricense*

Queridísimos° viejos[4],

    Estoy contentísimo por la carta que acabo de recibir de ustedes, larga° y llena° de noticias, como a mí me gustan. Ya la he leído tres veces y la voy a leer al menos una vez más.

5   Me alegro° mucho de saber que todos están bien y que no vamos a tener que vender San Fernando. Es la mejor noticia que he recibido en mi vida. Una hacienda tan bonita y tan grande, que ha estado en nuestra familia cuatro generaciones*—con ese clima, ese río° enorme, esa playa que es más bonita que la de
10 Miami—no debemos venderla por nada del mundo.

    Y vieran ustedes qué preocupados han estado, no sólo yo, sino también todos los compañeros amigos míos. Es que les he hablado tanto de San Fernando. Muchas veces nos sentamos a conversar y yo les cuento y les cuento de las cosas que pasan allá y ellos no
15 se cansan de oírme; el que se cansa soy yo. Creen que yo exagero mucho cuando les digo que hay cantidades* de cocodrilos*, iguanas*, y monos° allá, pero les encanta escucharme; y cuando les hablo de las boas* de dos y tres metros*[5] de largo que usted, viejo, y los peones* han matado en la montaña*, se quedan con
20 la boca abierta.

    Bueno, voy a hablar de otra cosa porque si no, no termino nunca esta carta, pero quiero decirles antes que me alegra muchísimo la noticia de que este año vamos a pasar todas las vacaciones en la hacienda. Ya tengo hechas las dos maletas y sola-

querido: *dear*

largo: *long*
lleno: *full*
alegrarse: *be glad*

río: *river*

mono: *monkey*

---

[4] Affectionate way of addressing parents.
[5] The metric system is used throughout Latin America, except in Puerto Rico.

Age-old plowing techniques are used on this farm in Costa Rica.

25 mente estoy esperando° pasar el último examen, el de álgebra,   **esperar:** *wait*
que es de hoy en ocho, para salir corriendo° directamente* para   **correr:** *run*
el aeropuerto.

    A propósito, quiero pedirles permiso para llevar° a dos amigos   **llevar:** *take*
míos a pasar las vacaciones con nosotros. Son Jack Parducci y
30 Bob O'Brien, de quienes ya les he hablado a ustedes. Son muy
buenos muchachos, muy decentes* y simpáticos. Mis dos hermanitas probablemente se van a alegrar mucho de esta noticia.
Ya ellos tienen el permiso de la casa y están completamente
listos. No hablan de otra cosa más que de montar a caballo° y   **montar a caballo:**
35 de entrar a la cueva° para ver si encuentran el famoso tesoro*.   *horseback ride (mount on horse)*
                                                          cueva: *cave*

QUESTIONS

1. ¿De dónde es el muchacho que escribe la carta?
2. ¿En cuál país cree usted que está estudiando él?
3. ¿A quiénes les escribe?
4. ¿Cuál palabra usa para referirse* a sus padres?
5. ¿Por qué está contentísimo?
6. ¿Es larga la carta que acaba de recibir?
7. ¿Cuántas veces la ha leído ya?

8. ¿Va a leerla otra vez?
9. ¿Cuál es la mejor noticia que ha recibido en su vida?
10. ¿Qué es San Fernando?
11. ¿Es una hacienda pequeña?
12. ¿Por cuántas generaciones ha estado San Fernando en esa familia?
13. ¿Es bonita la playa de San Fernando?
14. ¿A quiénes les ha hablado mucho de San Fernando?
15. ¿Ellos se cansan de oírlo?
16. ¿Quién se cansa?
17. ¿Qué creen ellos?
18. ¿Cuáles son algunos de los animales que hay en San Fernando?
19. ¿Qué han matado el padre del autor y los peones?
20. ¿Cómo se quedan los compañeros del autor cuando oyen estas historias?
21. ¿El autor le habla de "tú" o de "usted" a su padre?
22. ¿Ya tiene hechas las maletas el autor?
23. ¿Qué está esperando para salir?
24. ¿Cuál es su último examen?
25. ¿Cuándo es?
26. ¿Qué va a hacer después de pasar ese examen?
27. ¿A quiénes quiere llevar el autor a San Fernando?
28. ¿Cómo se llaman sus dos amigos?
29. ¿Qué dice el autor de ellos?
30. ¿Cree el autor que sus hermanitas se van a alegrar de esta noticia?
31. ¿De qué hablan constantemente Jack y Bob?
32. ¿Qué van a buscar en la cueva?

II

Mami, usted no debe preocuparse tanto por mí; yo estoy perfectamente bien y voy a estar pasando las vacaciones con ustedes muy pronto. Si no les he escrito en los últimos dos meses, ha sido porque he estado ocupadísimo preparándome para los

40 exámenes finales*. He salido bastante bien de casi todos, pero creo que voy a pasar raspando en el de inglés y en el de historia. No nos han dado las notas todavía, pero no creo que voy a sacar más de una C menos en los dos, si tengo suerte, que es como decir un seis allá. Es que cuando uno tiene que explicar* las

45 cosas en inglés es muy difícil. De todos modos ustedes deben estar muy orgullosos° de mí porque estoy seguro que he sacado mejor nota en estas dos cosas que los otros latinos* de mi grupo; si yo paso raspando, ellos van a pasar "raspandísimo".

Como les digo, todavía tengo un examen más, el de álgebra

50 que es de hoy en ocho, pero no me preocupa. Yo soy, como ustedes saben, bueno para todo lo que es matemáticas, y ni siquiera tengo que estudiar para este examen porque sé que va a

orgulloso: *proud*

Much of Costa Rica's tropical coast is unexplored jungle.

ser muy fácil. Pero estoy estudiando de todos modos porque no
tengo otra cosa que hacer y estoy aburridísimo.

55   Bueno, por lo menos° tengo tiempo° para comprar algunas
de las cosas que ustedes me piden. Ya he comprado dos de los vestidos para tía Matilde; son de minifalda porque falda larga he
buscado por todas partes y simplemente no hay. Pero la empleada
de la tienda dice que las minifaldas están de última moda° y que
60   en Suramérica hasta° las señoras las usan. Yo no sé si eso es
verdad o no. Uno es azul y el otro no recuerdo en este momento*.
También tengo ya los zapatos para usted, papá.

Ahora voy a ir de compras porque, qué barbaridad, con la
lista que me han dado de cosas que comprar, voy a llegar allá
65   como Papá Noel°. Por favor, no más.

Un beso° y un abrazo° de su hijo que los quiere mucho y
espera° verlos muy pronto.

José Rafael

José Rafael

P.D.[6]   Si hay alguna inconveniencia* con la cuestión* de Jack y
70   Bob deben avisarme* inmediatamente por cable*.

---

[6] **P.D. (Postdata)** = *P.S. (Postscript).*

por lo menos: *at least*
tiempo: *time*

de última moda: *the latest style (fashion)*
hasta: *even*

Papá Noel: *Santa Claus (Papa Christmas)*
beso: *kiss*
abrazo: *hug*
esperar: *hope*

QUESTIONS

1. ¿Quién se preocupa mucho por José Rafael?
2. ¿Dónde va a estar él muy pronto?
3. ¿Por qué no les ha escrito en los últimos dos meses a sus padres?
4. ¿Ha salido muy bien de todos sus exámenes?
5. ¿En cuáles cursos* va a pasar raspando?
6. ¿Cuál nota piensa que va a sacar en esos cursos?
7. ¿Por qué son estos cursos especialmente difíciles para José Rafael?
8. ¿Por qué deben estar orgullosos los padres de José Rafael?
9. ¿Lo preocupa a José Rafael el examen de álgebra?
10. ¿Por qué no?
11. ¿Por qué estudia tanto para ese examen, entonces?
12. ¿Qué va a poder hacer ahora?
13. ¿Qué ha comprado para tía Matilde?
14. ¿Cómo son los vestidos?
15. ¿Qué está de última moda en Suramérica, según la empleada de la tienda?
16. ¿De qué color son los vestidos?
17. ¿Qué ha comprado José Rafael para su padre?
18. ¿Le han pedido muchas cosas los parientes de José Rafael?
19. ¿Cómo quién va a llegar a Costa Rica él?
20. ¿Cómo termina la carta?
21. ¿Qué les dice en la postdata a sus padres?

Conversation Stimulus

Un lugar ideal imaginario* (¡o real!)

Use the following questions as a guide:

1. ¿Cuál es el lugar ideal para usted?
2. ¿Es una ciudad? ¿cuál? ¿un pueblo chico? ¿cuál?
3. ¿Dónde está? ¿en el campo? ¿en las montañas? ¿en la costa?
4. ¿Hay playas bonitas allí?
5. ¿La gente se baña todos los días en esas playas?
6. ¿Hace siempre buen tiempo?
7. ¿Hay haciendas inmensas*?
8. ¿Usted puede montar a caballo allí?
9. ¿Hay animales interesantes? ¿cuáles?
10. ¿Tiene que trabajar allí o tiene muchos criados?
11. ¿Hay escuelas y exámenes y maestros furiosos allí?

BASIC MATERIAL I

Hogareña

¿Qué pasó ayer? Nada de particular. Le ayudé a mamá con el oficio de la casa. Me llamó una amiga por teléfono y hablamos un rato. En la tarde llegaron unas visitas—y conversamos, tomamos café y . . . ¿qué más? Nada más.

Supplement

¿Le ayudaste a tu mamá?

Sí, le ayudé a planchar.
Sí, le ayudé a cocinar.

¿Cuándo llegaron las visitas?

Anteayer.
Hace poco.
Hace una hora.
Anoche.
La semana pasada.

¿Conversaron mucho?

Sí, sobre política.
Sí, sobre deportes.
Sí, sobre los estudios.

◀ *Algunas veces las hijas ayudan, pero generalmente las criadas hacen el oficio.*

Homebody

What happened yesterday? Nothing in particular. I helped Mom with the housework. A friend called me on the telephone and we talked for a while. In the afternoon some visitors came—and we talked, had coffee, and . . . what else? Nothing else.

Supplement

Did you help your mom?	Yes, I helped her iron.
	Yes, I helped her cook.
When did the visitors arrive?	The day before yesterday.
	A little while ago.
	An hour ago.
	Last night.
	Last week.
Did you talk a lot?	Yes, about (on) politics.
	Yes, about sports.
	Yes, about our studies.

Vocabulary Exercises

1. QUESTIONS ON BASIC MATERIAL

1. ¿Cómo se llama una persona a quien le gusta quedarse en casa?
2. ¿Qué pasa en la narración, algo especial?
3. ¿A quién le ayuda la muchacha? ¿Con qué le ayuda?
4. ¿Quién llama por teléfono a la muchacha hogareña? ¿Hablan mucho tiempo?
5. ¿Quiénes llegan en la tarde?
6. ¿Qué hacen las visitas cuando llegan a la casa de la muchacha hogareña?
7. ¿Saben ustedes sobre qué conversan?

2. FREE RESPONSE

1. ¿Le ayuda a su mamá usted? ¿Le ayuda a planchar ropa?
2. ¿Quién cocina en su casa?
3. ¿Le ayuda a su papá? ¿Le lava el carro? ¿Trabaja con él en el jardín?
4. ¿A usted le gusta conversar sobre política? ¿y sobre sus estudios?
5. ¿A usted le gustan los deportes? ¿Cuál deporte le gusta más, el fútbol o el tenis?

3. ENGLISH CUE DRILL

Llegaron hace una hora. ⊗
They arrived three hours ago.
They arrived a little while ago.
They arrived two days ago.
They arrived a week ago.
They arrived a month ago.
They arrived a year ago.
They arrived two years ago.

4. BASIC MATERIAL VARIATION

Read the girl's monolog again, changing **ayer** to **hoy** and the verbs from the past tense to the simple present. *Start like this:* ¿Qué pasa hoy? Nada de particular . . . .

Noun Exercise

5. COMPLETION

The sentences in the left-hand column provide the gender cues you need in order to complete the sentences in the right-hand column. Complete these sentences with any appropriate article.

1. La política es interesante.
2. Me gustan los deportes.
3. ¿Cómo van los estudios este año?
4. ¿Cuándo llegan las visitas?
5. Siempre ayudo con el oficio de la casa.

Me encanta _____ política.
A Juan no le gustan _____ deportes.
Siempre hablas de _____ estudios.
Ya han llegado _____ visitas.
A mí no me gusta ayudar con _____ oficio de la casa.

Verb Exercise

6. PATTERNED RESPONSE

The sentences in the left-hand column indicate whether the pronoun to be supplied in the sentences in the right-hand column is the direct object pronoun or the indirect object pronoun.

¿Le ayudas a Pedrito?
¿Les ayudas a las gemelas?
¿Planchas la ropa?
¿Planchas mis camisas?
¿Cocinas los huevos?
¿Cocinas la carne?

No, no puedo ayudarle ahora.

Grammar

The Preterit:
Regular a-Class Verbs

PRESENTATION

Llamé a una amiga.	Después le **ayudé** a mamá.
Llamaste a una amiga.	Después le **ayudaste** a mamá.
Llamó a una amiga.	Después le **ayudó** a mamá.
Llamamos a una amiga.	Después le **ayudamos** a mamá.
Llamaron a una amiga.	Después le **ayudaron** a mamá.

Does the action described in each of the above sentences take place in the past or is it going on in the present? Which verb class does each of the verbs in the above sentences belong to? In which verb forms does the theme vowel occur? What are the endings which are attached to the stem or to the stem + theme vowel?

GENERALIZATION

1. The verbs in the Presentation are in the <u>preterit</u>. The preterit is one of the two ways of viewing past events in Spanish.

2. The preterit of regular **a**-class verbs is shown in the following chart.

llamar, PRETERIT

	Singular	*Plural*
1	**llam** - é	**llam a mos**
2	**llam a ste**	**llam a ron**
3	**llam** - ó	

The theme vowel does not occur in the preterit of the first and third persons singular. Otherwise, the preterit for regular **a**-class verbs is composed of stem + **a** + ending[1]. The first and third person endings are stressed: **llamé, llamó.**

3. The preterit for the first person plural is the same as the present tense form.

<table>
<tr><td>Le <u>ayudamos</u> a mamá ahora.</td><td>*We're helping Mom now.*</td></tr>
<tr><td>Le <u>ayudamos</u> a mamá ayer.</td><td>*We helped Mom yesterday.*</td></tr>
</table>

4. Since regular **a**-class preterit stems are never stressed, stem vowel alternations which show up under stress never occur in the preterit.

Ya cerré la puerta.
¿Encontraste tus cosas?

STRUCTURE DRILLS

7. PERSON-NUMBER SUBSTITUTION

1. ¡Qué bueno que llamaste! ⊗   ¡Qué bueno que llamaste!
   (usted)   ¡Qué bueno que llamó!
   (yo)   ¡Qué bueno que llamé!
   (ustedes)   ¡Qué bueno que llamaron!
   (nosotros)   ¡Qué bueno que llamamos!
   (tú)   ¡Qué bueno que llamaste!

2. Llegaron hace poco. ⊗
   (yo–tú–mis compañeros y yo–la maestra–ustedes)

3. Conversamos y tomamos café.
   (las visitas–él y yo–tú–yo–la muchacha)

8. PRESENT → PRETERIT

Yo no estudio hoy. ⊗   Yo no estudié hoy.
Me levanto bastante tarde.
Le ayudo a mamá en la casa.
Llegan unos amigos.
Tomamos café con ellos.
Me llama una compañera.
Conversamos un rato.
¿Tú estudias hoy?

---

[1] Verbs whose stems end in the letter **g** require the letter **u** before the first person preterit ending in order to retain the sound [g̃] or [g]: **Llegué ayer.**

Verbs whose stems end in the letter **c** replace the **c** with **qu** before the first person preterit endings in order to retain the sound [k]: **Busqué las cosas.**

Verbs whose stem ends in **z** replace the **z** with **c** before the first person preterit ending: **Empecé a estudiar.**

9. PROGRESSIVE SUBSTITUTION

Tú llamaste a la chica americana. ⊗
Ellas_____.
_____invitaron_____.
_____muchacho_____.
Él _____.
_____visitó_____.
_____médico _____.

10. PATTERNED RESPONSE

1. ¿Vas a jugar tenis ahora? ⊗   No, jugué esta mañana.
   ¿Van los chicos a jugar tenis ahora?   No, jugaron esta mañana.
   ¿Van ustedes a jugar tenis ahora?   No, jugamos esta mañana.
   ¿Va Juan a jugar tenis ahora?   No, jugó esta mañana.
   ¿Va usted a jugar tenis ahora?   No, jugué esta mañana.

2. ¿Cuándo vas a arreglar el cuarto?   ¿Cómo? Ya lo arreglé.
   ¿Cuándo van a arreglar ustedes el cuarto?
   ¿Cuándo van a arreglar las chicas el
     cuarto?
   ¿Cuándo va a arreglar la criada el cuarto?
   ¿Cuándo va a arreglar usted el cuarto?

11. BASIC MATERIAL VARIATION

1. Make the girl's monolog into a dialog by inserting lines of your own choice. Add any extra words necessary to relate one sentence to the next. *Start like this:*

   —¿Qué pasó ayer? Nada de particular.
   —¿Le ayudaste a tu mamá?
   —Sí, le ayudé con el oficio de la casa.
   —¡Que aburrido! ¿No te llamó nadie?
   —Sí, me llamó . . .

2. Make a new dialog by supplying the missing lines.

   —¿Qué pasó ayer?
   —_____
   —¿Le ayudaste a tu papá?
   —_____
   —¿Llamaste a algunos amigos?
   —_____
   —¿Qué pasó después?
   —_____

12. DIRECTED DIALOG

Pregúntele a *Juan* a qué hora se levantó esta mañana.

Juan, contéstele.

¿A qué hora te levantaste esta mañana?

Pregúntele a *Lili* a qué hora se acostó anoche.

Lili, contéstele.

¿A qué hora te acostaste anoche?

Pregúnteles a *José* y a *Toni* si jugaron fútbol ayer.

José, contéstele.

¿Jugaron fútbol ayer ustedes?

Pregúnteles a *Ana* y a *Rosa* si estudiaron ayer.

Ana, contéstele.

¿Estudiaron ayer?

13. FREE RESPONSE

¿A qué hora terminó usted de estudiar anoche?

¿A qué hora se acostó?

A ver si adivina a qué hora me levanté yo esta mañana.

¿Cuándo llegaron ustedes a la escuela?

¿Quién cocinó en su casa anoche?

¿Quién le preparó el desayuno esta mañana?

¿Trabajó usted durante el verano?

¿Viajaron usted y su familia durante el verano?

¿Cuáles lugares visitaron?

Writing

PARAGRAPH REWRITE

Rewrite the following paragraph, changing **la semana próxima** to **el año pasado** and the verbs in the **ir + a +** <u>infinitive</u> construction to the preterit.

La semana próxima unos amigos van a llegar de los Estados Unidos. Van a pasar un mes con nosotros. Los vamos a llevar a todos los museos y a algunos restaurantes típicos. Nos van a hablar en inglés y una de la chicas me va a enseñar unos bailes modernos. Los chicos van a jugar fútbol americano con mis hermanos. Vamos a conversar sobre deportes y sobre muchas otras cosas.

BASIC MATERIAL II

Aplicados

No salí en todo el día. Todos en la casa salieron, pero yo pasé el día en casa estudiando con mi prima para un examen. Aprendimos muchas fechas de memoria: en mil cuatrocientos noventa y dos Colón descubrió América; en mil setecientos treinta y dos nació Jorge Washington. Después ella y yo comimos juntos y vimos televisión.

Supplement

¿Aprendiste algunas fechas?

Sí, en mil cuatrocientos cincuenta y dos nació el rey Fernando Segundo[2].

En mil quinientos treinta y tres Pizarro conquistó a los incas.

En mil novecientos sesenta y nueve llegaron los primeros astronautas a la luna.

¿Qué pasó en mil seiscientos siete?

Llegaron los primeros colonizadores ingleses.

¿Y en mil ochocientos sesenta y cinco?

Terminó la Guerra Civil de los Estados Unidos.

Studious

I didn't go out all day. Everyone in the house went out, but I spent the day at home studying with my cousin for an exam. We learned a lot of dates by heart: in 1492 Columbus discovered America; in 1732 George Washington was born. Afterwards, she and I ate together and watched television.

---

[2] Ferdinand II of Aragon married Isabella of Castile in 1469, thereby unifying two of the most important kingdoms in Spain. King Ferdinand did much to make Spain one of the most powerful countries in Europe. It was under the rule of Ferdinand and Isabella that Columbus undertook his expeditions to the New World.

Supplement

Did you learn some dates?

Yes, in 1452 King Ferdinand II was born.
In 1533 Pizarro conquered the Incas.
In 1969 the first astronauts landed on the moon.

What happened in 1607?

The first English colonists arrived.

And in 1865?

The American Civil War ended.

Vocabulary Exercises

14. QUESTIONS ON BASIC MATERIAL

1. ¿Es aplicado o perezoso el muchacho de la narración?
2. ¿Sale él o se queda en casa estudiando? ¿Con quién?
3. ¿Qué aprenden de memoria?
4. ¿Cree usted que estudian para un examen de historia o para un examen de inglés?
5. ¿Con quién come el chico?
6. ¿Qué hacen después de comer?

15. FREE RESPONSE

1. ¿Recuerda usted en qué año Colón descubrió América? ¿En qué año nació Jorge Washing-ton? ¿Y Fernando Segundo, cuándo nació?
2. ¿Qué pasó en mil quinientos treinta y tres? ¿y en mil seiscientos siete?
3. ¿En qué año llegaron los primeros astronautas a la luna?

Noun Exercise

16. COMPLETION

The sentences in the left-hand column provide the gender cues you need in order to complete the sentences in the right-hand column. Complete these sentences with any appropriate article or adjective.

1. ¿Qué hacen los colonizadores cuando llegan a un nuevo país?

_____ colonizadores buscan dónde vivir.

2. ¿Cuándo terminó la Guerra Civil de los Estados Unidos?

_____ Guerra Civil terminó en 1865.

3. ¿Tú tienes buena memoria?

No, tengo muy _____ memoria.

4. ¿Cuándo nació el rey Fernando Segundo?

_____ rey Fernando Segundo nació en 1452.

5. ¿Son americanos esos astronautas?

¿_____ astronautas que vimos en la televisión?

6. ¿Cuándo llegaron ellos a la luna?

Llegaron a _____ luna en 1969.

Grammar

The Preterit:
Regular e-Class and i-Class Verbs

PRESENTATION

Comí con mi prima.　　　　**No salí** en todo el día.
¿Cuándo **comiste**?　　　　　¿**Saliste** ayer tú?
Mi mamá ya **comió**.　　　　 Mi mamá **salió** hace poco.
Comimos juntos.　　　　　 **Salimos** temprano esta mañana.
Comieron ellos después.　　 ¿Cuándo **salieron**?

Are the verbs in these sentences in the present or in the preterit? What verb classes do they belong to? In the verbs in each of the above sentences, what is attached to the stem to form the preterit?

GENERALIZATION

1. The preterit of regular e-class and i-class verbs is shown in the following charts.

comer, PRETERIT

	Singular	Plural
1	com – í	com i mos
2	com i ste	com ie ron
3	com i ó	

salir, PRETERIT

	Singular	Plural
1	sal – í	sal i mos
2	sal i ste	sal ie ron
3	sal i ó	

2. The theme vowel is **i** for both e-class and i-class verbs, except in the third person plural, where the theme vowel is **ie**. The first and third person endings are stressed: **comí, comió.**

3. For **i**-class verbs, the preterit form of the first person plural is the same as the present tense form.

<table>
<tr><td><u>Salimos</u> ahora para México.</td><td>We're leaving now for Mexico.</td></tr>
<tr><td><u>Salimos</u> ayer para México.</td><td>We <u>left</u> yesterday for Mexico.</td></tr>
</table>

4. Since regular **e**-class preterit stems are never stressed, stem vowel alternations which show up under stress never occur in the preterit.

> **¿Cómo? No entendí nada.**
> **¿A qué hora volvieron?**

5. In **e**-class and **i**-class verbs whose stem ends in a vowel, **-yó** and **-yeron** are added to the stem for the third person singular and plural preterit forms[3].

<table>
<tr><td>Leyó la revista.</td><td>Leyeron el periódico.</td></tr>
<tr><td>No oyó nada.</td><td>Oyeron la canción.</td></tr>
</table>

6. The verb **dar** takes the same theme vowel and endings in the preterit as e-class and i-class verbs.

dar, PRETERIT

	Singular	*Plural*
1	**di**[4]	**dimos**
2	**diste**	**dieron**
3	**dio**[5]	

---

[3] The other forms require a written accent. Recall that when **i** follows another vowel and is pronounced as a separate stressed syllable, it is written with an accent mark: **oí, oíste; leí, leíste.**

[4] The first person singular form **di** is written without an accent mark on the final **i.** The same is true of other first person preterit forms of one syllable.

[5] The third person singular form **dio** is written without an accent mark on the **o.** The same is true of other third person preterit forms of one syllable.

STRUCTURE DRILLS

17. PERSON-NUMBER SUBSTITUTION

1. No salí en todo el día. ⊗   No salí en todo el día.
 (ellos)   No salieron en todo el día.
 (tú)   No saliste en todo el día.
 (usted)   No salió en todo el día.
 (ella)   No salió en todo el día.
 (nosotros)   No salimos en todo el día.
 (yo)   No salí en todo el día.

2. No entendieron nada. ⊗
 (yo–los alumnos–tú–él–mis compañeros y yo)

3. No oí el reloj.
 (el chico–tú–los muchachos–yo–nosotros)

4. Comimos y después vimos televisión.
 (mis padres–tú–yo–tú y ellos–mi tía)

18. PATTERNED RESPONSE

1. ¿Vas a leer el periódico ahora?   No, ya lo leí.
 ¿Va papá a leer el periódico ahora?
 ¿Van ustedes a leer el periódico ahora?
 ¿Van ellos a leer el periódico ahora?
 ¿Vas tú a leer el periódico ahora?

2. ¿Dan ellas una fiesta este sábado? No, porque dieron una ayer.
 ¿Da usted una fiesta este sábado?
 ¿Doy yo una fiesta este sábado?
 ¿Dan los muchachos una fiesta este
  sábado?
 ¿Dan ustedes una fiesta este sábado?

19. PAIRED SENTENCES

Ahora comemos en un restaurante Ahora comemos en un restaurante chino.
 chino. ⊗
Ayer   Ayer comimos en un restaurante chino.
Ahora   Ahora comemos en un restaurante chino.

Ahora no entendemos nada.
Ayer
Ahora

Ahora volvemos tarde.
Ayer
Ahora

Ahora leemos un libro.
Ayer
Ahora

20. PRESENT → PRETERIT

1. Juego tenis toda la mañana. ⊗   Jugué tenis toda la mañana.
   Vuelvo a la una.
   Almuerzo con mi familia.
   Después me siento a estudiar.
   Y empiezo mis lecciones.

2. Esta tarde salgo con mis padres.   Esta tarde salí con mis padres.
   Comemos en un restaurante chino.
   Después vemos una película italiana.
   Mi papá se aburre mucho.
   Y yo no entiendo nada.
   Volvemos a la casa bastante tarde.

21. ir + a + INFINITIVE → PRETERIT

Esta tarde van a llegar unos amigos. ⊗   Esta tarde llegaron unos amigos.
Vamos a escuchar discos.
Vamos a aprender unos bailes nuevos.
Y vamos a oír unos discos americanos.
Una de las chicas va a cocinar.
Y vamos a comer juntos.
Después vamos a ver una película es-
    pañola.

22. FREE RESPONSE

¿Comieron ustedes en un restaurante anoche? ¿En cuál?
¿A usted le gustó la comida?
¿A qué hora salieron a cenar? ¿A qué hora volvieron?
¿Dónde nació usted?
¿Nació en una ciudad grande o en un pueblo pequeño?
¿Vio usted una película el sábado pasado?
¿Entendió la película?
¿Le gustó o se aburrió?

GENERALIZATION

Cardinal Numbers 100–1,000

100	cien	300	trescientos
101	ciento uno	400	cuatrocientos
102	ciento dos	500	quinientos
103	ciento tres	600	seiscientos
121	ciento veintiuno	700	setecientos
200	doscientos	800	ochocientos
201	doscientos uno	900	novecientos
202	doscientos dos	1.000	mil[6]

1. When a smaller number is added to one hundred, the form **ciento** is used: 168, **ciento sesenta y ocho.** Cardinal numbers from 1 to 99 are added directly to **ciento** and its multiples: 394, **trescientos noventa y cuatro**; 987, **novecientos ochenta y siete.**

2. Cardinal numbers which end in **uno** show gender agreement when they modify a noun. **Uno** is replaced by **un** before a masculine noun and by **una** before a feminine noun.

| 21 | **veintiuno** | *but* | **veintiún libros** |
| | | | **veintiuna cosas** |

| 51 | **cincuenta y uno** | *but* | **cincuenta y un muchachos** |
| | | | **cincuenta y una muchachas** |

| 101 | **ciento uno** | *but* | **ciento un alumnos** |
| | | | **ciento una alumnas** |

3. Multiples of 100 show gender agreement when they modify a noun.

doscientos muchachos   **doscientas muchachas**
quinientos veinte muchachos   **quinientas veinte muchachas**

4. Notice that in **siete** and **nueve, ie** and **ue** occur in the stressed syllables. In **setenta** and **setecientos**, the **ie** of **siete** is replaced by a simple vowel. In **noventa** and **novecientos**, the **ue** of **nueve** is replaced by a simple vowel.

---

[6] In most Spanish-speaking countries, a period is used to punctuate numbers where we would normally use a comma. A comma is used where we would normally use a decimal point.

STRUCTURE DRILLS

23. NUMBER DRILL

1. Say the following numbers aloud.

100	209	344	500	777	900
123	247	403	577	789	999
195	351	482	633	812	1.000

2. Say the following items aloud.

21	41	200 dólares	500 años	700 hombres
21 muchachos	41 pesos	200 personas	500 horas	700 mujeres
21 muchachas	41 horas	251 personas	561 horas	771 mujeres

GENERALIZATION

Cardinal Numbers 1,000–1,000,000

1.000	mil	2.001	dos mil uno
1.001	mil uno	10.000	diez mil
1.021	mil veintiuno	21.000	veintiún mil
1.500	mil quinientos	100.000	cien mil
2.000	dos mil	1.000.000	un millón

1. The Spanish equivalent of *a thousand* is simply **mil.** No indefinite article occurs before the number in Spanish.

   mil hombres   *a thousand men*

2. Cardinal numbers from 1 to 999 are added directly to 1000 and its multiples. **Mil** remains singular in expressions like **dos mil, tres mil,** etc.

3. The masculine form **un** is always used before another number, even when the noun the number modifies is feminine.

   veintiún mil hombres   **veintiún mil mujeres**
   cincuenta y un mil hombres   **cincuenta y un mil mujeres**

4. Number combinations with **mil** are used for the date in Spanish for years later than 1,000. Constructions such as "fourteen ninety-two" are never used.

   Colón descubrió América en mil cuatrocientos noventa y dos.

5. Unlike the lower numbers, **millón** is a noun and has a plural form: **un millón, dos millones,** etc. **Millón** is followed by the preposition **de** when it precedes another noun: **un millón de pesos.**

STRUCTURE DRILLS

24. NUMBER DRILL

1. Say the following numbers aloud.

1.000	2.050	21.000	100.000	100.555	555.000
1.021	11.000	50.000	100.500	500.000	1.000.000

2. Say the following items aloud.

21.000 hombres	800.000 chicos	921.000 pesos
21.000 personas	900.000 chicas	$1.000.000

3. Read the following dates aloud.

4 de julio de 1776	2 de mayo de 1808
7 de diciembre de 1941	21 de julio de 1969

Writing

DIALOG REWRITE

Rewrite the following dialog, filling in each blank with an appropriate preterit form of one of the verbs listed below. Write out all the numbers.

volver	nacer	salir	comer
aprender	leer	escribir	descubrir

¿Tú _____ de memoria todas las fechas?
Claro, en 1452 _____ el rey Fernando.
¿Y Jorge Washington?
En 1732.
¿Cuándo _____ América Colón?
En 1492.
¿Con cuántos hombres?
Con 120.
¿Cuándo conquistó Pizarro a los incas?
En 1533.
¿Cuándo llegaron los primeros astronautas a la luna?
En 1969.
¡Qué bien! ¿ _____ la lección de inglés también?
Sí, pero no _____ ese libro para la clase de francés. Y tú, ¿estudiaste ayer?
Yo no. Yo _____ a cenar con mis padres. _____ en un restaurante chino y _____ muy
   tarde.

READING

Word Study

I

In Spanish many verbs are closely related in meaning and form to nouns and adjectives.

VERB		NOUN	
bañar	*bathe*	**baño**	*bathroom, bath*
cantar	*sing*	**canción**	*song*
cenar	*have supper*	**cena**	*supper*
cocinar	*cook*	**cocina**	*kitchen*

		ADJECTIVE	
aceptar	*accept*	**aceptable**	*acceptable*
alegrarse	*be glad*	**alegre**	*gay, happy*

If you know the verb **limpiar,** you should be able to guess the meaning of the adjective **limpio.**

II

Sometimes the prefixes **a-, en-,** or **em-** are attached to adjectives or nouns in forming verbs. These prefixes do not significantly change the meaning of the base word from which the verb is derived. Thus, if you know the noun **amor** (*love*), you should be able to guess the meaning of the verb **enamorarse** (*fall in love*). Likewise, if you know the verb **acostumbrar** (*accustom*), you should be able to guess the meaning of the noun **costumbre** (*custom*).

Mi pueblo

Cinco Esquinas es el nombre. Nombre romántico, para nosotros. Mágico nombre, para nosotros. Cinco Esquinas, el pueblo
donde nacimos, donde pasamos nuestra juventud, donde tantas
veces jugamos y reímos° y peleamos y lloramos. Y crecimos° y
5   nos enamoramos, y nacieron y crecieron nuestros hijos. Y comenzó
otro ciclo.

reír (i): *laugh*
crecer (zc): *grow*

Cuzco, como muchas otras ciudades coloniales, tiene una linda plaza central.

Y pasaron los años y pasaron otros ciclos. Pero Cinco Esquinas
no cambió y hoy es para mí un álbum de recuerdos. La escuela,
la misma°, paredes semi-blancas, de adobe. La clase donde aprendí **mismo:** *same*
10   a leer y a escribir, la escuela donde pasé seis años. Y frente a la
escuela, la plaza, donde un glorioso domingo les ganamos por
primera y única vez al equipo° de Santa María, el eterno cam- **equipo:** *team*
peón de la provincia. Por tres goles a dos. Y yo metí el tercer gol
de nuestro equipo, un gol sensacional. Y me aplaudieron y me
15   levantaron y me llevaron en hombros°. **hombro:** *shoulder*
    La iglesia° al otro lado de la plaza, que construyeron los es- **iglesia:** *church*
pañoles hace más de trescientos años, donde todavía voy de vez
en cuando los domingos. Todo igual. Las casas alrededor° de la **alrededor (de):** *around*
plaza, todas de apariencia pobre pero limpias, pintadas unas de
20   azul con blanco, otras de morado con verde, otras de amarillo
con gris, todas de cara alegre.
    Así° es la gente de Cinco Esquinas, siempre alegre, siempre **así:** *thus, that way*
la misma, las mismas costumbres, los mismos nombres y lo mismo
todo. Y nadie quiere cambiarlo.

Dictionary Section

de vez en cuando algunas veces, no siempre: *No voy a visitar a mis abuelos todas las semanas; voy de vez en cuando.*

frente a opuesto, al otro extremo, delante de: *El banco está frente a la escuela.*

igual idéntico: *Estos dos guantes no son iguales; uno es más grande que el otro.*

juventud *f* el período de la vida en que uno es joven: *Durante su juventud Lincoln trabajó mucho.*

lado cada una de las líneas que limitan un objeto o una forma geométrica: *Un triángulo tiene tres lados.* Lo que está a la derecha o a la izquierda de alguien o de algo: *Al lado derecho de la calle hay una escuela; al lado izquierdo hay un banco.*

meter un gol ganar un punto en un partido de fútbol: *Yo metí el gol que decidió el partido.*

morado un color entre rojo y azul: *¿Te vas a poner una blusa morada con esa falda roja? ¡Qué horrible!*

pintar dar color a algo: *Voy a pintar mi cuarto color amarillo.*

pobre que no tiene mucho dinero: *Esos niños pobres no tienen dónde vivir ni qué comer.*

recuerdo algo que alguien recuerda; una cosa que despierta en la memoria de alguien algo que le pasó: *Esta foto es un recuerdo de mi fiesta de cumpleaños.*

único que hay solamente uno: *México es el único país latino de Norteamérica.*

25. QUESTIONS

1. ¿Cómo se llama el pueblo donde nació el autor?
2. ¿Ha cambiado Cinco Esquinas?
3. Y la escuela, ¿ha cambiado? ¿Qué aprendió el autor en la escuela?
4. ¿Cuántos años pasó allí?
5. ¿Dónde está la plaza? ¿Qué pasó en esa plaza?
6. ¿Quién metió el tercer gol del equipo que ganó? ¿Cómo llevaron al autor después del partido?
7. ¿Dónde está la iglesia? ¿Quiénes la construyeron? ¿Cuándo?
8. ¿Cómo son las casas alrededor de la plaza?
9. ¿Cómo es la gente de Cinco Esquinas?
10. ¿Quiere la gente cambiar las cosas?

Noun and Adjective Exercises

26. COMPLETION

1. ¿Cómo es la iglesia de su pueblo?
     —— iglesia es muy ——.
2. ¿Tienen algunas costumbres interesantes en Cinco Esquinas?
     Sí, tienen —— costumbres interesantes.
3. ¡Nuestro equipo ganó ayer!
     Ustedes tienen —— equipo ——.
4. La juventud es tan bonita.
     Sí, pero —— juventud pasa rápidamente.
5. ¡Tengo tantos recuerdos!
     Yo también tengo —— recuerdos.
6. ¿Qué hay al otro lado de la plaza?
     Hay una iglesia —— —— lado.
7. Yo metí el primer gol.
     ¿Quién metió el —— gol?

27. PATTERNED RESPONSE

La historia es sensacional, ¿y el fin?   El fin es sensacional también.
La camisa es morada, ¿y los calcetines?
Los escritorios son iguales, ¿y las sillas?
El pueblo es el mismo, ¿y la gente?
Yo soy pobre, ¿y usted?

Verb Exercise

The verb **reír** has the same **e-i** stem alternation as **pedir.** In writing, the present tense forms of **reír** are spelled with an accent mark on the **i.** The present participle is **riendo.**

No stressed **i** *in next syllable*	*Stressed* **i** *in next syllable*
río	**reír**
ríes	**reímos**
ríe	
ríen	

28. PATTERNED RESPONSE

Yo río mucho, ¿y usted?   Yo río mucho también.
Nosotros reímos mucho, ¿y ustedes?
Ana ríe mucho, ¿y Carlos?
Usted ríe mucho, ¿y yo?
Los chicos ríen mucho, ¿y las chicas?
Juan está riendo, ¿y Susana?

RECOMBINATION EXERCISES

29. NARRATIVE VARIATION

1. Read the first paragraph of the narrative, changing it from first person plural to first person singular. *Start like this:* Cinco Esquinas es el nombre. Nombre romántico, para mí . . .

2. Read the first paragraph of the narrative, changing it to third person plural. *Start like this:* Cinco Esquinas es el nombre. Nombre romántico para ellos . . .

3. Read the first paragraph of the narrative, changing the verbs to the present tense.

30. SUSTAINED TALK

1. Tell about your own life, using the following questions as a guide.

   ¿Cómo se llama usted?

   ¿Dónde nació?

   ¿En qué año nació?

   ¿Cuántos hermanos tiene?

   ¿Dónde vive ahora?

   ¿Ha vivido en otros lugares? ¿En cuáles?

   ¿Cuándo empezó a venir a esta escuela?

   ¿Cuándo empezó a estudiar español?

   ¿Va a seguir estudiando español?

   ¿Piensa visitar algún país hispanoamericano algún día?

2. Tell about the life of a friend of yours, using the same questions as a guide.

3. Tell about the life of a famous person, using at least six of the expressions below. Change the verbs to the present tense whenever appropriate, and make any necessary changes.

Voy a hablar de . . .	Vivió en . . . y despúes en . . .
Nació en . . . en el año . . .	Viajó por . . .
Estudió . . .	Vivió en la Casa Blanca por . . . años.
Se enamoró de . . .	Le(s) ayudó a . . .
Trabajó . . .	En el año . . . escribió . . .
Peleó en la guerra . . .	Es un gran hombre (una gran mujer) porque . . .

31. ir + a + INFINITIVE → PRETERIT

Hoy vamos a jugar con el equipo de Santa María, y, por primera vez en la historia de los dos pueblos, les vamos a ganar. Yo voy a meter un gol sensacional, y todos los chicos me van a levantar y me van a llevar en hombros. Y Carmen Luisa, la muchacha más bonita del pueblo, me va a ver, y seguramente se va a enamorar de mí.

32. REJOINDERS

¡Un gol! ¡Un gol sensacional!

Este pueblo nunca cambia.

¿Dónde está la iglesia?

33. CONVERSATION STIMULUS

1. Usted está en el estadio, con un amigo, viendo un partido de fútbol. Alguien acaba de meter un gol sensacional.

   —¡Qué gol! ¿Viste? Ese Juan Gómez es sensacional.

   —Claro, _____

El básquetbol es también un deporte de gran popularidad en la América Latina.

2. Usted está en el estadio, con su hermano, viendo un partido de fútbol. De repente busca su cartera y no la encuentra.

—¡Caramba! ¡No encuentro mi cartera!
—¿Estás segura? _____

Conversation Buildup

I

MIGUEL   ¿Dónde pasaste el verano? ¿Aquí?

JORGE   No, volví a mi pueblo a pasar las vacaciones con mis padres.

MIGUEL   ¡Qué bien! ¿Te gustó?

JORGE   No mucho. Yo prefiero vivir en la ciudad.

MIGUEL   Sí, los pueblos chicos son tan aburridos.

JORGE   Claro, allí no cambia nada nunca.

MIGUEL   La gente, la misma. Las casas, las mismas.

JORGE   Las ideas, las mismas.

MIGUEL   A mí me gustan las grandes ciudades modernas.

REJOINDERS

¿Pasaste el verano aquí?
Yo prefiero la ciudad.

CONVERSATION STIMULUS

Usted es de una gran ciudad y no le gustan los pueblos chicos. Está conversando con un compañero de un pueblo chico a quien no le gustan las ciudades grandes.

—Esos pueblos chicos son tan aburridos.

— _____

II

HERMANO	¿Por qué estás riendo como una loca?
HERMANA	¿Cómo te puedes poner una camisa verde con una corbata morada? ¡Qué barbaridad!
HERMANO	¿Por qué no? Es muy bonita esta corbata.
HERMANA	Sí, claro, pero no va con esa camisa.
HERMANO	Y esta camisa es muy bonita también.
HERMANA	Sí, pero no va con esa corbata.
HERMANO	¡Tú estás loca!
HERMANA	Los hombres no saben nada.

REJOINDERS

¿Cómo te puedes poner una camisa verde con una corbata morada?
Es muy bonita esta blusa.

CONVERSATION STIMULUS

Su hermana se ha puesto una falda azul con una blusa morada. A usted no le gusta esa blusa con esa falda.

—¡Qué barbaridad!

— _____

Writing

SENTENCE CONSTRUCTION

Write a sentence for each of the following groups of items in the order in which the items are given. Use a preterit form in each sentence except the last.

MODEL (yo) / nacer / Cinco Esquinas
 <u>Nací en Cinco Esquinas.</u>

1. semana pasada / (yo) / volver / Cinco Esquinas
2. (yo) / visitar / amigos y parientes
3. (ellos) / invitarme / comer
4. (nosotros) / conversar / política / deportes

5. todos nosotros / nacer / Cinco Esquinas
6. (nosotros) / reír / llorar / allí
7. (nosotros) / crecer / enamorarse / allí
8. algunos de mis amigos / quedarse / pueblo
9. otros / dejar / familia / para / ir / trabajar / ciudad
10. pero / todos nosotros / recordar / juventud / Cinco Esquinas

REFERENCE LIST

Nouns

astronauta *m*	guerra	oficio
Colón	hombro	política
costumbre *f*	iglesia	provincia
cuatrocientos	juventud *f*	quinientos
deporte *m*	lado	recuerdo
doscientos	memoria	seiscientos
equipo	millón *m*	setecientos
estudio	novecientos	trescientos
gol *m*	ochocientos	visita

Verbs

ayudar	enamorarse (de)
cocinar	nacer (zc)
conquistar	pintar
construir	planchar
crecer (zc)	reír (e-i, í)

Adjectives   *Adverbs*

aplicado	junto	pasado	alrededor (de)
civil	limpio	pobre	anoche
hogareño	mismo	sensacional	anteayer
igual	morado	único	ayer
	particular		frente (a)
			junto

Preposition   *Expressions*

sobre   aprender de memoria   hace poco (una hora, etc.)
                         de vez en cuando   meter un gol
                                    nada de particular

Del Mundo Hispánico

Cuadrados y ángulos*

Casas enfiladas, casas enfiladas, casas enfiladas.
Cuadrados, cuadrados, cuadrados.
Casas enfiladas.
Las gentes ya tienen el alma cuadrada,
ideas en fila
y ángulo en la espalda.
Yo misma he vertido ayer una lágrima,
Dios mío, cuadrada.

ALFONSINA STORNI
Argentina (1892–1938)

*cuadrado: *square* enfilado: *in a row* alma: *soul* en fila: enfilado espalda: *back* yo misma: *I myself* verter (ie): *spill, shed* lágrima: *tear* Dios: *God.*

1. Plaza   2. Correos   3. Hotel Central   4. Teatro Central   5. Edificios del gobierno   6. Iglesia Parroquial   7. Restaurante Valencia   8. Estación   9. Hospital Principal   10. Escuela para hombres (liceo)   11. Estadio   12. Municipalidad   13. Escuela para señoritas   14. Parque Vergara   15. Dentista   16. Zapatería   17. Peluquería para hombres   18. Salón de Belleza   19. Médico   20. Pensión Quinta   21. Café El Marinero   22. Biblioteca   23. Librería   24. Casa del maestro   25. Casa de doña Marta   26. Casa del Sr. García   27. Casa del Sr. Pérez   28. Casa del Sr. González   29. Gimnasio   30. Casino

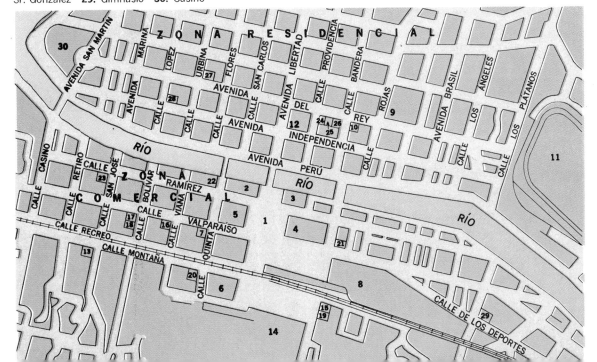

BASIC MATERIAL I

La dulce niña Felicia[1]

Fuera de la clase parecía que no mataba una mosca; dulce, cariñosa, con una vocecita de ángel: todo el mundo la adoraba. Pero en la clase era un león y todos le teníamos miedo. Estoy hablando, naturalmente, de la niña Felicia, la maestra que yo tenía cuando estaba en tercer grado. Yo la quería mucho a pesar de que era a mí a quien más pellizcaba, le gritaba, le pegaba y le jalaba el pelo.

Supplement

La niña Felicia es muy cariñosa.

Sí, tienes razón.
¿Estás en su clase? Tienes suerte.
Tengo ganas de escribirle una carta.

A mí siempre me da malas notas.

Debes tener más cuidado con la tarea.
¡Qué perezoso eres! Debes tener vergüenza[2]
Porque nunca estudias. Siempre tienes sueño.

---

[1] In a few countries, **niña** is used as a title preceding first names, in much the same way as **doña.**

[2] The sounds [gwe] and [gwi] (and [ǥwe], [ǥwi]) are represented as **güe** and **güi** in writing. The diaeresis (¨) is necessary to distinguish these two sounds from the ones represented by **gue, gui.**

◀ *En las escuelas latinoamericanas la enseñanza coeducativa casi no existe.*

Sweet Niña Felicia

Outside of class she looked as if (it seemed as though) she wouldn't (didn't) kill a fly; sweet, affectionate, with an angelic little voice: everyone adored her. But in class she was a lion and we all were afraid of her. I'm talking, naturally, about Niña Felicia, the teacher I had when I was in third grade. I was fond of her in spite of the fact that it was me she most pinched, yelled at, hit, and whose hair she pulled the most.

Supplement

Niña Felicia is very affectionate.

Yes, you're right.
Are you in her class? You're lucky.
I feel like writing her a letter.

She always gives me bad grades.

You should be more careful with your homework.
You sure are lazy! You should be ashamed.
Because you never study. You're always sleepy.

Vocabulary Exercises

1. QUESTIONS ON BASIC MATERIAL

1. ¿Cómo llama el muchacho a su maestra?
2. ¿Cómo era ella fuera de la clase? ¿Y dentro de la clase?
3. ¿La quería mucho el muchacho?
4. ¿Le pegaba a él la niña Felicia? ¿Le jalaba el pelo?

2. FREE RESPONSE

1. ¿Les tienen ustedes miedo a los maestros?
2. ¿Ellos les pegan a ustedes? ¿Les gritan?
3. ¿Los quieren mucho ustedes a pesar de eso?
4. ¿Tiene usted una maestra como la niña Felicia?
5. ¿No tienen ustedes vergüenza de estudiar tan poco?
6. ¿Tiene usted razón siempre?
7. ¿Tiene usted mucha suerte? ¿Por qué dice eso?
8. ¿Tiene usted sueño ahora?

3. PATTERNED RESPONSE

1. ¿Por qué no trabajas ahora?　　　　No tengo ganas de trabajar.
　　¿Por qué no lees ahora?
　　¿Por qué no duermes ahora?
　　¿Por qué no sales ahora?
　　¿Por qué no estudias ahora?

2. ¡Qué hambre!　　　　　　　　　　Tú siempre tienes hambre.
　　¡Qué suerte!
　　¡Qué miedo!
　　¡Qué sed!
　　¡Qué vergüenza!

4. FREE COMPLETION

Esa muchacha es tan simpática, tan _____.
No mata una _____.
Esa maestra es un león. Todos le tenemos _____.
Muchas veces me ha jalado el _____.
Me grita y hasta me _____.

Noun Exercises

5. PATTERNED RESPONSE

¡Ella tiene tanta suerte!　　　　　　Sí, siempre tiene mucha suerte.
¡Ella tiene tanto miedo!
¡Ella tiene tanto sueño!
¡Ella tiene tanto cuidado!
¡Ella tiene tanta vergüenza!
¡Ella tiene tanta razón!

6. COMPLETION

1. Yo estoy en el tercer grado.　　　Mi primo está en el ____ grado.
2. La niña Marta no mata una mosca.　¡Y hay ____ moscas aquí!
3. Esa niña es un ángel.　　　　　　Pero ____ ángel se convierte en león.
4. En la clase es un león.　　　　　Fuera de la clase ____ león es un ángel.

Verb Exercise

7. PRONOUN COMPLETION

The sentences in the left-hand column indicate whether the spaces in the sentences in the right-hand column are to be filled in with a direct or an indirect object pronoun.

1. Todos adoramos a la niña Felicia.
2. Porque siempre la pellizca.
3. Y siempre le pega.
4. Claro, y les jala el pelo.
5. Carmen le tiene mucho miedo.

Carmen no _____ adora.
¿Cómo? ¿_____ pellizca?
¿Cómo? ¿_____ pega a los alumnos?
¡Qué barbaridad! ¿Por qué _____ jala el pelo?
Claro que _____ tiene miedo.

Grammar

The Imperfect:
a-Class Verbs

PRESENTATION

Yo **hablaba** de la niña Felicia.
Tú **estabas** en su clase.
Ella me **gritaba** y me **pegaba**.
Pero nosotros la **adorábamos**.
Todos los alumnos la **adoraban**.

Does the action or state described in each of the above sentences occur in the past? Which verb class does each of the verbs in the above sentences belong to? What are the endings attached to the stem + theme vowel?

GENERALIZATION

1. You have already learned the preterit, one way of expressing past time in Spanish. The imperfect is another way of expressing past time. The difference between them will be explained later in this unit.

2. The imperfect forms of **a**-class verbs are shown in the chart on the following page.

llamar, IMPERFECT

	Singular	*Plural*
1	llam a ba	llam á bamos
2	llam a bas	llam a ban
3	llam a ba	

3. The imperfect endings are attached to the stem + theme vowel.

4. The theme vowel is always stressed.

5. All **a**-class verbs are regular in the imperfect.

STRUCTURE DRILLS

8. PERSON-NUMBER SUBSTITUTION

1. Hablaba sobre deportes. ⊗
   (yo)
   (nosotros)
   (los muchachos)
   (tú)
   (él)

   Hablaba sobre deportes.
   Hablaba sobre deportes.
   Hablábamos sobre deportes.
   Hablaban sobre deportes.
   Hablabas sobre deportes.
   Hablaba sobre deportes.

2. Viajábamos por México.
   (la familia Ramos–yo–mis padres–tú–usted–nosotros)

3. Siempre gritaba en la clase.
   (los muchachos–yo–esa maestra–tú–él y yo)

4. Le pegaba y le jalaba el pelo.
   (los maestros–yo–ustedes–la niña Felicia–tú–Manolo y yo)

9. PRESENT → IMPERFECT

La niña Felicia siempre me pellizca. ⊗   La niña Felicia siempre me pellizcaba.
Y yo lloro y lloro.
Los otros alumnos hablan tanto como yo.
Ellos molestan más que yo.

(continued)

Pero ella no les grita a ellos.
A mí me pega y me jala el pelo.
Y esa maestra fuera de la clase no mata
una mosca.

10. PROGRESSIVE SUBSTITUTION

Yo cenaba con unos compañeros.
Nosotros _____.
___ hablábamos _____.
_____ muchacho.
Tú _____.
___ jugabas _____.
_____ amigos.
Ellos _____.
___ conversaban _____.
_____ visitas.

The Imperfect:
e-Class and i-Class Verbs

PRESENTATION

Yo la **quería** mucho.
Tú le **tenías** miedo.
Ella **parecía** simpática.
Nosotros le **teníamos** miedo.
Sus alumnos **aprendían** mucho.

Pero **prefería** a la niña Marta.
Además, siempre **dormías** en clase.
Pero se **aburría** con nosotros.
Sufríamos mucho.
¡Pero cómo **sufrían!**

Are these sentences in the preterit or the imperfect? Which verb classes do the verbs belong to? What is the theme vowel for both e-class and i-class verbs in the imperfect? What are the endings attached to the stem + theme vowel?

GENERALIZATION

1. The imperfect forms of **e**-class and **i**-class verbs are shown in the following charts.

comer, ·I M P E R F E C T

	Singular	*Plural*
1	com í a	com í amos
2	com í as	com í an
3	com í a	

salir, I M P E R F E C T

	Singular	*Plural*
1	sal í a	sal í amos
2	sal í as	sal í an
3	sal í a	

2. The imperfect endings are attached to the stem + theme vowel. The theme vowel is **i** for both **e**-class and **i**-class verbs.

3. The theme vowel is always stressed.

4. Only three Spanish verbs are irregular in the imperfect. They are **ver, ir,** and **ser.**

ver, I M P E R F E C T

1	veía	veíamos
2	veías	veían
3	veía	

ir, I M P E R F E C T

1	iba	íbamos
2	ibas	iban
3	iba	

ser, I M P E R F E C T

1	era	éramos
2	eras	eran
3	era	

STRUCTURE DRILLS

11. PERSON-NUMBER SUBSTITUTION

1. Vendían periódicos. ⊗
   (el hombre)
   (tú)
   (yo)
   (nosotros)
   (ustedes)

   Vendían periódicos.
   Vendía periódicos.
   Vendías periódicos.
   Vendía periódicos.
   Vendíamos periódicos.
   Vendían periódicos.

2. Aprendíamos mucho en esa clase.
   (los alumnos–yo–mis compañeros y yo–tú–mi hermano)

3. (La queríamos pero le teníamos miedo.
   (yo–sus alumnos–nosotros–tú–el chico–ustedes)

12. PATTERNED RESPONSE

1. ¿Qué hacían los chicos? ⊗
   ¿Qué hacía usted?
   ¿Qué hacían ustedes?
   ¿Qué hacía el niño?
   ¿Qué hacía yo?
   ¿Qué hacíamos nosotros?

   Veían televisión.

2. ¿Pasaba usted las vacaciones aquí?
   ¿Pasaban ustedes las vacaciones aquí?
   ¿Pasaba ella las vacaciones aquí?
   ¿Pasaban los chicos las vacaciones aquí?
   ¿Pasabas tú las vacaciones aquí?

   No, iba al campo todos los años.

3. ¡Buenas notas todos los años! ¡Qué suerte
   tenía ella!
   ¡Qué suerte tenían ustedes!
   ¡Qué suerte tenía yo!
   ¡Qué suerte teníamos nosotros!
   ¡Qué suerte tenía usted!
   ¡Qué suerte tenían ellos!

   ¡Es que ella era la más lista de la clase!

13. PRESENT → IMPERFECT

La niña Felicia parece tan dulce.   La niña Felicia parecía tan dulce.
Pero es un león en la clase de geografía.
Aprendemos mucho en su clase.
Pero sufrimos mucho también.
Todo el mundo le tiene miedo.
Ella nos grita y nos jala el pelo.
Y también nos pellizca.
Pero todos la quieren.
Yo, francamente, no la entiendo.
Primero dice una cosa, después, otra.
¿Tú la conoces, Carlos?

14. RELATED DRILL RESPONSE

The following questions refer to Drill 13.

¿Cómo parecía la niña Felicia?
¿Cómo era ella en la clase de geografía?
¿Aprendían los alumnos en su clase?
¿Sufrían también?
¿Le tenían miedo a la maestra?
¿Qué les hacía ella?
¿No la querían, entonces?
¿Por qué no la entendía el muchacho?

15. PROGRESSIVE SUBSTITUTION

Yo no conocía a esa maestra. ⊗
Tú _____.
_____ entendías _____.
_____ chicos.
Ellas _____.
_____ invitaban _____.
_____ muchachas.
Nosotros _____.
_____ llamábamos _____.
_____ muchachos.

Writing

PARAGRAPH REWRITE

Rewrite the following paragraph, changing each of the underlined verbs to the imperfect.

¿Tú conoces a la niña Marta? Es mi maestra de álgebra. Parece un león. Le grita a todo el mundo y hasta nos pega de vez en cuando. Y siempre dice que algún día va a irse a trabajar a otra escuela porque nosotros somos tan perezosos. Dice que nosotros no trabajamos bastante, que no aprendemos rápidamente, que molestamos mucho. Pero ¿sabes una cosa? La verdad es que nos quiere mucho.

BASIC MATERIAL II

Echando chispas

CRIADA	¡Yo me voy de esta casa! ¡Creen que porque una es una sirvienta, la pueden tratar como trapo sucio. ¿Viste cómo me insultó?
COCINERA	¡Qué raro! Y yo creía que la niña Felicia tenía tan buen genio.
CRIADA	Yo no sé. Hoy amaneció como una fiera. ¿Viste cómo tiró la puerta?
COCINERA	Sí, salió de aquí echando chispas. Pero es que tú le quemaste el vestido nuevo, mujer[3].
CRIADA	¡Yo no sabía que la plancha estaba tan caliente!
COCINERA	Pobres alumnos. ¡Hoy los mata!

Supplement

¿Viste cómo me insultó?	Es que tú no barriste.
	Es que tú no sacudiste.
	Es que tú no pasaste la aspiradora.
	Es que tú no limpiaste la alfombra.
	Es que tú le ensuciaste el vestido nuevo.
¿Ya planchaste la ropa?	No está seca todavía.
	No, todavía está en la lavadora[4].

---

[3] Expressions such as **mujer, hombre, chico,** and **chica** are often used as terms of address in informal conversation.

[4] In areas in which it is customary for maids to do the laundry, washing machines are not common. In some countries they are considered a luxury item.

In a Rage (Throwing Sparks)

MAID I'm leaving this house! They think that just because you're a servant, they can treat you like a dirty rag. Did you see how she insulted me?

COOK That's funny! And I thought Niña Felicia was so good-natured.

MAID I don't know. She started off the day like a wild beast. Did you see how she slammed the door?

COOK Yes, she left here in a rage. But of course you did burn her new dress.

MAID I didn't know the iron was so hot!

COOK Poor students. Today she'll kill them!

Supplement

Did you see how she insulted me?

It's because you didn't sweep.
It's because you didn't dust.
It's because you didn't vacuum.
It's because you didn't clean the carpet.
It's because you got her new dress dirty.

Did you iron the clothes already?

They're not dry yet.
No, they're still in the washing machine.

Una señora boliviana y su criada

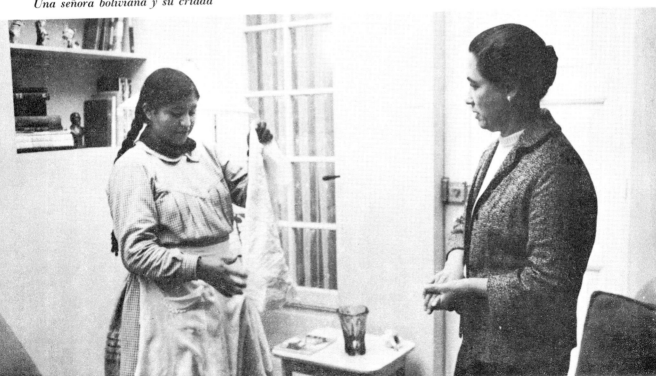

Vocabulary Exercises

16. QUESTIONS ON BASIC MATERIAL

1. ¿Quiénes conversan? ¿Sobre quién?
2. ¿Qué dice la criada que va a hacer?
3. ¿Cómo la tratan, según ella?
4. ¿Cómo creía la cocinera que era la niña Felicia?
5. ¿Cómo amaneció la maestra? ¿Cómo sabemos que amaneció de mal genio?
6. ¿Cómo salió la niña Felicia de la casa?
7. ¿Qué le quemó la criada? ¿Por qué? ¿Qué no sabía?
8. ¿Qué les va a hacer la niña Felicia a sus alumnos hoy?

17. FREE RESPONSE

1. ¿Tiene su mamá lavadora?
2. ¿Usa aspiradora para limpiar la alfombra?
3. ¿Quién barre el suelo en su casa?
4. ¿Quién sacude? ¿Qué usa para sacudir?

18. ANTONYMS

La ropa está sucia.
Está mojada.
Limpiaste el vestido.
La plancha está fría.
Tiene muy mal genio.

19. DEFINITIONS

un hombre que enseña
una sirvienta que cocina
un aparato para planchar
un aparato eléctrico para lavar ropa
un aparato eléctrico para limpiar la
   alfombra

Un hombre que enseña es un maestro.

Noun Exercise

20. COMPLETION

1. Me tratan como trapo sucio.

¡Tan exagerada! Nadie te trata como trapo ____.

2. ¿Tú amaneces de buen genio siempre?
3. La plancha está caliente.
4. ¿Vas a usar la aspiradora nueva?
5. ¿Te gusta esa alfombra roja?
6. Compramos una lavadora americana.
7. Tiene una sirvienta española.
8. Tiene un sirviente español.
9. Nuestra cocinera nos dejó.
10. ¡Ella parece una fiera!

No, yo siempre amanezco de ____ genio.
No, ____ plancha está ____.
No, prefiero usar ____ aspiradora ____.
Me gusta más ____ alfombra ____.
Nosotros tenemos ____ lavadora ____.
¿No es ____ ____ sirvienta?
¿No es ____ ____ sirviente?
Ahora buscamos ____ cocinera.
Pero ____ fiera no me asusta.

Verb Exercise

The verb **amanecer** has the same stem extension as **conocer: amanezco.**

21. PATTERNED RESPONSE

Siempre amanezco de mal genio.
¿Y usted?
¿Y su mamá?
¿Y sus hermanos?
¿Y ustedes?
¿Y yo?

Yo amanezco de mal genio también.

Imperfect vs. Preterit

PRESENTATION

Hacía calor cuando yo **salí.**
Llovía cuando **llegamos.**

Is the first verb in each sentence in the imperfect or the preterit? And the second verb in each sentence? Which one—the imperfect or the preterit—is used to express an existing condition in the past (in this case, the weather condition)? Which one is used to express an action carried out in the past?

GENERALIZATION

1. The <u>imperfect</u> and the <u>preterit</u> are two different ways of expressing past time in Spanish. Which one the speaker uses depends on how he views the event or circumstance he is referring to.

2. a. The <u>imperfect</u> is used to describe a condition that already existed at a given time in the past.

<table>
<tr><td><u>Hacía calor</u> a las cuatro de
la mañana.</td><td>It was hot at four in the
morning.</td></tr>
<tr><td><u>Había</u> un reloj en la sala.</td><td>There was a clock in the living
room.</td></tr>
</table>

By using the imperfect in the first sentence, the speaker tells that at a specific time in the past (four in the morning) the condition (being hot) already existed. He does not focus on when this condition began or ended. In the second sentence he does not specify a particular moment. He simply says that at some unspecified moment in the past, there was a clock in the living room. Here again, he does not focus on when this condition began or ended.

b. The imperfect is also used to describe an action which was in progress at a specific time in the past. This use of the Spanish imperfect often corresponds to the English construction *was (were)* + verb + *-ing*.

<table>
<tr><td>A las nueve de la mañana, <u>yo</u>
<u>desayunaba.</u></td><td>At nine in the morning, <u>I was</u>
<u>having breakfast.</u></td></tr>
<tr><td>A las tres y media, <u>lavaba</u> el
carro.</td><td>At three-thirty, <u>I was washing</u>
the car.</td></tr>
</table>

In these sentences, the action is viewed as being in progress. When it started and when it stopped are not important.

c. The imperfect is used to express the idea that a past action was customary or habitual. English often—but not always—uses an expression like *used to* to express this idea.

<table>
<tr><td><u>Leía</u> mucho.</td><td><u>I used to read</u> a lot.</td></tr>
<tr><td><u>Iba</u> al cine los sábados.</td><td><u>I used to go</u> to the movies on Saturday.</td></tr>
<tr><td><u>Estudiaba</u> mucho en esos días.</td><td><u>I studied</u> a lot in those days.</td></tr>
</table>

Look at the English equivalents of the Spanish sentences in paragraphs 2a, 2b, and 2c above. Sometimes the English speaker uses a construction like *was (were)* + verb + *-ing* or *used to* to show that he views an action or condition as ongoing or in progress, but sometimes he doesn't: *It was hot out . . . , I studied a lot . . .* The Spanish speaker, on the other hand, has no choice. He must always use the imperfect when he views an action or condition as ongoing. This is an important difference between Spanish and English.

3. a. The preterit is used when the speaker considers an action as completed and as having occupied a definite segment of time, no matter how long or short that time segment was.

Hablé con el maestro durante tres horas.	*I talked with the teacher for three hours.*
Planché la ropa.	*I ironed the clothes.*
Visité México el año pasado.	*I visited Mexico last year.*

The actions expressed in the above sentences are viewed as completed. Whether or not the time is stated and how long each action took is unimportant. The main thing is that each is viewed as having occupied some given segment of time. The important difference between the preterit and the imperfect is that the preterit breaks up past time into segments, while the imperfect does not.

b. The preterit is sometimes used to express a sequence of actions, each brought to fulfillment, each having occupied some definite segment of time.

Esta mañana barrí la cocina, arreglé la sala y pasé la aspiradora.

c. The preterit is used when the speaker focuses on either the beginning or the end of an action. This is frequently the case in sentences in which a particular moment in time is mentioned.

A las nueve de la mañana, desayuné.	*At nine in the morning, I had breakfast.*
A las tres y media, lavé el carro.	*At three-thirty, I washed the car.*

The speaker uses the preterit in these sentences because he focuses on the fact that the action began at a particular time in the past (He sat down to breakfast at nine o'clock; he started washing the car at three-thirty). Now compare these sentences with the ones in paragraph 2b. The speaker uses the imperfect in those sentences because the action was already in progress at a particular time in the past; that is, it had started before that time.

4. The imperfect and preterit often occur in the same sentence. The imperfect provides the background—that is, tells what circumstances were already in existence at the time the speaker refers to—while the preterit tells what events occurred at that time.

Tú leías cuando ella llamó.	*You were reading when she called.*
Llovía pero yo salí, compré el periódico y se lo llevé.	*It was raining but I went out, bought the newspaper, and took it to him.*
Hacía mucho calor cuando llegamos.	*It was very hot out when we arrived.*

The imperfect could be represented by a continuous line extending indefinitely in both directions, while the preterit could be represented by a segment of that line.

Tú leías cuando ella llamó.

.... Tú leías . . . | **ella llamó** |eías . . . Tú leías . . . Tú leías . . . Tú leías . . . Tú leías . . . Tú leías . . .

Llovía pero yo salí, compré el periódico y se lo llevé.

.... Llovía | **yo salí** | | **compré el periodicó** | | **se lo llevé** |lovía . . . Llovía . . . Llovía . . .

Hacía mucho calor cuando llegamos.

.... Hacía mucho calor . . . Ha|a|**llegamos** | . . . Hacía mucho calor . . . Hacía mucho calor . . .

STRUCTURE DRILLS

22. PERSON-NUMBER SUBSTITUTION

Le contó que tenía ganas de salir.
(yo)
(ellos)
(nosotros)
(tú)
(usted)

Le contó que tenía ganas de salir.
Le conté que tenía ganas de salir.
Le contaron que tenían ganas de salir.
Le contamos que teníamos ganas de salir.
Le contaste que tenías ganas de salir.
Le contó que tenía ganas de salir.

23. PAIRED SENTENCES

En ese momento habló Pedro. ⊗
At that moment Pedro was speaking.
At that moment Pedro spoke.

En ese momento habló Pedro.
En ese momento hablaba Pedro.
En ese momento habló Pedro.

Ayer a las cinco terminé mis lecciones.
Yesterday at five I was finishing my lessons.
Yesterday at five I finished my lessons.

La criada sacudía temprano esta mañana.
The maid dusted early this morning.
The maid was dusting early this morning.

A las ocho pasaba la aspiradora.
At eight o'clock she vacuumed.
At eight o'clock she was vacuuming.

Cuando yo entré el maestro gritaba.
When I came in, the teacher yelled.
When I came in, the teacher was yelling.

24. PATTERNED RESPONSE

Lavé la ropa esta mañana.	1ST STUDENT	Lavé la ropa esta mañana.
	2ND STUDENT	¿Qué hacías cuando llegó Juan?
	1ST STUDENT	Lavaba la ropa.
Barrí la casa esta mañana.	1ST STUDENT	Barrí la casa esta mañana.
	2ND STUDENT	¿Qué hacías cuando llegó Juan?
	1ST STUDENT	Barría la casa.

Pasé la aspiradora esta mañana.
Le ayudé a mi papá esta mañana.
Lavé el carro esta mañana.

25. DIRECTED DIALOG

Pregúntele a *Jaime* qué hacía él cuando
    entró el maestro.
Jaime, contéstele.

¿Qué hacías tú cuando entró el maestro?

Pregúntele a *Gloria* qué hacía ella cuando
    empezó la lección.
Gloria, contéstele.

Pregúnteles a esos dos chicos qué hacían
    ellos cuando usted llegó.
Contéstenle.

26. PATTERNED RESPONSE

Hace mucho calor allí.
Llueve todos los días.
La gente es simpática y buena.
Se viste de colores alegres.
Todos hablan español.
Cantan todo el día.
Tienen unas canciones lindísimas.
Hablo de mi pueblo.

Yo no sabía que hacía mucho calor.

27. FREE RESPONSE

¿Hacía frío cuando usted salió esta mañana? ¿Llovía?

¿Qué hacían ustedes cuando empezó la clase?

¿Qué hacía usted anoche cuando su papá llegó del trabajo?

¿Estaba su mamá en casa ayer cuando usted llegó de la escuela?

¿Qué hacía ella?

¿Vio usted televisión ayer?

¿Cuáles programas vio? ¿Le gustaron?

¿Puede usted describir uno de los programas que vio en televisión?

28. PRESENT → PRETERIT OR IMPERFECT

En la sala hay un gran reloj. ⊗   En la sala había un gran reloj.

Le gusta mucho a mamá.

Es un reloj muy viejo, muy bonito.

En la casa vive un perro.

Se llama Quinchi.

Un día Quinchi entra a la sala a jugar.

Ve el reloj y le parece interesante.

Lo mira un momento.

Y después lo toca.

Y ¡pum! el reloj termina en el suelo. ¡Pobre
  mamá!

Quinchi sale tranquilamente de la sala.

29. RELATED DRILL RESPONSE

The following questions are based on Drill 28.

¿Qué había en la sala?

¿A quién le gustaba?

¿Cómo era el reloj?

¿Quién vivía en la casa?

¿Cómo se llamaba el perro?

¿Quién entró a la sala?

¿Qué vio?

¿Le pareció interesante?

¿Qué le pasó al reloj?

¿Quinchi se quedó en la sala o salió?

¿Salió preocupado?

30. PRESENT → PRETERIT OR IMPERFECT

Esa mañana la niña Felicia amanece como una fiera. ⊗

Esa mañana la niña Felicia amaneció como una fiera.

Sale de la casa echando chispas.

Cuando llega a la escuela, cada alumno ya está en su lugar.

Cada uno tiene su cuaderno y sus libros.

Todos están listos para la lección.

Ella está furiosa y los alumnos no saben por qué.

Le pega a un alumno.

Y les grita a todos dos o tres veces.

Y todo porque la criada le quema el vestido.

31. GROUPED SENTENCES

En ese momento, me gritaba.
At that moment, she yelled at me.
When she was my teacher, she used to yell at me.
At that moment, she was yelling at me.

En ese momento, me gritaba.
En ese momento, me gritó.
Cuando era mi maestra, me gritaba.

En ese momento, me gritaba.

A las diez y media, ella barría.
At ten-thirty (this morning) she swept.
At ten-thirty she used to sweep.
At ten-thirty she was sweeping.

A las cuatro, la criada sacudía.
At four o'clock (today) the maid dusted.
At four o'clock the maid used to dust.
At four o'clock the maid was dusting.

32. FREE RESPONSE

¿Vio usted televisión anoche?

Cuando era chico, ¿veía televisión mucho?

¿Su mamá lo dejaba ver televisión todas las noches?

¿Dónde vivía usted cuando era chico? ¿Vivía en la misma casa que ahora?

¿A cuál escuela iba cuando era chico?

¿Quién era su maestra cuando estaba en el tercer grado? ¿Cómo era ella?

¿Qué hacía usted esta mañana a las ocho en punto?

(continued)

(*continued*)

¿Se levantó tarde hoy?

¿Dormía tarde durante el verano o se levantaba temprano?

¿Estudiaban ustedes cuando yo entré a la clase?

¿Qué hacían ustedes cuando yo llegué?

Writing

PARAGRAPH REWRITE

Rewrite the following paragraph, changing each of the verbs to either the preterit or the imperfect.

Pipa es grande y muy bonita. Le gusta correr y jugar, y corre bastante rápido para un perro de su tamaño. Especialmente le gusta jugar con Antonio. Todos los días Pipa va a la escuela con Antonio y lo espera hasta las cuatro de la tarde; luego los dos vuelven juntos a la casa. Pero un día algo raro pasa. Antonio se levanta a la hora acostumbrada, pero Pipa, no. Antonio desayuna, pero Pipa, no. Antonio la llama dos o tres veces pero Pipa no aparece. Antonio busca a Pipa pero no la encuentra, y por fin sale solo para la escuela. Cuando vuelve a la casa, allí está Pipa, esperándolo con un regalo . . . un regalo muy especial. Alrededor de ella hay cinco perritos chicos, nuevos amigos para Antonio.

READING

Word Study

Spanish has many nouns that end in **-or.** These are often related to verbs, and usually refer to the person who performs the action named by the verb. These nouns are always masculine; for each one there is a feminine noun formed by adding **a** to the final **r** of the masculine noun.

VERB		NOUN	
colonizar	*colonize*	**colonizador, colonizadora**	*colonist, colonizer*
comentar	*comment*	**comentador, comentadora**	*commentator*
conquistar	*conquer*	**conquistador, conquistadora**	*conqueror, conquistador*
descubrir	*discover*	**descubridor, descubridora**	*discoverer*

The word for *explore* in Spanish is **explorar;** knowing this, you should be able to guess that **explorador** and **exploradora** mean *explorer.*

Cristóbal Colón
y el descubrimiento de América

Quinientos años antes que Cristóbal Colón, llegaron los escandinavos a tierras del Nuevo Mundo. Y probablemente después de ellos siguieron otras tentativas anteriores a Colón para descubrir nuevas tierras y establecer colonias en este hemisferio. Pero es a
5 Cristóbal Colón a quien el mundo reconoce como el verdadero descubridor de América porque, a diferencia de sus predecesores, Colón realizó su primera gran expedición bajo° la protección de España, una de las naciones más emprendedoras° de la época. Y a sus primeros descubrimientos siguieron otros exploradores y
10 conquistadores, y luego llegaron los misioneros y los colonizadores y los agricultores. De esta manera, el descubrimiento realizado por Cristóbal Colón marcó el principio de una nueva época y pasó a la historia como uno de los acontecimientos° más importantes de todos los tiempos.
15 Colón nació en Génova, Italia, en el año 1451, de familia humilde. En su juventud trabajó ayudándole a su padre y luego se dedicó al comercio y a la navegación. Trabajó como marinero en los barcos que navegaban en el Mediterráneo y más tarde, a causa de un accidente marítimo frente a las costas de Portugal, se
20 estableció en ese país. Allí concibió la idea de que era posible llegar a China y a Japón por una ruta más corta, viajando hacia el occidente. Después de largas investigaciones y estudios desarrolló° por fin un plan que le presentó al rey de Portugal. El rey, sin embargo, rechazó el proyecto. Colón entonces se dirigió a los
25 reyes de España, Fernando e[5] Isabel. Ellos, después de muchas dudas, le dieron por fin todo su apoyo°, principalmente la reina.
El día 3 de agosto de 1492 partió Colón del puerto de Palos, al mando de una flotilla de tres pequeños barcos, con 120 hombres. Siete semanas más tarde, cuando ya la mayoría de los
30 hombres empezaba a dar muestras° de desesperación y rebeldía, uno de los marineros, llamado Triana, divisó por primera vez las tierras de América. Ellos, sin embargo, pensaron que eran las Indias. La fecha era el 12 de octubre de 1492.
Colón regresó a España en enero del siguiente año. Luego
35 realizó tres viajes más, en septiembre de 1493, en mayo de 1498 y el último en el mes de mayo de 1502. Regresó a España en 1504 y dos años más tarde, el 20 de mayo de 1506, murió.

bajo: *under*
emprendedor: *enterprising*

acontecimiento: *event*

desarrollar: *develop*

apoyo: *support*

dar muestras: *show signs*

---

[5] The word **y**, *and*, is replaced by **e** before a word beginning with the sound [i]: **Él habla español e inglés.**

No sabemos con certeza dónde están los restos del Gran
Almirante, pues hay una tumba en España, en la Catedral de
40 Sevilla, y otra en Santo Domingo, capital de la República Dominicana. Ambas naciones aseguran que su "tumba de Colón"
contiene los verdaderos restos del Descubridor de América.

Dictionary Section

agricultor, -a persona que tiene por oficio cultivar la tierra: *No era buen agricultor; nada crecía en
su hacienda.*

ambos los dos: *María es alta y rubia; Susana es baja
y tiene el pelo negro. Ambas muchachas son muy bonitas
y simpáticas.*

anterior que precede en lugar o tiempo, que
pasa o existe antes: *Ese día—el martes—era su
cumpleaños. El día anterior—el lunes—le compramos
un regalo y lo dejamos en mi cuarto.*

certeza estado de saber sin duda; seguridad: *No
sabemos con certeza dónde comenzó la civilización.*

corto contrario de largo: *No, yo no voy a comprar
esa falda tan corta; mi marido no me deja usar las
minifaldas.*

descubrimiento la acción de descubrir: *Después
del descubrimiento de América Colón regresó a España.*

dirigirse (a alguien) ir a hablar con alguien o
escribirle a alguien: *Cuando Colón vio que el rey de
Portugal no le iba a ayudar, se dirigió a los reyes
españoles.*

divisar ver a distancia: *Desde el barco divisamos las
costas de Brasil.*

hacia en dirección a: *Viajaban hacia el occidente
cuando vieron las tierras del Nuevo Mundo.*

humilde pobre, sin dinero: *Lincoln nació de familia
humilde, pero llegó a ser presidente.*

mando: al mando de como jefe de, con autoridad sobre: *Colón estaba al mando de 120 hombres.*

murió pretérito de morir: *Colón nació en 1451 y
murió en 1506.*

pues porque: *Ana no va a ir con nosotros pues tiene
mucha tarea y necesita estudiar.*

realizar hacer real o efectivo: *¿Le gustan los cam-
bios realizados por el nuevo presidente?*

rechazar no aceptar: *El jefe rechazó el proyecto pre-
sentado por el empleado.*

reina femenino de rey: *La reina Isabel le ayudó
a Colón.*

restos lo que queda de un hombre muerto: *Nadie
sabe si los restos de Colón están realmente en España
o en la República Dominicana.*

tentativa acción que tiene por objeto completar
un proyecto: *En 1493 siguió una segunda tentativa
de ir al Nuevo Mundo.*

verdadero real, contrario de falso: *Es un verdadero
héroe; metió tres goles sensacionales.*

33. QUESTIONS

1. ¿Quiénes llegaron a América quinientos años antes que Cristóbal Colón?
2. ¿A quién reconoce el mundo como verdadero descubridor de América?
3. ¿Bajo la protección de cuál nación realizó su primera expedición?
4. ¿Por qué reconocen a Colón como descubridor de América?
5. ¿Quiénes llegaron a América después de Colón?
6. ¿Qué marcó el descubrimiento de América?
7. ¿Dónde nació Colón? ¿Cuándo?
8. ¿Por qué se estableció en Portugal?
9. ¿Cuál idea concibió Colón en Portugal?

10. ¿A quién le presentó su idea? ¿Él la aceptó?
11. ¿A quiénes les presentó la idea después? ¿Le dieron su apoyo ellos?
12. ¿Cuándo empezó su expedición Colón? ¿De dónde partió? ¿Cuándo llegó al Nuevo Mundo?
13. ¿En qué estado estaban los hombres cuando llegó la flotilla al Nuevo Mundo?
14. ¿Qué pensaron cuando vieron las tierras de América?
15. ¿Cuál era la fecha?
16. ¿Regresó a España Colón o se quedó en América?
17. ¿Realizó más viajes a América después de ése?
18. ¿Dónde murió Colón? ¿Cuándo?
19. ¿Sabemos con certeza dónde están los restos de Colón?
20. ¿Dónde están las dos tumbas de Colón?
21. ¿Qué aseguran los españoles y los dominicanos?

Noun Exercise

34. COMPLETION

1. Colón es el descubridor de América.

No, los escandinavos son _____ descubridores de América.

2. En Portugal Colón se dedicó a la navegación.

Siempre me ha interesado _____ navegación.

3. Los reyes españoles le dieron su apoyo a Colón.

No tenía _____ apoyo del rey de Portugal.

4. Después llegaron los misioneros.

_____ misioneros se establecieron entre los indios.

5. Todos han leído sobre ese acontecimiento.

Es _____ acontecimiento de mucha importancia.

6. Colón era un almirante bien conocido.

Lo llamaban _____ _____ Almirante.

7. Luego realizó una nueva expedición.

_____ expedición comenzó en 1493.

8. Esos conquistadores no tenían miedo.

¿De qué países venían _____ conquistadores?

9. Establecieron muchas colonias.

¿_____ colonias tenía España luego?

10. Balboa era un gran explorador.

Ponce de León era _____ explorador _____ también.

11. ¿Dónde están las tumbas?

_____ tumbas están detrás de la iglesia.

12. Es su primera tentativa.

Va a hacer _____ tentativa la semana próxima.

13. Hay una diferencia pequeña entre ellos.

Pero es _____ diferencia importante.

14. ¿Dónde está la mayoría de los alumnos?

_____ mayoría de ellos ya salió.

15. Es su último descubrimiento.

Sí, es _____ descubrimiento interesante.

RECOMBINATION EXERCISES

35. PRESENT → PRETERIT OR IMPERFECT

En su juventud Colón trabaja ayudán-   En su juventud Colón trabajó ayudándole a
dole a su papá.   su papá.

Luego se dedica a la navegación.

Se establece en Portugal.

Se casa allí.

Colón tiene 41 años cuando parte del
puerto de Palos.

Es el día 3 de agosto de 1492.

Llega siete semanas después al Nuevo
Mundo.

Cuando ve la tierra, piensa que son las
Indias.

Vuelve a España en 1493.

36. THIRD PERSON SINGULAR → FIRST PERSON SINGULAR

Suppose you are Columbus relating your own story. Read the second paragraph of the
narrative again, this time changing the verbs to the first person singular. Make any other
necessary changes. *Start like this:* Nací en Génova. . . .

37. PAST TENSE → PRESENT TENSE

Both in Spanish and English, past events can be related in the present tense. This tends to
make the narration more vivid and immediate. The present tense used to narrate a past
event is called the historical present. Read the third and fourth paragraphs of the narrative
again, changing the verbs to the historical present. *Start like this:* El día 3 de agosto de 1492
parte Colón. . . .

38. PRESENT → PRETERIT OR IMPERFECT

Read the following paragraphs aloud, changing the underlined verbs to the preterit or
the imperfect.

    Y a los primeros descubrimientos de Colón siguen otros exploradores y conquistadores,
y luego llegan los misioneros y los colonizadores y los agricultores.

En 1485, en la ciudad de Medellín en España, nace Hernán Cortés. En 1504, cuando tiene solamente diecinueve años, parte para Santo Domingo, en su primera expedición. Se establece allí y por algún tiempo trabaja en un pueblo chico. En 1511 parte con Diego Velázquez en una expedición a Cuba, y siete años más tarde sale para México, empezando así la expedición más famosa y más importante de su vida. Cortés, con sus hombres, llega a Tabasco, en el sur de México. Se queda allí poco tiempo. Después de ir a otros puntos de la costa, Cortés empieza a explorar el interior.

Los aztecas, que tienen una civilización muy desarrollada, ocupan en esa época el territorio que es ahora la ciudad de México. El jefe de los aztecas se llama Moctezuma. Cortés, ayudado por otro grupo de indios, conquista a los aztecas.

Ahora reconocemos a Cortés como uno de los conquistadores más importantes de América.

39. SUSTAINED TALK

Using at least six of the expressions listed below, describe the life of one of the following famous explorers and conquistadors: Pizarro, Cortés, Balboa, Ponce de León. Look up any facts you need to know before you come to class.

Nació . . .   Encontró . . .
Estudió . . .   Conquistó . . .
Se enamoró de . . .   Volvió a . . .
Se casó con . . .   Realizó otras expediciones . . .
Empezó su primera expedición . . .   Murió . . .
Llegó a . . .   Hoy lo reconocemos como . . .
Buscaba . . .

40. PAST TENSE → PRESENT TENSE

Read the following paragraph, changing the verbs to the historical present.

Cuando por fin Colón les contó sus ideas a algunas personas de importancia, nadie las entendió. El rey de Portugal rechazó la idea, pero Fernando e Isabel, los reyes de España, le dieron su apoyo. Colón tenía cuarenta y un años cuando empezó su primera expedición, el día 3 de agosto de 1492. Después de unas semanas, la mayoría de los hombres daba muestras de rebeldía. Cuando por fin Colón llegó al Nuevo Mundo, pensó que las tierras que veía eran las Indias. El Gran Almirante volvió a España en enero de 1493. Murió en mayo del año 1506.

Conversation Buildup

I

TERESA	¿Qué pasó en la clase de la niña Felicia?
ARTURO	Nos habló de Colón. ¿Dónde estabas tú?
TERESA	Yo me quedé en casa. Me dolía la garganta.
ARTURO	A propósito, mañana hay una fiesta en la escuela... Pero tal vez no debes ir si has estado enferma.
TERESA	No, no, no, ya estoy bien. ¿A qué hora es la fiesta?

REJOINDERS

¿Qué pasó en clase?
A propósito, mañana hay una fiesta.
Tú no debes ir.

CONVERSATION STIMULUS

Usted no estaba en clase cuando la maestra habló sobre Colón. Ahora un amigo le cuenta que mañana hay un examen sobre el descubrimiento de América.

—¿Cómo? ¿Mañana hay un examen?

II

JAIME	¡Ganamos! ¡Ganamos! ¡Somos los campeones!
MAURO	¿Viste el gol que metió Pepe Jiménez?
JAIME	Claro, ese muchacho es sensacional . . . es el mejor del equipo.
MAURO	¿Tus padres estaban allí?
JAIME	Claro, siempre vienen a vernos jugar.
MAURO	Los míos también. ¡Ellos están tan orgullosos como nosotros!

REJOINDERS

¡Ganamos el partido!
¿Viste el gol que metió Pepe Jiménez?
Mis padres siempre vienen a vernos jugar.

CONVERSATION STIMULUS

Usted está comentando el partido de fútbol de anoche con un amigo. Al fin del partido Pepe Jiménez—el mejor muchacho del otro equipo—metió un gol sensacional y ustedes perdieron.

—Otra vez ganaron ellos.

Writing

SENTENCE CONSTRUCTION

Complete the following sentences with the words that follow the sentence fragments. Use a verb form in either the preterit or the imperfect in each sentence.

MODEL Por muchos años Colón trabajar / barcos / navegar / Mediterráneo
        Por muchos años Colón trabajó en los barcos que navegaban en el Mediterráneo.

1. Quinientos años antes que Colón los escandinavos . . . llegar / tierras / América
2. La España de los tiempos de Colón . . . ser / nación / emprendedor
3. Los reyes en esa época . . . ser / Fernando / Isabel
4. Cuando Colón concibió su gran idea . . . vivir / Portugal
5. Le presentó su idea al rey de Portugal, quien . . . rechazar / proyecto
6. Entonces Colón . . . dirigirse / reyes / España
7. Ellos, después de muchas dudas . . . dar / apoyo / Colón
8. El 3 de agosto de 1492 . . . Colón / partir / puerto de Palos
9. Siete semanas después . . . llegar / costas / Nuevo Mundo
10. En enero de 1493 . . . Colón / volver / España

Reproducción de la carabela en que realizó Colón su primera expedición a América.

REFERENCE LIST

Nouns

accidente *m*	conquistador, -a	fiera	plancha
acontecimiento	cuidado	genio	predecesor, -a
agricultor, -a	chispa	grado	rebeldía
alfombra	descubridor, -a	lavadora	reina
almirante *m*	descubrimiento	león *m*	restos
ángel *m*	época	miedo	sirviente, -a
apoyo	escandinavo	misionero	tentativa
aspiradora	expedición *f*	mosca	trapo
cocinero, -a	explorador, -a	navegación *f*	tumba
colonia			vergüenza

Verbs

adorar	divisar	pellizcar
amanecer (zc)	echar	quemar
asegurar	ensuciar	realizar
barrer	insultar	rechazar
casarse	jalar	sacudir
dedicar	partir	tirar
desarrollar	pegar	tratar

Adjectives

anterior	emprendedor, -a	siguiente
cariñoso	humilde	sucio
dulce	raro	
	seco	

Adverb   *Preposition*   *Conjunction*

fuera (de)	bajo	pues
	hacia	

Expressions

a causa de	tener cuidado
a pesar de (que)	tener ganas (de)
al mando de	tener miedo
dar muestras	tener razón
echar chispas	tener sueño
tener buen (mal) genio	tener suerte
	tener vergüenza

Del Mundo Hispánico

Este mapa, pintado por Juan de la Cosa, es uno de los más antiguos del Nuevo Mundo, y uno de los pocos en existencia hechos durante los viajes de Colón. Juan de la Cosa, un marinero español, acompañó a Colón en su segunda expedición al Nuevo Mundo en 1493, y era considerado como uno de los mejores marineros y pilotos navales de su época. Aquí vemos solamente una pequeña parte del mapa, que representa el mundo entero tal como lo imaginaba Juan de la Cosa. Las islas del Caribe están claramente dibujadas, y también podemos ver una parte considerable de las islas Británicas, del continente de Europa y del de África. Las regiones todavía inexploradas están indicadas con el color verde. Los marineros que viajaban con Colón pensaban que ese inmenso continente era Asia. La figura en la parte superior es San Cristóbal, patrón de los viajeros.

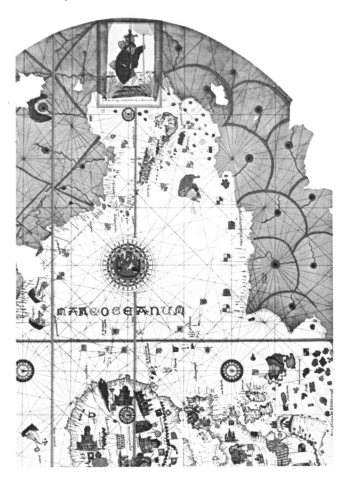

BASIC MATERIAL I

Al llegar a la casa

MARIDO	¿Qué pasó? ¿Por qué no viniste por mí? Tuve que tomar un taxi.
MUJER	No pude. ¿No supiste lo que pasó? ¡Te juro que no fue mi culpa!
MARIDO	¿No fue tu culpa de QUÉ? ¿Qué hiciste? ¡DIME!
MUJER	No, porque te pones bravo, como te pusiste el otro día.
MARIDO	¡El carro! ¡Lo chocaste otra vez!
MUJER	¿No te dije? ¿Ves como te pones furioso?

Supplement

¡Te juro que no fue mi culpa!

¿Qué hiciste? ¡Dime!

¡Tú siempre te pones bravo!

¡Lo chocaste otra vez!

¿Cómo? ¿Tuviste otro choque?

Es que no vi la señal.
Es que no vi el semáforo.
Es que no vi al guardia que dirigía el **tráfico**.

¡Tú no sabes manejar!
Una mujer al volante es un gran peligro.
¡Tú siempre te pones a llorar!
No sé cómo te dieron una licencia.

Tú siempre me echas la culpa a mí.

◀ *Dirigiendo el tráfico en una calle de Sevilla.*

On Arriving Home

HUSBAND   What happened? Why didn't you come for
me? I had to take a taxi.

WIFE   I couldn't. Didn't you hear (know) what
happened? I swear it wasn't my fault!

HUSBAND   WHAT wasn't your fault? What did you do?
TELL ME!

WIFE   No, because you'll get mad, like you did the
other day.

HUSBAND   The car! You had another accident! (You
collided again!)

WIFE   Didn't I tell you? See how you get furious?

Supplement

I swear it wasn't my fault.

What did you do? Tell me!

What? You had another collision?

It's just that I didn't see the sign.
It's just that I didn't see the traffic light.
It's just that I didn't see the policeman (guard)
who was directing traffic.

You always get mad!

You don't know how to drive!
A woman at the wheel is a great danger.
You always start to cry!
I don't know how they ever gave you a license.

You had another accident!

You always blame me (throw the blame to me).

Vocabulary Exercises

1. QUESTIONS ON BASIC MATERIAL

1. ¿Pasó la señora por su marido?
2. ¿Cómo llegó a casa él?
3. Según la señora, ¿fue el choque por culpa suya?
4. ¿Le quiere decir a su marido qué pasó?
5. ¿Por qué no? ¿Cómo se pone él?
6. ¿Es ésta la primera vez que ha chocado la señora?
7. ¿Maneja muy bien ella?
8. ¿Se enoja el marido? ¿A quién le echa la culpa?

2. FREE RESPONSE

1. ¿Va su mamá a traer a su papá todos los días después del trabajo?
2. ¿Cómo llega a la casa él?
3. ¿Es una mujer al volante realmente un gran peligro?
4. ¿Sabe usted manejar?
5. ¿Le pone atención a los semáforos cuando maneja?
6. ¿Y a las señales también?

3. PICTURE DESCRIPTION

Look at the picture on page 122. Describe the picture by answering the following questions.

¿Quién dirige el tráfico?   ¿Hay un semáforo o alguna señal?
¿Tiene uniforme el guardia?   ¿Hay edificios?
¿Hay muchos carros en la foto?   ¿Qué más hay?
¿Van rápido los carros?   ¿Hay mucha gente en la foto?

4. PATTERNED RESPONSE

1. ¡Qué bravo está Juan!   Sí, siempre se pone bravo.
   ¡Qué alegre está Juan!
   ¡Qué nervioso está Juan!
   ¡Qué furioso está Juan!
   ¡Qué triste está Juan!

2. Ana está llorando.   ¿Por qué se pone a llorar siempre?
   Pedro está gritando.
   Los muchachos están riendo.
   Los chicos están peleando.
   Luisa está cantando.

Noun Exercise

5. COMPLETION

1. Yo no tengo la culpa.   ¿Quién tiene _____ culpa entonces?
2. Una mujer manejando es un peligro.   Sí, es _____ _____ peligro.
3. Voy a llamar un taxi.   Allí hay _____ taxi.
4. Fue un choque espantoso.   ¿Dónde fue _____ choque?
5. ¿No viste la señal?   No, no vi _____ señal.
6. ¿Dónde estaba el guardia?   Ni siquiera vi _____ guardia.
7. Había tanto tráfico esta mañana.   Siempre hay _____ tráfico.
8. ¿Es nuevo ese semáforo?   Sí, _____ semáforo es _____.
9. ¿Tú tienes una licencia mexicana?   No, tengo _____ licencia _____.
10. Este volante está malo.   ¿Qué le pasa _____ volante?

Grammar

Irregular Preterit Stems and Endings

PRESENTATION

No pude.	No vine.
No pudiste.	No viniste.
No pudo.	No vino.
No pudimos.	No vinimos.
No pudieron.	No vinieron.

Which of the preterit endings are irregular in these forms? What is the ending that corresponds to first person singular? What is the ending that corresponds to third person singular? Are the stems of these verbs regular or irregular? What vowel occurs in the stem of the verb of the first group of sentences? What vowel occurs in the stem of the verb of the second group of sentences?

GENERALIZATION

Some verbs have irregular preterit endings in the first and third persons singular and irregular stems in all preterit forms. Most of these verbs are shown in the following chart.

Infinitive	*Stem*	*Endings*
andar	anduv-	
estar	estuv-	
haber	hub-	
tener	tuv-	e
poder	pud-	iste
poner	pus-	o
saber	sup-	imos
		ieron
hacer	hic-[1]	
querer	quis-	
venir	vin-	

---

[1] In the third person singular, the c is replaced by z.

Notice that either **u** or **i** occurs in each of the irregular stems. Notice also that unlike the regular preterit endings, the irregular endings **e** and **o** are unstressed.

STRUCTURE DRILLS

6. PERSON-NUMBER SUBSTITUTION

1. Tuve que tomar un taxi. ⊗
   (el señor)
   (ustedes)
   (tú)
   (nosotros)
   (yo)

   Tuve que tomar un taxi.
   Tuvo que tomar un taxi.
   Tuvieron que tomar un taxi.
   Tuviste que tomar un taxi.
   Tuvimos que tomar un taxi.
   Tuve que tomar un taxi.

2. Anduvo con ellos.
   (yo–Blanca–los muchachos–tú–nosotros)

3. Supo lo que pasó.
   (yo–tú–nosotros–el marido–los guardias)

4. No pudieron venir.
   (tú–yo–los muchachos–mis amigos y yo–el maestro)

7. PATTERNED RESPONSE

1. ¿Vinieron los niños anoche? ⊗
   ¿Vino el señor?
   ¿Viniste tú?
   ¿Vinieron ustedes?
   ¿Vinieron los muchachos?

   No, no quisieron.

2. Tuve un choque esta tarde.
   Tuvieron un choque esta tarde.
   Tuvo un choque esta tarde.
   Tuvimos un choque esta tarde.
   Tuve un choque esta tarde.

   ¡Dios mío! ¿Qué hizo?

3. ¿Has estado en México?
   ¿Han estado ustedes en México?
   ¿Han estado ellos en México?
   ¿Ha estado el maestro en México?
   ¿Ha estado usted en México?

   Sí, estuve allí el año pasado.

8. PLURAL → SINGULAR

1. Vinimos tarde a la fiesta.   Vine tarde a la fiesta.
   Tuvimos que tomar un taxi.
   Estuvimos aquí a las ocho.
   Pusimos el regalo allí.

2. No pudieron venir hoy.   No pudo venir hoy.
   Tuvieron que salir.
   Estuvieron aquí ayer.
   Vinieron con María.

9. PROGRESSIVE SUBSTITUTION

Ella tuvo mucha ropa.
Ellas _____.
_____ hicieron _____.
_____ muchas cosas.
Yo _____.
_____ quise _____.
_____ la dirección.
Tú _____.
_____ supiste _____.
_____ el número de teléfono.

10. PRESENT → PRETERIT

Juan no hace su tarea.   Juan no hizo su tarea.
Y la maestra se pone furiosa.
Le grita y le jala el pelo.
Ella le hace una pregunta.
Y él no puede contestar.
Los otros chicos pueden contestar en clase.
Pero Juan no puede abrir la boca.
La maestra lo pellizca.
Y él se pone a llorar.
Esta tarde Juan no viene al cine con nosotros.
Se queda en casa estudiando.

11. RELATED DRILL RESPONSE

The following questions refer to Drill 10.

¿Hizo Juan su tarea?
¿Cómo se puso la maestra?
¿Qué le hizo a Juan ella?
¿Pudo Juan contestar la pregunta de la maestra?
¿Pudieron contestar los otros chicos?
¿Qué le hizo la maestra esta vez?
¿Qué se puso a hacer él?
¿Salió de la casa esta tarde?
¿Se quedó en la casa escribiendo cartas?

12. FREE RESPONSE

¿Hizo usted su tarea anoche o vio televisión?
¿Qué más hizo? ¿Escribió cartas? ¿Llamó a un amigo?
¿Tuvo que salir anoche?
¿Vinieron ustedes a la escuela ayer?
¿Pudieron entrar o estaba cerrada la escuela?
¿Supieron ustedes que hay un examen mañana?

GENERALIZATION

More Irregular Preterit Forms

Decir, traer, and most verbs which end in **-ucir** have irregular stems in the preterit. The stem of each of these irregular preterit forms ends in **j**. These verbs take the same preterit endings as the verbs on page 126, except for the third person plural: **-eron.**

Infinitive	Stem	Endings
decir	dij-	e
traer	traj-	iste
producir	produj-	o
		imos
		eron

STRUCTURE DRILLS

13. PERSON-NUMBER SUBSTITUTION

No te dije nada. ⊗	No te dije nada.
(él)	No te dijo nada.
(los guardias)	No te dijeron nada.
(nosotros)	No te dijimos nada.
(yo)	No te dije nada.

14. PATTERNED RESPONSE

Tengo un regalo para Elena.   ¿De veras? ¿Qué le trajo?
Tienen un regalo para Elena.
Tenemos un regalo para Elena.
Tiene un regalo para Elena.
Tengo un regalo para Elena.

15. FREE RESPONSE

¿Sabe usted cuántos carros produjeron en Chile el año pasado?
¿Sabe cuántos produjeron en Argentina?
¿Cómo? ¿Qué dijo?
¿Qué trajo usted a clase hoy?

GENERALIZATION

ir *and* ser, *Preterit Forms*

The verbs **ir** and **ser** have the same irregular preterit forms.

<table>
<tr><th colspan="3">ir and ser, PRETERIT</th></tr>
<tr><td></td><td>Singular</td><td>Plural</td></tr>
<tr><td>1</td><td>fui</td><td>fuimos</td></tr>
<tr><td>2</td><td>fuiste</td><td rowspan="2">fueron</td></tr>
<tr><td>3</td><td>fue</td></tr>
</table>

STRUCTURE DRILLS

16. PERSON-NUMBER SUBSTITUTION

Fue el mejor alumno de la clase.	Fue el mejor alumno de la clase.
(yo)	Fui el mejor alumno de la clase.
(tú)	Fuiste el mejor alumno de la clase.
(ustedes)	Fueron los mejores alumnos de la clase.
(Juan)	Fue el mejor alumno de la clase.
(tú y yo)	Fuimos los mejores alumnos de la clase.

17. PATTERNED RESPONSE

¿Adónde fueron ustedes ayer?   Fuimos al centro.
¿Adónde fue usted ayer?
¿Adónde fue su mamá ayer?
¿Adónde fueron los muchachos ayer?
¿Adónde fui yo ayer?
¿Adónde fueron ustedes ayer?

18. BASIC MATERIAL VARIATION

1. Say the dialog once again. This time it will be between two people who address each other as **usted.** Substitute the expression **dígame** for **dime.** *Start like this:* ¿Qué pasó? ¿Por qué no vino por mí? Tuve que tomar un taxi.

2. Change the dialog to narrative form. *Start like this:* El marido le pregunta a su mujer qué pasó, por qué no vino por él. Dice que tuvo que tomar un taxi. Ella contesta que no pudo . . .

GENERALIZATION

More about the Preterit and the Imperfect

The difference between the preterit and the imperfect can sometimes be expressed by specific words in English, rather than by a grammatical distinction.

Estuvo allí a las cinco.	*He got there at five.*
Estaba allí a las cinco.	*He was (already) there at five.*

Conoció a María.   He met María.
Conocía a María.   He knew María.

Supo la fecha de la fiesta.   He found out (learned) the date of the
                                             party.
Sabía la fecha de la fiesta.   He knew the date of the party.

Quiso ir con nosotros.   He intended (planned, was determined)
                                             to go with us.
Quería ir con nosotros.   He wanted to go with us.

No quiso venir.   He refused to come.
No quería venir.   He didn't want to come.

Pudo llegar a las tres.   He managed to arrive at three.
Podía llegar a las tres.   He could (was able to) arrive at three.

STRUCTURE DRILLS

19. PAIRED SENTENCES

Conocía a todo el mundo.   Conocía a todo el mundo.
I met everybody.   Conocí a todo el mundo.
I knew everybody.   Conocía a todo el mundo.

Estábamos allí a las ocho.
We got there at eight.
We were there at eight.

Sabía que ustedes estaban allí.
He found out that you were there.
He knew that you were there.

¿No querían comer?
Did they refuse to eat?
Didn't they want to eat?

Podíamos estudiar antes de salir.
We managed to study before going out.
We could study before going out.

Quería venir.
He intended to come.
He wanted to come.

20. PRESENT → PRETERIT OR IMPERFECT

Cuando llego a la fiesta, todos ya están allí.

Yo conozco a todo el mundo; son compañeros de clase.

¿Sabes lo que pasó? —me pregunta una chica.

¿Qué? —le pregunto yo.

María Elena no puede venir.

¿Por qué? —le pregunto.

Su mamá no la deja salir porque chocó el carro.

¡Qué barbaridad! —dicen todos. Pobre María Elena.

Cuando llegué a la fiesta, todos ya estaban allí.

21. RELATED DRILL RESPONSE

The following questions refer to Drill 20.

Cuando llegó el muchacho a la fiesta, ¿ya estaban allí todos?

¿Conocía él a todo el mundo? ¿Por qué?

¿Conoció a alguien en la fiesta?

¿Qué le preguntó la muchacha?

¿Por qué no pudo ir María Elena?

¿Qué dijeron todos?

Writing

PARAGRAPH REWRITE

Rewrite the following paragraph, changing each of the underlined verbs to either the preterit or the imperfect.

Cuando María sale de la tienda, está lloviendo. Son las cinco ya, ya es tarde. Hay mucha gente esperando taxis. María se pone a gritar, "¡Taxi, taxi!" Pobre María, tiene ganas de llorar. Por fin viene un taxi. Cuando finalmente llegan a su casa, María le quiere pagar al hombre, pero cuando abre la cartera, ve que no tiene dinero. Entonces tiene que entrar a la casa corriendo y pedirle cinco pesos a su mamá. ¡Qué día!

BASIC MATERIAL II

¡Por culpa del otro!

¿Aló? ¿Virginia? Te habla Rosario . . . bien . . . ¿y tú? Sí, hija[2], una suerte horrible, segundo choque en una semana. Iba para la oficina de mi marido . . . sí . . . sí . . . ¿Cómo dices? . . . ¡No, mujer, por culpa del otro, un taxi! Déjame contarte: al pasar por una esquina venía un taxi por la otra calle y . . . ni para qué te digo . . . deshizo el carro. Mi marido casi me mató. Sí, me dijeron que van a tenerlo listo para el martes. Ay, sí . . . ah, y a propósito . . .

Supplement

¡Una suerte horrible!

¿Te dieron una boleta?
¿Tienes que pagar una multa?

Segundo choque en una semana.

¿Qué les pasó a los guardafangos?
¿Qué les pasó a los parachoques?
¿Qué les pasó a las llantas?
¿Qué le pasó al parabrisas?
¿No funcionan los limpiaparabrisas?
¿No funcionan los frenos?

Fue por culpa del otro.

¿Viste su placa?

The Other Guy's Fault

Hello, Virginia? This is Rosario speaking . . . fine . . . and you? Yes, a horrible piece of luck, the second collision in a week. I was headed for my husband's office . . . yes . . . yes . . . What did you say? . . . No! The other guy's fault, a taxi! Let me tell you: As I passed by a corner, a taxi was coming down the other street and . . . what's the sense of talking about it . . . he ruined (destroyed) my car. My husband almost killed me. Yes, they told me they'll have it ready by Tuesday. Oh, yes . . . oh, and by the way . . .

---

[2] It is not uncommon in Spanish-speaking countries for friends to call each other **hijo** or **hija** in informal conversation.

Supplement

A horrible piece of luck!

Did you get a ticket?
Do you have to pay a fine?

The second collision in a week.

What happened to the fenders?
What happened to the bumpers?
What happened to the tires?
What happened to the windshield?
Don't the windshield wipers work?
Don't the brakes work?

It was the other guy's fault.

Did you see his license plate?

Vocabulary Exercises

22. QUESTIONS ON BASIC MATERIAL

1. ¿Cómo se llaman las dos señoras que hablan?
2. ¿Quién llama a quién?
3. ¿Tiene buena suerte Rosario? ¿Por qué no?
4. ¿Adónde iba ella cuando chocó?
5. ¿Con quién chocó?
6. ¿Quién tuvo la culpa, según ella?
7. ¿Qué pasó al pasar ella por una esquina?
8. ¿Qué le hizo el taxi al carro?
9. ¿Se puso bravo su marido cuando ella le contó lo que pasó?
10. ¿Para cuándo van a tener listo el carro?

23. FREE RESPONSE

1. ¿Maneja usted? ¿Nunca le han dado una boleta? ¿Nunca le han dado una a su papá?
2. ¿Tuvo que pagar una multa?
3. ¿Tiene usted carro? ¿Tiene su carro buenos frenos? ¿Tiene buenas llantas?
4. ¿Funcionan los limpiaparabrisas de su carro?
5. ¿Están buenos los parachoques? ¿Los guardafangos? ¿El parabrisas?

24. DEFINITIONS

el señor que dirige el tráfico
lo que uno paga cuando le dan una boleta
lo que lleva el número oficial del carro
el aparato que sirve para limpiar el parabrisas

El señor que dirige el tráfico es un guardia.

25. BASIC MATERIAL VARIATION

Make Rosario's monolog into a dialog by supplying Virginia's part of the conversation.

Noun Exercises

26. PATTERNED RESPONSE

1. ¿Están arreglándole los parachoques?   Sí, van a tenerlos listos para mañana.
   ¿Están arreglándole los guardafangos?
   ¿Están arreglándole las llantas?
   ¿Están arreglándole el limpiaparabrisas?
   ¿Están arreglándole los frenos?

2. ¿Pagó la multa?   Sí, la pagué ayer.
   ¿Recibió las placas?
   ¿Encontró la boleta?
   ¿Arregló los parachoques?
   ¿Limpió el parabrisas?

Verb Exercises

27. PATTERNED RESPONSE

Pagamos la multa.   ¿La pagaron inmediatamente?
Le pagamos al empleado.   ¿Le pagaron inmediatamente?
Pagamos veinte pesos.
Les pagamos a los criados.
Pagamos diez dólares.
Le pagamos a la sirvienta.

The Spanish construction **al** + <u>infinitive</u> corresponds to the English construction *on* + <u>verb</u> + *-ing* or, in less formal speech, *when* or *as* + <u>subject</u> + <u>verb</u>.

28. ENGLISH CUE DRILL

¿Qué hizo al llegar? ⊗   ¿Qué hizo al llegar?
What did you do when you came in?   ¿Qué hizo al entrar?
What did you do when you saw him?   ¿Qué hizo al verlo?
What did you do as you passed by the corner?   ¿Qué hizo al pasar por la esquina?
What did you do on arriving?   ¿Qué hizo al llegar?

29. cuando → al + INFINITIVE

Cuando llegó el guardia, miró mi licencia.

Cuando oyó lo que pasó, me dio una boleta.

Cuando pagué la multa, me quedé sin dinero.

Cuando llegué a la casa, le conté a mi papá.

Cuando lo oyó, se puso furioso.

Y cuando vio el guardafango, se enojó más todavía.

Al llegar el guardia, miró mi licencia.

GENERALIZATION

The Prepositions para *and* por

1. The two most common Spanish equivalents of the English preposition *for* are **para** and **por.** You must learn to choose the correct one according to the situation.

2. a. In general, **para** expresses the notion of aiming at or moving toward a goal. It may mean *for* in the sense of "destined for", "toward", or "in the direction of".

Este regalo es <u>para mi mamá</u>.	*This present is <u>for (destined for)</u> <u>my mom</u>.*
Iba <u>para la oficina de mi marido</u>.	*I was headed <u>for (toward) my husband's</u> <u>office</u>.*
Van a tenerlo listo <u>para el martes</u>.	*They're going to have it ready <u>by</u> <u>Tuesday</u>.*

b. **Para** is also used before an infinitive to express the idea "for the purpose of" or "in order to".

¿Puedo usar el teléfono <u>para llamar a</u> mi casa?	*May I use the telephone <u>to call (for</u> <u>the purpose of calling)</u> home?*

3. a. **Por** is often used to express the notion of cause. It may mean *for* in the sense of "because of", "due to", or "for the sake of".

Lo hice <u>por esa razón</u>.	*I did it <u>for (because of) that reason</u>.*
Fue <u>por culpa suya</u>.	*It was <u>(due to) his fault</u>.*
El maestro se enojó con él <u>por</u> <u>molestar tanto</u>.	*The teacher got mad at him <u>because</u> <u>he fooled around so much</u>.*
Lo hice <u>por ti</u>.	*I did it <u>for you (for your sake)</u>.*

b. **Por** also means *for* in the sense of "in exchange for", "instead of", "in place of", or "on behalf of".

Pagué veinte pesos por ese libro.

I paid twenty pesos for (in exchange for) that book.

Él habló por Juan.

He spoke for (in place of, instead of, on behalf of) Juan.

c. **Por** is often used to express the notion of duration. In this case, **por** means *for* in the sense of "for the duration of".

Estuve allí por tres años.   *I was there for (for the duration of) three years.*

In Spanish, as in English, "for" is often omitted in this type of sentence.

Estuve allí tres años.   *I was there three years.*

4. **Por** has a number of English equivalents besides *for*. It may be used to express an imprecise location or time. In this case the usual English equivalents are *through*, *by*, *along*, and *in*.

Caminamos por el parque.   *We'll walk through the park.*
Vamos por esta calle.   *Let's go down (along, by way of) this street.*

Al pasar por una esquina . . .   *As I was passing by a corner . . .*
. . . venía un taxi por la otra calle.   *. . . a taxi was coming down (along) the other street.*

Vamos por la mañana.   *Let's go in the morning.*

5. **Por** is used to express the idea of "per".

Vamos a 60 kilómetros por hora.   *We're going 60 kilometers an (per) hour.*

STRUCTURE DRILLS

30. SENTENCE COMPLETION

Complete each sentence with **por** or **para** according to the context given.

El lunes es el Día de la Madre. Le compro un regalo a mi mamá. ⊗
    Compro un regalo _____.   Compro un regalo para mi mamá.

Pasé tres años en México.
    Estuve en México _____.   Estuve en México por tres años.

El señor me da los boletos y yo le doy
    cinco pesos.
      Le doy cinco pesos ——————.   Le doy cinco pesos por los boletos.

El carro va a estar listo el martes.
    Van a tenerlo listo ——————.   Van a tenerlo listo para el martes.

Vamos en dirección a la estación.
    Vamos ——————————.   Vamos para la estación.

Hoy es el cumpleaños de Ana. Le traigo
    este regalo.
      Traigo este regalo ——————.   Traigo este regalo para Ana.

Le damos sesenta pesos y él nos da la
    alfombra.
      Le damos sesenta pesos ——————.   Le damos sesenta pesos por la alfombra.

Hubo un choque. Ese señor tiene la culpa.
    El choque fue ——————.   El choque fue por culpa de ese señor.

31. **COMPLETION DRILL**

Read the following sentences, completing each with **por** or **para** according to the context
given.

1. Voy a comprar un regalo —— mi   Voy a comprar un regalo para mi mamá.
   mamá.
   Pagué tres pesos —— esos boletos.   Pagué tres pesos por esos boletos.
   Estuve en México —— tres meses.
   Tengo que terminar este trabajo —— el
   martes.
   Fue —— culpa del otro.
   ¿Puedo usar este lápiz —— escribir mi
   nombre?

2. ¿Cuánto pagaste —— esa pluma? ⊗
   ¿—— cuándo van a tenerlo listo?
   ¿—— cuánto tiempo estuviste en Argentina?
   ¿—— qué sirve ese aparato?
   Sirve —— lavar platos.
   ¡Fue —— culpa suya!
   Vamos a 50 kilómetros —— hora.

32. PAIRED SENTENCES

Let's go through the park. ⊗   Vamos por el parque.
Let's go toward the park.   Vamos para el parque.

Are you going by way of the plaza (usted)?
Are you heading for the plaza?

I did it for you (for your sake).
I made it for (to give to) you.

We study a lot because of the exams.
We study a lot for (to prepare for) the exams.

*They're giving me a radio for (to put in) the
   car.*
*They're giving me a radio for (in exchange for)
   the car.*

GENERALIZATION

Fixed Expressions with por

Por is used in a number of fixed expressions. The ones you have already had are shown in
the following list.

por consiguiente	**por fin**	**pasar por**
por ejemplo	**por lo menos**	**ir por**
por favor	**¿por qué?**	**venir por**
	porque	

STRUCTURE DRILLS

33. REPLACEMENT DRILL

Replace each of the underlined items with an expression with **por.**

La señora <u>iba a buscar</u> a su marido
   cuando chocó.
<u>Finalmente,</u> llegó el guardia.
El guardia <u>venía a buscar</u> a la señora.
La señora tuvo la culpa. <u>Por esa razón,</u>
   tuvo que pagar una multa.
¿Me puede decir, <u>al menos,</u> cuánto tengo
   que pagar?

34. PARAGRAPH COMPLETION

Read the following paragraph aloud, filling the blank spaces with expressions with **por.**

_____ _____, señor guardia, quiero explicarle lo que pasó. ¿_____ _____ no me escucha? ¿No puede escucharme un momentito, _____ _____ _____? Es que no puedo quedarme aquí todo el día _____ tengo que _____ _____ mi marido.

Writing

PARAGRAPH COMPLETION

Rewrite the following paragraph, filling in each of the blank spaces with either **por** or **para.**

_____ favor, ¿puedo usar el teléfono _____ llamar a mi marido? Acabo de chocar el auto, pero fue _____ culpa del otro, ¿sabe? Yo iba _____ mi hija . . . su escuela está en el centro . . . bueno, yo iba _____ el centro cuando al pasar _____ una esquina, otro carro venía _____ la otra calle. ¿Ni _____ qué le digo?

Choqué la semana pasada también. Y tuve que pagar sesenta pesos _____ un nuevo guardafango. Y ahora voy a tener que pagar sesenta más _____ un nuevo parabrisas. No sé qué voy a hacer si no me lo tienen listo _____ mañana. ¡Ay, caramba! ¿_____ qué me pasan estas cosas?

READING

Word Study

Many Spanish verbs are formed by adding prefixes to other verbs. These verbs have the same forms as the base verbs, whether or not they have related meanings.

For example, you have already seen the verb **reconocer,** *recognize,* and know that it has the same stem extension in the first person singular as the verb **conocer,** *know.*

Re<u>conozco</u> a ese señor.

You have also seen the verb **contener,** *contain,* and have noted that it has the same irregularities as **tener,** *have.*

Estas maletas con<u>tienen</u> toda mi ropa.

The following list shows several verbs which are formed in this manner.

BASE VERB	BASE VERB PLUS PREFIX	
tener	detener	*stop*
	mantener	*maintain*
	obtener	*obtain*
	retener	*retain*
hacer	deshacer	*destroy*
poner	suponer	*suppose*
venir	intervenir	*intervene*
volver	devolver	*give back*

La esquina

La esquina de mi casa es mi teatro. Es una esquina muy transitada. Por allí pasan ricos y pobres, buenos y malos, mujeres y niños, viejos y jóvenes, carretas° viejas cargadas de productos del campo y Cadillacs de último modelo. Desde mi ventana oigo
5 los gritos de los niños escolares y los gritos de los vendedores de periódicos, los vendedores de lotería[3] y los que venden empanadas y tamales[4].

Un carro Mercedes-Benz de último modelo pero con el radiador hundido° (de un choque anterior, supongo), con una dama
10 muy elegante de chofer, se acercaba a la esquina por la avenida. Por otra calle se acercaba un taxi con apariencia de veterano en asuntos de choques. Al llegar a la esquina la dama sin duda vio la nueva señal de tráfico, de tamaño mayor que la anterior, que en letras muy grandes decía ALTO, pero no se detuvo. El chofer
15 del taxi, con una señal idéntica de su lado, probablemente pensó de igual manera pues tampoco se detuvo, y en ese momento los dos vehículos se encontraron precisamente en el centro de la esquina con un ruidoso° impacto. Segundos después los dos carros estaban rodeados° de una multitud.
20 —¡Usted tuvo la culpa, señora! —insistía el taxista— ¡Usted se pasó el alto! ¡Yo soy un hombre pobre y con hijos!

—¡Usted hizo la misma cosa! —gritaba ella.

—¡La señora se pasó el alto primero! —gritó alguien.

—¡Yo lo vi! ¡El del taxi tiene la culpa! —dijo uno de los

carreta: *wagon*

hundir: *crush, sink in*

ruidoso: *noisy*
rodear: *surround*

---

[3] The lottery is state-supported and very popular in most Spanish-speaking countries.

[4] **Empanadas** are turnovers filled with meat, cheese, or sweets, popular in some Spanish-speaking countries. A **tamal** is a Mexican dish consisting of an outer layer of cornmeal stuffed with meat, chicken, or sweets, which is wrapped in corn husks and then steamed.

". . . ¡Usted tuvo la culpa, señora! . . ."

muchos "expertos" en materias de tráfico.

    —¡La vieja rica es la culpable! —gritó un hombre.

    —¡Comunista! —le contestaron otros.

    Intervino entonces el guardia civil, pidiendo calma.

    —Sus credenciales de manejar, señora. Y usted ·también,
30 señor.

    —¿Sus qué, dijo usted? —preguntó ella, poco acostumbrada a
esa terminología.

    —¡Pero este hombre insolente tuvo la culpa! —exclamó ella.
—¡Ay, ese guardafango! ¡Dios mío, mi marido me mata hoy!

35   —Su licencia, por favor, señora.

    —No la traje. La puse en otra cartera. —Y luego, en un tono
pretencioso y mirando al guardia de arriba a abajo, dijo: —No
sé si usted sabe quién soy yo.

    El guardia se puso un poquito nervioso. Sin embargo, trató°   **tratar (de):** *try*
40 de no dejarse intimidar y dijo:

    —Usted es la señora que tuvo otro choque con un camión°   **camión** *m: truck*
anteayer. Reconozco su carro. Allí tampoco tenía su licencia.

—Estaba en otra cartera. —Y tomando una actitud más
45 enérgica, dijo: —Yo me voy. Puede arreglar este asunto con mi
marido, el ingeniero[5] Rafael Santos.

El pobre guardia no sabía qué hacer. Contestó: —Al ingeniero
Santos yo le guardo toda consideración y respeto. Pero debo
proceder de acuerdo con la ley°. Usted no puede manejar este   **ley** *f: law*
50 carro sin su licencia.

La dama no le hizo el menor caso y subió° a su auto.   **subir:** *get in*

—¡Ella no puede irse sin pagarme, señor guardia! — protestó
agitando los brazos el taxista. —¡Tengo mujer y cinco hijos que
mantener!
55 No supe en qué terminó el asunto porque me aburrí y cerré
los ojos. Me quedé dormido, y dormí un par de horas. Cuando
me desperté, los dos vehículos, el taxista y la dama elegante
habían desaparecido de la escena. La esquina, mi teatro, había
vuelto a su estado normal.

Dictionary Section

alto señal para detener el tráfico de vehículos: *En esa esquina hay un alto.*

asunto cuestión, materia: *Voy a arreglar este asunto al volver de las vacaciones.*

cargado muy lleno: *La carreta está cargada de cosas para el mercado.*

culpable que tiene la culpa: *¡Usted se pasó el alto! ¡Usted es el culpable!*

chofer *m* el que maneja: *El chofer detuvo el carro para dejar pasar a los niños.*

dama señora de la clase alta: *Es una dama muy elegante.*

de acuerdo con de conformidad con, según: *Debo proceder de acuerdo con la ley.*

desde indica el punto (o tiempo) de que viene o donde empieza una cosa: *Viajamos desde Buenos Aires hasta Lima y después, desde Lima hasta Quito.*

escolar de la escuela: *Había un grupo de niños escolares en la plaza.*

guardar conservar, retener, tener: *Le guardo mucho respeto a ese maestro.*

hacerle caso (a algo, a alguien) ponerle atención, darle importancia: *La dama trató de explicar, pero el guardia no le hizo caso.*

mayor más grande: *Esta es una cuestión de mayor importancia que la otra.*

par *m* dos: *Me voy a comprar un par de guantes.*

rico que tiene mucho dinero; contrario de pobre: *Esa mujer es muy rica; tiene una inmensa casa con veinte criados.*

transitado donde hay mucho tráfico: *Ésta no es una calle muy transitada; muy pocos carros pasan por aquí.*

vista acción o capacidad de ver: *Yo no tengo muy buena vista; necesito anteojos.*

---

[5] In many Spanish-speaking countries, professional people are addressed by their title: **el ingeniero Santos; el arquitecto López; el licenciado** (*attorney*) **García.**

35. QUESTIONS

1. ¿Cuál es el teatro del narrador?
2. ¿Cómo es la esquina? ¿Quiénes pasan por allí?
3. ¿Qué ve desde su ventana? ¿Qué oye?
4. ¿Qué se acercaba a la esquina por la avenida?
5. ¿Qué se acercaba a la esquina por la calle?
6. ¿Cómo era el taxi, bonito y nuevo?
7. ¿Qué había en la esquina? ¿Qué decía?
8. ¿Vio la señal la señora? ¿Se detuvo?
9. ¿Qué tenía de su lado el chofer de taxi? ¿La vio? ¿Se detuvo?
10. ¿Qué pasó en ese momento?
11. ¿Qué le dijo el taxista a la señora?
12. ¿Qué les pidió el guardia a la señora y al taxista?
13. ¿Tenía la dama su licencia? ¿Dónde la dejó?
14. ¿Qué le preguntó la dama al guardia en un tono pretencioso?
15. ¿Cómo reaccionó el guardia?
16. ¿Reconoció el guardia a la dama?
17. ¿Quién es el marido de la dama? ¿Cree usted que él debe ser un hombre importante?
18. ¿Por qué cree usted que el guardia se puso nervioso? ¿Qué dijo él?
19. ¿Le hizo caso la dama? ¿Qué hizo ella?
20. ¿Según el taxista, por qué no podía irse ella sin pagarle?
21. ¿Supo el narrador cómo terminó el asunto? ¿Qué hizo él?

Noun Exercises

36. COMPLETION

1. El chofer se pasó el alto.
2. ¿Cómo se fue el taxista?
3. ¿Te gustan los tamales?
4. Se los compré a un vendedor.
5. Se los compré a una vendedora.
6. ¿Chocaste con un camión?
7. Debemos proceder según la ley.
8. La carreta estaba muy cargada.

Es ____ ____ chofer.
____ taxista se fue echando chispas.
Sí, especialmente ____ tamales de carne.
¿Dónde estaba ____ vendedor?
¿Dónde estaba ____ vendedora?
¡No, ____ camión me chocó a mí!
¿Qué dice ____ ley en este caso?
¿Adónde iba ____ carreta?

37. PRONOUN COMPLETION

1. ¿Ya hiciste las empanadas?
2. ¿Cuándo arreglan la escena?
3. ¿Nunca te has ganado la lotería?

No, ____ voy a hacer más tarde.
____ arreglan mañana por la tarde.
No, no me ____ he ganado nunca.

(*continued*)

(*continued*)

4. ¿Encontraron la avenida?	Sí, después de un rato ____ encontraron.
5. ¿Por qué compraste ese auto?	____ compré porque me gustó.
6. ¿Dónde conociste a esa dama?	____ conocí en una fiesta.
7. ¿Necesita nuestra ayuda?	No, no ____ necesita.

RECOMBINATION EXERCISES

38. NARRATIVE RECALL

1. Describe the street corner where the narrative occurs, using the following key words as a guide.

transitado   vendedores   empanadas y tamales
niños escolares   lotería   escenas

2. Tell what happens in the scene which the narrator witnesses, using the following key words as a guide.

A. Mercedes-Benz de último modelo
   dama elegante
   manejar
   señal

B. taxi
   apariencia
   chocar
   rodear

C. guardia civil
   licencia
   "No sé si usted sabe
     quién soy yo".
   subir al auto

39. NARRATIVE VARIATION

1. Read the second paragraph of the narrative again, putting all the verbs into the present tense. *Start like this:* Un carro Mercedes-Benz de último modelo pero con el radiador hundido (de un choque anterior, supongo), con una dama muy elegante de chofer, se acerca a la esquina por la avenida . . .

2. Read the first paragraph of the narrative again, putting all the verbs into the imperfect. *Start like this:* La esquina de mi casa era mi teatro.

40. PRESENT → PRETERIT OR IMPERFECT

¡Dios mío! Hay un accidente. ⊗
Choca un taxi con un Mercedes.
El chofer del Mercedes es una dama
  elegante.

¡Dios mío! Hubo un accidente.

Es la señora del ingeniero Santos.
Se pone a gritarle al taxista.
Él parece veterano en asuntos de choques.
¡Usted tiene la culpa! —grita la mujer.
Todo el mundo se pone a hablar.
Por fin los dos suben a sus autos y se van.
Cinco minutos después, no hay nadie en
    la calle.

41. PARAGRAPH COMPLETION

Read the following paragraph, filling in each of the blank spaces with **por** or **para**.

    El guardia que andaba _____ allí le dio un peso al vendedor _____ una empanada de carne, y se puso a comer. Un Mercedes-Benz se acercaba a la esquina _____ la avenida. _____ la otra calle venía un taxi. Ni el taxista ni la dama se detuvieron y casi chocaron. Los dos se pusieron a gritar.

    ¡No tengo tiempo _____ hablar con usted!

    ¡Fue _____ culpa suya! —contestó el taxista.

    Tengo que ir a comprar unas cosas _____ mi familia—dijo ella. —No puedo quedarme aquí conversando.

    _____ favor, señor, señora, —dijo el guardia. —Sus credenciales . . .

    —¿Y quién se cree usted? —dijo el taxista subiendo a su auto.

    —¡Qué barbaridad! —exclamó la dama, subiendo al suyo. Y los dos se fueron.

42. PRETERIT → PRESENT

Le dije la verdad, señor guardia. ⊗   Le digo la verdad, señor guardia.
Yo tuve la culpa.
Me puse a conversar.
Y no oí acercarse el otro carro.
Ni vi el semáforo tampoco.
Salí rápido por la avenida.
No miré bien, y no vi el taxi.
No, señor, no traje mi licencia.
Pero vine a decirle qué pasó.
Yo tuve la culpa, señor guardia.

Conversation Buildup

I

MAURO	¿Cómo? ¿Vas a vender tu carro?
JORGE	Sí, ¿tú lo quieres comprar?
MAURO	No sé. ¿Por qué lo vendes?
JORGE	Ese carro me trae mala suerte, fíjate.
MAURO	Ah, y entonces me quieres pasar tu mala suerte a mí.
JORGE	¿Sabes lo que me pasó? Ayer me dieron dos boletas en un día.
MAURO	¿Por qué? ¿Qué hiciste?
JORGE	Nada, fue por culpa del otro. Y anteayer me pasé el semáforo y choqué con un taxi. ¿No ves que me trae mala suerte?
MAURO	Yo creo que eres tú el que le trae la mala suerte al carro. ¡Pobre carro!

REJOINDERS

Ese carro me trae mala suerte.
Ayer me dieron dos boletas.

CONVERSATION STIMULUS

Usted quiere venderle su auto a un amigo. Él le pregunta cómo es el auto, cuántos kilómetros tiene, etc.

—Voy a vender mi auto. ¿Te interesa comprarlo?

II

SEÑOR	Yo quiero un auto usado . . . no quiero gastar mucho, ¿entiende?
VENDEDOR	Claro, yo tengo uno perfecto para usted. Una verdadera ganga.
SEÑOR	Pero tiene que ser un auto bastante grande, para una familia de seis.
VENDEDOR	Entiendo perfectamente. Tengo uno del año pasado que está en perfectas condiciones.
SEÑOR	¿Cuántos kilómetros tiene?
VENDEDOR	No muchos. Y las llantas son casi nuevas. Claro que no funcionan tan bien los limpiaparabrisas, pero eso es una cosita sin importancia.

SEÑOR ¿Tiene radio? A los chicos les gusta escuchar el radio en el auto.

VENDEDOR Sí, tiene . . . y lo puede arreglar fácilmente. Bueno, ¿qué le parece?

SEÑOR No sé, no sé. Voy a tener que pensarlo.

REJOINDERS

Quiero comprar un auto usado.
Tengo uno del año '51, está en muy buenas condiciones.

CONVERSATION STIMULUS

Usted quiere comprar un auto usado, pero el vendedor quiere venderle uno nuevo.

—¿Para qué quiere comprar un auto usado? Es mucho mejor comprar uno nuevo.

Writing

PARAGRAPH CONSTRUCTION

Form sentences using each of the items below and combine the sentences in a paragraph. Tell the story in the past tense, and use any additional words you may need to make your paragraph sound natural. Use the model as the first sentence in your paragraph.

MODEL carro / bonito / acercarse / esquina
      Un carro muy bonito se acercaba a la esquina.

1. chofer / ser / dama / elegante
2. otro / calle / venir / taxi
3. ninguno / detenerse / esquina
4. carro / taxi / chocar
5. dama / ponerse / gritar
6. taxista / ponerse / furioso
7. minutos / después / acercarse / guardia
8. guardia / pedir / licencia / dama
9. ella / decir / que / estar / otra cartera
10. taxista / tampoco / tener / licencia
11. guardia / dar / boleta / los dos
12. entonces / todos / irse

REFERENCE LIST

Nouns

alto	carreta	dama	guardia *m*
auto	credencial *f*	empanada	ingeniero
ayuda	culpa	escena	ley *f*
boleta	chofer *m*	freno	licencia
camión *m*	choque *m*	guardafango	limpiaparabrisas *m-sing*

lotería	parachoques *m-sing*	taxi *m*
llanta	peligro	tráfico
modelo	placa	vendedor, -a
multa	semáforo	veterano
par *m*	señal *f*	volante *m*
parabrisas *m*	tamal *m*	

Verbs

chocar	funcionar	proceder
deshacer (*like* hacer)	guardar	rodear
detener (*like* tener)	jurar	subir
dirigir	manejar	tratar (de)
exclamar	pagar	

Adjectives

bravo	escolar
cargado	hundido
culpable	lento
elegante	rico
ruidoso	

Expressions

de acuerdo con	¿Ni para qué le digo?
echar(le) la culpa (a alguien)	ponerse + *adj.*
hacer(le) caso (a algo o alguien)	ponerse a + *inf.*

Del Mundo Hispánico

ANUNCIOS COMERCIALES

MERCEDES-BENZ 600, último modelo, radio estereofónico, aire acondicionado, seis llantas, color rojo oscuro. Vendo por razones personales a precio razonable, medio millón. O cambio por hacienda. Llamar Sr. Otto Fritz, Consulado Alemán.

PARA PODER SALIR DEL PAÍS vendo carro Chevrolet 1941, viejo pero en buenas condiciones, recién pintado. Un regalo. Llamar a Tomás, tel. 47-00-32

VENDO PIK-UP STUDEBAKER, 1955, motor a veces sí a veces no, necesita dos llantas. O cambio por bicicleta. Llamar Zapatería El Nilo y preguntar por Chino.

COMPRAMOS AUTOMÓVILES Y CAMIONES de todo modelo y en cualquier condición—nuevos, viejos o viejísimos. Pagamos precios increíblemente altos. Bolívar Washington y Compañía, Avenida Tercera No. 377 (frente al Estadio). Tel. 11-00-11.

POR RAZONES PERSONALES vendo Cadillac, 1970, buenas condiciones, llantas nuevas. Teléf: 23-41-01.

CAMIÓN DODGE, 1952, por motivo viaje a Europa, magníficas condiciones. Solamente 200.000 kilómetros. Verdadera ganga. Puede ser visto todas las noches. Llamar 27-32-02.

BASIC MATERIAL I

¡Qué susto!

LA MAESTRA	Como les había anunciado la semana pasada . . .
1ʳ ALUMNO	No, por favor, usted dijo que no nos iba a hacer examen.
2º ALUMNO	Nadie ha estado molestando, señorita.
3ʳ ALUMNO	Es verdad. Todos nos hemos estado portando bien.
4º ALUMNO	A mí nadie me había dicho nada de exámenes.
LA MAESTRA	Pero, ¿por qué se asustan? Yo no estaba hablando de eso.
TODOS	¿Ah, no?
LA MAESTRA	Yo les dije que hoy íbamos a empezar una novela, ¿no se acuerdan?
TODOS	¡Ah, claro! ¡Qué susto!

Supplement

A ver, ¿qué les iba a decir?

Ya sonó la campana, señorita.
¡Ay, no, otra prueba!

Vamos a empezar un libro.

¿Qué clase de libro?
¿De qué se trata?
¿De qué trata el libro?
¿Cuántas páginas tiene?

¿Qué vamos a leer?

Un cuento policial.
Un cuento de espionaje.

◀ *México y Argentina son los centros editoriales mayores de Latinoamérica.*

What a Scare!

TEACHER	As I had announced to you last week . . .
1ST STUDENT	No, please, you said that you weren't going to give us a test.
2ND STUDENT	No one has been fooling around, señorita.
3RD STUDENT	It's true. We've all been behaving ourselves.
4TH STUDENT	Nobody told *me* anything about exams.
TEACHER	But why are you getting frightened? I wasn't talking about that.
EVERYONE	Oh, no?
TEACHER	I told you that today we were going to begin a novel. Don't you remember?
EVERYONE	Oh, of course. What a scare!

Supplement

Let's see, what was I going to tell you?

The bell already rang, señorita.
Oh, no, another test!

We're going to begin a book.

What kind of book?
What's it about?
What's the book about?
How many pages does it have?

What are we going to read?

A detective (police) story.
A spy story.

Vocabulary Exercises

1. QUESTIONS ON BASIC MATERIAL

1. ¿Qué cree el primer alumno que la maestra les va a hacer?
2. ¿Han estado molestando ellos, según el segundo alumno?
3. ¿Se han portado bien, según el tercero?
4. ¿Qué dice el cuarto?
5. ¿Estaba hablando de exámenes la maestra?
6. ¿Qué les anuncia la maestra a los alumnos?
7. ¿Les dio un susto la maestra?

2. FREE RESPONSE

1. ¿Su maestro les ha hecho un examen esta semana?
2. ¿A ustedes les gustan las pruebas? ¿Hay muchas en esta clase?
3. ¿Ya ha sonado la campana para empezar la clase?
4. ¿Qué clase de cuentos le gusta a usted?
5. ¿Le gustan los cuentos policiales? ¿Los cuentos de amor?
6. ¿De qué trata el último libro que ha leído?
7. ¿Era un libro largo o corto? ¿Cuántas páginas tenía?

3. WORD REPLACEMENT

Read each of the following sentences, replacing the underlined item with another expression.

1. El lunes hay un examen en la clase de geografía.
2. Me encantan los cuentos de espionaje.
3. Vamos a leer una novela.
4. Es un cuento muy largo.
5. Es un cuento de amor.

Noun Exercise

4. COMPLETION

1. Me dio un susto.
   A mí también me dio ____ susto ____.
2. Ya sonó la campana.
   ¿Cuándo sonó ____ campana?
3. Mañana hay una prueba.
   Esa maestra nos hace ____ pruebas.
4. ¡Este libro tiene trescientas páginas!
   ¿____ páginas tiene el otro?
5. El espionaje no me gusta tanto como los cuentos de amor.
   A mí me gusta más ____ espionaje.
6. ¿Tú leíste este cuento?
   Todavía estoy leyendo ____ cuento.
7. ¿Cuál de estas novelas prefiere?
   Prefiero ____ novela que leí la semana pasada.

Verb Exercises

The verb **sonar** has the same **o-ue** stem alternation as **recordar**.

Pres. **sueno, suenas, suena, sonamos, suenan**

5. PATTERNED RESPONSE

La campana, ¿la suena el maestro?   Sí, la suena él.
¿La sueno yo?
¿La suenas tú?
¿La suenan ustedes?
¿La suenan ellos?

The verb **acordarse (de)** has the same **o-ue** stem alternation as **recordar.**

Pres.   **me acuerdo, te acuerdas, se acuerda, nos acordamos, se acuerdan**

6. PATTERNED RESPONSE

¡Has estudiado todo el día!   Pero no me acuerdo de nada.
¡Los chicos han estudiado todo el día!
¡Ustedes han estudiado todo el día!
¡Juan ha estudiado todo el día!
¡Tú y ella han estudiado todo el día!

Grammar

Compound Constructions in the Past

PRESENTATION

He leído todo el día.   **Había leído** todo el día.
Voy a leer una novela.   **Iba a leer** una novela.

In the two sentences on the left, which parts make up the verb? In each case, which word is a verb with a person-number ending? Is this verb in the past or the present? In the two sentences on the right, which parts make up the verb? Are the verbs with person-number endings in the past or the present? Are they in the imperfect or the preterit?

Estoy leyendo un cuento.   {**Estaba leyendo** un cuento.
                                  {**Estuve leyendo** un cuento.

In the sentence in the left-hand column, which parts make up the verb? Which word is a verb with a person-number ending? Is this verb in the past or the present? In the sentences in the right-hand column, does **estar** occur both in the imperfect and the preterit?

GENERALIZATION

Spanish, like English, has a number of compound verb constructions. You have already learned three of them: the present progressive, the present perfect, and **ir** + **a** + infinitive.

Estoy leyendo un cuento.	*I'm reading a story.*
He leído todo el día.	*I've read all day.*
Voy a leer una novela.	*I'm going to read a novel.*

These constructions also occur in the past. The verbs **haber** and **ir** normally appear in the imperfect, not in the preterit, in compound constructions in the past. **Estar,** however, can appear in either the imperfect or the preterit. The preterit is used, as you would expect, when a fixed segment of time is referred to.

Estaba leyendo un cuento cuando tú entraste.	*I was reading a story when you came in.*
Estuve leyendo desde las diez hasta las doce.	*I was reading from ten to twelve.*
Había leído todo el día.	*I had read all day.*
Iba a leer una novela.	*I was going to read a novel.*

STRUCTURE DRILLS

7. PRESENT PROGRESSIVE → PAST PROGRESSIVE

Todos estamos haciendo algo cuando
  llega Juan. ⊗

Yo estoy leyendo.

Tú estás ayudándole a mamá.

Mamá está cocinando.

Papá y tío Carlos están conversando
  sobre política.

Todos estamos haciendo algo.

Todos estábamos haciendo algo cuando
  llegó Juan.

8. PRESENT PERFECT → PAST PERFECT

No hemos hecho nada todavía. ⊗

Yo no he lavado la ropa.

Tú no has planchado.

Nadie ha sacudido.

Los chicos no han barrido el patio.

No hemos hecho nada todavía.

No habíamos hecho nada todavía.

9. PRESENT OF ir + a + INFINITIVE → IMPERFECT

Pero vamos a terminar todo el trabajo. ⊗   Pero íbamos a terminar todo el trabajo.
Yo voy a pasar la aspiradora.
Tú vas a arreglar la sala.
La criada va a limpiar las ventanas.
Los muchachos van a ir por la comida.
Vamos a terminar todo el trabajo.

10. IMPERFECT → PAST PROGRESSIVE

Los alumnos se portaban mal. ⊗   Los alumnos estaban portándose mal.
Unos conversaban.
Otros miraban por la ventana.
Dos o tres reían.
Juan tomaba agua.
Tú leías un cuento.
María y yo hablábamos.

11. SENTENCE COMBINATION

Sonó la campana. Después, entró   Ya había sonado la campana cuando entró
Juan. ⊗   Juan.
Empezó la clase. Después, se presen-
taron María y Luisa.
Todos se sentaron. Después, la maestra
anunció la prueba.
Yo escribí tres páginas. Después sonó
la campana.
Nosotros salimos. Después, tú terminaste
de escribir.

12. DIRECT → INDIRECT DISCOURSE

Vamos a tener una prueba.   Dijo que íbamos a tener una prueba.
Va a ser muy corta.
Va a ser bastante fácil.
Todos van a sacar un diez.
Yo les voy a dar las preguntas ahora.
Ustedes las van a preparar esta noche.
La prueba va a ser mañana.

13. PRESENT → PRETERIT OR IMPERFECT

Estoy leyendo una novela excelente.
Se trata de un joven mexicano.
Se llama Pedro López.
Pedro es del campo.
Pero ha ido a la ciudad a vivir.
Piensa que va a encontrar trabajo allí.
Busca trabajo en un mercado.
Está trabajando allí cuando conoce a una
    muchacha.
Se enamora de ella y se casan.
Es una novela muy interesante.

Estaba leyendo una novela excelente.
Se trataba de un joven mexicano.
Se llamaba Pedro López.

14. FREE RESPONSE

¿Hizo usted todas las cosas que iba a hacer durante las vacaciones?
¿Qué iba a hacer? ¿Había hecho muchos proyectos?
¿Qué estaban haciendo ustedes cuando sonó la campana?
¿Qué estaba haciendo usted anoche a las ocho y media?
¿Ya había terminado toda su tarea?
¿Estuvo estudiando hasta muy tarde anoche?
¿Estuvo viendo televisión hasta la hora de acostarse?

15. VERB RECOMBINATION

1. ¿Qué están haciendo?
   ¿_____ van a _____?
   ¿_____ han _____?
   ¿_____ estaban _____?
   ¿_____ iban a _____?
   ¿_____ habían _____?
   ¿_____ han estado _____?

    ¿Qué están haciendo?
    ¿Qué van a hacer?
    ¿Qué han hecho?
    ¿Qué estaban haciendo?
    ¿Qué iban a hacer?
    ¿Qué habían hecho?
    ¿Qué han estado haciendo?

2. ¿Quién está manejando?
   ¿_____ va a _____?
   ¿_____ ha _____?
   ¿_____ estaba _____?
   ¿_____ iba a _____?
   ¿_____ había _____?
   ¿_____ ha estado _____?

Writing

PARAGRAPH REWRITE

Rewrite the following paragraph in the past.

La maestra ha anunciado que nos va a llevar al museo nacional. Ha dicho que vamos a partir de aquí a las diez y media en autobús, y que debemos llegar a las once y cuarto, más o menos. Ha dicho que vamos a ver varias reliquias de las civilizaciones indias y que debemos tomar apuntes porque nos va a hacer una prueba la semana próxima. Los alumnos están hablando del proyecto cuando suena la campana.

BASIC MATERIAL II

Lo que me gusta leer

Las novelas de misterio son lo único que leo yo. Una vez leí *La casa de espantos.* ¡Qué miedo! Casi no pude dormir aquella noche. Lo peor era que acababa de leer lo de un cadáver que se levanta a medianoche cuando en eso se apagó la luz. Y lo horrible era que en aquel momento no había nadie en casa. Aquello fue como una pesadilla.

Supplement

¿Leíste *La casa de espantos?*	Sí, la leía anoche, cuando empezó la tormenta.
¿No tenías miedo?	Claro, especialmente con los relámpagos y los truenos.
	Claro, especialmente con el sonido del viento y de la lluvia.
¿Qué hiciste?	Encendí todas las luces de la casa.
	Encendí la televisión para no sentirme tan solo.
	Me escondí debajo de las frazadas.

What I Like to Read

Mystery novels are the only thing I read. Once I read *The Haunted House* (the house of horrors, scares). It was really frightening. I could hardly sleep that night. The worst of it was that I had just read the part about a corpse rising at midnight, when at that point the light went out. And the awful thing was that there was nobody home at the time. It (that) was like a nightmare.

Supplement

Did you read *The Haunted House?*	Yes, I was reading it last night when the storm began.
Weren't you afraid?	Of course, especially with the lightning and the thunder.
	Of course, especially with the sound of the wind and the rain.
What did you do?	I turned on all the lights in the house.
	I turned on the television so as not to feel so alone.
	I hid under the covers.

Vocabulary Exercises

16. QUESTIONS ON BASIC MATERIAL

1. ¿Qué le gusta leer al muchacho? ¿Y a usted?
2. ¿Cómo se llamaba el libro que leyó el muchacho?
3. ¿Qué pasaba cuando se apagó la luz?
4. ¿Había alguien en la casa cuando lo leía? ¿Se sentía solo el muchacho?
5. ¿Cómo fue aquello, según él?

17. FREE RESPONSE

1. ¿Hubo una tormenta anoche?
2. ¿A usted lo asustan los truenos y los relámpagos?
3. ¿Le gusta la lluvia?
4. ¿Hay mucho viento hoy? ¿Cómo está el día hoy?
5. ¿Usted se esconde debajo de las frazadas cuando hay una tormenta?

18. FREE COMPLETION

Me asustan los truenos y los _____.
Me escondí debajo de las _____.
En ese momento se apagó la _____.
Me encanta el sonido del _____.
Yo me siento enfermo, y tú, ¿cómo _____?

Noun Exercise

19. COMPLETION

1. Se trata de un cadáver que se levanta a medianoche.
   ¿Y qué hace ____ cadáver?
2. ¿Cómo? ¿Se apagó la luz?
   Sí, se apagaron ____ ____ luces.
3. Tuve una pesadilla espantosa.
   ¿Tiene usted ____ pesadillas?
4. Anoche hubo una tormenta.
   Fue ____ tormenta ____.
5. ¿Oíste el trueno?
   ¡Claro! Me asustan mucho ____ truenos.
6. ¿Viste ese relámpago?
   ¡Claro! Me asustan ____ relámpagos.
7. ¿Qué fue ese sonido?
   Yo no oí ____ sonido.
8. ¿Te gusta la lluvia?
   Sí, me encanta ____ lluvia.
9. ¿Te gusta el viento?
   No, no me gusta ____ viento.
10. ¿Te escondiste debajo de las frazadas?
    No, sólo los niños chicos se esconden debajo de ____ frazadas.

11. Me parecía un gran misterio.
    Le aseguro que no es ____ misterio.
12. Sentí mucho espanto con ese cuento.
    Yo también sentí ____ espanto.

Verb Exercise

The verb **encender** has the same stem alternation as **entender**.

Pres.   **enciendo, enciendes, enciende, encendemos, encienden**

20. PATTERNED RESPONSE

¿Quién enciende las luces aquí, usted?   No, yo nunca las enciendo.
¿Tú y yo?
¿María?
¿Yo?
¿Los sirvientes?
¿Nosotros?

Grammar

The Demonstrative Adjective aquel
and the Neuter Demonstrative aquello

PRESENTATION

No sé qué pasó **aquel día.**
Casi no pude dormir **aquella noche.**
Las cosas estaban mejores en **aquellos tiempos.**
¿Te acuerdas de **aquellas chicas** que conocimos
en España?

Which word means *that* (or *those*) in each of these sentences? Does it agree in number and gender with the noun it modifies?

Aquello fue como una pesadilla.

Which word means *that* in this sentence? Does it modify a specific noun in this sentence? Does it show gender?

GENERALIZATION

1. You have already learned two demonstrative adjectives: **este** (*this*) and **ese** (*that*). Spanish has a third demonstrative adjective, **aquel,** which also means *that,* but which is used to refer to nouns more remote from the speaker than those for which **ese** is used. **Aquel** agrees in number and gender with the noun it modifies. A summary of the forms of all the demonstrative adjectives is given in the following chart.

	Singular	*Plural*
MASCULINE	este	estos
FEMININE	esta	estas
MASCULINE	ese	esos
FEMININE	esa	esas
MASCULINE	aquel	aquellos
FEMININE	aquella	aquellas

2. Like the forms of **este** and **ese,** the forms of **aquel** are written with an accent mark when they are nominalized.

> **¿Te acuerdas de aquella chica?** **¿De aquélla? Claro que sí.**
> **¿Cuál libro buscas?** **Aquél que compré en Madrid.**

3. Corresponding to **aquel** there is a neuter demonstrative, **aquello,** which is used to refer to ideas, situations, or unidentified objects more remote than those for which **eso** is used.

STRUCTURE DRILLS

21. ITEM SUBSTITUTION

1. No me acuerdo de aquellos tiempos. ⊗   No me acuerdo de aquellos tiempos.
   _____ día.   No me acuerdo de aquel día.
   _____ leyenda.   No me acuerdo de aquella leyenda.
   _____ cuento.   No me acuerdo de aquel cuento.
   _____ chicas.   No me acuerdo de aquellas chicas.
   _____ chicos.   No me acuerdo de aquellos chicos.

2. Estuve en aquel pueblo hace cinco años. ⊗
   (ciudad–hacienda–lugares–montañas–país)

3. ¿Recuerdas a aquella chica que conocimos en Madrid?
   (médico–señores–maestra–vendedores–marinero–muchacha)

22. PATTERNED RESPONSE

1. ¿Quieres este libro? ⊗   No, quiero aquél que dejé en casa.
   ¿Quieres esta revista?
   ¿Quieres estas novelas?
   ¿Quieres estos papeles?
   ¿Quieres este periódico?
   ¿Quieres este cuaderno?
   ¿Quieres esta pluma?

2. Este lápiz no sirve.   ¿Y aquél que está en el escritorio?
   Esta pluma no sirve.
   Esta máquina de escribir no sirve.
   Este papel no sirve.
   Estos libros no sirven.
   Estas revistas no sirven.

23. PROGRESSIVE SUBSTITUTION

1. Estos muchachos no se asustan. ⊗

   Este _____.

   _____ chicas _____.

   _____ se acuerdan.

   Esa _____.

   _____ señores _____.

   _____ se fueron.

   Aquel _____.

   _____ jóvenes _____.

    Estos muchachos no se asustan.
    Este muchacho no se asusta.
    Estas chicas no se asustan.
    Estas chicas no se acuerdan.
    Esa chica no se acuerda.
    Esos señores no se acuerdan.
    Esos señores no se fueron.
    Aquel señor no se fue.
    Aquellos jóvenes no se fueron.

2. Ese trueno me despertó.

   Esos _____.

   ___ sonido _____.

   _____ asustó.

   Aquellos _____.

   ___ pesadilla _____.

Nominalization with lo

PRESENTATION

> **Lo horrible** era que no había nadie en casa.
> Acababa de leer **lo de un cadáver.**
> Eso es **lo que me gusta leer.**

In the first sentence, which words mean "the horrible part"? In the second, which words mean "the part about a corpse"? In the third, which words mean "what I like to read"? In all of these sentences, does **lo** refer to a particular noun? Does it show gender and number agreement?

GENERALIZATION

1. You have already learned that nouns may be nominalized in noun phrases and noun clauses, as illustrated in the expressions below.

la peor novela	*the worst novel*
la peor	*the worst one*
la historia de un cadáver	*the story about a corpse*
la de un cadáver	*the one about a corpse*

la novela que me gusta	*the novel I like*
la que me gusta	*the one I like*

2. Spanish also has a neuter article, **lo,** which—like the neuter demonstratives **esto, eso,** and **aquello**—refers to something not identified by a particular noun. The English equivalent for expressions with **lo** uses words which are vague or general in reference, such as *what, the part, the stuff, the business, the matter,* and *the thing.*

lo peor	*the worst part*
	the worst thing
lo de un cadáver	*the part about a corpse*
	the business about a corpse
	the matter about a corpse
lo que me gusta	*what I like*
	the thing that I like

STRUCTURE DRILLS

24. SENTENCE COMBINATION

No había nadie en casa. ¡Qué horrible! ⊗   ¡Lo horrible es que no había nadie en casa!
Se apagaron las luces. ¡Qué espantoso!
Todavía funcionaba el teléfono. ¡Qué fantástico!
Pude llamar a mi amigo. ¡Qué bueno!
Él no estaba en casa. ¡Qué malo!
Me escondí debajo de las frazadas. ¡Qué ridículo!

25. GROUPED SENTENCES

Estoy leyendo la revista que está aquí.   Estoy leyendo la revista que está aquí.
I'm reading the one that's here.   Estoy leyendo la que está aquí.
I'm reading what's here.   Estoy leyendo lo que está aquí.

¿Me prestas los apuntes que tienes?
Will you lend me the ones you have?
Will you lend me what you have?

Aquí están las llaves que buscabas.
Here are the ones you were looking for.
Here's what you were looking for.

Las novelas de misterio son los únicos
   libros que leo.
Mystery novels are the only ones I read.
Mystery novels are what I read.

¡Qué espantoso el trueno que oí!
The one I heard was really frightening.
What I heard was really frightening.

26. FREE RESPONSE

A ver si adivinan lo que tengo en mi escritorio.
A ver si adivinan lo que tengo en mi cartera.
¿Qué es lo bueno de estar en esta clase? ¿Qué es lo malo, lo de la tarea?
¿Qué es lo interesante de estudiar español?
¿Son los cuentos policiales lo único que le gusta leer a usted?
¿Qué es lo que más le gusta leer?

Writing

1. MULTIPLE ITEM SUBSTITUTION

MODEL   ¿Tú no viste aquel relámpago?
         usted / oír / truenos
         ¿Usted no oyó aquellos truenos?

1. ¿Cuántos cuentos hay en aquel libro?
   páginas / novela

2. Leí eso en un cuento.
   saber / aquello / revista

3. ¿Dónde escondieron los chicos aquellos
      regalos?
   poner / criada / frazada

4. Me arregló los guardafangos aquella tarde.
   deshacer / parachoques / día

5. Había mucho viento aquella mañana.
   lluvia / año

6. Yo nunca he visitado aquella ciudad.
   nosotros / ver / edificios

(*continued*)

(continued)

7. Aquellos alumnos siempre se portan mal.
chica / nunca / sentirse / bien

8. Aquellos cuentos son muy cortos.
novelas / largo

2. PARAGRAPH REWRITE

Rewrite the following paragraph, filling in each blank space with the correct form of the definite article.

Los cuentos policiales son ＿＿ únicos que leo yo. El otro día estaba leyendo ＿＿ de un hombre que había desaparecido con más de un millón de pesos. ＿＿ peor era que había tomado el dinero de un banco donde trabajaba. ＿＿ interesante era que el hombre les había dicho a todos ＿＿ que trabajaban con él que iba a tomar el dinero, pero nadie lo creyó. Un día, sin embargo, desapareció con un millón de pesos. Varias personas lo habían visto ese día pero ＿＿ única que se acordaba de cómo andaba vestido era una secretaria. ＿＿ bueno era que se acordaba también de que el hombre había dicho que tenía unos tíos en un pueblo chico en el campo. Las autoridades escucharon todo ＿＿ que contó la secretaria y por fin descubrieron al hombre escondido en el pueblo.

READING

Word Study

I

Many Spanish nouns ending in **-dad** or **-tad** are related to adjectives.

ADJECTIVE		NOUN	
eléctrico	*electric*	**electricidad**	*electricity*
nacional	*national*	**nacionalidad**	*nationality*
personal	*personal*	**personalidad**	*personality*
real	*real*	**realidad**	*reality*
seguro	*sure, certain*	**seguridad**	*certainty*

If you know the adjective **difícil** (*difficult*), you should be able to recognize the meaning of the noun **dificultad** (*difficulty*).

Nouns ending in **-dad** or **-tad** are feminine.

II

Many verbs ending in **-ecer** are related to nouns or adjectives. The ending **-ecer** suggests the meaning "get" or "get into" the state indicated by the base word. Many of these verbs have the prefix **a-, em-,** or **en-.**

NOUN		VERB	
mañana	*morning*	**amanecer**	*dawn, start the day*[1]
tarde	*afternoon*	**atardecer**	*draw toward evening (get late)*
noche	*night*	**anochecer**	*reach nightfall (grow dark)*

ADJECTIVE			
oscuro	*dark*	**oscurecer**	*get dark*

Verbs which end in **-ecer** add the sound [k] to the stem in the first person singular: **amanezco.**

Some verbs which end in **-ecer** have come to be used as nouns.

mañana	*morning*	**amanecer**	*dawn*
tarde	*afternoon*	**atardecer**	*late afternoon*
noche	*night*	**anochecer**	*dusk*

These nouns are masculine.

La casa de espantos

Aquella tarde mis padres tuvieron que llevar a mi hermano al médico del pueblo porque tenía una infección en la pierna. Yo estaba muy preocupado porque iba a tener que quedarme solo en aquel caserón donde estábamos pasando el verano.

5   Eran nuestras primeras vacaciones en esa vieja casa de campo de aspecto lúgubre° y tenebroso, situada además en una región   **lúgubre:** *gloomy, dismal*

---

[1] When **amanecer** is used with an unstated, indefinite subject, it has the meaning, *dawn:* **Amaneció y ellos despertaron.** — *The day dawned (the sun rose) and they woke up.*

    When **amanecer** is used with a person as the subject, it means *begin the day:* **Juan amaneció como un león.** — *Juan began the day (started out) like a lion.*

remota y solitaria de la montaña. Nos habían dicho las pocas
personas que por allí vivían que habían visto a la Llorona[2] y no sé
a cuántos fantasmas° más.

fantasma *m: ghost*

10 Al principio tuvimos mucha dificultad en encontrar sirvienta
porque a todas les aterraba la idea de trabajar en "la casa de
espantos", como la llamaban. Por fin conseguimos a Maruja, una
mujer que pasaba todo el día hablando de fantasmas y rezando°
para alejarlos°.

rezar: *pray*
alejar: *put at a distance, drive away*

* * * *

15 —No vamos a tardar mucho—dijo papá—, probablemente
estamos de regreso antes del anochecer. La vieja carreta empezó
a andar y poco a poco fue alejándose, hasta que desapareció en
el horizonte. Las nubes° entonces hicieron oscurecer la tarde y
de repente empezó una fuerte° lluvia acompañada de relám-
20 pagos y truenos. Nerviosamente corrí a la casa y cerré la puerta.
En el mismo momento el enorme reloj de la sala interrumpía su
monótono y triste tictac, tictac para anunciar con sus huecas°
campanadas las cuatro de la tarde.

nube *f: cloud*
fuerte: *strong*

hueco: *hollow*

Subí a mi cuarto y me puse a leer una novela de misterios que
25 allí encontré, pero me fue imposible concentrar la atención y la
dejé. No sabía qué hacer; por todas partes me parecía ver som-
bras° y escuchar ruidos. Me puse a cantar las canciones más
alegres que recordé, pero el sonido de mi voz me causó más miedo.
Traté de escribir una carta, y no fue posible, tanto me temblaba
30 el pulso.

sombra: *shadow*

Comencé a sentir una fatiga muy grande, y me acosté sobre
un viejo sofá que había al lado de la ventana. La lluvia continuaba
pero los truenos y relámpagos habían cesado y poco a poco em-
pezaron a calmarse mis nervios hasta que sentí que mis ojos se
35 cerraban.

* * * *

Descubrí que me encontraba en un lugar semi-oscuro y lleno
de árboles° que reflejaban sombras de grotescas figuras. Sentí
mucho miedo y grité, "¡Maruja! ¡Maruja!" con voz temblorosa.
"¡Maruuuuuuja!", respondió otra voz. Horrorizado por el

árbol *m: tree*

---

[2]**La Llorona** is a popular legend in some Spanish American countries. The story varies with every retelling. In general, it deals with a beautiful crying woman who suddenly takes some hideous form—for example, that of a skeleton.

40 pánico que en ese momento sentí, corrí desesperadamente sin
saber hacia donde y seguí corriendo largo rato entre árboles y
sombras hasta que, cuando ya me sentía casi totalmente exhausto,
llegué por fin a una calle donde vi una pequeña casita. En una
de las ventanas apareció en aquel instante una luz y esto me
45 hizo sentir una inmensa alegría.

La puerta estaba abierta y dentro había una mujer. Estaba
sentada y tenía la cara escondida entre las manos. Parecía estar
llorando. Al sentirme entrar levantó la cabeza y me miró sin
decir una palabra. Era una mujer joven, muy bonita, con unos
50 grandes ojos azules y pelo rubio. Le conté lo que me había ocurrido, pero ella no dijo nada; siguió mirándome por unos momentos y luego bajó la cabeza y se escondió otra vez la cara con las
manos. Yo le pregunté qué le pasaba, por qué lloraba, pero ella
tampoco contestó y continuó en la posición en que estaba. De
55 repente se cerró la puerta y yo quise abrirla pero no pude, y al
regresar, vi que la mujer se había convertido en un horrible
fantasma que lentamente se acercaba a mí.

*　　*　　*

Me desperté gritando, al mismo tiempo que el viejo reloj de
la sala daba la hora; eran las doce de la noche. Había tenido una
60 horrible pesadilla y pasé largo rato pensando en el fantasma y
en las cosas que me habían ocurrido. Afortunadamente había
sido un sueño° nada más y eso me tranquilizó. Lo malo era que   **sueño:** *dream*
ahora estaba totalmente despierto y no podía dormir más. Mis
padres no habían vuelto probablemente a causa de la lluvia tan
65 fuerte.

Me puse a leer el mismo libro que había empezado en la
tarde. Había cesado de llover y todo estaba en un silencio más
absoluto. De repente me pareció oír un pequeño ruido en la sala
y seguí pasando nerviosamente las páginas; luego la voz hueca y
70 prolongada de "¡Maruuuuuuja!" que había oído en el sueño;
luego unos pasos°, pasos, cada vez más cerca. Se detuvieron ante   **paso:** *step*
la puerta de mi cuarto. Pasaron unos momentos. Yo estaba
paralizado de pánico. Entonces sentí que alguien comenzaba a
abrir la puerta. Con reacción automática salté° por la ventana y   **saltar:** *jump*
75 empecé a correr desesperadamente como en el sueño. Corrí hasta
el enorme árbol de mango que se encontraba a alguna distancia
de la casa. Allí pasé el resto de aquella noche y buena parte de
la mañana siguiente, hasta que volvieron mis padres con mi
hermano.

Dictionary Section

alegría El sentimiento que uno tiene cuando está alegre: *Sentí una gran alegría al saber que íbamos a pasar el verano en el campo.*

ante delante de: *Tenía miedo de salir; estaba seguro que los fantasmas me esperaban ante la puerta.*

aterrar causar terror: *Me aterra la idea de quedarme solo en la casa de espantos.*

campanada el sonido que hace una campana: *Todas las mañanas me despiertan las campanadas del reloj de la catedral.*

caserón *m* una casa grande y fea: *No entro a ese caserón horrible por nada del mundo.*

cerca (de) en el área de: *El aeropuerto no estaba cerca del centro; era necesario viajar una hora en autobús para llegar.*

conseguir (i) obtener: *Antes de hacer el viaje tenemos que conseguir los boletos.*

dentro contrario de fuera: *Ella tenía las llaves dentro de su cartera.*

despierto contrario de dormido: *No tengo sueño; estoy completamente despierto.*

mango fruta tropical: *Se acercó al inmenso árbol de mango y se sentó a su sombra.*

parte: por todas partes en todos lugares: *He buscado esos apuntes por todas partes pero no los encuentro.*

poco a poco gradualmente: *Poco a poco estoy aprendiendo a pronunciar bien.*

ruido sonido fuerte y desagradable: *Oyó un ruido raro en el otro cuarto, y fue a saber qué había pasado.*

subir pasar a un lugar más alto: *Estaba nervioso porque nunca había viajado en avión, pero una vez que subimos, ya no tenía miedo.*

tardar tomar mucho tiempo, pasar más tiempo del que es necesario: *No tardé en terminar mis lecciones.*

tembloroso que tiembla mucho, indicando miedo o nerviosidad: *Con voz temblorosa le dije, "Te quiero, María."*

tenebroso oscuro, sin luz: *Era una casa vieja y abandonada, de aspecto tenebroso.*

27. QUESTIONS

1. ¿Adónde fueron los padres del narrador? ¿Por qué está preocupado él?
2. ¿Qué contaba la gente que vivía en esa región?
3. ¿Por qué tuvo dificultad la familia en encontrar sirvienta? ¿Consiguieron una por fin?
4. ¿Qué hacía Maruja todo el día?
5. ¿Cómo estaba aquel día que describe el narrador? ¿Hacía buen tiempo?
6. ¿Pudo leer o escribir el muchacho? ¿Por qué no? ¿Qué hizo por fin?
7. ¿Cómo era el lugar donde se encontraba? ¿Qué gritó? ¿Quién respondió?
8. ¿Adónde llegó por fin? ¿Qué vio allí?
9. ¿Quién estaba dentro de la casa? ¿Qué estaba haciendo?
10. ¿Qué hizo la mujer al sentir entrar al muchacho?
11. ¿Cómo era la mujer?
12. ¿Qué pasó de repente? ¿En qué se había convertido la mujer? ¿Quién era ella?
13. ¿Qué pasó entonces?
14. ¿Qué se puso a hacer el muchacho?

15. ¿Qué le pareció oír de repente? ¿Qué oyó luego?
16. ¿Qué le pareció que alguien hacía?
17. ¿Qué hizo el muchacho entonces? ¿Adónde corrió él?
18. ¿Dónde pasó la noche?
19. ¿Qué es lo que más miedo da en este cuento?
20. ¿Qué es lo que más le gusta de este cuento?

Noun Exercise

28. COMPLETION

1. Vimos un fantasma blanco y grotesco.   ¿Dónde vieron _____ fantasma?
2. Después vimos una larga sombra negra.   ¿De qué era _____ sombra?
3. Oímos un ruido.   ¿Qué fue _____ ruido?
4. Fue un sueño espantoso.   ¿Cómo? ¿No fue nada más que _____ sueño?
5. Después oímos unos pasos lentos.   ¿Qué hicieron cuando oyeron _____ pasos?
6. ¡Qué bonitas y blancas están las nubes!   Ahora están oscureciendo _____ nubes.
7. ¡Qué alto es ese árbol!   _____ árbol es más _____ todavía.
8. ¿Quién vive en ese caserón?   No sé quién vive en _____ caserón.
9. ¿Cuántas campanadas dio el reloj?   Yo no oí _____ campanada.
10. ¿Tuviste alguna dificultad en llegar?   No, no tuve _____ dificultad.
11. Sentí un pánico horrible.   Yo también sentí _____ pánico _____.
12. Voy a volver antes del anochecer.   Después _____ anochecer empieza a hacer frío.

Cada vez más crece el número de bibliotecas públicas en América Latina.

RECOMBINATION EXERCISES

29. NARRATIVE VARIATION

Read the first two paragraphs of the narrative again, replacing **aquella tarde** with **esta tarde** and changing the verbs to the present tense. Make any other necessary changes. *Start like this:* Esta tarde mis padres tienen que . . .

30. PRESENT → PRETERIT OR IMPERFECT

Ana está sola en la casa. ⊗   Ana estaba sola en la casa.
Fuera hay una tormenta.
Ana ha estado nerviosa todo el día.
Está leyendo un libro de misterio.
De repente oye un ruido.
Va a gritar, cuando ve algo en la pared.
Es una sombra.
Mucha gente ha visto fantasmas por allí.
Algunas mujeres han visto a la Llorona.
Ana tiene miedo.
Se pone a rezar.
¿Qué puede ser esa sombra misteriosa?
De repente Ana se pone a reír.
La sombra es la de su abrigo . . .
Que ha dejado colgado al lado de la puerta.

31. RELATED DRILL RESPONSE

The following questions refer to Drill 30.

¿Dónde estaba Ana?
¿Hacía mal tiempo?
¿Cómo estaba Ana aquel día?
¿Qué estaba haciendo?
¿Qué oyó de repente?
¿Qué iba a hacer? ¿Qué vio?
¿Qué era lo que vio?
¿Qué había visto mucha gente por allí?
¿A quién habían visto algunas mujeres?
¿Qué se puso a hacer Ana? ¿Y después?
¿Qué era la sombra misteriosa?

32. SUSTAINED TALK

1. Tell about a real or imaginary experience which was frightening. Use any of the expressions below which you find helpful.

yo estaba solo . . .   de repente oí . . .
fuera había . . .   grité pero . . .
de repente se apagaron . . .   lo terrible es que . . .
traté de llamar a . . . pero el teléfono . . . de repente sentí . . .
sombras . . . y ruidos . . .   salté . . . y me puse a . . .
lo peor es que . . .   yo no creo en fantasmas, pero . . .

2. Tell about a mystery story you have read or a mystery movie you have seen. Use at least five of the following expressions.

trata de . . .   lo interesante del asunto es que . . .
ocurre en . . .   por fin descubren . . .
ha desaparecido . . .   al fin del cuento . . .
lo peor es que . . .   lo que más me gusta es que . . .

Conversation Buildup

I

LUISA   ¿Qué hiciste ayer? ¿Estudiaste?

ELENA   No, fui al cine con mi hermana.

LUISA   ¿Qué vieron? ¿Una película de espionaje?

ELENA   No, de misterio. Se trataba del fantasma de un viejo marinero.

LUISA   ¿Que asusta a toda la gente de un pueblo chico?

ELENA   Sí, ¿cómo sabes tú?

LUISA   Vi la misma película la semana pasada.

REJOINDERS

Fui al cine con mi hermana.
Trataba del fantasma de un viejo marinero.

CONVERSATION STIMULUS

Usted está conversando con un amigo sobre una película excelente que vio anoche.

—Vi una película excelente anoche.

II

YOLANDA	Tuve una pesadilla espantosa anoche.
VICTORIA	¿De veras? ¿Qué pasó?
YOLANDA	Un horrible fantasma me seguía por todas partes.
VICTORIA	¡Qué susto!
YOLANDA	Lo peor es que quería matarme.
VICTORIA	¡Qué barbaridad! ¿Qué hiciste?
YOLANDA	En el momento en que me ponía la mano en el hombro, me desperté.
VICTORIA	¡Dios mío! Tú no debes leer tantas novelas de misterio.

REJOINDERS

Tuve una pesadilla espantosa anoche.

CONVERSATION STIMULUS

Usted acaba de despertarse de una pesadilla horrible. En ese momento su mamá entra a su cuarto.

—¿Qué te pasa? ¿Por qué pones esa cara de asustado?

Writing

PARAGRAPH REWRITE

Rewrite the following paragraph in the past.

Una noche muy tarde me dice Maruja que va a salir. Cuando vuelve, está llorando de miedo. Le pregunto qué le ha pasado y me cuenta que un fantasma la ha seguido a la casa y que la está esperando fuera. Yo no tengo muchas ganas de salir a explorar la situación, pero tomo una pistola y, después de calmar un poco a Maruja, salgo al jardín. Debajo de un viejo árbol veo una sombra negra. Yo estoy temblando de miedo. No sé si debo acercarme al árbol o no. Por fin vuelvo a la casa.

—¿Ves algo?— me pregunta Maruja.

—No, nada.— le digo, y subo a mi cuarto.

REFERENCE LIST

Nouns

anochecer *m*	clase *f*	luz *f*	página	sonido
árbol *m*	cuento	lluvia	paso	sueño
cadáver *m*	dificultad *f*	mango	pesadilla	susto
campana	espanto	medianoche *f*	prueba	tormenta
campanada	espionaje *m*	misterio	relámpago	trueno
caserón *m*	fantasma *m*	novela	ruido	viento
	frazada	nube *f*	sombra	

Verbs

acordarse (o-ue) (de)	bajar	rezar
alejar(se)	cesar (de)	saltar
anunciar	conseguir (*like* seguir)	sentirse (e-ie)
apagar	encender (e-ie)	sonar (o-ue)
apostar	esconder	subir
aterrar	oscurecer	tardar
asustar	portarse	tratar (de)

Adjectives

Preposition

Adverbs

Adjectives	Preposition	Adverbs
despierto	ante	cerca (de)
fuerte		debajo (de)
policial		dentro (de)
tembloroso		

Expressions

cada vez	poco a poco
¿De qué se trata?	por todas partes
hacer examen	

BASIC MATERIAL I

Lunes a mediodía, almorzando

MUJER	¡Qué temblor el de esta mañana! Todavía no me pasa. Por dicha no murió nadie. Paco, come.
MARIDO	¿Con qué?
MUJER	¡Ay, esta sirvienta me va a volver loca! Mira, sirvió la comida y no puso cubiertos. ¡Lupe! ¡Trae cucharas y cucharitas y cuchillos!
MARIDO	Y el vaso que pedí, también.
MUJER	¡Y el vaso con hielo que pidió el señor! Paco, ¿tú estás empujando la mesa?
MARIDO	¿Yo? ¿Por qué? . . . ¿Sientes? ¡Otro temblor! ¡Todos, debajo de la mesa!
MUJER	¡La loza! ¡Mis floreros!

Supplement

Paco, come.

Pero necesito sal y pimienta.
Pero no tengo tenedor.
Necesito otro plato.
Necesito una servilleta.
¿Quién puso esta mesa? ¡El mantel está sucio!

¿Quieres un vaso de agua?

No, una taza de té.
No, una copa[1] de vino.
No, un café con azúcar.

¿Quieres algo más?

¿Qué hay de postre?
¿Hay pastel?
¿Hay fruta?

---

[1] **Copa** means a stemmed wine glass. Otherwise, the equivalent of glass is **vaso.**

◀ *Una familia en España. La abuela vive con la familia.*

179

Monday at Noon, Having Lunch

WIFE What an earthquake we had this morning! I still haven't gotten over it. Luckily (by luck) no one got killed (died). Paco, eat.

HUSBAND With what?

WIFE Oh, this maid is going to drive me crazy. Look, she served the food and didn't put out the silverware! Lupe! Bring tablespoons and teaspoons and knives.

HUSBAND And the glass I asked for, too.

WIFE And the glass with ice that my husband asked for! Paco, are you pushing the table?

HUSBAND Me? Why? . . . Do you feel it? Another earthquake! Everybody under the table!

WIFE The china! My vases!

Supplement

Paco, eat.	But I need salt and pepper.
	But I don't have a fork.
	I need another dish.
	I need a napkin.
	Who set this table? The tablecloth is dirty!
Do you want a glass of water?	No, a cup of tea.
	No, a glass of wine.
	No, some coffee with sugar.
Do you want something else?	What's for dessert?
	Is there any cake?
	Is there any fruit?

Vocabulary Exercises

1. QUESTIONS ON BASIC MATERIAL

1. ¿Qué día es? ¿Qué están haciendo Paco y su esposa?
2. ¿Murió alguien en el temblor?
3. ¿Por qué no puede comer Paco? ¿Qué necesita él?
4. ¿Qué más le pide la señora a Lupe?
5. ¿Qué le pregunta la señora a su esposo?
6. ¿Qué pasa? ¿Por qué está temblando la mesa? ¿Dónde se esconden todos?

2. FREE RESPONSE

1. ¿Qué cosas hay en una mesa puesta para la cena?
2. ¿Quién pone la mesa en su casa?
3. ¿A usted qué postre le gusta más?

3. PICTURE DESCRIPTION

Describe the picture on page 178. Use the following questions as a guide.

¿Cuántas personas hay en la foto?
¿Quiénes son, probablemente?
¿Cómo es la escena? ¿Alegre? ¿Por qué?

¿Quién sirve la comida?
¿Qué hay en la mesa?
¿Sabe lo que están comiendo? ¿Qué están tomando?

4. FREE COMPLETION

1. Tengo un cuchillo, necesito un _____ .
2. ¡Lupe! Trae sal y _____ .
3. Quiero una taza de _____ .
4. ¿De postre? Hay helado y hay _____ .
5. Quiero un café con _____ .

5. SYNONYMS

1. El señor llamó a su <u>esposa</u>.
2. La señora llamó a su <u>esposo</u>.
3. Lupe es la <u>criada</u>.
4. Vamos el lunes a <u>las doce</u>.
5. Por <u>suerte</u> no murió nadie.

Noun Exercises

6. COMPLETION

1. ¿Dónde está la sal?
2. Necesito un tenedor.
3. ¿Está en la mesa el azúcar?
4. ¿Dónde compraste este pastel?
5. El postre no me gusta.
6. Este mantel está sucio.
7. ¡Qué temblor más espantoso!

____ sal está aquí.
¡Lupe! Trae ____ tenedor.
No, ____ azúcar está aquí.
¿____ pastel? No me acuerdo.
¿No? A mí me encanta ____ postre.
¿____ mantel? Pero acabo de lavarlo.
Por suerte nadie murió en ____ temblor.

7. PRONOUN COMPLETION

¿Trajiste los tenedores?
¿Dónde está el azúcar?
¿Dónde compraste el mantel?
¿Pusiste la sal en la mesa?
¿Tú hiciste el postre?

Sí, ____ traje.
____ puse en la mesa.
____ compré en un almacén.
Sí, ¿no ____ ve?
No, la cocinera ____ hizo.

Grammar

Regular Familiar Commands

PRESENTATION

Rosa **prepara** el postre.	Rosa, ¡**prepara** el postre tú!
Paco **come** el pastel.	Paco, ¡**come** el pastel!
Lupe **trae** cubiertos.	Lupe, ¡**trae** cubiertos!

In each of the above pairs, which sentence is a statement? Which is a command? In the commands, is the person spoken to addressed as **tú** or as **usted?** Is the familiar command the same as or different from the form of the verb which corresponds to **él, ella,** and **usted?**

GENERALIZATION

Regular familiar commands are the same as the third person singular form of the verb.

¡**Plancha** el mantel!	*Iron the tablecloth!*
¡**Prepara** el postre!	*Prepare the dessert!*
Paco, come.	*Paco, eat.*
Lupe, trae cubiertos.	*Lupe, bring silverware.*

The subject pronoun may be used with the informal command in Spanish whenever necessary for emphasis.

STRUCTURE DRILLS

8. STATEMENT → COMMAND

1. María plancha la ropa. ⊗
   Susana prepara el postre.
   Enrique toma una taza de té.
   Pedro lava el carro.
   Elena compra unos floreros.
   Anita juega con los niños.
   Jorge cierra las ventanas.

   María, ¡plancha la ropa!

2. Rosita vuelve temprano. ⊗
   Lupe trae un vaso con hielo.
   Paco barre el patio.

   Rosita, ¡vuelve temprano!

Cecilia sacude el dormitorio.
Luisito pide un vaso de leche.
Blanca sirve la cena.

9. PATTERNED RESPONSE

Nadie ha traído cubiertos.   Lupe, ¡trae cubiertos!
Nadie ha preparado la comida.
Nadie ha planchado el mantel.
Nadie ha barrido la cocina.
Nadie ha sacudido la sala.
Nadie ha limpiado el dormitorio.
Nadie ha lavado la loza.

10. CUED DIALOG

¿Va a estudiar o a planchar ropa esta   1ST STUDENT   ¿Estudio o plancho ropa, María?
   tarde?   2ND STUDENT   ¡Estudia!
¿Va a trabajar o a escribir cartas esta
   tarde?
¿Va a leer o a dormir esta tarde?
¿Va a escuchar discos o a practicar
   español esta tarde?
¿Va a limpiar la casa o a leer esta
   tarde?
¿Va a llamar a la chica americana o
   a preparar sus lecciones esta tarde?

Stem Alternation in the Preterit: e-i
Verbs like pedir

PRESENTATION

¡Y el vaso que **pedí,** por favor!
¡Y el vaso que **pedimos,** por favor!
¡Y el vaso que **pidió** el señor!
¡Y el vaso que **pidieron** los señores!

Which vowel occurs in the stem of the verb forms in the first two sentences? Which occurs in the third and fourth? Which vowel occurs in the stem when there is a stressed **i** in the next syllable? Which vowel occurs otherwise? Does the same rule apply for the preterit as for the present tense of **i**-class verbs with **e-i** stem alternation?

GENERALIZATION

For **i**-class verbs with an **e-i** stem alternation in the present, the same rule applies for the preterit as for the present: The last stem vowel is **e** if a stressed **i** occurs in the next syllable; otherwise, the last stem vowel is **i**[2].

Stressed **i** *in next syllable*	*No stressed* **i** *in next syllable*
pedí	**pidió**
pediste	**pidieron**
pedimos	

STRUCTURE DRILLS

11. PERSON-NUMBER SUBSTITUTION

1. Pedí un vaso de agua. ⊗
   (el señor)
   (tú)
   (ustedes)
   (nosotros)

   Pedí un vaso de agua.
   Pidió un vaso de agua.
   Pediste un vaso de agua.
   Pidieron un vaso de agua.
   Pedimos un vaso de agua.

2. Ya sirvió la comida. ⊗
   (yo–las criadas–tú–Lupe–nosotros)

3. ¿Por qué reíste?
   (él–los chicos–nosotros–la sirvienta–tú)

12. PAIRED SENTENCES

¿Qué pidieron?
(yo)
(ellos)

¿Qué pidieron?
¿Qué pedí?
¿Qué pidieron?

Siguió comiendo.
(nosotros)
(él)

---

[2] In the verb **reír**, a written accent over the **i** is required in those forms in which the sequence **ei** occurs: **reí, reíste, rio, reímos, rieron.**

No repetí nada.
(ella)
(yo)

¿Ya serviste la cena?
(usted)
(tú)

No conseguí el dinero.
(él)
(yo)

Me vestí rápido.
(ella)
(yo)

13. usted → tú

¿Por qué no sirvió más carne?   ¿Por qué no serviste más carne?
¿Por qué no repitió el párrafo?
¿Por qué no siguió estudiando?
¿Por qué no pidió la dirección?
¿Por qué no vistió al niño?

14. PRESENT → PRETERIT

Juanito mira el reloj.   Juanito miró el reloj.
¡Qué tarde! Se levanta rápido.
Se viste y corre al comedor.
La criada le sirve el desayuno.
Juanito toma el café rápidamente.
Encuentra sus libros.
Y se acerca a la puerta.
En ese momento llegan su papá y su
    mamá.
—¿Tan temprano te levantas un día
    sábado?—pregunta su mamá.
—¿Cómo? ¿Sábado?—grita Juanito, muy
    contento.
Su mamá y su papá ríen.
Juanito regresa a su cuarto . . .
Y vuelve a dormirse.

15. RELATED DRILL RESPONSE

The following questions refer to Drill 14.

¿Qué miró Juanito?

¿Era tarde o temprano?

¿Qué hizo Juan después de vestirse?

¿Quién le sirvió el desayuno?

¿Qué hacía Juan cuando llegaron sus padres?

¿Qué día era?

¿Sabía Juan que era sábado? ¿Adónde iba él?

¿Qué hizo él cuando su mamá le dijo que era sábado?

Stem Alternation in the Preterit: e-i
Verbs like sentir

PRESENTATION

¿**Sientes** el temblor?

Sentí un temblor ayer.

Sentiste un temblor ayer.

Sintió un temblor ayer.

Sintieron un temblor ayer.

What verb class does **sentir** belong to? What stem alternation does it have in the present tense? Does it have the same stem alternation in the preterit? Which vowel occurs in the stem of the verb forms in the second and third sentences? Which occurs in the fourth and fifth? Which vowel occurs in the stem when there is a stressed **i** in the next syllable? Which vowel occurs otherwise?

GENERALIZATION

In **i**-class verbs which have an **e-ie** stem alternation in the present tense, the last stem vowel alternates between **e** and **i** in the preterit: The last stem vowel is **e** if a stressed **i** occurs in the next syllable; otherwise, the last stem vowel is **i**.

Stressed **i** *in next syllable*	*No stressed* **i** *in next syllable*
sentí	**sintió**
sentiste	**sintieron**
sentimos	

STRUCTURE DRILLS

16. PERSON-NUMBER SUBSTITUTION

1. Sentí un temblor. ⊗   Sentí un temblor.
   (el señor)   Sintió un temblor.
   (tú)   Sentiste un temblor.
   (Paco y yo)   Sentimos un temblor.
   (ellos)   Sintieron un temblor.
   (yo)   Sentí un temblor.

2. Preferiste volver solo.

   (ellas–yo–María–nosotros–ustedes–tú)

Stem Alternation in the Preterit: o-u
Verbs like dormir

PRESENTATION

Duermes toda la tarde.
Dormí toda la tarde ayer.
Dormiste toda la tarde ayer.
Durmió toda la tarde ayer.
Durmieron toda la tarde ayer.

Which verb class does **dormir** belong to? What stem alternation does it have in the present tense? Does it have the same stem alternation in the preterit? Which vowel occurs in the stem of the verb forms in the second and third sentences? Which occurs in the fourth and fifth? Which vowel occurs in the stem when there is a stressed **i** in the next syllable? Which vowel occurs otherwise?

GENERALIZATION

In **i**-class verbs which have an **o-ue** stem alternation in the present tense, the last stem vowel is **o** if a stressed **i** occurs in the next syllable; otherwise, the last stem vowel is **u.**

Stressed **i** in next syllable	No stressed **i** in next syllable
dormí	**durmió**
dormiste	**durmieron**
dormimos	

Dormir and **morir** are the only verbs which have an **o-ue-u** stem alternation.

STRUCTURE DRILLS

17. PERSON-NUMBER SUBSTITUTION

Dormí mal anoche. ⊗   Dormí mal anoche.
(los niños)   Durmieron mal anoche.
(tú)   Dormiste mal anoche.
(usted)   Durmió mal anoche.
(nosotros)   Dormimos mal anoche.
(ustedes)   Durmieron mal anoche.
(yo)   Dormí mal anoche.

18. STEM VOWEL CONTRAST DRILL

Duermen mucho.   Duermen mucho.
(ayer)   Durmieron mucho.
(ahora)   Duermen mucho.
(mañana)   Van a dormir mucho.

Nadie muere.
(en el último temblor)
(ahora)
(en el próximo temblor)

Prefiere tomar vino.
(anoche)
(ahora)
(esta noche)

Se siente mal.
(anoche después de la cena)
(ahora)
(mañana después de la cena)

19. PRESENT → PRETERIT

De repente siento un temblor. ⊗   De repente sentí un temblor.
Yo me escondo debajo de la mesa.
Mi hermano prefiere salir a la calle.
La casa sigue temblando por media hora.
Todos duermen en el patio esa noche.
Por dicha nadie muere.

Writing

PARAGRAPH REWRITE

Rewrite the following paragraph, changing the verbs to the past.

Yo creo que esa sirvienta va a volverme loca. Primero le pido un vaso de agua y no me lo trae. Después sirve la cena y no pone cubiertos. Un día le digo que necesito tres huevos para la cena. Ella va al mercado y me compra dos huevos. Le repito que necesito tres, ella vuelve al mercado, y esta vez me compra fruta en vez de huevos. ¡Qué barbaridad!

BASIC MATERIAL II

Pidiendo por teléfono

CLIENTA ¿Aló? ¿Se puede saber cuándo me van a mandar el kilo[3] de chorizo que pedí?
ALGUIEN Aquí se arreglan bicicletas, señora.
CLIENTA Perdón . . . ¿Aló? ¿Carnicería El Gallo? Habla Isabel López de Ortiz[4]. ¿Qué pasó con el chorizo que pedí? . . . ¿Qué? ¿No hay?, ¿está seguro? . . . ¡Imposible! . . . ¿Se acabó? ¿Cómo que hoy no ha habido chorizo en todo el día? Hace un rato, cuando llamé para preguntar si había chorizo, ustedes me dijeron que sí había. . . . ¿Qué dice usted? . . . ¡Así no se trata a los clientes!

---

[3] The metric system of measurements is used in all Spanish-speaking countries. Puerto Rico uses the same system as the United States. A kilogram—or kilo—is equal to 2.2 pounds.

[4] It is common in Spanish-speaking countries for a married woman to continue using her maiden name as well as her husband's name, preceded by **de.** Thus, if Isabel López marries Francisco Ortiz, her married name is **Isabel López de Ortiz.** Sometimes a married woman uses only her husband's last name, which may or may not be preceded by **de: Isabel de Ortiz, Isabel Ortiz.**

Supplement

¿Qué pidió usted, señora?

> Cuatro chuletas.
> Un pollo.
> Un kilo de ternera.
> Un jamón.
> Un bistec.

¿Vas a ir al mercado ahora?

> Sí, necesito arroz y frijoles.
> Sí, necesito legumbres.
> Sí, necesito lechuga, tomates y una cebolla.
> Sí, necesito manzanas, naranjas y peras.
> Sí, necesito mangos y plátanos.

Ordering by Phone

CUSTOMER Hello? Can you tell me when you're going to send me the kilo of sausage I ordered?

SOMEONE We fix bicycles here, ma'am.

CUSTOMER Excuse me . . . Hello? El Gallo (The Rooster) Butcher Shop? This is María Isabel de Ortiz speaking. What happened to the sausage I ordered? . . . What? There isn't any? Are you sure? . . . Impossible! You ran out? (It's all finished?) What do you mean, there hasn't been any all day? A while ago, when I called to ask if you had any sausage, you told me you did. What's that? . . . That's no way to treat customers! (You don't treat customers that way!)

Supplement

What did you order, ma'am?

> Four chops.
> A chicken.
> A kilo of veal.
> A ham.
> A steak.

Are you going to go to the market now?

> Yes, I need rice and beans.
> Yes, I need vegetables.
> Yes, I need lettuce, tomatoes, and an onion.
> Yes, I need apples, oranges, and pears.
> Yes, I need mangos and bananas.

Vocabulary Exercises

20. QUESTIONS ON BASIC MATERIAL

1. ¿Va a la carnicería a comprar el chorizo la Sra. de Ortiz o lo pide por teléfono?
2. ¿Contesta alguien de la carnicería la primera vez que llama? ¿y la segunda vez?
3. ¿Cómo se llama la carnicería?
4. ¿Dice el señor que contesta que hay o que no hay chorizo?
5. ¿Han tenido chorizo hoy, según él?
6. ¿Qué le dijeron a la clienta cuando llamó hace un rato?
7. ¿Le dice algo antipático el señor, probablemente?
8. ¿Qué le dice la Sra. de Ortiz antes de colgar?

21. FREE RESPONSE

1. ¿Qué le gusta comer a usted? ¿Le gusta el pollo? ¿la ternera? ¿el jamón?
2. ¿Cuáles legumbres le gustan? ¿Cuáles frutas?
3. ¿Conoce algún plato típico español? ¿Conoce algún plato mexicano? ¿cubano?
4. ¿Puede describir una cena típica en su casa?

22. BASIC MATERIAL VARIATION

Change Mrs. Ortiz's monolog into a dialog by supplying the butcher's lines. *Start like this:*

—¿Aló? ¿Carnicería El Gallo?
—Sí, señora, a sus órdenes.
—Habla Isabel López de Ortiz. ¿Qué pasó. . .

En España y en Latinoamérica, las señoras van al mercado casi todos los días.

Noun Exercises

23. COMPLETION

1. ¿Te gustan los frijoles blancos?
Prefiero ____ frijoles ____.
2. ¡Este bistec está quemado!
____ bistec está ____ también.
3. Mi mamá siempre compra arroz amarillo.
A mí me gusta más ____ arroz ____.
4. Este tomate está verde todavía.
____ tomate que acaba de tocar ya está ____.
5. ¿Ya está listo el jamón?
No, ____ jamón no está ____ todavía.
6. ¿Qué caras están estas legumbres.
En el otro mercado ____ legumbres están más ____.

24. PATTERNED RESPONSE

¿Vas a preparar el chorizo ahora?
¿El chorizo? Ya lo preparé.

¿Vas a cocinar los bistecs[5] ahora?

¿Vas a comprar la ternera ahora?

¿Vas a hacer el arroz ahora?

¿Vas a preparar las legumbres ahora?

¿Vas a cocinar los frijoles ahora?

¿Vas a pedir las chuletas ahora?

¿Vas a comprar el jamón ahora?

¿Vas a servir los tomates ahora?

Verb Exercises

You have already learned that the Spanish equivalent of *there* + *be* is **haber,** and that **hay,** an irregular form of **haber,** corresponds to both *there is* and *there are.*

Hay un vaso en la mesa.
There is a glass on the table.

Hay unos tenedores aquí.
There are some forks here.

Haber combines with auxiliary verbs in compound constructions, just as other verbs do.

No ha habido chorizo en todo el día.
There hasn't been any sausage all day.

---

[5] **Bistec** has an irregular plural. It is formed by adding **s** where one would normally expect **-es.**

<u>**Va a haber**</u> **más chorizo mañana.**

There is going to be more sausage tomorrow.

<u>**Iba a haber**</u> **una cena en su casa.**

There was going to be a dinner at her house.

Notice that in the above sentences, *be* corresponds to a form of **haber,** not **ser** or **estar.**

25. PATTERNED RESPONSE

1. ¿Dónde es la reunión?
¿Dónde va a ser la reunión?
¿Dónde fue la reunión?
¿Dónde iba a ser la reunión?

No hay reunión hoy.
No va a haber reunión hoy.
No hubo reunión hoy.
No iba a haber reunión hoy.

2. ¿Cuándo es la fiesta?
¿Cuándo va a ser la fiesta?
¿Cuándo fue la fiesta?
¿Cuándo iba a ser la fiesta?

No hay fiesta hoy.

26. PAIRED SENTENCES

¿Dónde está el mantel?
Where is there a tablecloth?
Where is the tablecloth?

¿Dónde está el mantel?
¿Dónde hay un mantel?
¿Dónde está el mantel?

¿Dónde va a ser la reunión?
Where is there going to be a meeting?
Where is the meeting going to be?

¿Por qué estaba el sirviente allí?
Why was there a servant there?
Why was the servant there?

¿A qué hora iba a estar allí el médico?
At what time was there going to be a doctor there?
At what time was the doctor going to be there?

Tiene que estar aquí el florero.
There has to be a vase here.
The vase has to be here.

Grammar

Stem Alternation in the Present Participle

PRESENTATION

> Me estoy **sintiendo** mal.
> Están **convirtiendo** el proyecto en una realidad.

In **i**-class verbs like **sentir**, which vowel occurs in the stem of the present participle?

> Los niños están **durmiendo.**
> Está **muriendo.**

In **i**-class verbs like **dormir**, which vowel occurs in the stem of the present participle?

GENERALIZATION

You have already learned that in the small group of verbs like **pedir**, with **e-i** stem alternation in the present and preterit, the vowel which occurs in the stem of the present participle is **i**.

decir	→	diciendo
pedir	→	pidiendo
reír	→	riendo
repetir	→	repitiendo
seguir	→	siguiendo
servir	→	sirviendo
vestir	→	vistiendo

The same is true of **i**-class verbs like **sentir**, with **i-ie** stem alternation in the present and **e-i** stem alternation in the preterit: the last vowel which occurs in the stem of the present participle is **i**.

convertir	→	convirtiendo
preferir	→	prefiriendo
sentir	→	sintiendo

In the verbs **dormir** and **morir**, with **o-ue** stem alternation in the present and **o-u** stem alternation in the preterit, the last vowel which occurs in the stem of the present participle is **u**.

dormir	→	durmiendo
morir	→	muriendo

STRUCTURE DRILLS

27. **ITEM SUBSTITUTION**

1. ¿Qué están diciendo? ⊗ ¿Qué están diciendo?
   (pedir) ¿Qué están pidiendo?
   (sentir) ¿Qué están sintiendo?
   (servir) ¿Qué están sirviendo?
   (repetir) ¿Qué están repitiendo?

2. Están riendo. ⊗
   (dormir–morir–repetir–reír)

28. **PRESENT → PRESENT PROGRESSIVE**

La criada duerme. La criada está durmiendo.
No viste a los niños.
Ni sirve la cena.
El señor pide un vaso con hielo.
La criada no dice nada.
El señor repite la orden.
Pero la criada duerme.

29. **IMPERFECT → PAST PROGRESSIVE**

¿Qué decía? ⊗ ¿Qué estaba diciendo?
Ah, sí. Pobre Quinchi. Se moría de
   hambre.
Se sentía muy mal.
Pero esta mañana dormía en el suelo de mi
   cuarto.
A mediodía le servía un plato de leche.
Y en la tarde me seguía por toda la casa.
Pobre perrito. Ayer se moría de hambre.

30. **FREE RESPONSE**

¿Durmió bien anoche usted?
¿Durmió hasta muy tarde esta mañana?
¿A qué hora se levantó?
¿Estaba durmiendo su mamá cuando
   usted se levantó?
¿Quién le sirvió el desayuno?
¿Recuerda en qué año Colón descubrió
   América?
¿Recuerda en qué año murió?
¿Dónde murió Colón?

se *to Refer to an Unspecified Agent*

PRESENTATION

Viven bien en México.　　**Se vive** bien en México.
Comen bien allí.　　　　**Se come** bien allí.

In the first sentence in each pair, what is the (unstated) subject of the verb? The second sentence in each pair has no grammatical subject; what word appears instead?

GENERALIZATION

1. The word **se** in sentences like **Se come bien allí.** sounds and looks like the reflexive pronoun **se** and the **se** which replaces **le(s)** before another object pronoun beginning with **l.** This special **se** occupies the same position with respect to the verb and other object pronouns as does the **se** with which you are already familiar. But unlike the familiar **se,** the new **se** does not refer to a specific noun. It is used to refer to an unspecified agent in situations in which English uses a variety of expressions, such as *one, you, people, they.*

<u>**Se vive**</u> **bien en México.**	*One lives well in Mexico.* *People live well in Mexico.* *They live well in Mexico.*
<u>**Se come**</u> **bien aquí.**	*One eats well here.* *You can eat well here.* *They eat well here.*
¿Cómo <u>**se**</u> **va al centro?**	*How do you get downtown?* *How does one get downtown?* *How do they get downtown?*

Thus, **se** is used with a third person verb form in sentences in which the agent is not named or indicated.

2. In sentences without a specified agent which have a direct object, the verb usually agrees with the object noun. The English equivalent of this type of sentence sometimes uses the construction <u>noun</u> + *is (are)* + <u>past participle</u>: *Clothes are made here*[6].

Aquí <u>**se hace**</u> **ropa.**	*Here they make clothes.* *Clothes are made here.*

---

[6] This agreement with the direct object is not always made in Spanish. Thus it is not unusual to hear sentences like **Así no se trata a los clientes.,** or **Aquí se vende periódicos.**

Aquí se hacen bicicletas.　　*Here they make bicycles.*
Bicycles are made here.

STRUCTURE DRILLS

31. PATTERNED RESPONSE

1. Voy a escribir una novela. ⊗　　¿Cómo se escribe una novela?
   Voy a hacer un pastel.　　¿Cómo se hace un pastel?
   Voy a mandar una carta a México.　　¿Cómo se manda una carta a México?
   Voy a pintar un carro.　　¿Cómo se pinta un carro?
   Voy a arreglar una bicicleta.　　¿Cómo se arregla una bicicleta?
   Voy a ir a la carnicería.　　¿Cómo se va a la carnicería?

2. ¿Necesita mandar un cable?　　Sí, ¿se puede mandar un cable aquí?
   ¿Necesita llamar por teléfono?
   ¿Necesita comprar una tarjeta?
   ¿Necesita preguntar una dirección?
   ¿Necesita escribir una carta?
   ¿Necesita dejar un recado?

32. la gente → se CONSTRUCTION

La gente vive bien allá. ⊗　　Se vive bien allá.
La gente come bien allá.
La gente almuerza tarde allá.
La gente habla español allá.
La gente trabaja mucho allá.
La gente gana mucho allá.

33. ENGLISH CUE DRILLS

1. ¿Cómo se dice esa palabra?
   How do you write that word?
   How do you pronounce that word?
   How do you say that word?

2. ¿Cómo se hace un pastel?
   How do you prepare a steak?
   How do you cook a ham?
   How do you order a chicken by phone?
   How do you make a cake?

34. PAIRED SUBSTITUTIONS

Aquí se venden enchiladas.   Aquí se venden enchiladas.
_____ arroz.   Aquí se vende arroz.
¿Dónde se compran tamales?
¿_____ chorizo?
¿Se comen muchas legumbres allí?
¿_____ fruta _____?
¿Cómo se prepara un bistec?
¿_____ las chuletas?
Se pide la carne por teléfono.
_____ los pasteles _____.
¿Se venden tomates en el mercado?
¿_____ lechuga _____?

35. DOUBLE ITEM SUBSTITUTION

Aquí se arreglan bicicletas.
_____ compran _____.
_____ chorizo.
_____ vende _____.
_____ empanadas.
_____ hacen _____.
_____ ropa.
_____ lava _____.

36. FREE RESPONSE

¿Se habla español en Brasil? ¿Qué lengua se habla allá?
¿Se vive bien aquí? ¿Se trabaja mucho?
¿Qué lengua se habla aquí?
¿Cómo se dice *"onion"* en español?
¿Sabe usted cómo se hace una enchilada?
¿Qué se necesita para hacer enchiladas?
Si no sabe cómo se hacen, ¿sabe cómo se comen, por lo menos?
¿Dónde se comen?
¿A qué hora se almuerza aquí? ¿Sabe a qué hora se almuerza en España?
¿Se puede comprar comida mexicana aquí? ¿Dónde? ¿Le gusta la comida mexicana?

Writing

1. SENTENCE REWRITE

Rewrite each of the following sentences, changing the verbs to the present progressive.

1. Nadie dice nada.
2. Todos siguen la lección.
3. La maestra repite una frase.
4. Todos los alumnos escriben.

5. Ahora la maestra le pide la tarea a Juan.
6. Pero Juan no pone atención.
7. Juan duerme.
8. Todos los alumnos ríen.

2. PARAGRAPH REWRITE

Rewrite the following paragraph, replacing each of the underlined expressions with the construction **se** + verb.

Para llegar a la Oficina de Correos, uno sale por la calle San Carlos y un) sigue por esa calle hasta llegar al primer semáforo. Luego uno va por la Avenida Independencia hasta llegar a la plaza. Allí uno ve tres edificios grandes. Ése que está al lado de la iglesia es la Oficina de Correos. Uno entra por la puerta grande y allí, a la derecha, hay un lugar donde uno puede mandar un cable.

READING

Word Study

Spanish has a large number of adjectives which end in **-oso**. All of these are related to nouns.

NOUN		ADJECTIVE	
espanto	*fright*	**espantoso**	*frightful*
misterio	*mystery*	**misterioso**	*mysterious*
ruido	*noise*	**ruidoso**	*noisy*

If you know the adjective **cariñoso** (*affectionate*), you should be able to guess the meaning of the noun **cariño** (*affection*).

Carta de una madre a su hijo

24 de octubre

Queridísimo hijito,

Te fuiste ya hace más de un mes y todavía no nos has mandado ni siquiera una tarjeta. Probablemente has estado muy
ocupado en estos primeros días de clase, pero si es que estás enfermo, debes avisarnos inmediatamente. Tal vez el cambio de
5 clima y de comida te han afectado el estómago, como te pasó el
primer año que fuiste a estudiar allá. No sé si recuerdas que en el
bolsillo° de los pantalones grises oscuro yo te puse una bolsita con
anís[7].

De tus amigos Bob y Jack recibimos una carta muy cariñosa
10 dándonos las gracias una vez más. ¡Ay, qué muchachos tan encantadores y decentes! Se ve que en realidad gozaron° mucho en
la hacienda, porque nos cuentan que están tristísimos de haber
regresado y nos extrañan mucho a todos. Nosotros también sentimos mucho verlos irse, especialmente tus hermanas. Yo creo
15 que Yolanda está medio enamorada de Jack.

Ahora, cambiando de tema, no sé si ya supiste por los periódicos de allá sobre los temblores que tuvimos aquí el lunes. Fueron
casi un terremoto, mejor dicho, porque algunos edificios viejos que
tenían paredes de adobe se cayeron°. Gracias a Dios en toda la
20 ciudad no murió nadie. ¿Qué dicen allá? Estoy segura de que
todo el mundo ha estado comentando. Aquí dicen que los periódicos lo pusieron en primera página. ¿Es verdad?

El primer temblor fue como a las siete de la mañana cuando
todo el mundo se estaba levantando. Todos salimos corriendo a la
25 calle. ¡Qué vergüenza! Yo sin pintarme la cara y empezando a
peinarme, parecía una loca. Por lo menos no éramos los únicos.
Luego a mediodía hubo otro temblor y luego siguió temblando
toda la tarde y toda la noche, como cada tres horas había otro temblor. Por supuesto, miles de personas durmieron en los parques esa
30 noche. Nosotros dormimos en el patio y no había ningún peligro
allí. Desde ese día (anteayer) no ha habido más temblores, pero
puede haber más, nadie sabe, y así es que nosotros estamos tomando
toda clase de precauciones. Aquí te mando unos recortes de periódicos que hablan de eso.

bolsillo: *pocket*

gozar: *enjoy oneself, have a good time*

caerse: *fall down*

---

[7] Anise is a small plant grown in southern European and North African countries. Its seeds are used in cooking and medicine. In many Spanish-speaking countries aniseed is considered an especially effective remedy for upset stomach.

35   La casa nuestra gracias a Dios no sufrió ningún daño, excepto que gran parte de la loza se rompió°. Por dicha no era loza fina. Ahora tengo que salir a comprar platos y tazas y vasos porque nos quedamos casi sin nada. ¡Ay, pero lo que más me dolió fueron los dos floreros amarillos!

romper (*pp*: **roto**): *break*

40   Por lo demás°, todos estamos bien. La vida aquí en San José igual que siempre, aburrida; llueve y llueve y llueve y no deja de llover nunca.

por lo demás: *as for everything else*

    Bueno, hijito, termino porque estoy sin sirvientas. Despedí° a las dos, a Lupe y a Matilde. Eran un par de tontas que no sabían 45 hacer nada. Ahora ando buscando otras pero mientras tanto° tengo que hacer todo el oficio de la casa.

despedir: *fire*

mientras tanto: *in the meantime*

    Debes cuidarte mucho y ya sabes que si no te sientes bien o necesitas algo, nos debes avisar inmediatamente. Aquí todos te mandan muchos cariños. Recibe mil besos de tu madre que te 50 quiere y reza por ti todo el tiempo,

María Isabel

Dictionary Section

como aproximadamente; más o menos: *Comemos como a las seis y media, cuando llega mi papá de la oficina.*

daño destrucción: *El carro no sufrió ningún daño en el accidente.*

dar(le) las gracias decirle gracias a alguien: *Le di las gracias por el regalo.*

dejar (de) cesar: *¡Deja de pegarle a tu hermanito inmediatamente!*

encantador que encanta; que causa muy viva y buena impresión; que inspira cariño: *José es tan bueno y tan simpático; es un muchacho encantador.*

extrañar sentir la ausencia de alguien o de algo: *Mi familia vive en Uruguay pero yo vivo aquí en Argentina, donde estoy estudiando. Extraño mucho a mis padres y a mis hermanos.*

mientras durante el tiempo que: *La criada cantaba mientras lavaba la loza.*

por supuesto claro; es evidente: *Por supuesto, yo no puedo salir sin pedir permiso.*

recorte artículo tomado de un periódico: *Me mandó todos los recortes sobre el terremoto.*

tema *m* idea principal: *Voy a escribir un libro sobre el tema de la importancia de las mujeres en el gobierno.*

terremoto gran temblor: *Anoche hubo un terremoto; nadie murió pero se cayó un edificio.*

tonto sin inteligencia, contrario de listo o inteligente: *Lupe sirvió la comida y no puso cubiertos; esa muchacha es muy tonta.*

37. QUESTIONS

1. ¿A quién le escribe la señora?
2. ¿Por qué no les ha escrito el hijo a sus padres, probablemente?
3. ¿Por qué cree la señora que su hijo puede estar enfermo?
4. ¿De quiénes ha recibido una carta ella?

(continued)

(*continued*)

5. ¿Cómo sabe ella que gozaron mucho durante su visita?
6. ¿Quién en particular extraña a Jack y a Bob? ¿Por qué?
7. ¿Qué se cayó en el terremoto?
8. ¿Murió alguien en el terremoto?
9. ¿Cuándo fue el primer temblor?
10. ¿Cómo salió de la casa la señora cuando empezó el temblor?
11. ¿Estaban bien vestida y peinada la otra gente?
12. ¿Cuándo fue el segundo temblor?
13. ¿Dónde durmieron miles de personas esa noche? ¿Dónde durmieron la señora y su familia?
14. ¿Qué le manda la señora a su hijo?
15. ¿Sufrió algún daño la casa de la señora? ¿Qué se rompió?
16. ¿Qué tiene que salir a comprar ahora?
17. ¿Dónde vive la señora? ¿Cómo es el clima allá?
18. ¿Quiénes son Lupe y Matilde? ¿Por qué las despidió la señora?
19. ¿Qué tiene que hacer la señora mientras anda buscando otras sirvientas?
20. ¿Qué le dice a su hijo, en el último párrafo de la carta?

Noun and Adjective Exercises

38. COMPLETION

1. Es un recorte bastante largo.   ¿Puedo ver ＿＿ recortes?
2. El anís es bueno para el estómago.   No me gusta ＿＿ anís.
3. No quiere hablar sobre ese tema.   Va a hablar sobre ＿＿ tema interesante.

39. PATTERNED RESPONSE

Ella es encantadora, ¿y su marido?   Su marido es encantador también.
Los jóvenes son encantadores, ¿y ellas?
Los floreros son finos, ¿y la loza?
Esos chicos son muy tontos, ¿y esa chica?

Verb Exercises

Caer is like **traer** in the present and like **oír** in the preterit.

Pres.	**caigo, caes, cae, caemos, caen**
Pret.	**caí, caíste, cayó, caímos, cayeron**
Pres. part.	**cayendo**
Past. part.	**caído**

40. COMPLETION

1. ¡Qué oscuro está aquí! Me voy a caer.   ¿Cómo? ¿Tú te vas a ____?
   ¡Casi me caigo!   ¿Cómo? ¿Casi te ____ tú?
   ¡Casi te caes!   ¿Cómo? ¿Casi me ____ yo?
   ¡Casi se cae!   ¿Cómo? ¿Casi se ____ él?
   ¡Casi nos caemos!   ¿Cómo? ¿Casi se ____ ustedes?
   ¡Casi se caen!   ¿Cómo? ¿Casi nos ____ nosotros?
   ¡Casi se ha caído!   ¿Cómo? ¿Casi se ha ____ él?
   ¡Casi se están cayendo!   ¿Cómo? ¿Casi se están ____ ellos?

2. ¡Me caí!   ¿Tú te ____?
   ¿Te caíste?   No, no me ____.
   ¡Nos caímos!   ¿Se ____?
   ¿Se cayeron?   No, no nos ____.

The verb **romper** has an irregular past participle: **roto.**

41. PATTERNED RESPONSE

Yo no rompí la aspiradora.   ¡Claro que la rompiste!
Yo no he roto la aspiradora.   ¡Claro que la ha roto!
La criada no rompió la aspiradora.
La criada no ha roto la aspiradora.
Ellos no rompen la aspiradora.
Ellos no están rompiendo la aspiradora.
Ellos no han roto la aspiradora.

RECOMBINATION EXERCISES

42. NARRATIVE VARIATION

1. Read the first paragraph again. This time María Isabel is writing to someone she addresses as **usted.** *Start like this:* Se fue hace ya más de un mes y todavía no nos ha mandado . . .

2. Read the fourth paragraph again, changing all the verbs which are in the preterit or the imperfect to the present tense. *Start like this:* El primer temblor es como a las siete . . .

3. Read the fifth paragraph again, starting each sentence with La señora dice que. . . . Omit or add words wherever necessary. *Start like this:* La señora dice que la casa suya . . .

43. PATTERNED RESPONSE DRILL

¡Matilde todavía está planchando! ⊗   Matilde, ¡deja de planchar!
¡Matilde todavía está trabajando!
¡Matilde todavía está barriendo!
¡Matilde todavía está sacudiendo!
¡Matilde todavía está llorando!

44. PRESENT → PRETERIT

Lupe se despierta tarde. ⊗   Lupe se despertó tarde.
Se siente mal.
No se viste.
No pone la mesa.
No sirve el desayuno.
Ni siquiera se levanta.
A las doce llega su novio.
De repente Lupe se siente mejor.
Se levanta y sale corriendo.
Esta mañana yo despido a Lupe.

Conversation Buildup

I

LUPE   ¿Viste cómo me insultó? ¡Qué mal genio tiene esa mujer!
MATILDE A mí también me insultó.
LUPE   Es que tú le quemaste el mantel nuevo, mujer.
MATILDE Y tú serviste la comida sin poner los cubiertos.
LUPE   Ella cree que porque una es sirvienta, la puede tratar como
         trapo sucio.
MATILDE Claro, no se trata así a la gente. Y no tenía por qué despedirnos.
LUPE   Pero ahora va a tener que hacer sola todo el oficio de la casa.
MATILDE Y va a ver cuánto nos necesita.

REJOINDERS

¿Viste cómo me insultó?
¡Ella nos trata como trapo sucio!
Ahora va a ver cuánto nos necesita.

CONVERSATION STIMULUS

Usted está planchándole un mantel a su mamá y lo quema. ¿Qué le dice?

II

CARLOS	¡Hola! Siento llegar tarde. ¿Ya pidieron?
PEDRO	No, te esperábamos a ti. ¿Qué pasó?
CARLOS	El autobús no pasaba nunca. Por fin tuve que tomar un taxi.
PEDRO	¿Qué van a pedir? Este arroz con pollo no me parece mal.
CARLOS	Yo voy a pedir un bistec con papas fritas. ¿Y tú, Arturo?
ARTURO	No sé, a ver . . . unos tamales, tal vez, con arroz y frijoles.
CARLOS	¿Dónde está el camarero? No lo veo.
ARTURO	Allí está, sirviéndole la comida a aquella señora.
PEDRO	¡Qué bistec le está sirviendo! ¡Eso es lo que voy a pedir yo, mejor!

REJOINDERS

¿Ya pidieron?
¿Qué van a pedir?
No veo al camarero.

CONVERSATION STIMULUS

Usted está en un restaurante con dos amigos. ¿Qué piden?

Writing

PARAGRAPH REWRITE

Rewrite the following paragraphs, putting the verbs in the past.

Todos los días Lupe sale a comprar lo que mamá necesita para el almuerzo. Y todos los días Lupe se equivoca. Un día mamá le pide tres tomates y una cebolla. Lupe vuelve con tres cebollas y un tomate. Un día mamá le pide un pollo y dos kilos de chorizo. Lupe compra tres pollos y un solo kilo de chorizo. Otro día mamá quiere un kilo de jamón, pero se ha acabado el jamón y entonces Lupe regresa con un kilo de fruta.

Un día Lupe sale y no vuelve hasta muy tarde. Cuando por fin llega a la casa todos vemos que la pobre ha estado llorando. Lupe ha gastado todo el dinero de la comida en la lotería y está segura que mamá la va a despedir. Pero mamá no la despide. Primero porque quiere mucho a Lupe a pesar de todo. Y segundo porque Lupe—lo sabemos después—¡ha ganado más de mil pesos en la lotería!

REFERENCE LIST

Nouns

anís *m*	cubierto	fruta	manzana
arroz *m*	cuchara	gallo	mediodía *m*
azúcar *m*	cucharita	hielo	mujer *f*
bistec *m*	cuchillo	jamón *m*	naranja
bolsillo	chorizo	kilo	pastel *m*
cariño	chuleta	lechuga	pera
carnicería	daño	legumbre *f*	pimienta
cebolla	florero	loza	plátano
copa	frijol *m*	mantel *m*	plato

pollo	tenedor *m*
postre *m*	ternera
recorte *m*	terremoto
servilleta	tomate *m*
tema *m*	vaso
temblor *m*	vino

Verbs

		Adjectives
caer(se) (caigo)	extrañar	encantador, -a
cuidar	gozar	fino
dejar (de)	pedir	tonto
despedir (e -i, i)	peinar(se)	
empujar	romper (*pp* roto)	

Conjunction

mientras

Expressions

dar(le) las gracias	poner la mesa	por supuesto
mientras tanto	por dicha	se acabó
perdón	por lo demás	volver loco

Del Mundo Hispánico

Carta

Cocktails y Entremeses

Cocktail de camarones	**$ 5.50**
Cocktail de aguacate	**4.50**
Cocktail de frutas	**5.50**
Entremés jamón serrano	**10.00**
Orden de queso blanco	**3.00**

Sopas

Consomé de pollo	**2.00**
Consomé de pollo con huevo	**6.00**
Sopa de ajo	**3.50**
Sopa de pollo	**6.00**
Sopa de cebolla	**3.50**

Mariscos y pescados

Camarón gigante plancha	**18.00**
Camarones a la plancha	**13.00**
Filete de pescado al gusto	**13.00**
Pulpos a la marinera	**11.00**
Pulpo en su tinta	**11.00**

Pollos

Pollo cacerola	**12.50**
Pollo, muslo y pierna	**12.50**
Medio pollo a la parrilla	**16.00**

Carnes

T. Bone Steak 250 gr.	**18.00**
Filete con champiñones	**20.00**
Filete mignon	**18.50**
Milanesa a la Viena	**16.50**
Milanesa con papas	**15.00**
Chuleta de cerdo	**15.00**
Chuleta de ternera	**15.00**
Bistec al gusto	**14.00**
Hamburguesa al gusto	**12.50**
Carne asada	**20.00**

Platillos mexicanos

Enchiladas de mole	**$ 8.50**
Enchiladas rojas o verdes	**8.50**
Frijoles refritos	**2.00**
Tacos de pollo con guacamole	**7.50**
Tamales de pollo (2)	**3.00**
Tostadas de pollo	**8.00**
Frijoles con chorizo	**6.50**

Ensalada

Ensalada mixta	**4.50**
Ensalada de pollo	**11.00**
Ensalada de tomate	**3.50**
Ensalada de aguacate	**4.50**

Sandwiches

De jamón serrano	**8.00**
De pollo	**7.00**
De queso	**5.50**
De chorizo	**6.00**

Postres

Flan de vainilla	**2.75**
Natillas	**2.75**
Arroz con leche	**2.75**
Gelatinas	**1.75**
Papaya	**2.00**
Helados (chocolate, vainilla)	**2.50**

Refrescos

Agua mineral de Tehuacán	**1.25**
Sangría	**1.75**
Refresco de naranja	**1.25**
Refresco de manzana	**1.75**
Coca Cola	**1.25**
Refrescos dietéticos	**1.25**
Nocal	**1.75**

Note. The $ indicates Mexican pesos on this menu.

ESPAÑA

SUROESTE DE LOS
ESTADOS UNIDOS

Islas Baleares
Melilla
Ceuta
MARRUECOS
Islas Canarias

Nueva York

FLORIDA

REPÚBLICA DOMINICANA
PUERTO RICO

CUBA

SAHARA ESPAÑOL

MÉXICO
GUATEMALA
HONDURAS
EL SALVADOR
NICARAGUA
COSTA RICA
PANAMÁ
COLOMBIA
ECUADOR

VENEZUELA

GUINEA ECUATORIAL

PERÚ

CHILE

BOLIVIA
PARAGUAY
URUGUAY
ARGENTINA

OCÉANO PACÍFICO

OCÉANO ATLÁNTICO

Speaking World

OCÉANO PACÍFICO

REPÚBLICA DE
FILIPINAS

OCÉANO ÍNDICO

☐ Areas in which Spanish is the official language
☐ Areas in which Spanish is widely spoken

S-2

Antique crafts such as weaving and pottery-making are important in some countries. Here, Guatemalan girls weave colorful fabrics in ancient patterns.

A crowd gathers in a park in Mexico City.

Spanish is the world's fourth most widely spoken language, and is spoken by more people than any other Romance language. It is one of the five official tongues used at the United Nations.

Spanish is spoken in Spain and in most of the countries of Latin America. Two important exceptions are Brazil, where the native tongue is Portuguese, and Haiti, where French is spoken. In the Philippines, a Spanish territory from the mid-sixteenth century until 1898, about 20% of the population speaks Spanish, and in Morocco—once shared by Spain and France—Spanish is still an important language.

The peoples of Spanish America vary in background, race, and customs. Most of the countries of Spanish America have large Indian populations, and in some countries Indian tongues are spoken as well as Spanish. In Mexico, about 70% of the population is mestizo—that is, of mixed Indian and white background. All of the countries of Spanish America have sizable white populations, but only three—Argentina, Uruguay, and Costa Rica—are predominantly white. A large percentage of the white population is made up of descendants of Spaniards, but people of Central and Eastern European background have settled throughout Spanish America, especially in Argentina and Chile. The Caribbean republics, Venezuela, Colombia, and some parts of Central America have large black populations. Spain itself is composed of people of varied backgrounds, and each region is attached to its own habits, history, and attitudes.

Just as speech patterns and certain vocabulary items differ from region to region within the United States and from one English-speaking country to another, Spanish too is subject to regional differences. For example, Mexican Spanish has a different rhythm from the Spanish spoken in Argentina. Spanish speakers from the Caribbean area use some words and expressions which would puzzle a person from Chile or Colombia. However, as with English, these regional speech differences usually do not prevent one speaker from understanding another.

An ice cream vendor is a familiar sight on a Sunday afternoon in Mexico City.

A printing plant in Bogotá. Large quantities of books and periodicals are published every year throughout Spanish America. Argentina, Mexico, and Chile are the principal centers of publishing in Spanish America, but many other countries have important publishing industries.

Mexican children play games not unlike the ones played by American youngsters.

Puerto Rican schoolboys perform experiments in a chemistry lab.

Factory workers package sugar in Colombia. An increasing number of Spanish American countries produce foodstuffs, textiles, and other important consumer goods.

Farm workers in Cuba. Much of Cuba's agricultural land is organized in state farms.

Two girls chat at the Río Piedras campus of the University of Puerto Rico. An increasing number of Spanish American universities are developing "university cities" similar to American campuses.

Two draftsmen discuss a project in a busy office in Colombia.

An oil refinery in Venezuela. Oil is responsible for up to 95% of Venezuela's exports.

Racial classification in Spanish America often depends more on educational and economic background than on facial features and skin color. Although a large number of Bolivia's citizens are Indian, many of them identify more with European institutions than with Indian culture. This busy street in La Paz reflects a variety of influences.

Open-air markets like this one in Bolivia are popular in most Spanish-speaking countries. Many Spanish American women do their shopping daily.

A Bolivian girl at school. Most Spanish American school systems are modeled after the French or Spanish systems. Six years of primary school are followed by six years of high school in institutions called liceos, gimnasios, or colegios. Students who enter university begin immediately to prepare for professions. There are seldom general liberal arts courses as in the United States.

Argentinian sheep farmers mark lambs. The meat industry is the most important in Argentina.

A farmer from northern Chile. Agriculture is becoming increasingly industrialized in many areas.

Chilean youngsters meet after school. In most countries, parties and group outings are more common than American-style dating.

A market in Montevideo. Uruguay, like Argentina, has as many people of Italian as of Spanish origin.

The official language of Morocco is Arabic, but both Spanish and French are important second languages. Spain held parts of Morocco until 1956. The cities of Ceuta and Melilla are still Spanish territories.

Open-air cafés, where friends meet to gossip and discuss politics, are popular in Spain.

Although Tagalog and English are the most widely spoken languages in the Philippines, there is also considerable Spanish influence.

Spanish is spoken in several parts of the United States. New York City, the states of the Southwest, and Florida all have significant Spanish-speaking populations. Here, a woman shops in a grocery in New York specializing in Spanish and Spanish American products.

Basque fishermen check boats for watertightness. The Basque language as well as Spanish is spoken in the Basque provinces of Spain.

BASIC MATERIAL I

¡Oh Manuela!

SEÑORA   ¡Manuela! ¡Entre y cierre esa puerta![1] ¿No ve que entra mucho polvo? Venga acá. Mire, ponga atención. Primero barra todos los pisos y sacuda los muebles[2]. Luego tienda las camas. ¿Usted sabe tender camas?

MANUELA   Si, señora, más o menos. Se pone la almohada y después se echa la frazada encima y se prensa bien con el colchón. Eso es todo.

SEÑORA   ¡No, Manuela, eso no es todo! ¿Y las sábanas y las fundas? ¡Válgame Dios! Que se lo explique María; yo no tengo tiempo ahora.

Supplement

Primero barra todos los pisos.

¿Dónde está la escoba?
¿El del pasillo también?

Sacuda bien los muebles.

¿Los sillones también?
¿Las lámparas también?
¿Los estantes para libros también?
¿El armario[3] también?

Luego tienda las camas.

¿Y después lavo las cortinas?
¿Sacudo los cuadros también?
¿Después limpio los ceniceros?

---

[1] Servants are addressed as either **tú** or **usted.** Here, the lady addresses her maid as **usted.**

[2] The plural **muebles** is the equivalent of furniture. The singular **mueble** means a piece of furniture.

[3] An **armario** (*armoire*), or wardrobe, is a large, usually wooden, movable cabinet often used for hanging up clothing. **Armarios** are used in place of or in addition to closets in many Spanish and Spanish American homes.

◀ *Muchas familias tienen dos sirvientas: cocinera y criada.*

Oh, Manuela!

LADY Manuela! Come in and close that door! Don't you see that a lot of dust is coming in? Come over here. Look, pay attention. First sweep all the floors and dust the furniture. Then make the beds. Do you know how to make a bed?

MANUELA Yes, ma'am, more or less. You put down the pillow and then throw the blanket over it and flatten (press) it out against the mattress. That's all.

LADY No, Manuela, that's not all! How about the sheets and the pillow-cases? Oh, for goodness sake! Let María explain it to you; I don't have time now.

Supplement

First sweep all the floors.

Where's the broom?
The hall (one), too?

Dust the furniture well.

The armchairs, too?
The lamps, too?
The bookshelves, too?
The armoire, too?

Then make the beds.

Then do I wash the curtains?
Do I dust the pictures, too?
Then do I clean the ashtrays?

Vocabulary Exercises

1. QUESTIONS ON BASIC MATERIAL

1. ¿Con quién habla la señora? ¿Le habla de "tú" o de "usted"?
2. ¿Qué debe hacer Manuela primero? ¿y luego?
3. ¿Sabe tender camas Manuela, según ella?

2. FREE RESPONSE

1. ¿Sabe usted tender camas? ¿Cómo se tiende una cama?
2. ¿Qué se usa para barrer un piso?
3. ¿Cuáles son los muebles que se encuentran en una sala? ¿y en un dormitorio?
4. ¿Tiene cortinas en su dormitorio? ¿De qué color son?
5. ¿Puede usted describir un cuarto de su casa?
6. ¿Puede describir su casa?

Noun Exercise

Nouns ending in the gender markers **-o** or **-a,** in **-ción,** or in **-tad** or **-dad** will no longer be included in this section.

3. COMPLETION

1. El sillón es muy bonito.
2. Es un mueble muy caro.
3. Necesitamos un nuevo estante para libros.
4. ¿Dónde está el colchón morado?

¿Te gusta _____ sillón?
Me encanta _____ mueble.
¿No es bastante grande _____ estante?
Todos _____ colchones están allí.

Verb Exercise

The verb **tender** has the same **e-ie** stem alternation as **entender.**

Pres.   **tiendo, tiendes, tiende, tendemos, tienden**

4. PATTERNED RESPONSE

¿Cuándo vas a tender las camas?
¿Cuándo tiendes las camas?
¿Cuándo tiende las camas Manuela?
¿Cuándo tendemos las camas nosotros?
¿Cuándo tienden las camas ustedes?

Las voy a tender ahora.
Las tiendo ahora.

Grammar

Formal Commands

PRESENTATION

Entro y **cierro** la puerta.
Barro todos los pisos.
Sacudo bien los muebles.
Pongo atención.
Vengo temprano.

¡Manuela!, ¡**entre** usted y **cierre** la puerta!
¡**Barra** todos los pisos!
¡**Sacuda** bien los muebles!
¡**Ponga** atención!
¡**Venga** temprano!

In each pair, which sentence is a statement and which is a command? Are the commands directed to someone addressed as **tú** or as **usted?** Are they addressed to one person or to more than one? In the statements, what subject pronoun do the verb forms correspond to? In the commands, is the stem the same as for the first person singular form of the verb? What class do the verbs in the first pair of sentences belong to? How is the singular command formed for a-class verbs? Which classes do the verbs in the other sentences belong to? How is the command formed for e-class and i-class verbs?

> ¡Manuela!, ¡María!, ¡**entren** y **cierren** la puerta!
> ¡**Barran** todos los pisos!
> ¡**Pongan** atención!

Are these commands directed to one or to more than one person? How is the plural command formed?

GENERALIZATION

1. Regular formal commands are based on the first person singular present tense forms. The **o** is replaced by **e** for **a**-class verbs and by **a** for **e**-class and **i**-class verbs. The plural formal commands have an **n** after the final vowel[4].

Infinitive	First Person Singular Form	Singular Formal Command	Plural Formal Command
mirar	miro	mire	miren
barrer	barro	barra	barran
sacudir	sacudo	sacuda	sacudan

2. All verbs—except those mentioned in paragraph 3—which are irregular in the first person singular of the present tense show the same irregularity in the formal commands.

---

[4]The same spelling changes which occur before the first person singular preterit ending **e** occur before the command endings **-e** and **en.**

If the stem of an **a**-class verb ends in **c**, the **c** changes to **qu** before an **e**: **Busque las cosas. Saquen buenas notas.**

If the stem of an **a**-class verb ends in **g**, the **g** changes to **gu** before an **e**: **Apague la luz. Cuelgue las cortinas.**

If the stem of an **a**-class verb ends in **z**, the **z** changes to **c** before an **e**: **Empiece el trabajo inmediatamente. Rece por nosotros.**

Infinitive	First Person Singular Form	Singular Formal Command	Plural Formal Command
cerrar	cierro	cierre	cierren
pedir	pido	pida	pidan
poner	pongo	ponga	pongan

3. The formal command forms of the verb **saber** and those verbs whose first person singular form ends in **-oy** are not based on the first person singular of the present tense.

Infinitive	Singular Formal Command	Plural Formal Command
estar	esté	estén
dar	dé	den
ser	sea	sean
ir	vaya	vayan
saber	sepa	sepan

4. The subject pronoun may be used with the formal command forms in Spanish either for emphasis or politeness.

Venga usted mañana por la mañana.
No digan ustedes eso.

STRUCTURE DRILLS

5. PATTERNED RESPONSE

1. ¿Entro y cierro la puerta?   Sí, entre y cierre la puerta.
   ¿Lavo las cortinas?   Sí, lave las cortinas.
   ¿Limpio el dormitorio?   Sí, limpie el dormitorio.
   ¿Plancho toda la ropa?   Sí, planche toda la ropa.
   ¿Arreglo la sala?   Sí, arregle la sala.
   ¿Preparo la cena?   Sí, prepare la cena.   (continued)

(*continued*)

2. ¿Estudio ahora?   No, estudie más tarde.
   ¿Paso por la biblioteca ahora?
   ¿Empiezo el trabajo ahora?
   ¿Cuelgo los cuadros ahora?
   ¿Llamo a Blanca ahora?

6. ALTERNATIVE RESPONSE DRILL

Choose the first alternative in each case.

1. ¿Tiendo las camas o barro los pisos?   ¡Tienda las camas!
   ¿Barro los pisos o pongo la mesa?   ¡Barra los pisos!
   ¿Pongo la mesa o sacudo los muebles?   ¡Ponga la mesa!
   ¿Sacudo los muebles o tiendo las camas?   ¡Sacuda los muebles!

2. ¿Hago la cena o veo televisión?   ¡Haga la cena!
   ¿Veo televisión o leo el periódico?
   ¿Leo el periódico o escribo cartas?
   ¿Escribo cartas o sigo estudiando?
   ¿Sigo estudiando o sirvo la comida?
   ¿Salgo a comprar leche o hago la cena?

7. tú → usted

Busca la llave. ⊗   Busque la llave.
Abre la maleta.
Ve si está el impermeable azul.
Cierra la maleta.
Corre al aeropuerto.
Sube al avión.
Vuelve a Colombia.

8. STATEMENT → COMMAND

Don Pedro está allí a las seis. ⊗   Don Pedro, esté allí a las seis.
Doña Marta da una fiesta.
El Sr. García no es así.
La Srta. Pérez sabe las fechas para el
     examen.
La Sra. López va al almacén.

9. PATTERNED RESPONSE

¿Estudiamos ahora? ⊗   Sí, estudien ahora.
¿Vamos a la biblioteca?
¿Seguimos practicando?
¿Aprendemos las fechas de memoria?
¿Hacemos la tarea?
¿Salimos ahora?

10. DIRECTED ADDRESS

Address the following commands to each of the persons indicated by the cue.

1. Regrese temprano, por favor.
   (a Susana y a Blanca)   Regresen temprano, por favor.
   (a su hermanita)   Regresa temprano, por favor.
   (al Sr. Ortiz)   Regrese temprano, por favor.
   (a dos señores)   Regresen temprano, por favor.
   (a un niño)   Regresa temprano, por favor.

2. Apague la televisión.
   (a sus dos hermanitos–a la Sra. de Dávila–a su amigo–a mí–a dos amigos)

11. COMMAND RESPONSE

Juan, cierre la puerta, por favor.
Pedro, abra la ventana.
Todos escriban su nombre y dirección en un papel.
¿Quién ha hecho la tarea para hoy? Levante la mano si la ha hecho.
Ana, apague la luz.
María, encienda la luz.
Todos digan la primera línea de la conversación entre la señora y su criada Manuela.
Roberto, explique qué pasa en esa conversación.

Indirect Commands

PRESENTATION

Que le explique María.
Que le ayude María.
Que barra los pisos María.
Que sacuda los muebles María.

Is the verb form used in each of these sentences the same as the singular formal command? What construction is used in Spanish in situations in which English uses sentences like *Let María do it.?*

GENERALIZATION

In English, we often use expressions like *let, have,* and *see that* in situations in which Spanish uses an indirect command. The indirect command forms are the same as the formal commands.

Que le explique María.	*Let María explain to you.*
Que le ayude María.	*Have María help you.*
Que barra todos los pisos.	*See that she sweeps all the floors.*

STRUCTURE DRILLS

12. PATTERNED RESPONSE

1. Pida las chuletas. ⊗
   Compre las legumbres.
   Prepare la cena.
   Lave el mantel.
   Ponga la mesa.
   Y sirva la cena.

   ¡Que las pida Manuela!
   ¡Que las compre Manuela!
   ¡Que la prepare Manuela!
   ¡Que lo lave Manuela!
   ¡Que la ponga Manuela!
   ¡Que la sirva Manuela!

2. ¡Busque los pasaportes!
   ¡Compre los boletos!
   ¡Haga las maletas!
   ¡Lleve el equipaje al aeropuerto!

   ¡Que los busque Pedro!

3. ¿Debe venir Ana?
   ¿Deben sacudir las criadas?
   ¿Deben barrer las sirvientas?
   ¿Debe llamar Manuela?
   ¿Debe entrar Susana?

   Claro, que venga inmediatamente.

Writing

SENTENCE CONSTRUCTION

Write both a direct and an indirect command for each group of words below.

MODEL   Susana / apagar / luz
   <u>Susana, apague la luz.</u> <u>Que apague la luz Susana.</u>

1. Manuela / sacudir / estantes
2. Lupe / limpiar / ceniceros
3. Carmen / colgar / cortinas
4. Carolina / traer / escoba
5. Enrique / barrer / patio
6. Luis / encender / luces

BASIC MATERIAL II

En esta casa manda ella

DON JAIME   Venga temprano por mí, José. Ojalá que venga antes de las cinco.

CHOFER   Pero la señora quiere que lleve a los niños a pasear. No sé si voy a estar desocupado.

DON JAIME   Oiga, José, ¡quiero que oiga muy bien! En esta casa—¿entiende?—¡en esta casa mando yo!

CHOFER   Sí, don Jaime. Le voy a decir a la señora, entonces.

DON JAIME   No, no le diga nada, no creo que sea necesario. Lleve a los niños, mejor. Yo tomo un taxi.

Supplement

No sé si voy a estar desocupado.

¡Qué lástima!
No importa.
Pero es preciso que venga por mí.
Insisto en que venga por mí.

La señora quiere que lleve a los niños a pasear.

No los lleve muy lejos.
El zoológico está cerca.
¿Por qué no van a ver los osos y elefantes en el circo?
¿Por qué no van a ver los cerdos y vacas y gallinas en la finca?

Le voy a decir a la señora, entonces.

No, no vale la pena.
Dudo que esté en casa.

In this House She Gives the Orders
(She Commands)

DON JAIME   Come early for me, José. I hope you come before five.

CHAUFFEUR   But the señora wants me to take the children for a ride (for a walk). I don't know if I'll be free.

DON JAIME   Listen, José, I want you to listen carefully! In this house— do you understand? —in this house I give the orders.

CHAUFFEUR   Yes, don Jaime. I'll tell the señora, then.

DON JAIME   No, don't tell her anything; I don't think it's necessary. Take the children instead. I'll take a taxi.

Supplement

I don't know if I'm going to be free.

> What a shame!
> It doesn't matter.
> But it's necessary for you to come for me.
> I insist that you come for me.

The señora wants me to take the children for a ride.

> Don't take them too far.
> The zoo is near.
> Why don't you go and see the bears and elephants at the circus?
> Why don't you go and see the pigs and cows and hens on the farm?

I'll tell the señora, then.

> No, it's not worth it (the trouble).
> I doubt that she's at home.

Vocabulary Exercises

13. QUESTIONS ON BASIC MATERIAL

1. ¿Con quién habla don Jaime? ¿Cómo se llama el chofer?
2. ¿Adónde tiene que llevar a los niños José?
3. ¿Va a estar desocupado antes de las cinco?
4. ¿Quién manda en su casa, según don Jaime?
5. ¿Debe José decirle eso a la señora?
6. ¿José va a llevar a don Jaime o a los niños? ¿Y cómo va a ir don Jaime?
7. ¿Quién manda en la casa de don Jaime?

14. FREE RESPONSE

1. ¿Usted ha ido al circo alguna vez?
2. ¿Cuáles son los animales que se encuentran en el zoológico?
3. ¿Ha estado usted en una finca? ¿Cuáles animales se encuentran en una finca?
4. ¿Cuáles animales pueden vivir en la casa? ¿los gatos? ¿los perros? ¿las moscas?
5. ¿Vale la pena estudiar mucho?

15. WORD REPLACEMENT

Read each of the following sentences, replacing the underlined word with any other appropriate word.

En el zoológico hay monos.
Hay cocodrilos allí, también.
Y hasta vimos un león.
Y también hay unas iguanas.
Nos gusta ir al zoológico.

En el zoológico hay culebras.

Grammar

The Present Subjunctive: Forms

PRESENTATION

Quiere que yo **lleve** a los niños.
Quiere que tú **lleves** a los niños.
Quiere que el **lleve** a los niños.
Quiere que nosotros **llevemos** a los niños.
Quiere que ellos **lleven** a los niños.

Es preciso que yo **venga** por él.
Es preciso que tú **vengas** por él.
Es preciso que José **venga** por él.
Es preciso que tú y yo **vengamos** por él.
Es preciso que ustedes **vengan** por él.

In the first sentence in each group, is the verb form the same as the singular formal command? Do the other verb forms have the same stem as the formal command? What is the theme vowel which is attached to this stem for **a**-class verbs? and for **e**-class and **i**-class verbs? Except for the form of the verb which corresponds to **yo,** are the endings the same as those for the present tense forms you have already learned?

GENERALIZATION

1. The verb forms of many languages, including Spanish, show <u>mood</u>. The simple present, the preterit, the imperfect, and the compound tense verb'forms you have learned are in the <u>indicative mood</u>. The formal command forms are in the <u>imperative mood</u>, and the indirect command forms are in the <u>subjunctive mood</u>. There are several other uses of the subjunctive in Spanish, which will be taken up as soon as you have learned the present subjunctive forms.

2. Like the formal commands, the present subjunctive is based on the first person singular form of the present indicative. For **a**-class verbs, the theme vowel in the subjunctive is **e**. For **e**- and **i**-class verbs, the theme vowel is **a**. For all three classes, the endings, except for the first person singular, are the same as for the present indicative.

a-CLASS VERBS		**e**-CLASS VERBS		**i**-CLASS VERBS	
comprar, PRES. SUBJ.		**comer**, PRES. SUBJ.		**escribir**, PRES. SUBJ.	
compr e	compr e mos	com a	com a mos	escrib a	escrib a mos
compr e s	compr e n	com a s	com a n	escrib a s	escrib a n
compr e		com a		escrib a	

3. Verbs with stem alternation in the present indicative also show stem alternation in the present subjunctive.

   For **a**-class and **e**-class verbs with **e-ie** or **o-ue** stem alternation, the same rule applies as for the present indicative.

a-CLASS VERBS		**e**-CLASS VERBS	
pensar, PRESENT SUBJUNCTIVE		**querer**, PRESENT SUBJUNCTIVE	
Stressed Stem	*Unstressed Stem*	*Stressed Stem*	*Unstressed Stem*
piense	pensemos	quiera	queramos
pienses		quieras	
piense		quiera	
piensen		quieran	
encontrar, PRESENT SUBJUNCTIVE		**volver**, PRESENT SUBJUNCTIVE	
encuentre	encontremos	vuelva	volvamos
encuentres		vuelvas	
encuentre		vuelva	
encuentren		vuelvan	

In **i**-class verbs with **e-i** stem alternation, the vowel **i** occurs in the stem of all present subjunctive forms since there is no stressed **i** in the syllable which follows the stem.

pedir,
PRES. SUBJ.

pida

pidas

pida

pidamos

pidan

In verbs with **e-ie-i** or **o-ue-u** stem alternation, the vowel **i** or **u** occurs in the stem of the form corresponding to **nosotros,** since there is no stressed **i** in the syllable which follows the stem.

sentir, PRESENT SUBJUNCTIVE		**dormir,** PRESENT SUBJUNCTIVE	
Stressed Stem	*Unstressed Stem*	*Stressed Stem*	*Unstressed Stem*
sienta	sintamos	duerma	durmamos
sientas		duermas	
sienta		duerma	
sientan		duerman	

4. If the first person singular shows an irregularity other than stem vowel alternation in the present indicative, the same irregularity occurs in all forms of the present subjunctive.

hacer, PRES. SUBJ.

haga	hagamos
hagas	hagan
haga	

5. **Saber, haber,** and verbs whose first person singular form ends in **-oy,** are the only verbs whose stem in the subjunctive is not based on the first person singular of the present indicative. The stem of the subjunctive forms is the same as the stem of the formal commands.

estar, PRES. SUBJ.		**dar,** PRES. SUBJ.	
esté	estemos	dé	demos
estés		dés	
esté	estén	dé	den

ser	se-	a
ir	vay-	as
		a
saber	sep-	amos
haber	hay-	an

STRUCTURE DRILLS

16. COMMAND → SUBJUNCTIVE

¡Venga antes de las cinco!	¡Ojalá que venga antes de las cinco!
¡Lleve a los niños!	¡Ojalá que lleve a los niños!
¡Oiga muy bien!	¡Ojalá que oiga muy bien!
¡Sea bueno!	¡Ojalá que sea bueno!
¡No diga nada!	¡Ojalá que no diga nada!
¡Vuelvan temprano!	¡Ojalá que vuelvan temprano!

17. PERSON-NUMBER SUBSTITUTION

1. Es preciso que termine el trabajo. ⊗
   (los empleados)
   (nosotros)
   (la secretaria)
   (tú)
   (yo)

   Es preciso que termine el trabajo.
   Es preciso que terminen el trabajo.
   Es preciso que terminemos el trabajo.
   Es preciso que termine el trabajo.
   Es preciso que termines el trabajo.
   Es preciso que termine el trabajo.

2. No vale la pena que barra los pisos.
   (la criada–nosotros–la sirvienta–yo–tú)

3. ¡Qué lástima que no pueda ir!
   (tú–usted–ustedes–yo–nosotros)

18. PATTERNED RESPONSE

1. Yo no conozco a don Pedro.
   Ella no conoce a don Pedro.
   Nosotros no conocemos a don Pedro.
   Los chicos no conocen a don Pedro.
   La señora no conoce a don Pedro.

   ¡Qué lástima que no lo conozca!

2. ¿Cómo? ¿Ya te vas?
   ¿Cómo? ¿Ya se va el chofer?
   ¿Cómo? ¿Ya se van ustedes?
   ¿Cómo? ¿Ya se van las visitas?
   ¿Cómo? ¿Ya se va usted?

   Sí, es preciso que me vaya.

The Present Subjunctive: Use in Subject Noun Clauses

GENERALIZATION

1. A clause is a sentence or fragment of a sentence which contains a verb form with a person-number ending. The sentence **Venga temprano por mí, José.** contains one clause: the whole sentence. The sentence **No sé si voy a estar desocupado.** contains two clauses: **No sé** and **si voy a estar desocupado.**

2. A noun clause functions in a sentence just like a single noun or noun phrase. Noun clauses, like single nouns and noun phrases, may function as subjects or as objects in sentences. In the following example, the noun clause **que entra mucho polvo,** functions as the object of **ve,** just like the noun phrase **el polvo.**

$$\text{¿No ve} \begin{cases} \textbf{el polvo?} \\ \textbf{que entra mucho polvo?} \end{cases}$$

In the sentence below, the phrase **que venga** functions as a subject, just like **ese cuento.**

$$\textbf{Me encanta} \begin{cases} \textbf{ese cuento.} \\ \textbf{que venga.} \end{cases}$$

3. Both subject and object noun clauses commonly have subjunctive rather than indicative verb forms in Spanish.

4. In <u>subject noun clauses</u> the subjunctive is used far more often than the indicative. The indicative is used <u>only</u> in affirmative sentences with **ser** or **parecer** alone or followed by one of the nouns or adjectives in the set of examples below.

$$\left.\begin{array}{l}\textbf{Es}\\\textbf{Parece}\end{array}\right\} \text{ que Juan } \underline{\text{estudia}} \text{ mucho.}$$

$$\left.\begin{array}{l}\textbf{Es}\\\textbf{Parece}\end{array}\right\} \left\{\begin{array}{l}\textbf{verdad}\\\textbf{cierto}\\\textbf{seguro}\end{array}\right\} \text{ que Juan } \underline{\text{estudia}} \text{ mucho.}$$

The subjunctive is used in <u>all other</u> subject noun clauses. For example:

a. Negative sentences with **ser** or **parecer**.

$$\underline{\textbf{No es}} \left\{\begin{array}{l}\textbf{verdad}\\\textbf{cierto}\\\textbf{seguro}\end{array}\right\} \text{ que Juan } \underline{\text{estudie}}.$$

b. Affirmative or negative sentences with **ser** or **parecer** plus any other noun or adjective.

$$\textbf{(No) es} \left\{\begin{array}{l}\textbf{posible}\\\textbf{necesario}\\\textbf{bueno}\\\textbf{lástima}\\\textbf{probable}\\\textbf{difícil}\\\textbf{importante}\\\text{etc.}\end{array}\right\} \text{ que Juan } \underline{\text{estudie}}.$$

c. Any other verb.

$$\left\{\begin{array}{l}\textbf{Me encanta}\\\textbf{No vale la pena}\\\textbf{Me gusta}\\\textbf{No importa}\end{array}\right\} \text{ que Juan } \underline{\text{estudie}}.$$

STRUCTURE DRILLS

19. ITEM SUBSTITUTION

1. Es posible que José esté desocupado. ⊗
   Es seguro _____.
   Es lástima _____.
   Es verdad _____.
   No es verdad _____.
   No importa _____.

Es posible que José esté desocupado.
Es seguro que José está desocupado.
Es lástima que José esté desocupado.
Es verdad que José está desocupado.
No es verdad que José esté desocupado.
No importa que José esté desocupado.

2. Es preciso que vengan hoy.
(es cierto–no es cierto–es difícil–es importante–es verdad–no vale la pena–no importa–es seguro)

20. INDICATIVE → SUBJUNCTIVE

1. José maneja el auto. ⊗   No es cierto que José maneje el auto.
   Es un buen chofer.
   Lleva a los niños al parque.
   Después va a la oficina de don Jaime.
   Sabe llegar rápido.
   Está allí a las ocho.
   Trae a don Jaime a la casa.
   José trabaja mucho.

2. Juan llega temprano.   Es necesario que Juan llegue temprano.
   Come algo.
   Hace su tarea.
   Sale con sus compañeros.
   Van al cine.
   Vuelve a la casa.
   Se pone a estudiar otra vez.
   Aprende muchas cosas de memoria.
   Sabe todas las fechas importantes.
   Juan cena con su familia.
   Y se acuesta.

21. SENTENCE COMBINATION

1. ¿Damos una fiesta? Es posible.   Es posible que demos una fiesta.
   ¿Invitamos a todo el mundo?
      Es imposible.
   ¿Cada uno me da tres pesos?
      Es necesario.
   ¿Salgo yo a comprar las cosas?
      Es preciso.
   ¿Hacen la comida las chicas?
      No vale la pena.
   ¿Traen los chicos unos discos?
      Es probable.
   ¿Damos una fiesta? Es posible.

(*continued*)

(*continued*)

2. ¿He llegado tarde? ¡Es lástima!
    ¿Ya ha empezado la clase? Es posible.
    ¿Todos han preparado la lección?
      Es probable.
    ¿Sólo tú y Juan no la han hecho?
      Es seguro.
    ¿Tú has dormido todo el día? Es verdad.
    ¿Y yo he llegado tarde? ¡Es lástima!

The Present Subjunctive: Use in Object Noun Clauses

GENERALIZATION

1. In <u>object noun clauses</u> the choice of indicative or subjunctive depends on the verb of the <u>main clause</u>, not on the verb of the object noun clause itself. The <u>subjunctive</u> is used when the verb of the <u>main clause</u> belongs to one of the following categories:

   a. Verbs of wanting, ordering, requesting, commanding, or giving instructions: that is, verbs that express the will or intention of one person to influence the behavior of another.

   > **Yo necesito que tú <u>vayas</u> al mercado.**
   > **Mamá quiere que Juan <u>estudie</u>.**

   b. Verbs which express emotion, such as **sentir, esperar, alegrarse (de).**

   > **Mamá** $\begin{cases} \textbf{siente} \\ \textbf{espera} \\ \textbf{se alegra de} \end{cases}$ **que Juan <u>estudie</u>.**

   c. Verbs which express disbelief or doubt.

   > **Mamá** $\begin{cases} \textbf{no cree} \\ \textbf{duda} \end{cases}$ **que Juan <u>estudie</u>.**

   However, **creer**, affirmative, is followed by the indicative.

   > **Mamá cree que Juan <u>estudia</u>.**

   Some verbs of communication, like **decir, contestar,** and **escribir,** may be followed by either the indicative or the subjunctive. They are followed by the indicative when they merely convey information, by the subjunctive when they indicate that one person imposes his will on another (like the verbs in paragraph 1a).

Mamá dice que Juan {estudia.} {estudie.} *Mother says that John is studying.* (information)
Mother says for John to study. (imposition of will)

Me escribe que Juan {estudia.} {estudie.} *He writes me that John is studying.* (information)
He writes me that John should study. (He wants to make John study.)

3. The word **ojalá,** *I hope, I wish,* is derived from an Arabic word which meant something like "*Allah grant that . . . .*" **Ojalá** requires the subjunctive in the clause which follows it.

Ojalá que <u>venga</u> antes de las cinco.

Que may be omitted after **ojalá.**

Ojalá nos dejen salir.

4. Many Spanish sentences with noun clauses containing a subjunctive verb form have English equivalents with infinitives rather than clauses.

Mamá le dice a Juan que estudie.   Mother tells John <u>to study</u>.
Es imposible que volvamos temprano.   It's impossible for us <u>to come back early</u>.

STRUCTURE DRILLS

22. ITEM SUBSTITUTION

1. José nos lleva al zoológico.
   Mamá quiere que _____.   Mamá quiere que José nos lleve al zoológico.
   Mamá insiste en que ____.   Mamá insiste en que José nos lleve al zoológico.
   Mamá no cree que _____.   Mamá no cree que José nos lleve al zoológico.
   Mamá necesita que _____.   Mamá necesita que José nos lleve al zoológico.

2. Vamos al circo.
   (Papá manda que . . .–Papá espera que . . .–Papá dice que . . .)

23. SENTENCE EXPANSION

Dormimos mucho. (Insiste en que) ⊗   Insiste en que durmamos mucho.
Sentimos el temblor. (Es posible que)
Preferimos eso. (Ella espera que)
Pedimos permiso. (Papá insiste en que)
Repetimos esas cosas.
   (Mamá no quiere que)
Seguimos estudiando. (Es mejor que)
Conseguimos boletos. (Ojalá que)

24. SENTENCE COMBINATION

1. Pasamos la tarde en el parque. Papá desea eso.

   Papá desea que pasemos la tarde en el parque.

   Visitamos el zoológico. Mamá prefiere eso.

   José nos lleva. Mi hermana quiere eso.

   Salimos inmediatamente. Todos insisten en eso.

   Llegamos tarde. José siente eso.

25. INFINITIVE → SUBJUNCTIVE

Juanito quiere ir a la finca. (que yo) ⊗   Juanito quiere que yo vaya a la finca.

Quiere ver las vacas y las gallinas.
   (que nosotros)

Prefiere partir inmediatamente. (que tú)

Espera llegar temprano. (que ellos)

Enrique insiste en manejar. (que José)

José no quiere ir con nosotros.
   (que ustedes)

Tiene miedo de chocar el auto.
   (que nosotros)

Es difícil visitar la finca ahora.
   (que ustedes)

Es mejor ir mañana. (que tú)

26. PAIRED SENTENCES

Dicen que llama todos los días.
They say for him to call every day.
They say he calls every day.

Dicen que llama todos los días.
Dicen que llame todos los días.
Dicen que llama todos los días.

Escribe que vienen.
She writes for them to come.
She writes that they are coming.

Insiste en que come ahora.
She insists that he eat now.
She insists that he's eating now.

27. DIRECTED DRILL

Olga, dígale a *Pedro* que escriba su nombre.

Pedro, escribe tu nombre.

Pedro, ¿qué quiere *Olga*?

Quiere que escriba mi nombre.

Susana, ¿qué quiere *Olga*?

Quiere que escriba *Pedro* escriba su nombre.

María, dígale a *Susana* que deje de hablar.
Susana, ¿qué quiere *María*?
Arturo, ¿qué quiere *María*?

Paco, dígale a *Pepe* que abra su libro.
Pepe, ¿qué quiere *Paco*?
Anita, ¿qué quiere *Paco*?

28. FREE RESPONSE

¿Quiere don Jaime que José venga temprano por él?
¿A qué hora quiere que venga?
¿Qué quiere la señora que haga José?
¿Insiste don Jaime en que en su casa manda él?
¿Quiere don Jaime que José le diga eso a la señora o prefiere que no se lo diga?
¿Cree que sea necesario decírselo?
¿Qué le dice don Jaime a José, por fin?, ¿que venga por él o que lleve a los niños?

READING

Word Study

The prefix **des-** is used to reverse the meaning of the base to which it is attached, like *dis-* and *un-* in English.

"BASE" WORD		"BASE" WORD + **des-**	
aparecer	*appear*	**desaparecer**	*disappear*
conocido	*known*	**desconocido**	*unknown*
cubrir	*cover*	**descubrir**	*uncover, discover*
esperar	*hope*	**desesperar**	*despair, be in despair*
hacer	*make, do*	**deshacer**	*destroy, undo*
ocupado	*busy*	**desocupado**	*free*

Se necesita sirvienta

La Sra. de Dávila estaba desesperada porque Clotilde, la criada que le había durado casi tres años—tan buena, tan servicial, tan honrada y tan limpia—la había dejado.

Ella estaba pasando una verdadera crisis. No podía tomar el
5   café en la cama, como era su costumbre. Ahora tenía que levantarse temprano y ella misma tenía que tender las camas y hacer todo el oficio de la casa. Por dicha, la cocinera le ayudaba a limpiar los pisos y la lavandera[5] le planchaba la ropa, cosa que antes hacía Clotilde. Se sentía cansadísima. Había puesto un
10   anuncio en el periódico pero no le había dado resultado; aunque varias muchachas habían ido a ver el empleo, ninguna quería trabajar por menos de cien pesos; y cuando se supo que en esa casa no ofrecían más de sesenta para empezar, no volvió nadie.

Sin saber ya más qué hacer, la Sra. de Dávila puso en la
15   ventana de la sala un rótulo que decía "Se necesita sirvienta".

aunque: *although*

rótulo: *sign,* *placard*

*   *   *

Divinidad[6] Contreras era una humilde campesina que nunca había salido del remoto pueblo donde vivía. Había llegado hasta el cuarto grado en la escuela pero tuvo que salir para empezar a trabajar y así ayudar en la casa con unos pocos centavos[7] más
20   cada semana. Un día, después de muchos años de estar sembrando papas, cuidando vacas y cogiendo café, Divinidad decidió irse a la capital. Según le habían dicho, era fácil conseguir un empleo de sirvienta en alguna casa y ganar mucho más de lo que ganaba en su pueblo. Con eso podía ayudarles más a sus
25   padres que ya estaban viejos.

Con diez pesos en su cartera, descalza y sin más ropa que la que llevaba en un pequeño bulto, se despidió llorando de sus padres y hermanos, y subió a un viejísimo autobús, lleno de gallinas y cerdos, que dos veces por semana pasaba por ese pueblo

sembrar: *sow*
coger: *pick*

---

[5] It is common in some areas for a laundress—**una lavandera**—to come daily to do the family laundry.

[6] First names with religious significance are common in Spanish-speaking countries. Other examples are **Concepción** (referring to the Immaculate Conception), **Consuelo** (Consolation), **Cruz** (Cross), and **Jesús.**

[7] The **centavo** is the smallest monetary unit in fourteen of the Spanish American republics, corresponding to the cent in the United States.

30 con dirección a la capital. Cuando llegó allá hizo lo único que
podía hacer, empezar a andar por las calles de la ciudad, saltando
a cada momento de un lado al otro para esquivar los muchos
carros, taxis y camiones que amenazaban pasarle por encima,
hasta que por fin llegó a la casa que el destino le tenía reservada:
35 la casa de la familia Dávila. Golpeó tímidamente la puerta. Nadie   **golpear:** *knock*
abrió. Golpeó más fuerte. Tampoco. Golpeó mucho más fuerte y
esta vez abrió la puerta una señora furiosa.

    —¡Va a tumbar la casa! La próxima vez toque el timbre, para   **tumbar:** *knock down*
eso está. ¿Qué quiere?   **tocar el timbre:**
                                                               ring the bell
40   —Es que ahí dice que necesitan sirvienta en esta casa.
    —Ah. ¿Ha estado empleada alguna vez?
    —No, señora, acabo de venir del campo. Yo vivo en Cabeza
del Diablo, allá muy lejos, casi en la montaña.
    —Sí, ya sé. Entonces ni para que preguntarle si tiene refe-
45 rencias.
    —No, señora.
    —¿Qué sabe hacer usted?
    —Pues a decir la verdad, no sé hacer mucho, señora.
    —Bueno, vamos a ver. Entre. Yo pago cincuenta. ¿Le parece
50 bien?
    —¡Cincuenta! ¡Claro!
    Y así empezó Divinidad su nueva vida y la Sra. Dávila su
nueva crisis. Divinidad no estaba mintiendo cuando dijo que
venía de la montaña porque en realidad no sabía hacer absoluta-
55 mente nada y la señora estaba constantemente detrás de ella
enseñándole hasta el último detalle de lo que tenía que hacer. No
podía dejarla sola ni un instante. —¡Divinidad, las servilletas no se
ponen debajo de los platos! ¡Divinidad, puso una cortina en la
cama grande en vez de una sábana! —Yo creía que era una
60 sábana, señora. —¡Divinidad, esto! ¡Divinidad, aquí! ¡Divinidad, allá!

    Pero Divinidad fue aprendiendo poco a poco y por fin cumplió
su primer mes. Un día la llamó la señora para entregarle su   **entregar:** *give, hand over*
primer sueldo.
65   —Aquí tiene, Divinidad, su cheque. Nosotros tenemos la
costumbre de pagar todo con cheque. —Al ver que la criada
miraba con desconfianza aquel pedazo de papel, la señora le
explicó: —Lleve esto al banco y allí le dan el dinero. Sí, el banco
es el lugar donde lo guardan. Éste es el Banco Central; es el
70 edificio grande que está frente al mercado. Vaya ahora mismo, si   **ahora mismo:** *right now*
quiere—, y le indicó lo que debía hacer.

Cuando Divinidad llegó al banco, entregó el cheque en una de las ventanillas, según las indicaciones de la señora. El cajero lo miró por un momento y se lo devolvió:

cajero: *teller, cashier*

75 —Tiene que endosarlo.

—¿Qué es eso?

—Tiene que firmar aquí, igual como termina una carta.

firmar: *sign*

Recordando las cartas que escribía a su casa, Divinidad tomó entonces la pluma y con mucho cuidado escribió:

Besos y abrazos de su hija,

Divinidad Contreras

Dictionary Section

ahí allí: *¿Dónde está el libro? — Está ahí.*

amenazar dar a entender la intención de hacerle mal a una persona: *Un hombre malo con dos pistolas amenazaba al cowboy, gritándole ¡"manos arriba"!*

bulto paquete, maleta: *Papá traía un tremendo bulto; era un regalo para nosotros.*

campesino, -a una persona del campo: *Muchos campesinos vienen a la ciudad a trabajar.*

descalzo sin zapatos puestos: *Me quité los zapatos y anduve descalzo.*

despedirse (de alguien) decirle adiós (a alguien): *Divinidad se despidió de sus padres y se fue a la ciudad.*

durar continuar siendo, viviendo, trabajando, funcionando, etc.: *La bicicleta duró tres años; después se rompió.*

esquivar evitar, tratar de no tener contacto con algo: *Divinidad saltaba de un lado a otro para esquivar los autos.*

pedazo parte de una cosa separada del todo: *¿Quieres un pedazo de pastel?*

sueldo salario: *Ese hombre gana un buen sueldo; tiene un empleo muy importante.*

varios algunos: *Tengo varios amigos españoles, pero José es el único que habla inglés.*

ventanilla ventana pequeña en un banco u otro lugar que separa al cajero o vendedor del cliente: *Divinidad entregó el cheque en la ventanilla y el cajero le dio cincuenta pesos.*

29. QUESTIONS

1. ¿Por qué estaba desesperada la Sra. de Dávila?
2. ¿Quiénes le ayudaban a la Sra. de Davila con el oficio de la casa?
3. ¿Dónde había puesto un anuncio?
4. ¿Por qué no le había dado resultado?
5. ¿Qué hizo la Sra. de Dávila, por fin?
6. ¿Quién era Divinidad Contreras?
7. ¿Qué clase de trabajo hacía ella en el campo?
8. ¿Por qué fue a la capital?
9. ¿Cómo llegó a la capital? ¿Cómo era el autobús?

10. ¿Qué hizo cuando llegó a la capital?
11. ¿A qué casa llegó, finalmente?
12. ¿Cómo golpeó la primera vez? ¿y después?
13. ¿Qué le dice la señora que haga en vez de golpear?
14. ¿Sabía hacer el oficio de la casa Divinidad?
15. ¿Dónde puso las servilletas Divinidad? ¿Qué puso en la cama grande en vez de una sábana?
16. ¿Qué le entregó la señora al cumplir Divinidad su primer mes de empleo?
17. ¿Adónde tuvo que llevar el cheque?
18. ¿Cómo lo firmó?

Noun Exercise

30. COMPLETION

1. ¿Divinidad guarda el cheque o lo entrega en el banco?

Entrega _____ cheque en el banco.

2. ¿Divinidad toca el timbre?

No, no toca _____ timbre.

3. ¿La señora les pone atención a todos los detalles?

Sí, a _____ _____ detalles.

4. ¿Está pasando una crisis la señora?

Sí, está pasando _____ crisis.

Verb Exercises

The verb **mentir** has the same **e-ie-i** stem alternation as **sentir.**

Pres. indic.:	**miento, mientes, miente, mentimos, mienten**
Pres. subj.:	**mienta, mientas, mienta, mintamos, mientan**
Pret.:	**mentí, mentiste, mintió, mentimos, mintieron**
Pres. part.:	**mintiendo**

31. PAIRED SENTENCES

No miente nunca.   No miente nunca.
(nosotros)   No mentimos nunca.
(ella)   No miente nunca.

¿Cómo? ¿Miento?
(nosotros)
(yo)

No es cierto que mientan.
(nosotros)
(ellos)

(continued)

(*continued*)

No mentí.
(él)
(yo)

¿Está mintiendo?
(ellas)
(ella)

In **e**-class and **i**-class verbs whose stems end in **g**, the **g** is replaced by **j** in those forms in which the stem is followed by **a** or **o**. For example, **cojo** is written with **j**, while the other present indicative forms of **coger** are written with **g**; all the present subjunctive forms are written with **j**: **coja, cojas, coja, cojamos, cojan.**

32. SENTENCE COMPLETION

Rewrite each of the following sentences, filling in the correct form of the verb **coger.**

1. Divinidad sabe ____ café.
2. Está ____ café ahora.
3. Ha ____ café toda su vida.
4. Ella ____ café muy rápido.

5. Yo nunca ____ café.
6. Nosotros ____ naranjas.
7. Ojalá que ellos ____ café rápido.
8. No me gusta que tú ____ esos tomates.

RECOMBINATION EXERCISES

33. NARRATIVE VARIATION

1. Read the second paragraph of the narrative again, changing the verbs to the present tense. *Start like this:* Ella está pasando una verdadera crisis.

2. Read the fourth paragraph of the narrative again, changing the verbs to the present tense. *Start like this:* Divinidad Contreras es una humilde campesina . . .

34. STATEMENT → COMMAND

Divinidad lleva el cheque al banco. ⊗   Divinidad, lleve el cheque al banco.
Va ahora mismo.
Pregunta dónde están los cajeros.
Entrega el cheque en una ventanilla.
No dice nada.
Firma el cheque.
Toma su dinero.
Sale del banco.

35. INDICATIVE → SUBJUNCTIVE

Divinidad no está mintiendo. ⊗   ¡Ojalá que Divinidad no esté mintiendo!
Divinidad sabe tender camas.
Cocina muy bien.
Arregla bien la casa.
Barre todos los pisos.
Sacude los muebles.
Tiene cuidado con las lámparas.
Nunca rompe nada.
Es una sirvienta excelente.
Ha aprendido mucho.
Gana un buen sueldo.
Cumple ya dos años con la Sra. de
    Dávila.

36. PATTERNED RESPONSE

Substitute any appropriate verb for **querer** in your response. Replace any direct object noun with a direct object pronoun.

¿Por qué va al banco Divinidad?   Porque la señora quiere que vaya.
¿Por qué sale ahora mismo?   Porque la señora insiste en que salga.
¿Por qué firma el cheque?
¿Por qué se lo entrega al cajero?
¿Por qué vuelve inmediatamente?

37. FREE SUBSTITUTION

La señora insiste en que Divinidad salga.

38. CONVERSATION STIMULUS

1. Usted busca un empleo en una casa. Explique qué sabe hacer.

¿Sabe cocinar? ¿Qué cosas?   ¿Sabe sacudir?
¿Sabe tender camas?   ¿Sabe lavar ropa?
¿Sabe pasar la aspiradora?   ¿Sabe planchar?
¿Sabe barrer?   ¿Sabe arreglar una casa?

2. Usted busca un empleo de chofer. Explique qué sabe hacer.

¿Sabe manejar?   ¿Conoce todas las partes de un carro?
¿Maneja bien?   Describa un carro.
¿Sabe arreglar un carro?   ¿Conoce todas las señales de tráfico?

Conversation Buildup

I

DIVINIDAD   La señora quiere que haga enchiladas y no sé cómo se hacen.

CONCEPCIÓN   Mira, es muy fácil. ¿Quieres que te explique? Primero se cocina la carne . . .

DIVINIDAD   ¿Pero qué clase de carne se usa? Hija, yo no sé cocinar.

CONCEPCIÓN   Necesitas tomates y cebolla también, y sal y pimienta y . . .

DIVINIDAD   No tan rápido. No puedo recordar tantas cosas.

REJOINDERS

La señora quiere que haga enchiladas.

CONVERSATION STIMULUS

Una amiga quiere que le explique cómo se hacen las enchiladas. Lea la sección que se llama 'Del mundo hispánico', en la página 239, y explique cómo se hacen.

II

SEÑOR   Muy bien, señorita, este empleo requiere que usted sepa escribir a máquina.

MUCHACHA   Sí, señor. Escribo bastante rápido . . . cuarenta y cinco palabras por minuto.

SEÑOR   Está bien. ¿Y sabe contestar el teléfono y recibir a los clientes que vienen a la oficina?

MUCHACHA   Claro, señor. Tengo muy buenas referencias.

SEÑOR   A ver . . . el sueldo. ¿Trescientos pesos a la semana?

MUCHACHA   Sí, señor, está muy bien.

SEÑOR   Perfecto. Quiero que esté aquí mañana a las diez.

REJOINDERS

¿Sabe usted escribir a máquina?

CONVERSATION STIMULUS

Usted está buscando un empleo de vendedor. Vaya a una tienda, pregunte si necesitan vendedores y explique lo que usted sabe hacer, qué clase de referencias tiene, etc. . . . .

Writing

1. PARAGRAPH COMPLETION

Fill in each blank with the correct form of any appropriate verb. Sra. de Dávila addresses Divinidad as **usted.**

¡Divinidad! No quiero que ＿＿ las servilletas debajo de los platos. Y no me gusta que ＿＿ la comida con las manos. Divinidad, insisto en que ＿＿ más cuidado con mis floreros. Ayer rompió dos. No quiero que ＿＿ más. Divinidad, ＿＿ al mercado ahora mismo. ＿＿ legumbres y fruta. No ＿＿ más de veinte pesos.

2. SENTENCE EXPANSION

Rewrite each of the following sentences to include the verbs (and adjectives) in parentheses.

MODEL　(querer)　María va al banco.
　　　　Quiero que María vaya al banco.

1. (insistir) Divinidad tiende las camas.
2. (necesitar) Va al mercado después.
3. (ser necesario) Compra tomates y una cebolla.
4. (ser preciso) Pasa por la carnicería también.
5. (querer) Pide un kilo de ternera y dos kilos de chorizo.
6. (esperar) Vuelve a la casa inmediatamente.

En una calle de Barcelona, España. Una criada le cuenta a la otra sus problemas.

REFERENCE LIST

Nouns

almohada	cerdo	cheque *m*	finca
armario	circo	chofer *m*	funda
cajero	colchón *m*	desconfianza	gallina
cama	confianza	elefante *m*	lámpara
campesino, -a	cortina	empleo	lástima
cenicero	crisis *f*	escoba	mueble *m*
centavo	cuadro	estante *m*	oso

pasillo	sábana
pedazo	sillón *m*
pena	sueldo
piso	timbre *m*
polvo	vaca
rótulo	ventanilla
	zoológico

Verbs

amenazar	firmar	prensar
coger	golpear	tender (e-ie)
durar	importar	tocar
entregar	insistir	valer
	mandar	

Adjectives / Adverbs

Adjectives	Adverbs
descalzo	acá
desconocido	ahí
desocupado	fuerte
necesario	lejos
preciso	

Conjunctions / Expressions

Conjunctions	Expressions
aunque	ahora mismo
según	ojalá
	tocar el timbre
	valer la pena
	¡válgame Dios!

Enchiladas con carne

Para 24 enchiladas

4 tomates pelados y picados*
2 dientes de ajo picado
mantequilla o aceite
sal
pimienta
24 tortillas

2 cebollas picadas
1 kilo de carne molida y cocinada
queso blanco rallado
orégano
lechuga
tomates

Mezclar los tomates con el ajo. Cocinar cinco minutos en mantequilla o aceite. Agregar sal y pimienta. En otra sartén, freír las tortillas por los dos lados. En el centro de cada tortilla, poner una cucharada de tomates mezclados con ajo, un poco de cebolla picada y una cucharada y media de carne. Envolver los tomates, cebolla y carne en la tortilla. Echar un poco de queso y de orégano encima de cada enchilada, y servir con lechuga y tajadas de tomate.

*picado: cortado en pedazos chicos **ajo:** *garlic* **aceite:** *oil* **molido:** picado
queso: cheese **rallado:** *grated* **mezclar:** *mix* **agregar:** *add* **sartén:** *frying pan*
freír (like **reír**) *fry* **envolver (o-ue):** *wrap* **tajadas:** pedazos

BASIC MATERIAL I

Rumores

FABIÁN   Pst, ven acá; andan diciendo que una tía tuya va a ser la nueva directora. ¿Es cierto?

RAFAEL   ¡A mí no me preguntes! Yo no sé nada.

FABIÁN   No seas pesado, dime.

RAFAEL   Está bien, es cierto. Pero oye, por favor no digas que yo te dije.

FABIÁN   No te preocupes. ¿Y cuál tía es ésa, una señora de apellido Cabeza de Vaca?

RAFAEL   Sí. Y te advierto, es estrictísima.

Supplement

Andan diciendo que una tía tuya va a ser la nueva directora.

¿Estás bromeando?
¿Me estás tomando el pelo?
Son puros chismes.

¿Es una señora de apellido Cabeza de Vaca?

Sí, su marido es abogado[1].
Sí, su marido es contador.
Sí, su marido es sastre.
Sí, su marido es obrero.

---

[1] The indefinite article is often omitted before unmodified names of professions occurring after **ser: Es abogado.** *He's a lawyer.*

◀ *Estudiantes colombianos. No siempre es obligatorio el uniforme.*

Rumors

FABIÁN   Hey, come here; they're going around saying that an aunt of yours is going to be the new principal. Is it true?

RAFAEL   Don't ask me! I don't know anything.

FABIÁN   Don't give me a hard time. (Don't be dull, slow.) Tell me.

RAFAEL   All right, it's true. But listen, please don't say I told you.

FABIÁN   Don't worry. And which aunt is it, a lady whose last name is Cabeza de Vaca?

RAFAEL   Yes. And I'm warning you, she's really strict.

Supplement

They're going around saying that an aunt of yours is going to be the new principal.

Are you kidding?
Are you teasing me (pulling my hair)?
That's nothing but gossip.

Is it a lady by the last name of Cabeza de Vaca?

Yes, her husband is a lawyer.
Yes, her husband is an accountant.
Yes, her husband is a tailor.
Yes, her husband is a workman (laborer).

Vocabulary Exercises

1. QUESTIONS ON BASIC MATERIAL

1. ¿Qué andan diciendo, según Fabián?
2. ¿Le quiere decir Rafael si es verdad lo que andan diciendo?
3. ¿Qué le pide Rafael a Fabián?
4. ¿Cuál es el apellido de la nueva directora?
5. ¿Cómo es ella, según Rafael?

2. FREE RESPONSE

1. ¿Hay muchos alumnos aquí de apellido español? ¿de apellido italiano?
2. ¿A usted le gusta contar chismes? ¿Le gusta bromear?
3. ¿Qué hace su papá? ¿Es abogado? ¿Es sastre? ¿Es obrero?
4. ¿Trabaja su mamá? ¿Es maestra? ¿Es secretaria?
5. ¿Son estrictos los maestros aquí?

3. REJOINDERS

Andan diciendo que ganaste mil dólares en la lotería.
Por favor, no digas que yo te dije.
Alguien me dijo que tú estás enojado con *Jaime.*

Noun Exercise

4. COMPLETION

1. La directora es española.
2. El director es cubano.
3. Es un contador americano.
4. Es un sastre francés.
5. Es un rumor ridículo.
6. Es un chisme tonto.

No, ____ directora es ____.
No, ____ director es ____.
No, es ____ contador ____.
No, es ____ sastre ____.
Es ____ rumor ____.
Claro, es ____ chisme ____.

Verb Exercise

The verb **advertir** has the same stem alternations as **sentir.**

Pres. ind.	**advierto, adviertes, advierte, advertimos, advierten**
Pres. subj.	**advierta, adviertas, advierta, advirtamos, adviertan**
Pret.	**advertí, advertiste, advirtió, advertimos, advirtieron**
Pres. part.	**advirtiendo**

5. PAIRED SENTENCES

Te advierto ahora.
(nosotros)
(yo)

Te advertí ayer.
(él)
(yo)

Te están advirtiendo.
(ella)
(ellos)

¡Es imposible que te advierta!
(nosotros)
(él)

Grammar

Irregular Familiar Commands

PRESENTATION

Sra. López, **tenga** cuidado.	Juanita, **ten** cuidado.
Sra. López, **venga** acá.	Juanita, **ven** acá.
Sra. López, **ponga** eso aquí.	Juanita, **pon** eso aquí.
Sra. López, **salga** ahora.	Juanita, **sal** ahora.
Sra. López, **haga** la cena.	Juanita, **haz** la cena.
Sra. López, **diga** la verdad.	Juanita, **di** la verdad.
Sra. López, **sea** menos orgullosa.	Juanita, **sé** menos orgullosa.
Sra. López, **vaya** al mercado.	Juanita, **ve** al mercado.

Are the verbs in the sentences in the left-hand column familiar or formal commands? And the verbs in the sentences in the right-hand column? Are these familiar commands regular or irregular? What is the familiar command of **tener?** of **venir?** of **poner?** of **salir?** of **hacer?** of **decir?** of **ser?** of **ir?**

GENERALIZATION

Eight common verbs have irregular familiar command forms. Of these eight, five simply use the stem of the infinitive. **Decir, ir,** and **ser** are completely irregular.

Infinitive	*Familiar Command*
ten er	ten
ven ir	ven
pon er	pon
sal ir	sal
hac er	haz[2]
decir	di
ser	sé
ir	ve

---

[2] In the familiar command form of **hacer,** z replaces the c of the infinitive.

STRUCTURE DRILLS

6. usted → tú

Lupe, sea buena. ⊗   Lupe, sé buena.
Venga acá.
Salga a comprar pan.
Después vaya a la carnicería.
Tenga mucho cuidado.
Entonces haga la cena.
Y ponga la mesa.
Lupe, diga algo.

7. PRESENT INDICATIVE → COMMAND

Pipa es un perro bueno. ⊗   Pipa, sé un perro bueno.
Sale temprano con Antonio.
Va a la escuela con él.
Tiene mucha paciencia.
Espera a Antonio todo el día.
Después viene a la casa.
Pipa es un perro bueno.

8. DIRECTED COMMANDS

Dígale a *Pedro* que vaya al escritorio del maestro.
Dígale que ponga un libro encima del escritorio.
Ahora dígale que vuelva a su lugar.

Dígale a *Carlos* que vaya a la puerta.
Dígale que salga de la clase.
Dígale que regrese a su pupitre.

9. DIRECTED DIALOG

Pregúntele a *Juana* si usted debe hacer la   ¿Debo hacer la tarea o ver televisión?
    tarea o ver televisión.
Juana, dígale que haga la tarea.   Haz la tarea.

Pregúntele a *Pedro* si usted debe ser
    médico o abogado.
Pedro, dígale que sea médico.

Pregúntele a *Rafael* si usted debe salir
    ahora o más tarde.
Rafael, dígale que salga más tarde.

Negative Familiar Commands

PRESENTATION

¡Pregunta!	**¡No preguntes!**
Di que yo te dije.	**No digas** que yo te dije.
Escribe las cartas.	**No escribas** las cartas.

Are the affirmative and negative familiar commands the same? Are the negative familiar commands the same as the present subjunctive forms corresponding to **tú?**

GENERALIZATION

1. The affirmative and negative familiar commands have different forms.

2. Negative command forms are the same as the present subjunctive forms corresponding to **tú.**

Habla español.	**No hables español.**
Paco, come.	**Paco, no comas.**
Escribe las cartas.	**No escribas las cartas.**
Di que yo te dije.	**No digas que yo te dije.**
Trae cubiertos.	**No traigas cubiertos.**

STRUCTURE DRILLS

10. AFFIRMATIVE → NEGATIVE

1. Arregla la sala. ⊗   No arregles la sala.
   Pasa la aspiradora.
   Lava las cortinas.
   Limpia los ceniceros.
   Cuelga los cuadros.

2. Sacude los muebles. ⊗   No sacudas los muebles.
   Barre el piso.
   Enciende las luces.
   Abre las ventanas.
   Sirve el té.

3. Pon la mesa. ⊗   No pongas la mesa.
Trae cubiertos.
Ven rápido.
Haz la cena.
Ve a buscar a los niños.

11. PATTERNED RESPONSE

Voy a estudiar. ⊗   No, no estudies ahora.
Voy a practicar español.
Voy a hacer la tarea.
Voy a leer.
Voy a escribir una carta.
Y voy a salir.

12. DIRECTED COMMANDS

Dígale a *Juan* que vaya al cine.   Ve al cine.
Dígale a *Juan* que no vaya al cine.   No vayas al cine.

Dígale a *Ana* que traiga el periódico.
Dígale a *Ana* que no traiga el periódico.

Dígale a *José* que vea qué están dando.
Dígale a *José* que no vea qué están dando.

Writing

PARAGRAPH REWRITE

Rewrite the following paragraph, changing each command from the formal to the familiar form. Make any other necessary changes.

Fabián, venga acá. No sea pesado. Le quiero preguntar una cosa. No ponga esa cara. ¿Conoce a la Sra. Cabeza de Vaca? Su marido es abogado. Dicen que ella va a ser la nueva directora. ¿Sabe usted si eso es verdad? Bueno, haga lo que le digo; escuche bien, Fabián. Salga temprano y vaya a la oficina y pregunte si es verdad o no. Después vuelva. Yo tengo que saber si es cierto lo que andan diciendo porque si esa mujer va a ser la nueva directora, yo me voy de aquí.

BASIC MATERIAL II

La nueva directora

MAESTRA   ¡Vuelvan a sus sitios, arreglen bien todo y pórtense lo mejor posible! ¡Ahí viene!
. . . Buenos días, señorita directora. Tenga la bondad de pasar adelante. ¡De
pie, todos!

DIRECTORA   No, por favor, no se levanten, vengo por un instante nada más. Siéntense, por
favor. Ya que, como ustedes saben, soy la nueva directora de esta institución,
estoy visitando algunas clases para conversar con ustedes y conocerlos personal-
mente. ¿Pero por qué me miran con esa cara de asustados?

Supplement

¡Arreglen bien todo!

¡Borra la pizarra!
¡Tráeme un borrador!
¿Dónde está la tiza?
¡Recoge esa basura del suelo!
¿Dónde pusiste la cesta?
¡Esta sala de clase está tan desordenada!

¡Buenos días!

¿Qué tal?
¿Cómo le va?
¿Qué hay de nuevo?

Ahí viene la directora.

¿Nos ponemos de pie?

The New Principal

TEACHER   Go back to your places, put everything in order, and
behave the best you can. Here she comes! . . . Good
morning, Señorita Directora. Please be kind enough
to come in. Stand up, everyone.

PRINCIPAL   No, please don't get up. I'll just be here a minute. Sit
down, please. Since, as you know, I'm the new principal of this institution, I'm visiting some classes to
talk with you and meet you personally. But why do
you look so scared (are you looking at me with such
frightened faces)?

Supplement

Put everything in order!	Erase the blackboard!
	Bring me an eraser!
	Where's the chalk?
	Pick up that trash from the floor!
	Where did you put the waste-basket?
	This classroom is so messy (disorderly).
Good morning!	How are you?
	How's it going?
	What's new?
Here comes the principal.	Shall we stand up?

Vocabulary Exercises

13. QUESTIONS ON BASIC MATERIAL

1. ¿Por qué parece tan nerviosa la maestra?
2. ¿Quiere ella que los alumnos se queden donde están o que vuelvan a sus sitios?
3. ¿Cómo quiere que se porten? ¿Qué más quiere que hagan?
4. ¿Quiere que se queden sentados o que se pongan de pie?
5. ¿Para qué está visitando las clases la nueva directora?
6. ¿Cómo miran los alumnos a la directora?

14. FREE RESPONSE

1. ¿Se portan ustedes bien en esta clase?
2. ¿Hay basura debajo de su pupitre? ¿La va a recoger o la va a dejar allí?
3. ¿Dónde se pone la basura que se recoge en la clase?
4. ¿Hay algo escrito en la pizarra?
5. ¿Qué se usa para borrar la pizarra? ¿Y para escribir en la pizarra?
6. ¿Están ustedes sentados o están de pie?

15. REJOINDERS

¡Hola, Juan!
¿Qué hay de nuevo?
¡Arreglen bien todo!

Grammar

Position of Object Pronouns in Commands

PRESENTATION

> **Pórtense** lo mejor posible.
> Juanito, **siéntate** aquí.
> ¡Recoge esa basura! **¡Recógela** immediatamente!
> **Tráigamelo,** por favor.

Are the verbs in these sentences commands? Are the sentences affirmative or negative? What is the position of object pronouns in relation to command forms in affirmative sentences?

> **No se levanten.**
> **No me lo traigas.**

Are the verbs in these sentences commands? Are the sentences affirmative or negative? What is the position of object pronouns in relation to command forms in negative sentences?

GENERALIZATION

1. Object pronouns occur immediately after affirmative commands and are written as one word with the verb form.

> **Dime la verdad.**
> **Ponlo aquí.**

A written accent is placed over the stressed syllable of a command form if attaching a pronoun would alter the stress.

> **Tráigame la pluma.**
> **Tráigamela.**

The only case in which an accent mark is not required is when a single pronoun is attached to a one-syllable command form.

> **Ponlo aquí.**

When **nos** is attached to a plural command, the letter **n** occurs twice in a row.

> **Díganos la verdad.**
> **Tráigannos un regalo.**

2. In negative commands, object pronouns precede the verb.

No se pongan de pie.
No me lo compres.

STRUCTURE DRILLS

16. NOUN PHRASE → PRONOUN

1. Niños, arreglen la sala. ⊗
   Juan, recoge la basura.
   María, borra la pizarra.
   Blanca, tráeme el borrador.
   Pedro, dame la tiza.
   Chicos, tráigannos la cesta.

   Niños, arréglenla.
   Juan, recógela.
   María, bórrala.
   Blanca, tráemelo.
   Pedro, dámela.
   Chicos, tráigannosla.

2. Llévele el cheque al cajero.
   Dígale su nombre.
   Pregúntele la fecha.
   Fírmele el cheque.
   Pídale el dinero.
   Después, cómpreme las cosas.
   Y tráigame el cambio.

   Lléveselo.

17. PRESENT INDICATIVE → COMMAND

Los niños se portan bien. ⊗
Juanito se sienta aquí.
La señora se queda un rato más.
Los chicos se van ahora.
Blanquita se pone el abrigo.
El Sr. Castro se pone de pie.

Niños, ¡pórtense bien!
Juanito, ¡siéntate aquí!
Señora, ¡quédese un rato más!
Chicos, ¡váyanse ahora!
Blanquita, ¡ponte el abrigo!
Sr. Castro, ¡póngase de pie!

18. PROGRESSIVE SUBSTITUTION

Mándeme los papeles a mí. ⊗
_____ a nosotros.
_____ cheque _____.
Tráiganos _____.
_____ a él.
_____ cosas _____.
Déle _____.
_____ a ellas.

19. DIRECTED COMMANDS

Ana, dígale a *Juan* que se levante.   *Juan,* levántate.
Dígale que vaya a la pizarra.
Dígale que escriba su nombre.
Dígale que lo borre.
Dígale que vuelva a su sitio.
Dígale que se siente.

20. AFFIRMATIVE → NEGATIVE

Tráeme el borrador. ⊗   No me traigas el borrador.
Ponlo encima de la mesa.
Hazlo ahora mismo.
Dime tu nombre.
Escríbelo en la pizarra.
Siéntate ahora.

21. PATTERNED RESPONSE

¿Le pongo la mesa?   No, no me la ponga ahora.
¿Le sirvo la cena?
¿Le doy la lista de vinos?
¿Le paso el pan?
¿Le traigo el café?

22. DIRECTED ADDRESS

Direct the following commands to each of the persons indicated by the cue.

Siéntate aquí, por favor.
(al director)   Siéntese aquí, por favor.
(a su hermanita)   Siéntate aquí, por favor.
(a dos de sus amigos)   Siéntense aquí, por favor.

¿El borrador? Tráemelo, por favor.
(a la Sra. de Dávila)
(a un niño)
(a dos muchachos)

No me tomes el pelo.
(a un señor)
(a Pablo)
(a unos compañeros)

23. DIRECTED DRILL

Usted es el maestro. Póngase delante de la clase.

Dígales a los alumnos que pongan atención y que no hablen en clase.

Dígales a los alumnos que abran el libro en la página 248.

Dígale a uno de los alumnos que lea la primera línea de "La nueva directora".

Dígales a todos los alumnos que lean juntos la primera línea de "La nueva directora".

Dígale a un alumno que siga leyendo.

Dígale a otro alumno que explique de qué trata "La nueva directora".

Dígale a un alumno que vaya a la pizarra.

Dígale que escriba la fecha en español.

Ahora dígale que la borre.

Dígale a un alumno que cierre la puerta.

Ahora dígale a otro que la abra.

Ahora siéntese usted.

Writing

SENTENCE CONSTRUCTION

Write both an affirmative and a negative command in the person indicated for each of the infinitive phrases listed below.

MODEL   levantarse (ustedes)
<u>Levántense. No se levanten.</u>

1. Ponerse de pie. (tú)
2. Traérmelo ahora. (usted)
3. Quedarse aquí. (ustedes)

4. Darle la tiza. (tú)
5. Prestarme el borrador. (usted)
6. Contarnos los chismes. (ustedes)

Estudiantes de secundaria puertorriqueñas en una clase de química.

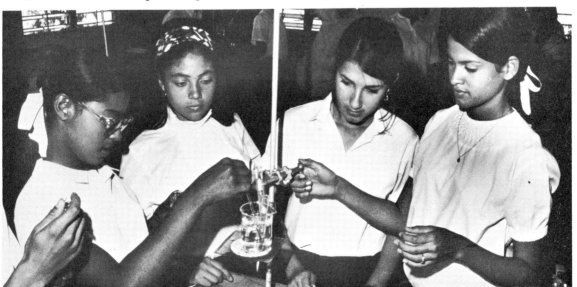

READING

Word Study

Spanish has many nouns ending in **-ía** which are related to adjectives. These nouns have a meaning connected with a thing or quality suggested by the base. English equivalents often end in *-ness.*

ADJECTIVE		"-ía" NOUN	
alegre	*gay, happy, merry*	**alegría**	*joy, happiness*
antipático	*unpleasant*	**antipatía**	*dislike, unpleasantness*
mayor	*major, older*	**mayoría**	*majority*
menor	*minor, younger*	**minoría**	*minority*
monótono	*monotonous*	**monotonía**	*monotony*
simpático	*friendly, nice*	**simpatía**	*friendly feeling*

Names for academic subjects or fields of study in Spanish also often end in **-ía.** They are usually very similar in spelling to their English counterparts, which end in *-y:*

psicología	*psychology*
biología	*biology*
trigonometría	*trigonometry*
geografía	*geography*

Época de exámenes

Rodrigo levanta automáticamente el brazo y lo deja caer sobre el despertador. Son las tres de la mañana. Por un momento, siente un impulso de decir "¿qué me importa?" y seguir durmiendo; está tan cansado, acostándose tarde y levantándose todos los días a
5 esta hora. Pero están en época de exámenes y sólo así puede repasar° tantas materias.

repasar: *review*

Hoy es el último, el de historia de España, y está preocupado y nervioso. En todos los demás—psicología, biología, francés, trigonometría, álgebra, castellano, geografía, física, química e
10 inglés—ha salido muy bien. Éste, sin embargo, lo tiene loco.

Se levanta, se pone rápidamente el uniforme y sale silenciosamente a la calle, caminando luego hacia el Parque Nacional.

Allí, sentados en una banca° a la luz de un farol°, están ya   **banca:** *bench*
esperándolo Suárez, Trejos y Calderón. Los cuatro son insepara-   **farol** *m: street light*
15 bles amigos y han sido compañeros de clase desde que estaban
en el primer grado de la primaria[3]. Éste, sin embargo, es el último
año en que los cuatro van a estar juntos; Rodrigo y Calderón van
a entrar a la sección de humanidades[4] el año próximo pues Rodrigo quiere seguir la carrera de abogado en la universidad y el
20 otro quiere ser profesor de literatura. Trejos y Suárez van a la
sección de ciencias porque uno quiere estudiar para ingeniero
y el otro para médico.

    Los cuatro amigos se ponen a estudiar; todavía les faltan°   **faltar:** *be lacking*
varias páginas por repasar—eso quiere decir° aprender de   **querer decir:** *mean*
25 memoria—además de sus apuntes. Ahora uno lee un párrafo y
los otros van repitiendo; después otro hace preguntas y los demás
tratan de contestarlas. Los detalles exactos son muy importantes
para los exámenes.

    —¿De cuántos barcos se componía la Armada Invencible[5]?
30 —Este . . . no me digas . . . este . . . 120.
    —No, 130, ¿no recuerdas? Te lo acabo de leer.
    —¿Por qué no repasamos un poco sobre los viajes de Colón?
—pregunta Rodrigo.

    Y así siguen hasta las 6.30. A esa hora cada uno se va para
35 su casa. Rodrigo es el que vive más lejos y apenas° tiene tiempo   **apenas:** *hardly*
de tomar una taza de café con pan antes de partir para la escuela.

    Con varios cuadernos y libros bajo el brazo, sale de la casa.
El reloj de la catedral marca las 7.15. Rodrigo se apura. Va a
llegar tarde otra vez, y con ésta van a ser 58 llegadas tardías. Dos
40 más y lo expulsan. Suena la sirena del liceo. Rodrigo se pone a
correr como loco. "Ya deben estar pasando lista"°, piensa. Su   **pasar lista:** *take roll*
esperanza es que el apellido de él sea de los últimos pues comienza
con T: Terán.

---

[3] In Spanish-speaking countries, **primaria,** or elementary school, customarily includes the first six years of academic training.

[4] The **Humanidades,** or Liberal Arts Program, consists of courses in literature, history, languages, philosophy, geography, and art. It does not include courses in mathematics or science.

[5] **La Armada Invencible** was the great fleet with which King Phillip II of Spain planned to launch an invasion of England in the summer of 1588. The severe beating the Armada received at the hands of the British marked the beginning of the end of Spain's great power and prestige.

En dos segundos está en el liceo. Pasa como un rayo por el
45   patio, sube las gradas° de tres en tres y llega hasta la puerta de   **grada:** *step*
su clase gritando "¡PRESENTE!" El maestro lo mira enojado
y luego sigue pasando lista: "Benítez, Bonavena, Casas,
Chacón . . ."

    Durante los recreos Rodrigo y sus amigos se reúnen para
50   repasar. Por fin termina la última clase. Todos corren a casa a
almorzar. Toda la familia se reúne al almuerzo; luego viene la
sobremesa, la parte más interesante del día[6]. Después algunos
miembros de la familia duermen la siesta, otros leen el periódico.
Rodrigo no quiere llegar tarde esta vez y sale de su casa temprano,
55   a la una.

    —Saquen° papel y lápiz. ¿Listos? Luego el maestro pasa las   **sacar:** *take out*
hojas° con las preguntas. Todos las miran ansiosamente. Rodrigo   **hoja:** *sheet of paper*
y sus tres amigos se ponen inmediatamente y con gran seguridad
a contestar.

60   Dos clases más y por fin acaba el día. Los cuatro amigos
están totalmente exhaustos.

Dictionary Section

acabar   terminar: *Fuimos después de acabar la tarea.*

carrera   profesión: cursos que uno toma para prepararse para entrar a cierta profesión: *Mi hermano está siguiendo la carrera de abogado y mi primo, la carrera de ingeniero.*

castellano   español: *¿Tú hablas castellano?*

demás   otros: *Los demás alumnos no estudian tanto como nosotros.*

despertador   reloj que suena a la hora que se quiere para despertar a uno: *El despertador sonó a las seis de la mañana.*

de tres en tres   en grupos de tres: *Llevó los libros al estante de tres en tres.*

estudiar para   estudiar para ser; preparar la carrera de: *Yo estudio para médico y mi hermano estudia para contador.*

liceo   escuela secundaria: *Estudio en el liceo San Luis.*

materia   tema o curso que uno estudia en la escuela: *Hoy tengo que repasar tres materias: psicología, historia y francés.*

química   ciencia que trata de las propiedades de la materia: *En la clase de química tenemos que aprender de memoria muchas fórmulas.*

rayo   relámpago: *La casa sufrió mucho daño durante la tormenta; casi la destruyó un rayo.*

reunirse   juntarse: *Una vez al año toda la familia se reúne en la casa de mi abuela.*

seguir (un curso, una carrera)   tomar: *Estoy siguiendo un curso de literatura francesa este semestre.*

siesta   tiempo de mediodía en que hace calor y en que es costumbre dormir: *Después del almuerzo dormimos la siesta.*

---

[6] **Sobremesa** refers to the period after a meal in which the family remains at the table to converse.

24. QUESTIONS

1. ¿A qué hora suena el despertador?
2. ¿Por qué se levanta tan temprano Rodrigo? ¿Cuál examen tiene hoy?
3. ¿Adónde va? ¿Quiénes lo están esperando?
4. ¿Desde cuándo han sido amigos los cuatro muchachos?
5. ¿Van a estar juntos el año próximo? ¿Por qué no?
6. ¿Cómo repasan la materia?
7. ¿Hasta qué hora siguen estudiando? ¿Qué hacen entonces?
8. ¿Por qué no puede llegar tarde a la escuela Rodrigo?
9. ¿Qué está haciendo el maestro cuando llega? ¿Ya ha llamado su nombre?
10. ¿Qué hace Rodrigo después de la última clase de la mañana?
11. ¿Cuál es la parte más interesante del día para Rodrigo?
12. ¿Qué hacen después del almuerzo? ¿Qué hace Rodrigo?
13. ¿Qué hacen los alumnos cuando el maestro pasa las hojas con las preguntas?
14. ¿Pueden contestar las preguntas Rodrigo y sus amigos?

Noun Exercise

25. COMPLETION

1. ¿Tienes un despertador?   Sí, tengo _____ despertador _____.
2. ¿Es inglés ese profesor?   No, _____ profesor es _____.
3. ¿Es española esa profesora?   No, _____ profesora es _____.
4. ¿Tú estás en la misma sección que yo?   No, yo estoy en _____ sección.
5. ¿A qué hora apagan los faroles?   Apagan _____ faroles a las siete.

Verb Exercise

The verb **reunirse** requires a written accent on the **u** in those forms in which the stem is stressed—that is, in all forms of the present indicative and subjunctive except the form corresponding to **nosotros.** The verb is regular; the written accent represents no change in sound.

26. COMPLETION

Rewrite the following sentences, filling in each blank with the correct form of **reunirse.**

1. ¿Yo _____ con ellos más tarde?
2. ¿Tú _____ con él hoy?
3. Nosotros nunca _____ con esas chicas.
4. No quiero _____ con ellos.
5. Es preciso que él _____ con nosotros.
6. Ojalá que ellos _____ hoy.

RECOMBINATION EXERCISES

27. NARRATIVE VARIATION

1. Lea el primer párrafo de la narración otra vez, cambiando cada verbo o al pretérito o al imperfecto. *Comience así:* Rodrigo levantó automáticamente el brazo . . .
2. Lea el párrafo 10 de la narración otra vez, cambiando cada verbo o al pretérito o al imperfecto. No lea la última frase. *Comience así:* Con varios cuadernos y libros bajo el brazo, salió . . .

28. CONVERSATION STIMULUS

Describa un día típico de exámenes. Conteste por lo menos ocho de las diez preguntas siguientes.

1. ¿A qué hora se levanta usted un día de exámenes?
2. ¿Se siente nervioso?
3. ¿Cuál es el examen que más le preocupa?
4. ¿Cuál es el que menos le preocupa?
5. ¿Cómo se prepara usted para un examen? ¿Repasa sus apuntes antes del examen?
6. ¿Estudia solo o con unos compañeros?
7. ¿Qué es más importante para un examen aquí, los detalles y las fechas exactas o las ideas generales?
8. ¿Qué pasa cuando llega al examen? ¿El maestro les entrega una hoja con preguntas o escribe todas las preguntas en la pizarra?
9. ¿Tienen ustedes tantos exámenes como Rodrigo y sus amigos? ¿Cuántos exámenes finales tienen? ¿En cuáles materias?
10. ¿Qué hacen ustedes después de los exámenes? ¿Dan una fiesta?

29. AFFIRMATIVE → NEGATIVE

Contesta esta pregunta. ⊗   No contestes esta pregunta.
Dime quién descubrió América.
Repasa tus apuntes.
Léemelos.
Haznos preguntas difíciles.
Escucha este párrafo.
Repítelo palabra por palabra.

30. CONVERSATION STIMULUS

Usted tiene un examen de química mañana y quiere que un compañero repase la materia con usted.

Conversation Buildup

I

RODRIGO   ¿Adónde vas? ¿A la escuela?

ANTONIO   No, a hablar con el sastre. Quiero que me arregle este saco.

RODRIGO   A propósito, ¿cómo te fue en el examen de química?

ANTONIO   Bastante bien, fíjate. Había estudiado como loco.

RODRIGO   ¿Tú entras a Humanidades el año próximo?

ANTONIO   No, a Ciencias. Quiero estudiar para médico.

RODRIGO   Yo pensaba que tú querías ser profesor de literatura.

ANTONIO   Sí, es verdad, pero cambié de idea.

REJOINDERS

¿Cómo te fue en el examen de castellano?

Quiero estudiar para ingeniero.

CONVERSATION STIMULUS

A usted le gustan las matemáticas pero no puede decidir si quiere estudiar para ingeniero o para contador. Uno de sus amigos cree que la carrera de ingeniero es más interesante.

II

LUISA   ¿Tú vas a entrar a Humanidades en marzo?

MARÍA   No, mis padres no quieren que siga estudiando.

LUISA   Los míos tampoco, pero yo quiero ser profesora de inglés.

MARÍA   ¿Qué vas a hacer, entonces?

LUISA   No sé. Mi papá dice que una mujer no necesita estudiar.

MARÍA   ¡Qué problema!, ¿verdad?

REJOINDERS

¿Tú entras a Humanidades el año próximo?

Mis padres no quieren que siga estudiando.

CONVERSATION STIMULUS

Usted acaba de terminar el último examen del año, y pudo contestar todas las preguntas. Después del examen se reúne con algunos compañeros en el pasillo.

Writing

SENTENCE REWRITE

Change each of the following sentences to a command, as shown in the model.

MODEL Juan se sienta en una banca.
Juan, siéntate en una banca.

1. Se pone a repasar los apuntes.
2. No les dice nada a los otros chicos.
3. Hace sus lecciones a la luz de un farol.
4. Sabe todas las fechas para el examen.
5. A las ocho va a la escuela.
6. Se reúne con sus compañeros.
7. Trejos y Calderón se despiden de él.
8. Van a la clase de química.
9. Suárez lo acompaña a la clase de física.
10. Don Jaime no pasa lista todavía.

Niño peruano aprendiendo el oficio de carpintería.

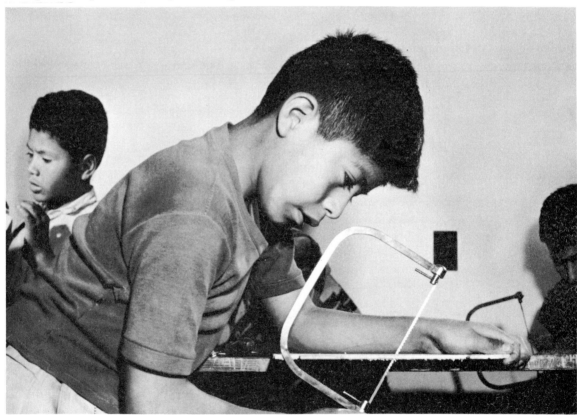

REFERENCE LIST

Nouns

abogado	chisme *m*	liceo	rayo
apellido	despertador *m*	literatura	rumor *m*
basura	director, -a	materia	sala de clase
biología	esperanza	obrero	sastre *m*
bondad *f*	farol *m*	pizarra	secundaria
borrador *m*	física	pregunta	siesta
carrera	grada	primaria	sitio
castellano	hoja	profesor, -a	sobremesa
cesta	humanidades *f-pl*	psicología	tiza
contador, -a	institución *f*	química	trigonometría

Adjectives   *Verbs*

demás	advertir (e-ie-i)
desordenado	borrar
invencible	bromear
pesado	faltar
puro	recoger (*like* coger)
	repasar
	reunirse (ú)
	sacar

Expressions

¿Cómo le va?	pasar lista	querer decir
de tres en tres	ponerse de pie	seguir una carrera
dormir la siesta	¿Qué hay de nuevo?	(curso, etc.)
hacer preguntas	¿Qué tal?	tener la bondad
		tomar el pelo

Recuerdo infantil

Una tarde parda* y fría
de invierno. Los colegiales
estudian. Monotonía
de lluvia tras los cristales.

Es la clase. En un cartel
se representa a Caín
fugitivo, y muerto Abel
junto a una mancha carmín.[8]

Con timbre sonoro y hueco
truena el maestro, un anciano
mal vestido, enjuto y seco,
que lleva un libro en la mano.

Y todo un coro infantil
va cantando la lección:
mil veces ciento, cien mil,
mil veces mil, un millón.

Una tarde parda y fría
de invierno. Los colegiales
estudian. Monotonía
de la lluvia en los cristales.

ANTONIO MACHADO
(España, 1875–1939)

---

* **pardo:** de color café **colegial:** alumno **cristales:** ventanas **cartel:** *poster* **mancha:** *stain* **carmín:** rojo **timbre:** sonido **sonoro:** fuerte **anciano:** viejo **enjuto:** delgado **coro:** *chorus*

[8] Spanish classrooms were typically lined with posters representing Biblical scenes.

DIRECCION GENERAL
DE
EDUCACION SECUNDARIA

DEPARTAMENTO DE EXAMENES
Y COLEGIOS PARTICULARES

AÑO ESCOLAR 19 _69_

Antofagasta, _25_ de _agosto_ de 196 _9_

Don _Mauricio Alonso Díaz_

alumno_____ del _Colegio San Luis_
Nombre del Establecimiento

ha rendido los exámenes correspondientes al _Cuarto_

Año de Humanidades, de acuerdo con las disposiciones del Reglamento de Calificaciones, Exámenes y Promociones en vigencia y ha obtenido los siguientes resultados:

ASIGNATURA	Cifra	NOTA FINAL Concepto
Castellano	4	Suficiente
Historia y Geografía	4	Suficiente
Filosofía		
Educación Cívica		
Francés	5	más que regular
Inglés	7	muy bueno
Matemáticas	4	suficiente
Ciencias	5	más que regular
Física	4	suficiente
Química	4	suficiente
Religión		
Artes Plásticas	4	suficiente
Artes Manuales	5	más que regular
Educación para el Hogar		
Educación Musical	7	muy bueno
Educación Física	6	bueno

En consecuencia, **queda promovid..º** definitivamente al _Quinto_ año.

H. San Juan García
RECTOR O DIRECTORA

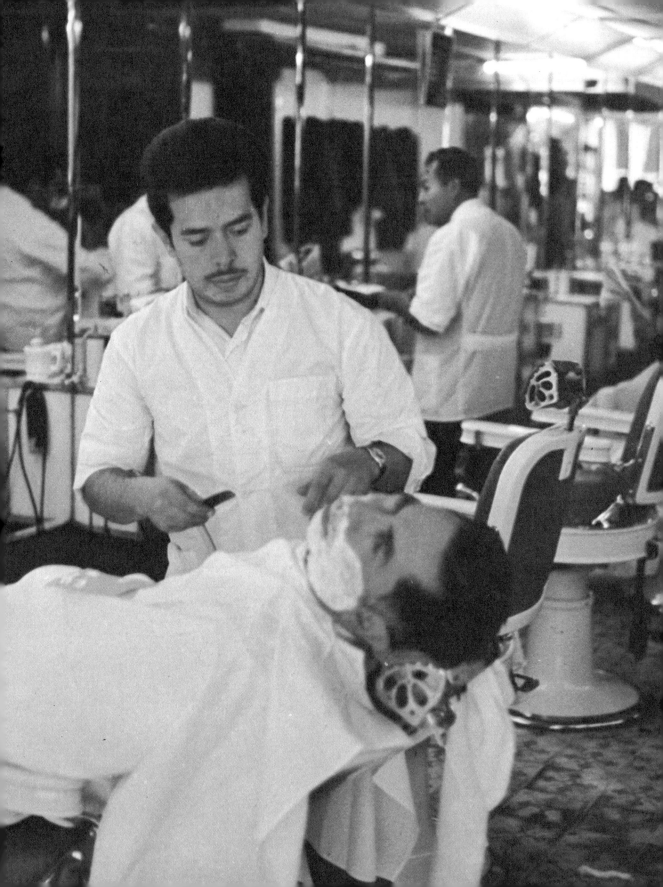

BASIC MATERIAL I

Los peluqueros no viven del aire

Ven acá, Paquito. Hazme el favor de verte en el espejo. No me digas que no te da vergüenza. Pareces un león con esa melena. Ahora mismo ve a la peluquería—toma la plata—y diles que te dejen el pelo lo más corto posible. . . . ¿Qué? Pues a mí no me importa que así sea la moda. Yo no voy a permitir que un hijo mío ande en tal facha. Y se acabó, no quiero discutir más.

Supplement

Hazme el favor de verte en el espejo.	Sí, tienes razón. Debo afeitarme.
Ahora mismo ve a la peluquería.	Pero quiero dejarme barba y bigote.
	Primero tengo que lustrarme los zapatos.
A mí no me importa que así sea la moda.	Pero mamá, todas las chicas se pintan las uñas.
	Pero mamá, todas las chicas se pintan los labios.
	Pero todas las chicas usan maquillaje.

◀ *Un peluquero mexicano se prepara para cortarle la barba a su cliente.*

Barbers Don't Live on Air

Come here, Paquito. Please look at yourself in the mirror. Don't tell me that it doesn't make you ashamed. You look like a lion with that shock of hair. Go to the barber shop right now—here's the money (silver)—and tell them to cut your hair as short as possible. . . . What? Well, I don't care what the style is. (It doesn't matter to me that that's the style.) I'm not going to permit a son of mine to walk around like that (in that get-up). And that's all. I don't want to argue any more.

Supplement

Please look at yourself in the mirror.

Go to the barbershop right now.

I don't care what the style is.

Yes, you're right. I should shave.

But I want to grow a beard and a moustache. First I have to polish my shoes.

But, Mom, all the girls polish their nails.
But, Mom, all the girls wear lipstick (paint their lips).
But all the girls use makeup.

Vocabulary Exercises

1. QUESTIONS ON BASIC MATERIAL

1. ¿Qué quiere el padre que haga Paquito?
2. ¿Qué parece Paquito, según su papá?
3. ¿Adónde le dice que vaya?
4. ¿Qué le da el papá a Paquito?
5. ¿Qué quiere el papá que Paquito le diga al peluquero?
6. ¿Al papá de Paquito le importa la moda?
7. ¿Qué no va a permitir él?
8. ¿Sigue discutiendo el papá de Paquito?

2. FREE RESPONSE

1. *Pedro*, ¿se afeita usted todas las mañanas? ¿Se lustra los zapatos?
2. ¿Tiene barba su papá? ¿Tiene bigote?
3. *Anita*, ¿se pinta usted las uñas? ¿y los labios?
4. *Susana*, ¿usa usted maquillaje?

3. ENGLISH CUE DRILL

Me da vergüenza. 🌐
It makes me thirsty.
It makes me hungry.
It makes me sleepy.
It makes me afraid.
It makes me feel like studying.
It makes me ashamed.

Noun Exercise

4. COMPLETION

1. El aire está malo aquí.
2. Hazme el favor de ir a la peluquería.
3. Tú usas mucho maquillaje.

Sí, _____ aire está muy _____ .
Hazme _____ favor de darme plata, entonces.
¿Cómo? Yo no uso _____ maquillaje.

Grammar

Compared Adverbs with lo

PRESENTATION

Ven **más** <u>temprano</u> **que** los otros.
Terminé **más** <u>rápido</u> **que** Ana.
Te lo expliqué **más** <u>claramente</u> **que** ella.
Me acosté **menos** <u>tarde</u> **que** ustedes.

Ven **lo más** <u>temprano</u> **posible.**
Terminé **lo más** <u>rápido</u> **que pude.**
Te lo expliqué **lo más** <u>claramente</u> **que pude.**
Me acosté **lo menos** <u>tarde</u> **posible.**

Is the underscored word in each sentence an adverb or an adjective? In the first sentence in each pair, which words express the idea *-er* or *more . . . than?* Which express the idea *less . . . than?* In the second sentence in each pair, how is the idea *-est, most,* or *least* expressed.

GENERALIZATION

1. You have already learned that **más/menos . . . que** is used for one type of comparison with adjectives.

> **Ana es más lista que Susana.**
> **Esta cartera es menos cara que la otra.**

You have also learned that to express the ideas *-est, most,* or *least* with adjectives, Spanish uses the definite article before **más/menos.**

> **Ana es la más lista de la clase.**
> **Esta cartera es la menos cara de la tienda.**
> **Juan es el chico más simpático de la escuela.**

2. Comparisons with adverbs also use **más/menos. . .que.**

> **Ana llegó más temprano que tú.**
> **Yo te lo expliqué más claramente que la maestra.**

3. To express the ideas *-est, most,* or *least,* Spanish uses the neuter article **lo** with **más/menos** before the adverb and an additional phrase like **posible** or a form of **poder** after it.

> **Ana llegó lo más temprano posible.**
> **Yo te lo expliqué lo más claramente que pude.**

The irregular comparative adverbs **mejor** and **peor** can be used in the same way as **más/menos** + an adverb.

> **Habló lo mejor que pudo.**

STRUCTURE DRILLS

5. ADVERB → COMPARED ADVERB WITH lo

Ana llegó temprano. ⊗   Ana llegó lo más temprano que pudo.
Felipe vino tarde.
El chico terminó pronto.
La maestra me lo explicó claramente.
Juan regresó rápido.
Ella me habló francamente.

6. PATTERNED RESPONSE

1. ¿Corrió usted rápido? ⊗   Claro, lo más rápido que pude.
   ¿Se acostó usted temprano?
   ¿Vinieron ustedes tarde?
   ¿Anduvieron ustedes lejos?
   ¿Se quedó usted cerca?
   ¿Pronunció usted bien?

2. ¿Quiere que venga temprano? ⊗   Sí, lo más temprano posible.
   ¿Quiere que termine pronto?
   ¿Quiere que nos quedemos cerca?
   ¿Quiere que maneje despacio?
   ¿Quiere que lo hagamos bien?

7. FREE RESPONSE

¿Vuelve usted siempre lo más temprano posible?
¿Sus padres insisten en que vuelva lo más pronto posible después de las clases?
¿Hace su tarea lo más rápido que puede?
¿La hace lo mejor que puede?
Cuando usted va a la peluquería, ¿le dice al peluquero que le deje el pelo lo más corto
    posible?
¿Se portan ustedes lo peor que pueden en clase? ¿Por qué?

Writing

SENTENCE CONSTRUCTION

Write a sentence which includes a comparison with **lo** using the items below in the order given.
Whenever **poder** occurs write the whole sentence in the preterit.

MODEL yo / afeitarme / rápido / poder
       Yo me afeité lo más rápido que pude.

1. ellas / maquillarse / mejor / posible
2. ellos / dejarme / pelo / corto / poder
3. ella / pintarse / uñas / mejor / poder
4. yo / llegar / pronto / posible
5. tú / venir / tarde / poder

BASIC MATERIAL II

Entre hermanos

PAQUITO	¿Cómo estoy? Yo creo que me cortaron demasiado a los lados.
MADRE	No, estás muy guapo. Olguita, ¿quieres más zanahorias?
PAQUITO	¿De qué se ríen ustedes dos? Mira, mamá. Olga y Carmen se están burlando de mí.
CARMEN	¿Yo qué? Yo estoy tranquilamente tomando mi sopa.
PAQUITO	¡Mentira! Están diciendo que parezco un pollo pelón, y que cuidado que me resfrío, ¿no? ¿NO?
CARMEN	¡Ah, cállate! Tú no eres más que un chiquillo mocoso metido a grande.
PADRE	¡Basta! ¡Si continúan peleando se levantan de la mesa!

Supplement

¿Quieres más zanahorias?

No gracias, ¿hay más tortillas[1]?
No gracias, ¿hay más queso?
No gracias, ¿hay más salsa?

¿Quieres más enchiladas?

Claro, están sabrosas.
No, están muy picantes.

Se están burlando de mí.

¿Yo qué? Yo estoy tomando un refresco.
¿Yo qué? Yo estoy comiendo unas galletas.

Tú eres un chiquillo mocoso.

Pero yo sé patinar mejor que tú.
Pero yo sé esquiar mejor que tú.

Between Brothers and Sisters

PAQUITO	How do I look? I think they took too much off (cut too much from me) on the sides.
MOTHER	No, you look very handsome. Olguita, do you want some more carrots?

---

[1] A **tortilla** is a flat pancake made of coarse cornmeal or flour baked on a hot sheet of iron or a slab of stone. **Tortillas** are eaten instead of bread in many homes in Mexico and several other countries.

PAQUITO   What are you two laughing at? Look, Mom. Olga and Carmen are making fun of me.

CARMEN   Who, me? I'm calmly eating my soup.

PAQUITO   That's a lie! They're saying that I look like a plucked chicken, that I should be careful or I'll catch a cold. Aren't you? AREN'T YOU?

CARMEN   Oh, be quiet. You're nothing but a runny-nosed kid trying to act big.

FATHER   That's enough. If you continue fighting you'll leave the table.

Supplement

Do you want some more carrots?

> No, thanks, is there any more lettuce?
> No, thanks, are there any more tortillas?
> No, thanks, is there any more cheese?
> No, thanks, is there any more sauce?

Do you want more enchiladas?

> Of course, they're delicious.
> No, they're too hot (sharp, spicy).

They're making fun of me.

> Who, me? I'm having a soft drink.
> Who, me? I'm eating some cookies.

You're a runny-nosed kid.

> But I know how to skate better than you.
> But I know how to ski better than you.

Vocabulary Exercises

8. QUESTIONS ON BASIC MATERIAL

1. ¿Qué le pregunta Paquito a su mamá? ¿Qué cree él?
2. ¿Qué le contesta su mamá?
3. ¿Qué le pregunta la mamá a Olga?
4. ¿Qué están haciendo Olga y Carmen, según Paquito? ¿Y según Carmen?
5. ¿Qué cree Paquito que están diciendo sus hermanas?
6. ¿Qué le dice Carmen que haga?
7. ¿Qué es Paquito, según Carmen?
8. Si continúan peleando, ¿qué van a tener que hacer, según el padre?

9. FREE RESPONSE

1. Describa una comida típica en un restaurante. ¿Qué pide usted? ¿Qué pide su papá? ¿Qué pide su mamá? ¿Qué pide cada uno de sus hermanos?
2. Compare una comida típica mexicana con una americana.
3. ¿Sabe usted patinar? ¿Sabe esquiar?

Verb Exercises

After **burlarse** and **reírse, de** occurs before a noun clause:

Se rio de mí.   *She laughed at me.*

10. PATTERNED RESPONSE

1. Tú siempre te burlas de mí.   ¿Cómo? Yo no me burlo de ti.
   Ella siempre se burla de ti.
   Ellos siempre se burlan de Juan.
   Ustedes siempre se burlan de nosotros.
   Él siempre se burla de ustedes.

2. Mira cómo Juan se ríe de ellos.   Sí, Juan siempre se ríe de ellos.
   Mira cómo los chicos se ríen de nosotros.
   Mira cómo yo me río de Paquito.
   Mira cómo nosotros nos reímos de ti.
   Mira cómo ella se ríe de mí.

Grammar

Clause Relaters: que, quien

PRESENTATION

Es un muchacho **perezoso.**
Es un muchacho **que no hace nada.**

La corbata **roja** está aquí.
La corbata **que compré ayer** está aquí.

Is there an adjective in the first sentence in each pair? And in the second? In the second sentence in each pair, which words make up the clause that occupies the same position as the adjective in the first sentence? What word introduces these clauses?

Digo **la verdad.**
Digo **que es verdad.**

Quiero **un disco.**
Quiero **que me compres un disco.**

Is there a noun phrase in the first sentence in each pair? And in the second? In the second sentence in each pair, which words make up the clause that occupies the same position as the noun phrase in the first sentence? What word introduces these clauses?

GENERALIZATION

1. An adjective clause modifies a noun. It occupies the same position in a sentence as an adjective.

    Tú eres un chiquillo | **mocoso.** ⟵————————— adjective
    Tú eres un chiquillo | **que no sabe nada.** ⟵—— adjective clause

2. **Que** is usually used to link an adjective clause with a main clause. **Que** may refer to persons or things. The usual English equivalents are *that, which, who, whom.* In English, these relaters are sometimes omitted. In Spanish, **que** is never omitted.

Ése no es el pastel que hice yo.	*That's not the cake (that) I made.*
Ésa es la señora que vino ayer.	*That's the lady who came yesterday.*
Ésa es la muchacha que conocí en la fiesta.	*That's the girl (that, whom) I met at the party.*

3. After a preposition, **que** refers only to things. **Quien** and **quienes** are used to refer to people. A preposition never occurs at the end of a sentence in Spanish, as it may in English.

Ése es el disco de que te hablé.	*That's the record I spoke to you about (of which I spoke to you).*
Ése es el señor de quien te hablé.	*That's the gentleman I spoke to you about (of whom I spoke to you).*

4. **Que** also serves to link a noun clause to a main clause. In English, the relater *that* is often omitted before a noun clause. In Spanish, **que** is never omitted.

Digo que es verdad.	*I say (that) it's true.*
Insisto en que vengas ahora.	*I insist (that) you come now.*
Creo que sí.	*I think so.*

5. The relaters **que** and **quien** are written without an accent mark.

STRUCTURE DRILLS

11. SENTENCE COMBINATION

   1. Paco es un chiquillo. No sabe nada. ⊗   Paco es un chiquillo que no sabe nada.
     Carmen es una muchacha. Habla mucho.
     Mi papá es un señor. Se enoja fácilmente.
     Mi maestra es un ángel. No mata una mosca.
     Mi hermano es un león. Grita todo el tiempo.

   2. Ésta es la lechuga. La compré esta ma-   Ésta es la lechuga que compré esta mañana.
      ñana.
     Éstas son las tortillas. Las hice ayer.
     Éste es el queso. Lo puse en el refrigerador.
     Éste es el postre. Lo preparó la cocinera.
     Éstas son las zanahorias. Tú me las pediste.

12. SIMPLE SENTENCE → COMPOUND SENTENCE

     Yo hablaba de ese restaurante. ⊗   Ése es el restaurante de que yo hablaba.
     Yo hablaba de ese camarero.   Ése es el camarero de quien yo hablaba.
     Pensábamos en ese regalo.
     Pensábamos en esos muchachos.
     Los niños juegan con esa escoba.
     Los niños juegan con esa muchacha.
     Siempre íbamos a ese café.
     Siempre invitábamos a esa chica.

13. CUED RESPONSE

   1. Me cortaron demasiado a los lados.
     ¿Qué dije yo?   Dijo que le cortaron demasiado a los lados.
     Me dejaron como un pollo pelón.
     ¿Qué dije yo?
     Sí.
     ¿Qué dije yo?
     No.
     ¿Qué dije yo?

2. Ana sabe patinar mejor que Juan.
   ¿Qué creo yo?   Cree que Ana sabe patinar mejor que Juan.
   Paco sabe esquiar mejor que Lupe.
   ¿Qué creo yo?
   Los chicos quieren tomar un refresco.
   ¿Qué creo yo?

14. FREE RESPONSE

¿Cómo se llama la muchacha con quien usted estaba hablando cuando yo entré?
¿Cómo se llama el muchacho con quien usted estudia español?
¿Cómo se llaman las personas de quienes estábamos conversando antes?
¿Es éste el libro de que me estaba hablando?
¿Le gustan las zanahorias? ¿Insiste su mamá en que coma muchas zanahorias?
¿Quiere ella que coma más legumbres y que tome menos refrescos?
¿Le dice que coma mucho queso y que tome mucha leche?
Cuando usted le pide más legumbres o más carne, ¿ella le dice que sí o que no?
   ¿Y cuando usted le pide más galletas o más postre?

Verbs like esquiar *and* continuar

PRESENTATION

Estudio ahora	**Esquío** ahora.
Estudias ahora.	**Esquías** ahora.
Estudia ahora.	**Esquía** ahora.
Estudiamos ahora.	**Esquiamos** ahora.
Estudian ahora.	**Esquían** ahora.
Quiero **estudiar.**	Quiero **esquiar.**

In the sentences in the left-hand column, what is the last vowel of the stem of the verb forms? Is this vowel stressed? In the sentences in the right-hand column, what is the last vowel of the stem of the verb forms? In which forms is this vowel stressed? What is the infinitive of the verb forms in the sentences in the left-hand column? And of the verb forms in the sentences in the right-hand column? With respect to stress, how is **esquiar** different from **estudiar?** In a verb whose stem ends in **i,** is there any way to tell from the infinitive that the stress will fall on the **i** in those forms in which the stem is stressed?

GENERALIZATION

1. In some **a**-class verbs whose stems end in **i**, the **i** is stressed in all forms in which the stem is stressed. This affects only the present indicative and present subjunctive. The final **i** of the stem requires a written accent whenever it is stressed.

esquiar, PRESENT INDICATIVE		**esquiar,** PRESENT SUBJUNCTIVE	
Stressed Stem	*Unstressed Stem*	*Stressed Stem*	*Unstressed Stem*
esquío	esquiamos	esquíe	esquiemos
esquías		esquíes	
esquía		esquíe	
esquían		esquíen	

Resfriarse is like **esquiar.**

2. In some **a**-class verbs like **continuar** whose stems end in **u**, the **u** is stressed in all forms in which the stem is stressed. This affects only the present indicative and subjunctive. The **u** of the stem requires a written accent whenever it is stressed.

continuar, PRESENT INDICATIVE		**continuar,** PRESENT SUBJUNCTIVE	
Stressed Stem	*Unstressed Stem*	*Stressed Stem*	*Unstressed Stem*
continúo	continuamos	continúe	continuemos
continúas		continúes	
continúa		continúe	
continúan		continúen	

Graduarse is like **continuar.**

STRUCTURE DRILLS

15. **PERSON-NUMBER SUBSTITUTION**

1. Esquían todos los inviernos. ⊗   Esquían todos los inviernos.
   (yo)   Esquío todos los inviernos.
   (mi primo y yo)   Esquiamos todos los inviernos.
   (tú)   Esquías todos los inviernos.
   (Paquito)   Esquía todos los inviernos.
   (ustedes)   Esquían todos los inviernos.

2. Ojalá no me resfríe. ⊗
   (tú–los niños–usted–nosotros)

3. Es imposible que esquíe hoy.
   (yo–los campeones–usted–tú–nosotros)

4. Continúan discutiendo. ⊗   Continúan discutiendo.
   (yo)   Continúo discutiendo.
   (los hermanos)   Continúan discutiendo.
   (Carmen)   Continúa discutiendo.
   (tú)   Continúas discutiendo.
   (nosotros)   Continuamos discutiendo.

5. Ojalá se gradúe pronto.
   (yo–ustedes–tú–Elena–tú y yo)

16. **PLURAL → SINGULAR**

En Chile esquiamos en julio. ⊗   En Chile esquío en julio.
Continuamos hasta septiembre.
Nunca nos resfriamos esquiando.
Este año nos graduamos del liceo.
Y si continuamos en la Universidad
   de Chile . . .
Ojalá que esquiemos el año próximo.

17. **FREE RESPONSE**

¿A usted le gusta esquiar? ¿Esquía mucho? ¿Se puede esquiar cerca de aquí?
¿Va a continuar estudiando español el año próximo?
¿Se gradúa usted este año o continúa aquí el año próximo?
¿Se resfría usted mucho? ¿Está resfriado ahora?

Writing

SENTENCE COMBINATION

Rewrite the following pairs of sentences as single sentences. Change the verb in the second sentence to the subjunctive whenever necessary.

MODEL   Ésa es la señora. Compré el regalo para ella.

           Ésa es la señora para quien compré el regalo.

1. Es imposible. Vamos a esquiar este sábado.
2. Yo tengo un compañero. Tengo que estudiar con él.
3. Mi hermanito tiene un amigo. Tiene que comprarle un regalo.
4. Además mi mamá tiene miedo. Él se resfría.
5. Mi hermano mayor es un muchacho muy inteligente. Se gradúa este año.
6. Él tiene un examen. Tiene que estudiar para el examen.
7. Es realmente necesario. Nos quedamos aquí este sábado.

READING

Word Study

I

Spanish has many nouns which end in **-ero, -era.** These are often related to other nouns, and usually refer to the person who engages in an activity suggested by the base noun.

carta	*letter*	**cartero**	*mailman*
cocina	*kitchen*	**cocinero**	*cook*
mar	*sea*	**marinero**	*sailor*
peluca	*wig*	**peluquero**	*barber*
zapato	*shoe*	**zapatero**	*shoemaker*

Spanish has many nouns which end in **-ería.** These are often related to other nouns, and usually refer to the place in which an activity suggested by the base noun occurs.

carne	*meat*	**carnicería**	*butcher shop*
libro	*book*	**librería**	*book store*
peluca	*wig*	**peluquería**	*barber shop*
zapato	*shoe*	**zapatería**	*shoe store*

II

The prefixes **i-, im-,** and **in-** are used to reverse the meaning of the base to which they are attached, like *il-, in-, ir-,* and *un-* in English. The prefix **i-** occurs before **1** and **r**^{2}, **im-** before **b** and **p,** and **in-** in all other cases.

conveniente	*convenient*	**inconveniente**	*inconvenient*
esperado	*hoped for, expected*	**inesperado**	*unhoped for, unexpected*
legal	*legal*	**ilegal**	*illegal*
posible	*possible*	**imposible**	*impossible*
quieto	*quiet, still*	**inquieto**	*restless, uneasy, troublesome*
real	*real*	**irreal**	*unreal*

Un cambio de suerte

Juan el peluquero llegaba puntualmente a las ocho de la mañana a su trabajo todos los días. Inmediatamente se ponía su chaqueta blanca y se sentaba a esperar con paciencia al primer cliente. Pero éstos eran tan escasos que pocas veces venían más de
5 seis durante todo un día. Y la situación, además, había empeorado últimamente pues ahora tenía que competir con una nueva peluquería, más moderna y más grande, que acababan de abrir frente a la suya.

En la otra había cuatro sillas, aparatos eléctricos modernos,
10 luces de neón y hasta tenían una señorita manicura. El negocio° **negocio:** *business*
de Juan, en cambio, consistía en una sola silla vieja y medio rota, un espejo amarillento, un solo peluquero (él), una banca muy larga para los clientes y algunas revistas viejas. El único aparato eléctrico era una lámpara de pared que colgaba frente al espejo.
15 Fuera, en posición vertical a la pared de la calle, había un gran rótulo de madera° que en grandes letras decía Peluquería Última **madera:** *wood*
Moda.

El dinero que su negocio producía era tan poco que Juan, su esposa y sus cinco hijos estaban obligados a vivir todos en un solo
20 cuarto y él sufría mucho de ver a su familia tan pobre, tan mal vestida, a sus hijos siempre con hambre.

---

^{2} In words beginning with **r,** an additional **r** occurs after the prefix in order to retain the sound [rr]: **real** → **irreal.**

Un día, sin embargo, ocurrió algo inesperado que vino a mejorar su suerte. Entró una mujer acompañando a un niño que además de tener el pelo muy largo, parecía ser un niño muy
25 inquieto. En una mano llevaba dos banderas°, una americana y otra ecuatoriana, y en la otra una pistola de agua.

    —¿Cuánto cuesta el corte de pelo para niños? —preguntó la mujer.

    —Dos pesos, a veces tres, depende. En este caso, tres cincuenta,
30 —dijo Juan al ver a aquel chiquillo que lanzaba agua por todas partes con su pistolita.

    —Le pago ocho. —dijo ella indiferentemente. —No sabe usted lo que es este niño. En la peluquería de enfrente no quieren aceptarlo; estuvimos allí la vez pasada.

35   —No se preocupe, señora, yo soy experto en niños. —Y levantando al chico por los brazos para ponerlo en la silla, le preguntó:

    —¿Cómo te llamas, amiguito? —El amiguito le respondió con un chorro de agua directamente al ojo derecho. La señora vino y le quitó° la pistola de sus manos. El niño empezó a llorar. Juan
40 y la señora trataron de calmarlo con "cuchi cuchis" y canciones pero él seguía llorando. Luego el peluquero se vio obligado a quitarle también las banderas porque el niño se las pasaba constantemente por la cara y no lo dejaba ver lo que estaba haciendo.

    Por fin, sin embargo, terminó la operación y la señora, que
45 parecía ya desesperada, pagó rápidamente los ocho pesos y salió a la calle con el niño. Casi inmediatamente notó Juan que habían dejado las dos banderas y salió a la puerta con una en cada mano:

    —¡Señora! ¡Señora! ¡Las banderas! —gritaba agitando al mismo tiempo las dos banderitas. Pero la señora y el niño habían des-
50 aparecido entre la multitud de gente y lujosos carros negros que en ese instante pasaban frente a su peluquería.

    El dignatario extranjero miró desde la limosina presidencial a aquel humilde hombre que, agitando entusiasmadamente las banderas de Ecuador y de los Estados Unidos lo saludaba°, y esto
55 lo impresionó tanto que hizo detener su carro y bajó acompañado de otros señores muy importantes. Al verlo venir directamente hacia él, Juan se puso pálido porque creía que había hecho algo malo y venían a arrestarlo, pero se tranquilizó cuando con una gran sonrisa° entró el dignatario a la peluquería, se sentó en la
60 vieja silla, y por medio de un intérprete dijo:

    —Quiero que me corte un poco arriba° y a los lados, si no tiene usted inconveniente.

bandera: *flag*

quitar: *take away*

saludar: *greet*

sonrisa: *smile*

arriba: *on top*

Haciendo uso de todas sus facultades técnicas y mentales se lanzó Juan a la tarea. Seleccionó un tema de conversación apropiado para el importante señor, y mientras le cortaba un pelito por aquí y otro por allá, le hablaba de la situación internacional y le explicaba cómo, según él, podían solucionarse todos los problemas. El señor lo escuchaba con mucha atención. Luego, por medio de su intérprete, conversó con Juan sobre su vida personal y le preguntó muchas cosas sobre su esposa y sobre cada uno de sus hijos.

Cuando Juan terminó, el señor se levantó de la silla, le dio las gracias y quiso pagarle, pero Juan no aceptó. El famoso dignatario le dio las gracias otra vez y salió entre los aplausos de la multitud que se había conglomerado a la puerta de la peluquería.

Al día siguiente unos trabajadores cambiaban el rótulo de la Peluquería Última Moda por otro más grande que decía Peluquería Nixon, en honor del vicepresidente de los Estados Unidos que, con su presencia, había hecho famoso a Juan el peluquero. De ese día en adelante, su clientela se triplicó y Juan vive ahora muy contento con su mujer y sus hijos en una humilde pero cómoda° casita.

cómodo: *comfortable*

Este acontecimiento ocurrió en la ciudad de Quito, Ecuador, durante la visita que el entonces vicepresidente Richard M. Nixon hizo a algunos países de Suramérica en el año 1958.

El entonces vicepresidente Nixon en Ecuador durante su viaje a Suramérica en 1958.

Dictionary Section

adelante: de ese día en adelante   desde ese día; ese día y todos los días que lo siguieron: *Un día el maestro me pegó; de ese día en adelante tuve miedo de hablar en clase.*

agitar   mover rápido o violentamente: *La señora, agitando un pañuelo y gritando, trataba de llamar la atención de su hijo.*

amarillento   casi amarillo: *Las paredes del viejo caserón, antes blancas y bonitas, ahora estaban sucias y amarillentas.*

a veces   algunas veces: *En general me acuesto temprano, pero a veces me quedo estudiando hasta tarde.*

chaqueta   saco: *Se compró una corbata, una chaqueta y unos pantalones.*

chorro   golpe de un líquido que sale o cae con energía: *El niño sacó su pistola y dirigió un chorro de agua al ojo derecho del peluquero.*

en cambio   al contrario, en contraste: *Ana es alta y bonita y muy alegre; su hermana, en cambio, es baja, poco atractiva, y siempre triste.*

enfrente   delante, frente: *La escuela está enfrente de la iglesia, al otro lado de la plaza.*

escaso   poco: *El dinero estaba escaso en esa época, y la familia casi no tenía qué comer.*

extranjero   que viene de otro país: *Había mucha gente extranjera en la recepción: algunos franceses, tres o cuatro españoles, un japonés, dos chinos . . .*

lanzar   echar: *Cuando vieron que la casa se estaba quemando, los hombres se pusieron a lanzarle inmensos chorros de agua.*

lujoso   que parece muy caro o suntuoso: *La Sra. de Martínez, una dama muy rica, se compró una casa inmensa y lujosa en una sección elegante de la ciudad.*

18. QUESTIONS

1. ¿Dónde trabajaba Juan? ¿Tenía muchos clientes?
2. ¿Por qué había empeorado la situación últimamente?
3. ¿Cómo era la nueva peluquería? ¿Cómo era la de Juan? ¿Por qué sufría mucho Juan?
4. ¿Quiénes entraron a la peluquería de Juan un día? ¿Qué tenía el niño?
5. ¿Cómo contestó el niño cuando Juan le preguntó cómo se llamaba? ¿Qué hizo la señora?
6. ¿Por qué le quitó Juan las banderas al niño?
7. ¿Qué dejaron en la peluquería de Juan?
8. ¿Quién pasaba en el momento en que Juan salió a llamar a la señora?
9. ¿Por qué se puso pálido Juan al ver que el dignatario venía hacia él?
10. ¿Qué le pide el dignatario a Juan?
11. ¿Sobre qué conversaron el dignatario y Juan?
12. ¿Le pagó el dignatario a Juan? ¿Por qué no? ¿Quién era el dignatario?
13. ¿Qué le pasó a Juan? ¿Siguió tan pobre como antes?
14. ¿Cuándo ocurrió este acontecimiento?

Noun Exercise

19. COMPLETION

1. ¿Cuánto cuesta un corte de pelo?
   ____ corte de pelo cuesta tres pesos.
2. Mi hermano es un intérprete muy bueno.
   Juan también es ____ intérprete ____ .
3. ¿Es Lidia una intérprete buena?
   Sí, ella es ____ intérprete ____ .
4. ¿Quién es el vicepresidente de la compañía?
   Hay ____ vicepresidentes.

RECOMBINATION EXERCISES

20. NARRATIVE VARIATION

Lea los dos primeros párrafos de la narración otra vez, cambiando los verbos al presente del indicativo. *Empiece así:* Juan el peluquero llega puntualmente . . .

21. SUSTAINED TALK

1. Describa la visita del dignatario a la peluquería de Juan. Use por lo menos diez de las expresiones siguientes.

dignatario extranjero	cada uno de sus hijos
limosina presidencial	dar las gracias
ponerse pálido	cambiar el rótulo
por medio de un intérprete	el vicepresidente Nixon
arriba y a los lados	de ese día en adelante
la situación internacional	una humilde pero cómoda casita

2. ¿Conoce usted a algún niño inquieto? Descríbalo, contestando por lo menos ocho de las preguntas siguientes.

¿Cómo se llama el niño?	¿Tiene una pistola de agua?
¿Cuántos años tiene?	¿Anda mojando a todo el mundo?
¿Es un pariente suyo?	¿Le ha lanzado un chorro de agua a usted?
¿Siempre se porta mal?	¿Pelea con todo el mundo?
¿Les quita las cosas a los otros niños?	¿Qué más hace?
¿Siempre molesta lo más que puede?	¿Le permiten sus padres que haga esas cosas?

Conversation Buildup

I

MAMÁ	Paco, tú no has comido casi nada.
PACO	Es que no tengo hambre.
MAMÁ	¿Quieres más zanahorias?
PACO	No, no quiero nada.
MAMÁ	¿Más chuletas? ¿Más tortillas?
PACO	No, nada. No tengo hambre. No tengo ganas de comer.
MAMÁ	¿Pero qué te pasa? ¿Estás enfermo? ¿Te sientes mal?
PACO	Este . . . es que comí unas galletas hace un rato . . .
MAMÁ	Ah, ya entiendo.

REJOINDERS

Tú no has comido casi nada.
¿Más tortillas?

CONVERSATION STIMULUS

Su mamá ha pasado toda la mañana preparando su plato favorito, pero usted no tiene hambre porque comió unas galletas antes del almuerzo.

II

MANUEL	¿De qué te ríes?
CARMEN	De ti. Pareces un pollo pelón.
MANUEL	Me cortaron demasiado a los lados y arriba, ¿verdad?
CARMEN	Sí, pero no te preocupes. Ya te va a crecer otra vez.
MANUEL	¡Y mira cómo me afeitaron! Me cortaron aquí, ¿no ves?
CARMEN	¡Qué barbaridad!
MANUEL	Yo no vuelvo más a esa peluquería. Me voy a dejar barba y bigote, mejor.

REJOINDERS

Pareces un pollo pelón.
Me cortaron demasiado a los lados y arriba.

CONVERSATION STIMULUS

Usted está en una peluquería. Le parece a usted que le han cortado demasiado a los lados y arriba, pero el peluquero dice que no.

Writing

PARAGRAPH REWRITE

Rewrite the following paragraph, combining each pair of sentences with a relater.

Un día ocurrió algo. Mejoró la suerte de Juan. / Una señora elegante entró con un niño. El niño lloraba y gritaba. / Juan lo puso en la silla. Era vieja y hacía sonidos raros. / Por fin terminó Juan. Estaba muy cansado después de haberle cortado el pelo al niño. / —Tome— dijo la mamá del chiquillo. Él seguía haciendo ruidos y molestando. / Juan miró aquel pedazo de papel. La señora se lo había dado. / Juan estaba seguro. La señora se había equivocado. / Juan siguió mirando los mil pesos. Los tenía en la mano. / Usted me ha pagado demasiado, —le dijo por fin a la dama. Ella le ponía el abrigo al niño. / La señora le cerró el abrigo al niño. Hablaba con él cariñosamente y, sin contestarle a Juan, salió de la peluquería.

REFERENCE LIST

Nouns

aire *m*	dignatario	intérprete *m-f*	melena	sopa
bandera	espejo	labio	plata	tortilla
barba	facha	maíz *m*	queso	uña
bigote *m*	favor *m*	maquillaje *m*	refresco	vicepresidente, -a
chiquillo	galleta		salsa	zanahoria

Verbs

afeitarse	callarse	lustrar
bastar	competir (e-i)	patinar
burlarse (de)	cortar	quitar
calmar	discutir	reírse (é-i, í) (de)
	esquiar (í)	
	lanzar	

Adjectives

cómodo
extranjero
inquieto
mocoso
picante
sabroso

Expressions

¡Basta!
corte de pelo
dar(le) vergüenza
de ese día adelante
Hazme el favor (de)
pintarse los labios
se acabó

Adverb

últimamente

Buscando casa

AGENTE	¿Qué tipo de casa necesitan, señores?
SEÑOR	En primer lugar, quiero una casa que . . .
HIJO	¡Que tenga piscina, papá!
HIJA 1	¡Que esté cerca del colegio, papá!
HIJA 2	¡Que sea de dos pisos, papá, con terraza!
SEÑORA	Lo importante es que esté en un barrio bonito donde no haya mucho tráfico.
SEÑOR	No, lo principal, si ustedes me dejan hablar, es que no sea muy cara.
AGENTE	Tengo una perfecta para ustedes: tiene piscina, está cerca del colegio, es de dos pisos, tiene terraza, no hay tráfico por allí, y es muy barata . . . considerando . . .

Supplement

Quiero una casa que . . .

Que tenga sótano.
Que tenga ático.
Que tenga cielos rasos altos.
Que tenga techo de tejas[1].

Lo importante es que . . .

Que tenga jardín . . . con césped y muchas flores.

Tiene que estar en un barrio . . .

Donde haya una tintorería cerca.
Donde haya una lavandería cerca.
Donde haya una farmacia[2] cerca.

Tengo una perfecta para ustedes.

Ojalá que no sea muy alto el alquiler.
Creo que vamos a alquilar un departamento, mejor.

---

[1] **Teja** refers to a special type of tile roof used in many Spanish-speaking countries.

[2] Only medicines and products used for personal hygiene are sold in a **farmacia.** American-style drugstores are not popular.

◄ . . . *Lo principal, si ustedes me dejan hablar, es que no sea muy cara.*

Looking for a House

AGENT	What type of house do you need?
MAN	In the first place, I want a house that . . .
SON	That has a swimming pool, Dad!
DAUGHTER 1	That's near the high school, Dad!
DAUGHTER 2	That has two floors, Dad, with a terrace.
LADY	The important thing is for it to be in a nice neighborhood where there isn't much traffic.
MAN	No, the main thing, if you'll let me speak, is for it not to be too expensive.
AGENT	I have a perfect one for you: it has a swimming pool, it's near the high school, it has two floors, it has a terrace, there's no traffic around there, and it's very cheap . . . considering . . .

Supplement

I want a house that . . .

That has a basement.
That has an attic.
That has high ceilings.
That has a tile roof.

The important thing is . . .

For it to have a garden . . . with a lawn and lots of flowers.

It has to be in a neighborhood . . .

Where there's a cleaner's nearby.
Where there's a laundry nearby.
Where there's a drugstore nearby.

I have a perfect one for you.

I hope the rent isn't too high.
I think we're going to rent an apartment instead.

Vocabulary Exercises

1. QUESTIONS ON BASIC MATERIAL

1. ¿Qué les pregunta el agente a los señores?
2. ¿Qué quiere el hijo que tenga la casa?
3. ¿Qué quiere la primera hija?
4. Y la segunda hija, ¿qué quiere ella?
5. ¿Dónde quiere la señora que esté la nueva casa?
6. ¿Qué es lo principal, según el padre?
7. ¿Cómo es la casa que tiene el agente?

2. FREE RESPONSE

1. Describa esta sala. ¿De qué color es el cielo raso? ¿Y las paredes?
2. ¿Cómo es su casa? ¿Tiene sótano? ¿Tiene ático? ¿Tiene techo de tejas?
3. ¿Tiene jardín su casa? ¿Hay árboles y flores en el jardín? ¿Tiene un césped bonito?
4. ¿Vive usted en un departamento? Descríbalo.
5. ¿Hay una lavandería cerca de su casa? ¿Hay una tintorería? ¿Hay un colegio?
6. Describa el barrio donde usted vive.
7. ¿Prefiere usted comprar una casa o alquilarla?

3. ANTONYMS

1. El colegio está <u>lejos</u> de la casa.
2. Dejé las cosas en el <u>ático</u>.
3. ¿De qué color es el <u>suelo</u>?
4. ¿Tiene <u>sótano</u> esta casa?

Noun Exercise

4. COMPLETION

1. El alquiler es muy caro.
2. Te traje unas flores.
3. ¡Qué bonita esa flor!
4. No juegues en el césped.

No, ____ alquiler es bastante ____.
Gracias, me encantan ____ flores.
¿Cuál? ¿____ flor ____?
¡Qué ____ es ____ césped!

Grammar

The Subjunctive: Adjective Clauses

PRESENTATION

> Quiero una casa **que tenga piscina.**
> Quiero una casa **que esté cerca del colegio.**

Point out the adjective clause in each sentence. Does the indicative or the subjunctive form of the verb occur in each adjective clause? In the dialog **"Buscando casa",** from which these sentences were taken, are the speakers referring to a specific house they have already seen or to an ideal house they have in mind but which may not exist? Does the indicative or the subjunctive mood occur in an adjective clause which refers to a situation which the speaker has in mind but which may or may not exist?

GENERALIZATION

1. In Unit 23 you learned that an adjective clause modifies a noun and occupies the same position in a sentence as an adjective.

2. Either the subjunctive or the indicative may occur in an adjective clause.

Quiero la casa que <u>tiene</u> piscina.　　Quiero una casa que <u>tenga</u> piscina.
Busco una casa que <u>está</u> cerca del colegio.　　Busco una casa que <u>esté</u> cerca del colegio.
Tengo una que <u>es</u> perfecta para ustedes.　　No tengo ninguna que <u>sea</u> perfecta para ustedes.

The indicative is used in the first sentence in each pair. The speaker is talking about a specific, existing house, which really does have the qualities he mentions: it has a swimming pool; it's near the high school; and so on. In the second sentence in each pair, he is talking about a house which may not exist: he has not yet found a house which has a swimming pool, is near the high school, and so on. The lack of certainty of the situation is expressed by the verb in the subjunctive mood in the adjective clause.

STRUCTURE DRILLS

5. PATTERNED RESPONSE

Tengo una casa que es muy cara. ⊗　　Yo quiero una que sea barata.
Tengo un departamento que está lejos de la escuela.　　Yo quiero uno que esté cerca.
Tengo una terraza que es muy pequeña.　　Yo quiero una que sea grande.
Tengo un libro que es muy aburrido.　　Yo quiero uno que sea interesante.
Tengo una criada que es muy tonta.　　Yo quiero una que sea inteligente.
Tengo un chofer que siempre miente.　　Yo quiero uno que siempre diga la verdad.

6. INDICATIVE → SUBJUNCTIVE

Es muy inteligente　　Quiero casarme con un hombre (una mujer) que sea muy inteligente.

Le gusta viajar.　　Quiero casarme con un hombre (una mujer) a quien le guste viajar.

Habla español.
Sabe francés.
Le gustan los deportes.

Juega tenis.
Baila bien.
Se viste a la última moda.
Es muy simpático.
Quiere a los niños.
Me entiende.
Me quiere mucho.

7. PAIRED SENTENCES

Veo una casa que tiene piscina. ⊗   Veo una casa que tiene piscina.
I don't see any house that has a swimming   No veo ninguna casa que tenga piscina.
  pool.
I see a house that has a swimming pool.   Veo una casa que tiene piscina.

Hay una casa de dos pisos que está en un barrio bonito.
Is there a two-story house that's in a nice neighborhood?
There's a two-story house that's in a nice neighborhood.

Conozco un restaurante que no es caro.
I don't know any restaurant which isn't expensive.
I know a restaurant which isn't expensive.

8. FREE REPLACEMENT

Busco una casa que tenga sótano.
Quiero un libro que no sea muy difícil.

9. FREE RESPONSE

Cuando usted se case, ¿quiere vivir en una casa grande que tenga piscina y terraza?
¿Quiere vivir en un barrio bonito donde no haya ruido?
¿Quiere vivir en una casa que tenga los cielos rasos altos y un techo de tejas?
¿Quiere una que tenga un gran jardín, con patio y árboles y flores?
¿Es más importante que sea cómoda o que sea elegante?
¿Es importante que esté en un barrio donde haya un colegio cerca?   ¿donde haya una
  tintorería cerca?   ¿donde haya una lavandería cerca?
¿Prefiere comprar una casa o alquilar un departamento?
¿Qué es lo principal de un departamento ideal?   ¿que esté en un edificio bonito?   ¿que
  no sea muy caro el alquiler?
Describa una casa o un departamento ideal.

Writing

PARAGRAPH CONSTRUCTION

Escriba un párrafo sobre el hombre o la mujer ideal. Use las expresiones siguientes o cámbielas de acuerdo con su ideal del tipo perfecto. Emplee cualquier otra expresión que usted necesite, por ejemplo: no importa que . . . ; lo principal es que . . . ; prefiero que . . . . *Empiece así:*

Yo quiero casarme con un hombre (una mujer) que . . .

ser / inteligente	bailar / bien
ser / simpático y cariñoso	gustarle / deportes
ser / alto y guapo	saber / jugar / tenis
tener / ojos castaños / pelo negro	esquiar / bien
vestirse / bien	gustarle / niños
hablar / varias lenguas extranjeras	querer / tener / muchos
gustarle / viajar	no ser / perezoso
saber / bailar	quererme / mucho

BASIC MATERIAL II

Con una invitada a dormir

INVITADA   ¡Qué casa tan maravillosa! ¿Cuánto tiempo hace que viven aquí?

BÁRBARA   Nos mudamos hace como un mes. Aquí está mi cuarto.

INVITADA   ¡Qué bonito!, ¡con baño propio y todo, dichosa! Voy a bañarme, ¿está bien?

BÁRBARA   Déjame ver si hay toalla y jabón. Oh, y si necesitas polvos o pintura de labios o cualquier cosa, aquí tengo de todo.

INVITADA   Gracias. ¡Ay, mira, una balanza! ¿Puedo pesarme? . . . ¡Ay, Dios mío! ¡No puede ser! ¡Cincuenta y cinco kilos!

BÁRBARA   No te asustes. Pesas cincuenta y dos. Esa balanza aumenta tres kilos.

Supplement

¡Qué bonito!, ¡con baño propio y todo!

Aquí está la tina.
Aquí está la ducha.
Aquí está el lavatorio.

Aquí tengo de todo.

Necesito pasta de dientes.
Necesito un cepillo de dientes.
Necesito una navaja.
Necesito una curita.

¿Quieres algo más?

Sí, barniz para las uñas.
Sí, laca y perfume.
No, voy a maquillarme, ¿está bien?

With an Over-Night Guest

GUEST   What a marvelous house! How long have you lived here?

BÁRBARA   We moved in about a month ago. Here's my room.

GUEST   How nice, with a private bath and everything! Lucky! I'm going to take a bath, okay?

BÁRBARA   Let me see if there's a towel and soap. Oh, and if you need powder or lipstick or anything at all, I have everything here.

GUEST   Thanks. Oh, look, a scale! Can I weigh myself? . . . My goodness! It can't be! Fifty-five kilos!

BÁRBARA   Don't get scared. You weigh fifty-two. That scale is three kilos too heavy (increases three kilos).

Supplement

How nice, with a private bath and everything!

Here's the bathtub.
Here's the shower.
Here's the sink.

I have everything here.

I need toothpaste.
I need a toothbrush.
I need a razor.
I need a band-aid.

Do you want anything else?

Yes, nail polish.
Yes, hair spray and perfume.
No, I'm going to put on my make-up, okay?

Vocabulary Exercises

10. QUESTIONS ON BASIC MATERIAL

1. ¿Con quién habla Bárbara?
2. ¿Le gusta la casa a la invitada?
3. ¿Qué le pregunta la invitada a Bárbara?
4. ¿Cuándo se mudaron?
5. ¿Qué quiere hacer la invitada?
6. ¿Qué quiere ver Bárbara?
7. ¿Qué cree ella que puede necesitar la invitada?
8. ¿Cuánto pesa la invitada según la balanza de Bárbara?
9. ¿Cuánto pesa en realidad?

11. FREE RESPONSE

1. ¿Cuáles son algunas de las cosas que se encuentran en un baño?
2. ¿Con qué se afeitan los hombres?
3. ¿Con qué se pintan las uñas las mujeres? ¿Con qué se peina uno?
4. *Gloria,* ¿usa usted perfume? ¿Usa pintura de labios y polvos?
5. ¿Qué usan las mujeres para maquillarse?
6. ¿Qué se usa para lavarse los dientes?
7. ¿Qué necesita uno cuando se corta?

12. FREE COMPLETION

1. Voy a bañarme. ¿Me dan una ____?
2. ¡Qué bonito el baño! ¡Qué grande la ____!
3. ¡Ay! ¡Me corté! Dame una ____.
4. Quiero pesarme. ¿Tienes una ____?
5. Necesito lavarme los dientes. ¿Dónde está la ____?
6. Quiero maquillarme, pero no encuentro mi ____.

Noun Exercise

13. COMPLETION

1. ¿Dónde está el jabón?   ____ jabón está en el baño.
2. ¿Cuál barniz quieres, ¿éste o el otro?   Quiero ____ barniz.
3. Es muy caro este perfume.   Sí, pero me gusta ____ perfume ____.
4. A ese niño le falta un diente.   ¡Por el momento tiene ____ diente menos que lavarse!

Grammar

hacer *in Expressions of Time*

PRESENTATION

¿Cuánto tiempo **hace que** están aquí?
Hace tres años **que** estamos aquí.

In the second sentence, when did the action begin? Is it still going on? What construction is used to express an action that began in the past and is still going on?

Llegaron **hace como un mes.**

What part of the sentence means *about a month ago?*

GENERALIZATION

1. English uses the present perfect to indicate the length of time an action has been going on or a condition has existed: *I've been living here for two years.* The Spanish equivalent can be either a corresponding sentence in the present perfect or the construction **hace . . . que** + present tense verb form. The latter is more common.

   He vivido aquí por dos años.   *I've been living here for two years.*
   Hace dos años que vivo aquí.

   Sentences like *I had been here for two years.* may use either the past perfect or **hacía . . . que** + imperfect.

2. The equivalent of English *ago* is expressed by **hace . . . que** + preterit.

   Hace una hora que llegué.   *I arrived an hour ago.*
   Hace tres años que estuve allí.   *I was there three years ago.*

3. All the **hace . . . que** + verb constructions have alternate forms: **hace** may follow the verb and its modifiers, in which case **que** is omitted.

   Hace tres años que vivo aquí.
            Vivo aquí hace tres años.
   Hace una hora que llegué.
            Llegué hace una hora.

STRUCTURE DRILLS

14. CUED RESPONSE

¿Cuánto tiempo hace que estudia español? (un año y medio)

Hace un año y medio que estudio español.

¿Cuánto tiempo hace que vive aquí? (tres años)

Hace tres años que vivo aquí.

¿Cuánto tiempo hace que espera a sus amigos? (media hora)

Hace media hora que los espero.

¿Cuánto tiempo hace que se mudaron ustedes? (un mes)

Hace un mes que nos mudamos.

15. PAIRED SENTENCES

Hace tres años que estoy aquí. ⊗
I was here three years ago.
I've been here for three years.

Hace tres años que estoy aquí.
Hace tres años que estuve aquí.
Hace tres años que estoy aquí.

Hace un mes que me peso todos los días.
I weighed myself a month ago.
I've been weighing myself every day for a month.

Hace cinco meses que usamos esta balanza.
We used this scale five months ago.
We've been using this scale for five months.

16. hace que → hace

Hace media hora que se afeitó. ⊗
Hace unos minutos que se maquilló.
Hace quince minutos que se peinaron.
Hace dos días que se pintó las uñas.
Hace mucho tiempo que se mira en el espejo.
Hace una hora que está bañándose.
Hace un rato que están aquí.

Se afeitó hace media hora.

17. ANSWER → QUESTION

Hace tres años que nos mudamos. ⊗
Hace varios años que estamos aquí.
Hace dos años que tengo mi propio cuarto.

¿Cuánto tiempo hace que se mudaron?

Hace dos meses que compré este perfume.
Hace más de diez años que vivo en este
barrio.

18. FREE RESPONSE

¿Cuánto tiempo hace que vive su familia en esta ciudad?
¿Cuánto tiempo hace que se mudó?
¿Hace mucho tiempo que usted vive en la misma casa? ¿Hace cuántos años?
¿Hace mucho tiempo que vive en el mismo barrio?
¿Cuánto tiempo hace que usted usa maquillaje, *Gloria?*
Alicia, ¿hace mucho tiempo que su mamá la deja pintarse las uñas? ¿Cuál barniz prefiere?
Juan, ¿hace muchos años que usted se afeita todos los días?

qué *and* cómo *in Exclamatory Phrases*

PRESENTATION

¡**Qué** casa!
¡**Qué** bonita!
¡**Qué** lejos!
¡**Cómo** corre!

In each of the first three examples, what word introduces the exclamatory phrase? In the first example, what part of speech is the word that follows **qué?** And in the second example? And in the third? In the fourth example, what word introduces the exclamatory phrase? What part of speech is the word that follows **cómo?**

Muchas casas españolas tienen un bonito patio interior.

GENERALIZATION

1. **Qué** and **cómo** are frequently used to introduce exclamatory phrases. **Qué** may be followed by a noun, an adjective, or an adverb. **Cómo** may be followed by a verb.

¡Qué casa!	*What a house!*
¡Qué bonita!	*It's certainly pretty!*
¡Qué lejos!	*It certainly is far!*
¡Cómo corre!	*He sure does run!*

2. **Qué** is never followed by an indefinite article in an exclamatory phrase.

¡Qué casa!	*What a house!*
¡Qué chica!	*What a girl!*

3. In exclamatory sentences in which there is both a noun and an adjective, the adjective may directly precede the noun. It may also follow the noun, in which case it is modified by **más** or **tan.**

¡Qué linda muchacha!
¡Qué muchacha más linda!
¡Qué muchacha tan linda!

4. In exclamatory sentences in which there is a subject and a verb phrase, the word order is exclamatory phrase + verb phrase + subject.

¡Qué casa tan maravillosa tienen ustedes!
¡Cómo corre ese perro!

STRUCTURE DRILLS

19. PATTERNED RESPONSE

1. Es una casa, no un museo. ⊗
   Es una tina, no una piscina.
   Es un jardín, no un parque.
   Es una toalla, no una frazada.

   ¡Y qué casa! ¡Parece un museo!
   ¡Y qué tina! ¡Parece una piscina!
   ¡Y qué jardín! ¡Parece un parque!
   ¡Y qué toalla! ¡Parece una frazada!

2. Es tan delgada que parece una escoba.
   Es tan elegante que parece una reina.
   Es tan fiera que parece un león.
   Es tan bonita que parece un ángel.

   Dios mío, ¡qué delgada!

20. DECLARATIVE SENTENCE → EXCLAMATION

1. Es una casa muy cara. ⊗   ¡Qué casa tan (*o* más) cara!
   Es un baño muy moderno.
   Es una balanza muy mala.
   Son unas toallas muy bonitas.

2. Ese chico trabaja mucho. ⊗   ¡Cómo trabaja ese chico!
   Ese maestro grita mucho.
   Esos alumnos estudian mucho.
   Todo el mundo se aburre mucho.

21. PATTERNED REPLACEMENT

Use any appropriate adjective in your response.

¿Viste la casa?   ¿La casa? ¡Claro, qué bonita!
¿Viste el baño?
¿Viste la ducha?
¿Viste el lavatorio?
¿Viste las toallas?

22. EXCLAMATORY REJOINDERS

Respond to the following statements with any appropriate exclamatory phrase. Three suggested answers are provided for the first statement.

Usted es muy perezoso.   ¡Qué mentira!
                                  ¡Qué pesado es usted!
                                  ¡Cómo exagera!

Hay un examen mañana.
Mi prima es alta y rubia y tiene los ojos
    azules.
Esa balanza aumenta dos kilos.

23. DECLARATIVE SENTENCE → EXCLAMATION

Es una dama elegante.   ¡Qué elegante es esa dama!
Se viste muy bien.
Se maquilla muy bien.
Tiene ropa muy bonita.
Usa perfume muy caro.
Pero es muy pesada.
Es una lástima.

Writing

1. SENTENCE REWRITE

Rewrite the following sentences, using a construction with **hace** + <u>present</u> <u>tense</u>.

MODEL   No he ido al cine por dos meses.
<u>Hace dos meses que no voy al cine.</u>

1. Nosotros hemos vivido aquí muchos años.
2. ¿Cuánto tiempo ha estudiado usted español?
3. Pedro está tan nervioso que no ha comido ni ha dormido por tres días.

2. SENTENCE CONSTRUCTION

Write a sentence to indicate how long ago each of the following events occurred. Write out the number of days, weeks, years, etc.

MODEL   Fíjate: Ya son las seis. Llegué a la una y todavía estoy esperando.
<u>Fíjate: Llegué hace cinco horas y todavía estoy esperando.</u>

1. Abraham Lincoln murió en el año mil ochocientos sesenta y cinco.
2. Yo nací en mil novecientos cincuenta y cinco.
3. No tengo hambre porque almorcé a las once y es la una de la tarde.

READING

Word Study

Some feminine nouns are derived from past participles. These nouns are related in meaning to the verbs from which they are formed.

VERB		NOUN	
caer	*fall*	**caída**	*fall, downfall*
entrar	*enter*	**entrada**	*entrance*
llegar	*arrive*	**llegada**	*arrival*
salir	*leave*	**salida**	*exit*
volver	*return*	**vuelta**	*return*

La casa

Amadeo Pérez, nombre que Mario le había puesto al hombre del sombrero negro, acababa de entrar en la casa. Mario, que vivía en la casa vecina°, había estado esperando ese momento desde las nueve de la mañana. Ahora eran exactamente las diez.

vecino: *next-door*

5 "A veces se retrasa° un poco", pensó Mario. Pero había venido, y eso era lo que importaba. Se puso los zapatos y bajó corriendo al sótano. Estaba solo. Era sábado y no tenía que ir a la escuela. Su mamá se había marchado al trabajo a eso de las ocho. Lo dejaba solo porque ya había cumplido nueve años y era "todo un
10 hombrecito".

    La conversación podía escucharse mucho mejor desde el sótano. Las casas estaban completamente juntas, y Mario, con la oreja° pegada° a la pared, lo escuchaba todo. "¿Qué va a pasar hoy?" se preguntó. Dejó de pensar. Sin hacer ruido, buscó una
15 posición más cómoda.

    Escuchó, por fin, algo. Abrió los ojos; pensaba que así era más fácil captar las palabras. Al principio fue sólo un murmullo. Luego, las voces adquirieron mayor claridad. "Parece que van a discutir otra vez," pensó. Sus sospechas° quedaron confirma-
20 das. Una voz muy ronca° dominaba la conversación. De vez en cuando se percibía un sí o un no, emitidos por otras voces asustadas unas veces, ceremoniosas otras. Sí, era lo mismo de siempre. Aquel hombre les decía que ya estaba cansado de esperar, que ya había esperado demasiado, que era hora de pagar el alquiler de
25 la casa. Los iba a echar a la calle. Tenía que cumplir una obligación y lo iba a hacer a toda costa. No era nada personal, pero quería dejar todo bien claro: sus jefes lo iban a echar a él si no volvía con el dinero del alquiler. Tenían que comprender la situación.

30   —Bueno, supongo que tienen el dinero listo, entonces. —terminó diciendo.

    Nadie contestó nada. Mario se acercó un poco más a la pared. No, no hablaban. De pronto, escuchó un ruido seco, como el que hace la caída de un puño° sobre una mesa. El hombre de la voz
35 ronca dijo otra vez que era imposible, que ya se le había agotado° la paciencia, que esa situación no podía continuar así. Iba a tener que avisar inmediatamente a la agencia. Nuevamente le rogaron° esperar dos semanas más. Les iba a llegar un dinerito de un pariente.

40   —No, —contestó el Sr. Pérez. —¡Desalojen la casa mañana mismo!

    Mario imaginó que se estaba poniendo el sombrero para salir. Sin embargo, algo extraño pasó. Sintió un movimiento de sillas y luego un golpe fuerte. Después, silencio absoluto. El mi-
45 nuto que pasó le pareció una eternidad. Se volvía a oír algo ahora. Alguien sollozaba°, emitiendo suspiros° entrecortados. Un shhhh imperativo detuvo los sollozos. Arrastraban° algo por el piso, se

---

retrasarse: *be delayed*

oreja: *ear*
pegar: *glue*

sospecha: *suspicion*
ronco: *hoarse, deep, husky*

puño: *fist*

se le había agotado la paciencia: *his patience had run out*

sollozar: *sob*
suspiro: *breath, sigh*
arrastrar: *drag*

oían jadeos°. Se abrió una puerta y, después de algunos segundos,   **jadeos:** *panting*
volvió a cerrarse.

50   Mario oyó que una voz de hombre decía: —No te preocupes,
nadie lo va a saber. Ya vas a ver como se arregla todo.

    Mario decidió subir a su habitación. Una vez allí, asomó la
cabeza por la ventana. La calle estaba desierta. No había salido
nadie. Se quedó esperando toda la tarde y el hombre del som-
55 brero negro no salió. Mario no sabía qué hacer. Comprendió que
no tenía más remedio que esperar. Esperó, esperó hasta caer
vencido por el sueño.

    Se despertó con el ruido de una puerta que se cerraba. La
amorosa voz de su madre lo devolvió a la realidad. ¿Qué había
60 pasado? Se acordó del Sr. Pérez. Miró a la calle, pero todo continuaba desierto.

    —Mamá, —dijo—¿sabes que los señores de al lado van a tener
que irse de la casa mañana? Se lo dijo el Sr. Pérez.

    Su madre sonrió° sin decir nada. Pensó que ya era hora de   **sonreír:** *smile*
65 demoler esa casa que de tan vieja, hacía años que nadie la al-
quilaba.

ISAAC GOLDEMBERG
(*Perú*)

Dictionary Section

a eso de como, más o menos: *Volvimos a eso de las diez, o tal vez un poco más tarde.*

adquirir (i-ie-i) ganar, conseguir: *Adquirieron bastante dinero para pagar el alquiler.*

asomar dejar aparecer, dejarse ver: *Julieta se asomó a la ventana y Romeo la vio desde la calle.*

captar entender: *No capto lo que están diciendo.*

de pronto de repente: *De pronto oí unas voces y salí a ver quiénes estaban allí.*

demoler destruir: *Van a demoler este viejo edificio.*

desierto abandonado: *Las salas estaban desiertas; todos los alumnos se habían ido.*

desalojar desocupar, salir de: *No pudieron pagar el alquiler y tuvieron que desalojar el departamento.*

echar a la calle hacer que (una persona) desocupe un lugar, una casa, etc.: *No pagaron el alquiler y el agente los echó a la calle.*

entrecortado se dice de una voz o de un sonido que se emite con intermitencias: *Levanté el teléfono y escuché la voz entrecortada de una mujer que decía: —". . . no . . . me . . . mates . . ."*

extraño raro, no órdinario: *Siempre veo entrar a ese hombre pero nunca lo veo salir. ¡Qué extraño!*

habitación dormitorio, cuarto: *El muchacho subió a su habitación y se acostó.*

hora: es hora de es el momento de, es tiempo de: *Ya es hora de partir.*

marcharse irse: *Se marchan a España el quince de julio.*

mayor más: *Debe trabajar con mayor cuidado.*

murmullo ruido confuso que hacen varias personas hablando a un mismo tiempo: *No entiendo lo que dicen; sólo oigo el murmullo de sus voces.*

remedio: no tener más remedio, no haber más remedio no poder hacer otra cosa: *Si no pagan el alquiler, no hay más remedio que insistir en que se vayan.*

vencer ganar, triunfar sobre un enemigo: *Cortés venció a los aztecas.*

24. QUESTIONS

1. ¿Se llamaba realmente Amadeo Pérez el hombre que vino a pedirles el alquiler a la gente de la casa vecina? ¿Quién le había dado ese nombre?
2. ¿Qué hizo Mario cuando llegó el hombre?
3. ¿Por qué estaba Mario solo en la casa?
4. ¿Por qué bajó al sótano?
5. ¿Se puso a discutir la gente de al lado?
6. ¿Sobre qué hablaban? ¿Qué decía el hombre a quien Mario llamaba Sr. Pérez?
7. ¿Qué dijo que iba a hacer? ¿Qué le contestaron?
8. ¿Qué escuchó de pronto Mario?
9. ¿Qué dijo el hombre de la voz ronca?
10. ¿Qué le rogaron hacer? ¿Le entregaron el dinero por fin?
11. ¿Qué les manda hacer el hombre de la voz ronca?
12. ¿Qué sintió Mario? ¿Qué oyó inmediatamente después?
13. ¿Qué hacía alguien? ¿Por qué dejó de sollozar?
14. ¿Qué hacía la gente de al lado segundos después? ¿Qué se oían?
15. ¿Qué hizo Mario? ¿Qué hizo una vez allí?
16. ¿Salió alguien de la casa vecina?
17. ¿Qué le pasó por fin a Mario? ¿Quién lo despertó?
18. ¿Qué le dijo Mario a su madre?
19. ¿Había alguien en la casa de al lado en realidad? ¿Cómo sabemos que Mario se había imaginado todo el acontecimiento?
20. ¿Ha tenido usted sueños o experiencias imaginarias que parecen reales?

Verb Exercises

The verb **rogar**[3] has the same **o-ue** stem alternation as **encontrar.**

Pres. indic.   **ruego, ruegas, ruega, rogamos, ruegan**
Pres. subj.   **ruegue, ruegues, ruegue, roguemos, rueguen**

25. PATTERNED RESPONSE

¿Qué dice mamá?   Les ruega que no lleguen tarde.
¿Qué dice usted?   Les ruego que no lleguen tarde.
¿Qué dicen los señores?
¿Qué dicen ustedes?
¿Qué dice tía Luisa?

---

[3] **Rogar** is often translated by verbs other than *beg,* such as *ask* or *want.* It is sometimes used to convey an idea of politeness. Another frequent English equivalent is *please be kind enough to:* **Le ruego que conteste lo más pronto posible.** *Please be kind enough to answer as soon as possible.*

26. PERSON-NUMBER SUBSTITUTION

No es necesario que tú les ruegues.
(él–yo–nosotros–ellos–tú)

RECOMBINATION EXERCISES

27. PATTERNED RESPONSE

1. ¿Cuándo se marchan? ¿A las cinco? ⊗   Sí, se marchan a eso de las cinco.
   ¿Cuándo suben a su cuarto? ¿A las seis?
   ¿Cuándo bajan? ¿A las siete?
   ¿Cuándo cenan? ¿A las ocho?
   ¿Cuándo apagan las luces? ¿A las diez?

2. ¿De veras? ¿Van a desalojar la casa? ⊗   Sí, no hay más remedio que desalojarla.
   ¿De veras? ¿Van a marcharse?
   ¿De veras? ¿Van a demoler la casa?
   ¿De veras? ¿Van a echarlos a la calle?
   ¿De veras? ¿Van a alquilar el departa-
      mento?

28. NARRATIVE VARIATION

1. Lea el primer párrafo de "La Casa" otra vez, cambiando los verbos del pasado al presente.
   Empiece así: Amadeo Pérez, nombre que Mario le ha puesto al hombre . . .

2. Lea el párrafo que empieza en la linea 58, cambiando los verbos del pasado al presente.
   Empiece así: Se despierta con el ruido . . .

29. SUSTAINED TALK

1. Describa una casa ideal. Explique cómo debe ser, dónde debe estar, qué tamaño debe
   tener, cómo debe ser el jardín, etc.

2. Describa la visita del Sr. Amadeo Pérez. Use algunas de las expresiones siguientes:

retrasarse	echarlos a la calle
una voz muy ronca	la caída de un puño sobre la mesa
ponerse a discutir	agotársele la paciencia
estar cansado de esperar	golpe fuerte
ser hora de pagar	silencio absoluto

Conversation Buildup

I

MAMÁ	¿Qué suena? ¿El timbre?
INÉS	Sí, ya han llegado las visitas. Divinidad, ábrales.
MAMÁ	Inés, ¿dónde está tu hermana? ¿Subió a su cuarto?
INÉS	No sé. Creo que está en el baño maquillándose.
MAMÁ	¿Todavía? ¡Hace media hora que está maquillándose! Dile que baje.
INÉS	¡Marisol! ¡Marisol! Mamá quiere que bajes.
MAMÁ	No, tonta, no grites. Sube tú y dile que baje.
INÉS	Sí, mamá.

REJOINDERS

Ya han llegado las visitas.
Creo que Marisol está maquillándose.

CONVERSATION STIMULUS

Toda la familia está esperando a su hermana—que está en el baño maquillándose—para salir. Su mamá le dice a usted que vaya a decirle que se apure, que están cansados de esperar.

II

YOLANDA	Mi mamá dijo que ustedes iban a mudarse.
JOSEFINA	Sí, mi papá consiguió un trabajo en la capital.
YOLANDA	¡Qué bien! ¿Van a alquilar una casa allá?
JOSEFINA	Vamos a comprar una. Papá fue a buscar ayer.
YOLANDA	Espero que encuentre una bonita.
JOSEFINA	Lo único que me importa a mí es que sea de dos pisos, con terraza, como ésta.
YOLANDA	Y que esté en un barrio bonito . . .
JOSEFINA	Claro, y que tenga jardín . . . con césped y muchas flores.
YOLANDA	Bueno, siento mucho que ustedes se vayan.
JOSEFINA	No te preocupes. Yo te escribo.

REJOINDERS

Mi mamá dijo que ustedes iban a mudarse.
Lo único que me importa es que esté en un barrio bonito.

CONVERSATION STIMULUS

Uno de sus amigos va a ir a otra ciudad a vivir. Usted le pregunta cuáles son sus planes, dónde va a vivir, dónde va a ir a la escuela, etc.

Writing

PARAGRAPH REWRITE

Rewrite the following paragraphs in the past. *Start like this:* Hacía tres meses que vivía . . .

Hace tres meses que vivo en esa casa y todavía no me siento muy cómodo allí. En la casa vecina vive una señora muy vieja, de costumbres muy extrañas. Siempre se acuesta muy temprano, pero a medianoche se levanta y enciende todas las luces. Después empiezan los ruidos, unos ruidos horribles. Todas las noches escucho, la oreja pegada a la pared, pero nunca he podido captar qué pasa en esa casa.

Un día cuando llego a mi casa la vieja se asoma a la ventana y me sonríe de una manera misteriosa. Después desaparece en la casa. Dos o tres minutos más tarde oigo unos ruidos espantosos, y después unos sollozos y suspiros.

Dicen que la casa vecina está abandonada, que hace años que nadie vive allí. Dicen que van a demolerla. Pero yo sé que hay una misteriosa vieja que vive allí—una misteriosa vieja que no me deja dormir.

REFERENCE LIST

Nouns

agente *m*	barrio	diente *m*	jardín *m*	oreja	polvos	teja
alquiler *m*	caída	ducha	laca	pasta	puño	terraza
ático	césped *m*	farmacia	lavandería	perfume *m*	remedio	tina
balanza	cielo raso	flor *f*	lavatorio	pintura	sollozo	tintorería
barniz *m*	colegio	golpe *m*	navaja	de labios	sótano	toalla
	curita	jabón *m*		piso	techo	

Verbs

captar	pegar
demoler (o-ue)	pesar
desalojar	retrasarse
maquillarse	rogar (o-ue)
marcharse	sollozar
mudarse	sonreír (*like* reír)

Adjectives

alto	propio
cualquier	ronco
dichoso	vecino
maravilloso	

a eso de
barniz para las uñas
cepillo de dientes
de pronto
echar a la calle

Expressions

en primer lugar
Esta balanza aumenta dos kilos.
no tener más remedio
pasta de dientes
tener de todo

Del Mundo Hispánico

CÍA NACIONAL DE CHOCOLATES S. A.

CORONA

CON AZUCAR

¡Más sabroso!

MED. COL.

FRUGAL

AJI PICANTE

Contenido Neto 235 gms.
Licencia No. 1842-J-Minsalud.

NOPALITOS
AL NATURAL

"Doña María"
M.I.R.

HECHO EN MEXICO
POR
PRODUCTOS MARPE, S. A.
AV. LA PAZ 716   SAN LUIS POTOSI, S. L. P., MEX

BASIC MATERIAL I

El vendedor de pájaros

VENDEDOR	Señora, ¿no compra este loro? Viera cómo habla. A ver, lorito, di algo. ¡Lorito!
SEÑORA	No se moleste. Loros no, aunque hablen hasta por los codos. ¿Tiene canarios?
VENDEDOR	Cómo no. Cuando vuelva le traigo uno que es un fenómeno para cantar.
SEÑORA	¿Cuándo vuelve por aquí?
VENDEDOR	Mañana, si quiere, con tal de que me diga a qué hora.
SEÑORA	Pasado mañana, mejor, como a esta hora. Mañana tengo que ir a una boda.

(dos días después)

VENDEDOR	Aquí tiene, señora. ¿Oye cómo canta?
SEÑORA	Sí, pero no me gusta. Tiene una pata más corta que la otra.
VENDEDOR	¿Para qué lo quiere, señora, para que cante o para que baile?

Supplement

Señora, ¿no compra este loro?

Loros no, ¿tiene periquitos?
Loros no, ¿tiene gatos?
Loros no, ¿tiene tortugas?
Loros no, ¿tiene conejos?
Loros no, ¿tiene peces dorados?

¿No compra este perro?

Me gusta más ese otro de nariz larga.
¿Cuánto vale ése de cola blanca?

◀ *El loro es una ave tropical. Muchas familias en estas regiones tienen loros en sus casas.*

The Bird Salesman

SALESMAN   Ma'am, wouldn't you like to buy this parrot? You should hear him talk. Now, Polly, say something. Polly!

LADY   Don't bother. No parrots, even if they chatter their heads off (talk through their elbows). Do you have any canaries?

SALESMAN   Of course. When I come back I'll bring you one that's a whiz at singing.

LADY   When will you be by here again?

SALESMAN   Tomorrow, if you want, just (provided you) tell me what time.

LADY   The day after tomorrow would be better, at about the same time. Tomorrow I have to go to a wedding.

(two days later)

SALESMAN   Here you are, ma'am. Hear how he sings?

LADY   Yes, but I don't like him. He has one leg shorter than the other.

SALESMAN   What do you want him for, ma'am, to sing or to dance (so that he will sing or so that he will dance)?

Supplement

Ma'am, wouldn't you like to buy this parrot?

No parrots. Do you have any parakeets?
No parrots. Do you have any cats?
No parrots. Do you have any turtles?
No parrots. Do you have any rabbits?
No parrots. Do you have any goldfish?

Wouldn't you like to buy this dog?

I like that other one with the long nose better.
How much is that one with the white tail?

Vocabulary Exercises

1. QUESTIONS ON BASIC MATERIAL

1. ¿Qué le quiere vender el hombre a la señora? ¿Qué hace el loro?
2. ¿Quiere ver el loro ella? ¿Qué expresión usa para decir "aunque hable mucho"?
3. ¿Qué clase de pájaro quiere comprar ella?
4. ¿Cómo es el canario que le va a traer el vendedor?
5. ¿Cuándo quiere la señora que vuelva el vendedor?
6. ¿Por qué no quiere que venga mañana?
7. ¿Por qué no le gusta a la señora el canario que el vendedor le trae?
8. ¿Qué le contesta él?

2. FREE RESPONSE

1. ¿Tiene usted un animal? ¿Tiene un perro? ¿un gato? ¿una tortuga?
2. ¿Conoce a alguien que tenga un loro?
3. ¿Son los peces difíciles de cuidar? ¿y los perros?
4. ¿Tiene usted un pájaro? ¿Qué clase de pájaro tiene, un periquito?
5. ¿Tiene un perro? Descríbalo. ¿De qué color es? ¿Tiene la cola larga?
6. ¿Tiene un gato? Descríbalo.

3. PATTERNED RESPONSE

Refuse the item that is offered to you, but mention another one that is related.

¿Quiere leche?   Leche no, té.
¿Quiere loros?
¿Quiere peces dorados?
¿Quiere un conejo?
¿Quiere un lápiz?

Noun Exercise

4. COMPLETION

1. ¿Qué clase de pez es ése?   Es ＿＿ pez ＿＿.
2. ¿Quién va a cuidar los peces durante las   ¿＿＿ peces? La maestra ＿＿ va a llevar a
   vacaciones?   su casa.
3. Ese perro tiene una mosca en la nariz.   Sí, tiene una en ＿＿ nariz y otra en la pata.

Grammar

Adverbial Conjunctions That Always Take the Subjunctive

PRESENTATION

Llámame **antes.**
Llámame **antes de que ella venga.**

In the first sentence, which word is an adverb? In the second, which part is an adverbial clause? Is the verb form in the adverbial clause in the indicative or the subjunctive?

GENERALIZATION

1. Adverbial phrases and clauses function in sentences just like simple adverbs.
   Adverb:

Sale temprano.	*He leaves early.*
Llámame antes.	*Call me beforehand.*

   Adverbial phrase:

Sale sin mí.	*He leaves without me.*
Llámame antes de las ocho.	*Call me before eight.*

   Adverbial clause:

Sale sin que yo lo oiga.	*He leaves without my hearing him.*
Llámame antes de que ella venga.	*Call me before she comes.*

2. The adverbial phrases and clauses in these examples consist of prepositions **(antes de, sin)** followed by their objects. The objects may be single words **(mí),** phrases **(las ocho),** or clauses **(que ella venga, que yo lo oiga).** Although **que** is just the usual clause relater, expressions like **antes de que** and **sin que** are called adverbial conjunctions since they join an adverbial clause to the main clause of the sentence.

3. The subjunctive is used in clauses after any of the following adverbial conjunctions.

antes (de) que	*before*
sin que	*without*
para que	*so (that), in order that, in order for*
con tal (de) que	*provided (that)*
a menos que	*unless*

   De is often omitted in **antes (de) que** and **con tal (de) que.**

4. These adverbial conjunctions are used to introduce clauses in which the subject is different from the subject of the main clause. When there is no change of subject, an infinitive is usually used instead of a clause.

Yo no salgo antes de que ustedes terminen.	*I won't leave before you finish.*
Yo no salgo antes de terminar.	*I won't leave before I finish.*

STRUCTURE DRILLS

5. DEPENDENT CLAUSE SUBSTITUTION

Con tal de comprar un gato, vuelvo mañana. ⊗

Con tal de que usted _____.

Con tal de comprar un gato, vuelvo mañana.

Con tal de que usted compre un gato, vuelvo manana.

He venido para ver los loros.

_____ para que los niños ____.

Antes de marcharse, llámeme.

Antes de que ellos _____.

No queremos irnos sin ver las tortugas.

_____ sin que Juanito __.

Llegamos a las seis con tal de no retrasarnos.

_____ con tal de que el tren __.

6. PATTERNED RESPONSE

1. ¿Van a llevar a Juan?   Sí, a menos que él no quiera ir.
   ¿Van a llevarme a mí?   Sí, a menos que usted no quiera ir.
   ¿Van a llevar a los niños?   Sí, a menos que ellos no quieran ir.
   ¿Van a llevar a Marisol?   Sí, a menos que ella no quiera ir.
   ¿Van a llevarnos a nosotros?   Sí, a menos que ustedes no quieran ir.

2. ¿Nos van a traer el gato?   Sí, para que lo cuiden.
   ¿Te van a traer la tortuga?
   ¿Me van a traer los conejos?
   ¿Le van a traer el perro a Juanito?
   ¿Les van a traer los peces a ustedes?

Adverbial Conjunctions
That Take Either the Indicative or the Subjunctive

GENERALIZATION

1. There is an important difference between the following adverbial conjunctions and the five you have just studied. While those five always take the subjunctive, these may take either the indicative or the subjunctive.

cuando	*when*
hasta que	*until*
mientras	*while, as long as*
tan pronto como **en cuanto**	*as soon as*
como	*the way, as, how*
según	*the way, according to what*
donde	*where*
aunque	*even though, even if, although*
después (de) que	*after*

2. These conjunctions are followed by the indicative when the event or condition referred to in the adverbial clause has already taken place, or regularly takes place. They are followed by the subjunctive when the event or condition has not yet taken place, or—with **mientras** —if it has not yet ended.

Cuando vuelva, le traigo uno.	*When I come back, I'll bring you one.*
Cuando vuelvo, le traigo uno.	*When I come back, I (always) bring you one.*
Mándame un cable en cuanto llegues.	*Send me a cable as soon as you arrive.*
Me manda un cable en cuanto llega.	*He sends me a cable as soon as he arrives.*
Lo hago según me digan.	*I'll do it whatever way they tell me.*
Lo hago según me dicen.	*I do it the way they tell me.*
Aunque ella lo diga, yo no lo creo.	*Even though she may say so, I don't believe it.*
Aunque ella lo dice, yo no lo creo.	*Even though she says so, I don't believe it.*
Mientras yo esté aquí, nadie entra.	*As long as I'm here, nobody comes in.*
Mientras yo estuve aquí, nadie entró.	*While I was here, nobody came in.*
Yo te escribo después de que lleguen.	*I'll write you after they arrive.*
Yo le escribí después de que llegaron.	*I wrote him after they arrived.*

STRUCTURE DRILLS

7. PAIRED SENTENCES

Trajo un loro cuando vino. ⊗
Bring a parrot when you come.
He brought a parrot when he came.

Trajo un loro cuando vino.
Traiga un loro cuando venga.
Trajo un loro cuando vino.

El canario canta mientras nosotros hablamos.
The canary will sing as long as we are talking.
The canary sings while we talk.

Me llama tan pronto como llega.
Call me as soon as you arrive. (tú)
He calls me as soon as he arrives.

Lo hago como él me dijo.
I'll do it whatever way he tells me.
I'll do it the way he told me.

¿Por qué no comemos donde ellos nos dijeron?
Why don't we eat wherever they tell us?
Why don't we eat where they told us?

No me gusta, aunque es muy caro.
I don't like it, even though it may be very expensive.
I don't like it, even though it's very expensive.

8. PAIRED SUBSTITUTIONS

Me trajo un periquito cuando vino. ⊗
Tráigame ————————————.   Tráigame un periquito cuando venga.

Siguió trabajando hasta que llegó Juan.
Siga trabajando ————————————.

Me escribió tan pronto como supo.
Escríbame ————————————.

Me compró un loro en cuanto encontró uno bonito.
Cómpreme ————————————————.

Fue aunque era tarde.
Vaya ————————.

9. GROUPED SENTENCES

Te mandé una tarjeta en cuanto llegué.   Te mandé una tarjeta en cuanto llegué.
(siempre)   Te mando una tarjeta en cuanto llego.
(mañana)   Te mando una tarjeta en cuanto llegue.

Los esperé hasta que vinieron.
(siempre)
(mañana)

Me puse a llorar cuando se marcharon.
(siempre)
(mañana)

Lo hicimos según dijeron.
(siempre)
(mañana)

10. FREE RESPONSE

¿Qué quiere hacer cuando se gradúe?

¿Va a empezar a trabajar en cuanto termine el colegio o va a ir a la universidad?

¿Va a seguir estudiando español hasta que termine el colegio?

¿Tiene usted un animal?

¿Qué va a hacer con él cuando usted se vaya de vacaciones?

¿Se lo va a dar a un amigo para que se lo cuide?

Solamente con tal de que lo cuide bien, ¿verdad?

¿Va a dejar que lo cuide como él quiera?

¿Va a extrañarlo mucho mientras está de vacaciones?

¿Va a estar preocupado por él hasta que vuelva?

¿Qué va a hacer cuando vuelva de las vacaciones?

Writing

1. SENTENCE COMBINATION

Rewrite each of the following pairs of sentences as one sentence, using one of the following expressions in each.

       antes que   con tal de que   para que   sin que   a menos que

MODEL   ¿Quiere el canario? ¿Baila?

            ¿Quiere el canario para que baile?

1. Vamos al zoológico. Juanito ve los osos.
2. Compro este periquito. No sabe hablar.
3. Quiero irme. Viene el vendedor de pájaros.
4. Voy contigo. Tú me ayudas con la tarea.
5. No salgo de aquí. Usted me da el dinero.

2. PARAGRAPH REWRITE

Rewrite the following paragraph, changing the underlined verbs to the **ir** + **a** + infinitive construction. Make any other necessary changes.

    Mi hermano estuvo en Montevideo hasta que terminó su trabajo. Mientras estuvo allí, vivió con nuestra tía Elena. Pero tan pronto como pudo, volvió al campo, y cuando regresó, me trajo millones de cosas de la ciudad.

BASIC MATERIAL II

Un regalo de bodas

ANGELITA   ¡¡Se casa Dolores!! ¿Supiste? Con Mario Cabeza, el 20 de este mes.

GRACIELA   Sí, hacen una gran pareja, aunque él es un poco mayor que ella.

ANGELITA   Él tiene 29; once años no es nada. Lo malo es el nombre de casada que va a tener ella.

GRACIELA   Un poco raro, es verdad. Bueno, ¿qué les vas a dar de regalo? ¿Por qué no les regalamos algo juntas?

ANGELITA   Me parece muy bien. Regalémosles . . . ¿sabes qué? . . . un adorno de plata para la sala.

GRACIELA   Yo estaba pensando en algo más útil . . . digamos . . . un juego de ollas o algo así.

ANGELITA   Sí, también; como tú quieras.

Supplement

¿Por qué no le regalamos algo juntas?

Muy bien, comprémosle un adorno de oro.
Comprémosle un adorno de cristal o de vidrio.
Comprémosle una bufanda de seda.
Comprémosle una mantilla de encaje.

Yo estaba pensando en algo más útil.

¿Un gorro de lana, por ejemplo?
¿Unas botas de cuero?
¿Una blusa de algodón, o tal vez de nylon?
¡Yo sé, un abrigo de pieles!

A Wedding Present

ANGELITA   Dolores is getting married. Did you hear? To Mario Cabeza, on the 20th of this month.

GRACIELA   Yes, they make a great couple, even though he's a little older than she is.

ANGELITA   He's 29; eleven years is nothing. The bad thing about it is the married name she's going to have.

GRACIELA   A little funny, it's true. Well, what are you going to get them? Why don't we get them something together?

ANGELITA   That's fine with me. Let's get them . . . you know what? . . . something in silver (a silver ornament) for the living room.

GRACIELA   I was thinking of something more useful . . . let's say . . . a set of pots or something like that.

ANGELITA   Yes, that's good, too; whatever you want.

Supplement

Why don't we get her something together?

    Fine, let's buy her something in gold.
    Let's buy her something in crystal or glass.
    Let's buy her a silk scarf.
    Let's buy her a lace mantilla.

I was thinking of something more useful.

    A wool cap, for instance?
    Some leather boots?
    A cotton blouse, or maybe nylon?
    I know, a fur coat (a coat of skins).

Vocabulary Exercises

11. QUESTIONS ON BASIC MATERIAL

1. ¿Con quién se casa Dolores? ¿Cuándo es la boda?
2. Según Graciela, ¿hacen una buena pareja?
3. ¿Es Dolores mayor que Mario?
4. ¿Cuántos años tiene él? ¿Cuántos años de diferencia hay entre los dos?
5. ¿Cuántos años tiene ella?
6. ¿Cuál va a ser el nombre de casada de Dolores?
7. ¿Qué propone Graciela, con respecto al regalo?
8. ¿Qué quiere regalarles Angelita? ¿Qué pensaba comprarles Graciela?

"Yo estaba pensando en algo más útil." Dos chicas chilenas van de compras.

12. FREE RESPONSE

1. ¿Ha ido usted a una boda alguna vez?
2. ¿Qué les regaló a la pareja? ¿Les compró algún adorno de plata o de cristal?
3. *Anita,* ¿tiene usted un abrigo de pieles? ¿Va a tener uno cuando sea mayor?
4. Cuando hace frío, ¿se pone usted botas para venir a la escuela? ¿Se pone un gorro? ¿y una bufanda?
5. ¿A usted le gusta más recibir regalos útiles o regalos bonitos?
6. ¿Sufre usted de dolores de cabeza? ¿Tiene un dolor de cabeza ahora?
7. ¿Cree usted que Dolores de Cabeza es un nombre muy extraño? ¿Puede pensar en un nombre más extraño todavía?

Noun Exercise

13. COMPLETION

1. Me encanta el encaje.
2. El cristal está carísimo aquí.
3. ¿Se usa mucho el nylon aquí?
4. ¿Dónde se cultiva el algodón?

5. ¿Qué clase de piel es ésa?
6. Tuve un dolor de cabeza muy fuerte.

_____ encaje es muy _____.
_____ cristal siempre es _____.
Claro, _____ nylon se usa muchísimo.
_____ algodón se produce en el sur de los Estados Unidos.
_____ es _____ piel de tigre.
_____ dolores de cabeza son _____.

Grammar

de + *Noun Phrase to Modify Another Noun Phrase*

PRESENTATION

Regalémosles **un adorno de plata.**
Tengo **una bufanda de seda.**
Comprémosle **un gorro de lana.**

In these sentences, what expression modifies each of the underscored nouns? What word separates the underscored noun and the following noun? How would we normally say these sentences in English?

GENERALIZATION

Constructions like *a silk scarf, a wool cap* do not occur in Spanish. The usual Spanish equivalent of this type of English construction is a phrase with **de.**

Compré <u>una mantilla de encaje</u>.	*I bought <u>a lace mantilla</u>.*
Vi <u>un abrigo de pieles absolutamente maravilloso</u>.	*I saw <u>an absolutely marvelous fur coat</u>.*

STRUCTURE DRILLS

14. SENTENCE COMBINATION

Compré unas botas. Son de cuero. ⊗	Compré unas botas de cuero.
Mi mamá tiene un abrigo. Es de pieles.	Mi mamá tiene un abrigo de pieles.
Le regalaron una blusa. Es de algodón.	Le regalaron una blusa de algodón.
Tengo una bata. Es de lana.	Tengo una bata de lana.
Encontramos un àdorno. Era de plata.	Encontramos un adorno de plata.

15. PATTERNED REPLACEMENT

Use any appropriate **"de"** phrase in your response.

Comprémosles un adorno.	¿Un adorno de oro?
O tal vez un mantel.	
O tal vez un cenicero.	
O tal vez un florero.	
Ojalá no tengan ya vasos.	
Porque yo les compré un juego.	
Ana va a regalarles unos platos.	

16. FREE RESPONSE

Miguel, ¿es de algodón su camisa?

Ana, ¿tiene usted una mantilla de encaje? Cuando vaya a España, ¿se va a comprar una?
   ¿Las mantillas se usan mucho aquí? ¿Sabe si se usan mucho allá?

¿Qué ropa se usa en el invierno, cuando hace mucho frío?

¿Tiene usted un gorro de lana? ¿Se necesitan botas aquí en el invierno?

Margarita, ¿de qué es su vestido? ¿Es de nylon?

Pedro, ¿es de oro su reloj?

¿Qué ropa se usa en el verano, cuando hace mucho calor?

¿Tiene usted algunos adornos de plata en su casa? ¿Qué clase de adornos?

¿Tiene algunos adornos de cristal? ¿Qué más tiene?

"Let's" Form

PRESENTATION

Quiero algo más útil . . . **digamos** . . . un juego de ollas.
Regalémosles un adorno de plata.
Comprémosle un abrigo de pieles.
Muy bien, pero **no se lo compremos** aquí.

In situations in which English uses *let's* + verb, what form of the verb is used in Spanish? In affirmative sentences of this type, what is the position of object pronouns in relation to the verb? In negative sentences of this type, what is the position of object pronouns in relation to the verb?

GENERALIZATION

1. In situations in which English uses *let's* + verb, Spanish uses a first person plural subjunctive form.

Compremos este juego de ollas.	*Let's buy this set of pots.*
Hagamos una fiesta.	*Let's have a party.*

2. The position of object pronouns is the same in Spanish *"let's"* forms as in the formal and familiar commands; that is, pronouns follow and are attached to the verb in affirmative sentences, and precede the verb in negative 'sentences.

Regalémosles un florero de cristal.	*Let's get them a crystal vase.*
No les regalemos nada.	*Let's not get them anything.*

   When **nos** is attached to the verb, the final **s** of the verb is omitted.

Sentémonos aquí.	*Let's sit here.*

   When **se** is attached to the verb, the final **s** of the verb and the **s** of **se** are reduced to a single **s.**

Comprémoselo ahora.	*Let's buy it for her now.*

   The usual Spanish equivalent of *let's go* is **vamos;** the Spanish equivalent of *let's leave* or *let's get going* is **vámonos.**

Vamos en mi carro.	*Let's go in my car.*
Vámonos ahora.	*Let's leave (let's get going) now.*

STRUCTURE DRILLS

17. PATTERNED RESPONSE

1. Es preciso que regresemos. ⊗   Regresemos ahora mismo, entonces.
   Es preciso que estudiemos.   Estudiemos ahora mismo, entonces.
   Es preciso que salgamos.   Salgamos ahora mismo, entonces.
   Es preciso que comamos.   Comamos ahora mismo, entonces.

2. Mamá quiere que salgamos a pasear.   Salgamos a pasear, entonces.
   Quiere que visitemos el zoológico.   Visitémoslo, entonces.
   Quiere que llevemos a los niños.
   Quiere que veamos los osos.
   Quiere que nos quedemos allí todo el día.
   Quiere que volvamos a las siete.

18. INDICATIVE → *"let's"* FORM

Damos una fiesta. ⊗   Demos una fiesta.
Invitamos a todo el mundo.
Compramos la comida esta noche.
Arreglamos la casa mañana por la
  mañana.
Barremos todos los pisos.
Sacudimos todos los muebles.
Tenemos todo listo para mañana a las
  ocho.
Traemos discos.
¡Y bailamos toda la noche!

19. AFFIRMATIVE → NEGATIVE

Regalémosles un juego de ollas. ⊗   No les regalemos un juego de ollas.
Comprémoslo en el Almacén Goya.
Démoselo mañana.
Llevémoselo temprano.
Quedémonos allí todo el día.

20. NEGATIVE → AFFIRMATIVE

No les regalemos nada. ⊗   Regalémosles algo.
No los llamemos esta tarde.
No le llevemos el juego de ollas.
No se lo demos ahora.
No se lo digamos.

21. ALTERNATIVE RESPONSE DRILL

¿Le regalamos una mantilla o le compramos una bufanda?

Regalémosle una mantilla.
or Comprémosle una bufanda.

¿Se la damos ahora o se la llevamos más tarde?

¿La llamamos primero o vamos sin llamarla?

¿Nos quedamos un rato más o nos vamos ahora?

¿Tomamos el autobús o buscamos un taxi?

22. FREE RESPONSE

Answer each question with a *"let's"* form.

¿Quieren ir a un museo?
¿Salimos ahora o más tarde?
¿Quieren almorzar primero?
¿Nos vamos ahora mismo?
¿Cenamos en un restaurante cubano después?
¿Comemos juntos?

Writing

SENTENCE CONSTRUCTION

Write questions and answers as indicated from the following groups of words. Use the first person plural, present indicative in the questions, and the *"let's"* form in the answers.

MODEL Q: qué hora / levantarnos / mañana
A: no levantarnos temprano / levantarnos tarde

Q: ¿A qué hora nos levantamos mañana?
A: No nos levantemos temprano, levantémonos tarde.

1. Q: qué comprarle / Divinidad / cumpleaños
A: darle / abrigo / pieles

2. Q: por qué / no hacerle / fiesta / también
A: no hacerle / fiesta / regalarle / abrigo / pieles / solamente

3. Q: a quién / poder / preguntar / precio / ese / zapatos / cuero
A: preguntarle / señorita / estar allí

READING

Word Study

I

The endings **-ante, -ente,** and **-iente** are used in Spanish to form adjectives or nouns related to verbs with the same base. Adjectives and nouns ending in **-ante** are related to **a**-class verbs, and those ending in **-ente** or **-iente** to **e**-class or **i**-class verbs.

VERB		NOUN OR ADJECTIVE	
cantar	*sing*	**cantante**	*singer*
estudiar	*study*	**estudiante**	*student*
habitar	*inhabit*	**habitante**	*inhabitant*
importar	*be important*	**importante**	*important*
pretender	*claim, pretend*	**pretendiente**	*pretender, suitor*
	(to an office, a lady's hand)		
seguir	*follow*	**siguiente**	*following*
sorprender	*surprise*	**sorprendente**	*surprising*

II

The ending **-ura** is attached to the base of many adjectives to form nouns. These nouns signify a quality suggested by the adjective.

ADJECTIVE		NOUN	
hermoso	*beautiful*	**hermosura**	*beauty*
largo	*long*	**largura**	*length*
loco	*crazy*	**locura**	*madness*

Catalina y San Antonio

Una leyenda de Ecuador

En una casa grande cerca de la antigua iglesia de San Francisco en Quito vivía, hace muchos años, una viuda° con su hija Catalina. Desde la edad de quince años, cuando la señorita fue presentada a la alta sociedad en un baile elegante y costoso, muchos
5 pretendientes le habían pedido la mano. Pero Catalina, algo

viuda: *widow*

consentida° y un poco orgullosa por tantas atenciones, no encontraba ningún pretendiente a su gusto. Los rehusó todos, uno
después de otro.

    —Es lástima que tú, una señorita tan bella, no te cases. —le
10 decían a Catalina las vecinas.

    —Cuidado, chica, o vas a quedarte soltera. —le avisaban
las amigas.

    De buen humor, Catalina escuchaba estos consejos° sin
seguirlos. Sin duda, no recordaba el proverbio que dice: "El
15 consejo de la mujer es poco, y el que no lo toma, un loco". De
todos modos, el resultado fue que ella llegó a la edad avanzada
de dieciocho años sin esposo.

    —Esto no puede continuar así. —le dijo su madre a Catalina.
—¿No quieres casarte con Carlos que anoche te dio la serenata?
20   —¿Con ese gordo? No, mamacita. ¡Qué barril!

    —Pues, no entiendo por qué no quieres a Luis que tiene una
familia tan distinguida.

    —No, no, es tan pálido como un muerto.

    —¿Y Eduardo que es el más guapo de todos los jóvenes de
25 la capital?

    —No, no, es tan delgado como un palo°.

    —Pues, dime, hijita, ¿quieres ser soltera?

    —Oh, no, no,—contestó Catalina llorando—pero ¿qué voy a
hacer cuando no encuentro a ningún pretendiente a mi gusto?
30   Por algunos momentos, la madre se quedó pensando. Por fin
habló.

    —He oído decir que San Antonio de Padua sabe dar buenos
maridos a las jóvenes que le piden devotamente este favor. Creo
que debemos pedirle ayuda al buen santo.

35   —Bueno, mamacita,—contestó Catalina, secando sus lágri-
mas. —Vamos a rezar en seguida en la iglesia de San Francisco.

    Así, día tras día, las dos, madre e hija, fueron a la iglesia a
rezar al buen santo. Sin embargo, ningún pretendiente agradable
se presentó. Por supuesto, la señorita se puso triste.

40   —Ten fe° y paciencia, hija,—aconsejó la madre.—Ahora
tengo otra idea. En tu recámara vamos a arreglar un altarcito
con una estatua de San Antonio. Entonces, por nueve noches le
rezamos al santo, pidiéndole que te consiga un esposo a tu gusto.
Sé que te va a dar lo que pides.

45   —Voy a hacerlo por obediencia—respondió Catalina tristemente,—pero si al fin de nueve días no me ha ayudado San
Antonio, voy a hacer algo terrible, absolutamente terrible.

consentido: *spoiled*

consejo:
  (*piece of*) *advice*

palo: *stick*

fe *f: faith*

Así, el altarcito de San Antonio fue arreglado con flores frescas y dos velas grandes que quemaban constantemente. Aunque
50 las dos mujeres rezaron por nueve noches, el novio del milagro no apareció.

Pacientemente, Catalina esperó unos días más. Entonces una tarde la señorita, llorando a lágrima viva, corrió al altarcito. Tomando la estatua en las manos, le dijo:
55 —Perdóname, San Antonio, pero como no me has dado un esposo, no quiero verte más.

Dicho esto, la señorita arrojó la estatua por una ventana abierta a la calle. En ese mismo° momento pasaba un caballero elegantemente vestido. Y el santo cayó exactamente en la copa   **mismo:** *very*
60 alta de su fino sombrero.

El caballero reaccionó violentamente con el golpe recibido en la cabeza. Se puso furioso. Recogiendo la estatua, fue a la puerta de la casa de donde había sido arrojada. Con su bastón°   **bastón** *m: cane*
llamó ruidosamente. Pronto apareció la madre.
65 —Arrojar una estatua a la calle es una cosa terrible, señora. Y mire cómo está arruinado mi sombrero que compré en París.

—Lo siento mucho, señor.

—Pues, explíqueme, señora, ¿por qué arrojó la estatua? ¿No sabe que ha cometido un gran pecado°?   **pecado:** *sin*
70 —Tenga paciencia, buen caballero, y se lo cuento todo.

Al final de la explicación la madre añadió:

—Pero mi hija es amable° y bella, señor.   **amable:** *kind*

Ahora el caballero, más curioso que enojado, contestó:

—Le ruego que me disculpe, señora, que tal vez estuve un
75 poco violento. Y ahora espero que me haga el favor de presentarme a su hija.

—El gusto es mío, caballero. Pase y siéntese.

El señor aceptó la invitación y la madre salió en busca de Catalina. Sin entusiasmo, la señorita acompañó a su madre a la
80 sala donde extendió la mano al caballero, cuyo apellido indicaba que era de una de las familias más ricas y distinguidas de Ecuador.

El caballero quedó asombrado de la hermosura de Catalina y le dijo:

—Le ruego, doña Catalina, que me considere su sincero ad-
85 mirador. Y permítame ser un humilde servidor de su casa.

—Mi madre y yo estamos honradas con su presencia. Tendremos mucho gusto en recibirlo, caballero, —contestó la hija con modestia.

Después de esos discursos° sinceros y entusiásticos, los tres
90 platicaron, hora tras hora, como viejos amigos. Catalina estaba
encantada del buen joven amable e inteligente que acababa de
volver de Europa donde había estudiado por muchos años. Y el
caballero estaba encantado de la modestia y hermosura de Catalina.

95 Al fin del año, se casaron los jóvenes en la antigua Iglesia de
San Francisco, celebrando las bodas con pompa y esplendor.

Si hoy día° visita la iglesia, puede ver en una de las capillas
una preciosa estatua de San Antonio de Padua. Se dice que es el
regalo de dos personas muy agradecidas°—Catalina y su esposo.

discurso: *talk*

hoy día: *nowadays*

agradecido: *grateful*

GENEVIEVE BARLOW

Dictionary Section

a lágrima viva con gran aflicción: *Catalina se sentía horrible: estaba llorando a lágrima viva cuando yo entré.*

algo un poco: *Yo estaba algo enojado pero no dije nada.*

antiguo muy viejo: *Los españoles construyeron esa iglesia hace trescientos años; es muy antigua.*

añadir aumentar, decir algo más:—*Buenos días, —dijo la señora. Y después añadió,—Entren y siéntense.*

asombrado sorprendido: *Estuvimos asombrados de ver cuánto había crecido Juan. ¡Estaba muy alto!*

bello hermoso: *Catalina era una joven muy bella.*

caballero señor: *Las damas y los caballeros entraron y se sentaron.*

capilla parte generalmente separada de la sección principal de una iglesia, con un pequeño altar: *Hay varias capillas privadas en esa catedral.*

copa parte hueca de un sombrero: *No me gusta ese sombrero; tiene la copa muy alta.*

cuyo de quien: *Una mujer cuyo marido ha muerto es una viuda.*

disculpar perdonar:—*¡Disculpe!—dijo la señora, después de pegarme accidentalmente con su paraguas.*

edad tiempo que una persona ha vivido; el número de años que tiene: *¿Qué edad tiene?— Dieciséis años.*

final *m* fin: *¿Qué hay al final de ese pasillo?*

fresco nuevo, reciente, que acaba de hacerse: *Voy al mercado a comprar legumbres frescas; ésas que están en el refrigerador ya están malas.*

milagro acontecimiento sobrenatural o extraordinario: *Encontré mil pesos en la calle. ¡Qué milagro!*

platicar conversar: *Pasábamos horas y horas platicando en el café.*

precioso hermoso: *¡Qué preciosa estás, Ana María! ¿Fuiste a la peluquería?*

recámara dormitorio, habitación: *En mi recámara hay una cama, un armario y un pequeño estante de libros.*

rehusar rechazar, no aceptar una cosa o persona: *María rehusó a todos los pretendientes; no quiso casarse con ninguno.*

santo una persona que según la Iglesia tiene virtudes especiales: *San Antonio y Santa Teresa son santos muy conocidos.*

seguida: en seguida inmediatamente: *Llego a casa y me pongo a estudiar en seguida.*

soltero una persona que ni está ni ha estado casado: *He sido soltero hasta ahora pero la semana próxima me voy a casar.*

vecino alguien que vive en la casa vecina o en el mismo barrio que uno: *La dirección de Juan es 5 Calle Goya y la de Pedro es 7 Calle Goya; los dos chicos son vecinos.*

23. QUESTIONS

1. ¿Dónde vivían Catalina y su mamá?
2. ¿Todavía vivía el papá de Catalina, o quedaba su mamá viuda?
3. ¿Tenía muchos pretendientes Catalina? ¿Los rehusó a todos o aceptó a alguno de ellos?
4. ¿Cómo era Catalina?
5. ¿Exactamente qué le decían las vecinas y las amigas?
6. ¿Qué proverbio no recordaba ella?
7. ¿Cómo describió Catalina a Carlos? ¿y a Luis? ¿y a Eduardo?
8. ¿Qué solución encontró la mamá de Catalina al problema?
9. ¿Qué arreglaron en su recámara? ¿Cómo era el altar?
10. ¿Se presentó por fin un novio?
11. ¿Qué hizo Catalina con la estatua de San Antonio?
12. ¿Quién pasaba en ese momento? ¿Dónde cayó la estatua?
13. ¿Qué hizo el caballero después de recoger la estatua?
14. ¿Qué le dijo a la mamá de Catalina? ¿Qué le contó ella al caballero?
15. ¿Cómo reaccionó el caballero? ¿Estaba tan enojado como antes?
16. ¿La mamá lo invitó a entrar por fin?
17. ¿Qué indicaba el apellido del caballero?
18. ¿De qué quedó asombrado?
19. ¿Platicaron los tres por mucho tiempo?
20. ¿A Catalina le gustó el caballero? ¿A él le gustó Catalina?
21. ¿Se casaron los dos jóvenes? ¿Dónde?
22. ¿Qué se puede ver hoy día en una de las capillas de la iglesia de San Francisco?
23. ¿De quiénes es un regalo?
24. ¿De dónde es esta leyenda?

Noun Exercise

24. COMPLETION

1. Su mamá tenía mucha fe en San Antonio. Todas las mujeres del pueblo tenían _____ fe en él.

2. Catalina tenía muchísimos pretendientes. Pero no le gustó _____ de _____ pretendientes.
3. El caballero llevaba un bastón. Usaba _____ bastón para caminar.
4. ¿Qué pasa al final del cuento? No sé, todavía no he llegado hasta _____ final.

RECOMBINATION EXERCISES

25. PRETERIT → ir + a + INFINITIVE AND PRESENT SUBJUNCTIVE

No se casó hasta que se presentó un pretendiente a su gusto. ⊗

No se va a casar hasta que se presente un pretendiente a su gusto.

Mientras no tuviste novio, le rezaste a San Antonio.

Tan pronto como se cumplieron los nueve días, arrojé la estatua por la ventana.

Cuando volvieron de la iglesia, arreglaron un altar en la recámara.

En cuanto vio el caballero a Catalina, se enamoró de ella.

26. INDICATIVE → *"let's"* FORM

Recogemos la estatua. ⊗

Recojamos la estatua.

La llevamos a la casa.

Tocamos a la puerta.

Se la entregamos a la señora.

Preguntamos quién la arrojó.

Decimos que es un pecado arrojar una estatua.

Añadimos que es peligroso.

Y después nos vamos.

27. NARRATIVE VARIATION

Lea los párrafos que empiezan en la línea 57 y en la línea 61 otra vez. Cambie todos los verbos al presente. *Empiece así:* Dicho esto, la señorita arroja la estatua . . .

28. SUSTAINED TALK

Explique lo que ocurre cuando Catalina arroja la estatua por la ventana. Emplee por lo menos ocho de las expresiones siguientes.

arrojar la estatua
un caballero elegantemente vestido
ponerse furioso
llamar con el bastón
cometer un gran pecado
al final de la explicación

disculpar
"Pase y siéntese".
la hermosura de Catalina
platicar hora tras hora
celebrar bodas
una preciosa estatua de San Antonio

Conversation Buildup

I

MARTÍN   Escucha a esas chicas. Pasan todo el día hablando de qué se
van a poner para la boda de María Elena.

JAVIER   Sí, ¡qué tontas! Una tiene un vestido de seda, la otra uno de
encaje . . .

MARTÍN   Y aunque tengan diez vestidos siempre necesitan uno más.
¡Cómo hablan!

JAVIER   Sí, hasta por los codos. Para los hombres casi no hay problema. Nos ponemos un traje y basta.

MARTÍN   Por supuesto. A propósito, ¿tú vas a ir con traje oscuro a la
boda de María Elena?

REJOINDERS

¡Cómo hablan!
Casi no hay problema para los hombres.

CONVERSATION STIMULUS

Usted tiene que ir a una fiesta muy elegante y no sabe qué ponerse. Pregúntele a un amigo
qué piensa él.

II

MAMÁ   Luis, cómprame un kilo de ternera cuando salgas.

LUIS   ¿Dónde quieres que lo compre? Todo está cerrado ahora.

MAMÁ   Es cierto. Ya son las dos de la tarde.

LUIS   Cuando termine el colegio, voy a vivir en la capital. Allí, por
lo menos, las tiendas no se cierran a la hora de la siesta.

MAMÁ   Ya, basta. No hablemos de eso ahora.

LUIS   Sí, voy a ir a la capital, y voy a estudiar para astronauta, y
algún día voy a ir a la luna.

MAMÁ   Muy bien, pero en cuanto puedas, cómprame un kilo de ternera.

REJOINDERS

Cómprame una bufanda de seda.
Todo está cerrado.

CONVERSATION STIMULUS

Su mamá quiere que salga a comprarle algo. Hace mucho frío, y ella le dice que se ponga una
bufanda, un gorro, y otras cosas que pueda necesitar para el frío. Pero usted no quiere salir.

Writing

PARAGRAPH REWRITE

Rewrite the following paragraphs in the present.

Misu era una gata que vivía en la casa de María Elena. Todos los días los pretendientes se presentaban en la casa, y Misu observaba a María Elena rehusar a estos pretendientes uno tras otro.

Un día Misu se perdió, o, por lo menos, María Elena pensaba que se había perdido. Pero Misu, muy lista, se había escondido en el jardín de su vecino, don Francisco Pérez, un caballero muy simpático y guapo, de barba negra y ojos castaños. Cuando salió don Francisco a su jardín, vio a la gata, y la reconoció. Don Francisco recogió a Misu y la llevó a la casa de María Elena. Y así el joven se presentó en la casa. Poco tiempo después don Francisco le regaló a la muchacha un hermoso adorno de oro, y un año más tarde los dos celebraron sus bodas en la Iglesia de San Antonio de Padua . . . ¡gracias a Misu!

REFERENCE LIST

Nouns

adorno	codo	final *m*	nylon *m*	piel *f*
algodón *m*	cola	gato	olla	pretendiente *m*
altar *m*	concreto	gorro	oro	proverbio
bastón *m*	conejo	gusto	pájaro	recámara
boda	cristal *m*	hermosura	pareja	seda
bota	cuero	juego	pata	tortuga
bufanda	encaje *m*	lana	pecado	vecino
caballero	estatua	loro	periquito	vidrio
capilla	fe *f*	mantilla	pez (dorado)	viuda
		nariz *f*		

Verbs

asombrar
arrojar
celebrar
cometer
disculpar
platicar
regalar
rehusar

Conjunctions

a menos que	hasta que
antes (de) que	mientras
con tal (de) que	para que
después (de) que	sin que
en cuanto	tan pronto como

Adjectives

bello
hermoso

Preposition

tras

Expressions

a su gusto
al final
hablar hasta por los codos
tener mucho gusto (en)

BASIC MATERIAL I

Turistas

SEÑORA   En esta tienda hay maravillas en oro y plata. ¡Mira ese collar con esos aretes! Carmencita se volvería loca. Tal vez podríamos llevarle eso. ¿No crees que le gustaría?

SEÑOR   No sé, quizá. Pero sería mejor comprar primero el regalo de bodas para Consuelo. ¿Qué te parece ese juego de té?

SEÑORA   Está precioso, pero debe ser carísimo. Tendríamos que preguntar el precio.

SEÑOR   El tipo ese parece estar pegado al periódico. ¡Oiga, caballero! . . . ¡Por fin!

EMPLEADO   Dígame, señor, ¿qué se le ofrece?

SEÑOR   ¿Tendría la amabilidad de mostrarnos ese juego de té?

Supplement

¡Mira ese collar!

¡Y ese broche!
¡Y esa pulsera!
¡Y ese anillo!
¡Y esos gemelos!
¡Y ese prendedor de corbata!
¡Qué lindo! Me encantan las joyas.

¿Qué te parece ese juego de té?

Me gustan más esos adornos de cobre.
Prefiero la cafetera de plata.
¿No serían más baratos los saleros
     de porcelana?

Debe ser carísimo.

Pero podemos regatear con el dependiente.
Además, no cabría en el auto.

◀ *Una tienda en México para artículos de plata, de oro y de cobre.*

Tourists

LADY   In this store there are fantastic things in gold and silver. Look at that necklace and those earrings! Carmencita would go crazy. Maybe we could bring her that. Don't you think she'd like it?

MAN   I don't know, maybe. But it would be better to buy Consuelo's wedding present first. What do you think of that tea set?

LADY   It's lovely, but it must be very expensive. We would have to ask the price.

MAN   That guy looks like he's glued to the newspaper. Oh, sir! . . . Finally!

CLERK   Yes, sir, can I help you?

MAN   Would you please be kind enough to show us that tea set?

Supplement

Look at that necklace!

And that pin!
And that bracelet!
And that ring!
And those cufflinks!
And that tie clasp!
How pretty! I love jewelry.

What do you think of that tea set?

I like those copper things better.
I prefer the silver coffee pot.
Wouldn't the china saltshakers be cheaper?

It must be very expensive.

But we can bargain with the salesman.
Besides, it wouldn't fit in the car.

Vocabulary Exercises

1. QUESTIONS ON BASIC MATERIAL

1. ¿Qué venden en la tienda donde están los turistas? ¿Hay cosas bonitas allí?
2. ¿Qué quiere comprar la señora para Carmencita?
3. ¿Qué quiere comprar el señor primero?
4. ¿Qué le parece a su esposa el juego de té?
5. ¿Por qué necesitan comprar un regalo para Consuelo?
6. ¿Saben ellos el precio?
7. ¿Qué está haciendo el dependiente?
8. ¿Qué expresión usa él para preguntarles qué quieren?

9. ¿Qué expresión usa el señor para preguntarle al empleado si les puede mostrar el juego de té?

2. FREE RESPONSE

1. ¿A usted le gustan las joyas? ¿Tiene muchas? ¿Qué clase de joyas tiene?
2. ¿Es de oro esa pulsera? ¿Tiene usted algún adorno de cobre?
3. ¿Tiene su mamá una cafetera de plata? ¿Tiene saleros de porcelana?
4. ¿Se puede regatear en las tiendas aquí? ¿A usted le gusta regatear?

Noun Exercise

3. COMPLETION

1. Me encantan esos aretes.
2. ¿Vas a comprar el collar?
3. ¿Qué te parece este broche?
4. Hay mucho cobre en Chile, ¿verdad?
5. Estamos esperando al dependiente.
6. Preguntémosle mejor a la dependienta.
7. Él es el único turista.
8. Ellas son las turistas que llegaron.

1. Sí, _____ aretes son _____ .
2. No, _____ collar es _____ , pero es _____ .
3. ¿ _____ broche? Es _____ .
4. Sí, _____ cobre no es _____ allí.
5. _____ dependiente lee el periódico.
6. Sí, a ver si _____ dependienta nos ayuda.
7. Hay _____ turistas aquí.
8. ¿Ellas son _____ _____ turistas?

Verb Exercises

The verb **mostrar** has the same **o-ue** stem alternation as **encontrar**.

Pres. ind.	**muestro, muestras, muestra, mostramos, muestran**
Pres. subj.	**muestre, muestres, muestre, mostremos, muestren**

4. PATTERNED RESPONSE

Quiero ver sus apuntes.
Quiero ver los apuntes de Juan.
Quiero ver los apuntes de los alumnos.
Quiero ver los apuntes de ustedes.
Quiero ver los apuntes de Inés.

Nunca se los muestro a nadie.

The verb **caber** has an irregular first person singular present indicative form, irregular present subjunctive forms, as well as an irregular preterit stem and irregular preterit ending in the first and third persons singular.

Pres. ind.	**quepo, cabes, cabe, cabemos, caben**
Pres. subj.	**quepa, quepas, quepa, quepamos, quepan**
Pret.	**cupe, cupiste, cupo, cupimos, cupieron**

5. PATTERNED RESPONSE

1. Yo no quepo en el auto, ¿y tú?   Yo no quepo tampoco.
   Nosotros no cabemos en el auto, ¿y ustedes?
   El juego de té no cabe en el auto, ¿y la cafetera?
   El adorno de cobre no cabe en el auto, ¿y lo demás?

2. ¿Por qué no te sientas aquí?   No creo que quepa.
   ¿Por qué no se sientan los chicos aquí?   No creo que quepan.
   ¿Por qué no se sienta el caballero aquí?
   ¿Por qué no me siento aquí?
   ¿Por qué no se sientan ustedes aquí?

3. ¿Cupieron los adornos en la maleta?   Sí, cupieron.
   ¿Cupieron ustedes en el auto?
   ¿Cupo el juego de té en el baúl?
   ¿Cupieron los regalos en el armario?
   ¿Cupo usted en el taxi?

Grammar

The Conditional: Regular Forms

PRESENTATION

Yo lo **compraría** todo.	Me **volvería** loco.	Después **iría** a otra tienda.
Tú lo **comprarías** todo.	Te **volverías** loco.	Después **irías** a otra tienda.
Él lo **compraría** todo.	Se **volvería** loco.	Después **iría** a otra tienda.
Tú y yo lo **compraríamos** todo.	Nos **volveríamos** locos.	Después **iríamos** a otra tienda.
Ellos lo **comprarían** todo.	Se **volverían** locos.	Después **irían** a otra tienda.

What classes do the verbs in the above sentences belong to? What form of the verb serves as the base to which an ending is attached? Are the endings the same for all three classes of verbs? Are the endings the same as or different from the theme vowel + endings used to form the imperfect of **e**-class and **i**-class verbs?

GENERALIZATION

C O N D I T I O N A L ,
regular verbs

Infinitive	*Ending*
llamar-	ía
	ías
comer-	ía
	íamos
vivir-	ía

1. The conditional is regularly formed by adding the endings shown above to the infinitive. The conditional endings are the same as the theme vowel + endings used to form the imperfect of **e**-class and **i**-class verbs. The usual English equivalent of the Spanish conditional is *would* + verb.

Yo lo compraría todo.	*I would buy it all.*
Carmencita se volvería loca.	*Carmencita would go crazy.*
Sería mejor irnos.	*It would be better for us to leave.*

2. The English *would* does not correspond to the Spanish conditional in two cases:
   a. When *would* means *used to,* the Spanish equivalent uses the imperfect.

| **Siempre usaba muchas joyas.** | *She would (used to) always wear a lot of jewelry.* |
| **Cuando yo era chico, siempre iba al cine los sábados.** | *When I was a little boy, I would always go to the movies on Saturday.* |

   b. When *would not* means *refused to,* the Spanish equivalent often uses the preterit of **querer.**

| **No quiso venir.** | *He wouldn't (refused to) come.* |

STRUCTURE DRILLS

6. PERSON-NUMBER SUBSTITUTION

1. ¿Qué comprarías? ⊗   ¿Qué comprarías?
   (los turistas)   ¿Qué comprarían?
   (usted)   ¿Qué compraría?
   (nosotros)   ¿Qué compraríamos?
   (yo)   ¿Qué compraría?
   (tú)   ¿Qué comprarías?

2. Se volvería loco. ⊗
   (yo–las chicas–Carmencita–usted–tú–tú y yo)

3. No iríamos con ellos.
   (yo–el caballero–tú–nosotros–ustedes)

7. PATTERNED RESPONSE

1. ¿Compraste el juego de té?   No, yo no compraría eso; es muy caro.
   ¿Compraron ellos el juego de té?   No, ellos no comprarían eso; es muy caro.
   ¿Compró ella el juego de té?   No, ella no compraría eso, es muy caro.
   ¿Compraron ustedes el juego de té? No, nosotros no compraríamos eso; es muy
                                         caro.

   ¿Compró usted el juego de té?   No, yo no compraría eso; es muy caro.

2. ¿Qué dijo Juan? ⊗   Dijo que preguntaría el precio.
   ¿Qué dijeron ustedes?
   ¿Qué dijo usted?
   ¿Qué dijo el caballero?
   ¿Qué dijimos nosotros?

8. ir + a + INFINITIVE → CONDITIONAL

Yo creía que me iban a traer algo.   Yo creía que me traerían algo.
Mamá dijo que me iba a comprar un
   broche.
Papá juró que me iba a buscar una
   pulsera.
Nosotros pensábamos que todo iba a ser
   muy barato allá.
Yo estaba segura que iban a llegar con
   muchos regalos.

9. FREE RESPONSE

¿Les gustaría a ustedes tener un millón de dólares?
¿Se volverían locos o no les importaría mucho?
¿Qué compraría usted?
¿Adónde iría usted?
¿Qué me comprarían a mí?
¿Vendería usted su casa y compraría otra?
¿Cuánto dinero me prestaría a mí?

¿Dónde pasaría usted las vacaciones?
¿Qué preferirían ustedes, ser ricos o pobres?
¿A usted le importaría ser pobre?
A mí me encantaría vivir en Venezuela, ¿y a usted?

The Conditional: Irregular Forms

GENERALIZATION

For a few verbs which are irregular in the conditional the endings are not attached to the infinitive but to a special stem. These verbs are listed below.

Infinitive	*Stem*[1]	*Ending*
salir	**saldr-**	
tener	**tendr-**	
poner	**pondr-**	
venir	**vendr-**	
valer	**valdr-**	
		ía
		ías
poder	**podr-**	**ía**
saber	**sabr-**	**íamos**
caber	**cabr-**	**ían**
haber	**habr-**	
querer	**querr-**	
hacer	**har-**	
decir	**dir-**	

---

[1] In the first group, the theme vowel is replaced by **d** to form the special stem: **salir → saldría**. In the second group, the theme vowel is merely omitted: **poder → podría**.
  Hacer and **decir** follow no special rule.

STRUCTURE DRILLS

10. PERSON-NUMBER SUBSTITUTION

1. Se pondría muy contento. ⊗   Se pondría muy contento.
   (nosotros)   Nos pondríamos muy contentos.
   (tú)   Te pondrías muy contento.
   (Carmencita)   Se pondría muy contenta.
   (yo)   Me pondría muy contento.
   (los hijos)   Se pondrían muy contentos.

2. No saldríamos con Carmencita. ⊗
   (tú–ese chico pretencioso–yo–tus hermanos–él y yo)

3. ¿Qué harías en mi lugar?
   (usted–ustedes–ese señor–tú)

4. No sabría qué hacer.
   (nosotros–ellos–tú–usted–yo)

11. PATTERNED RESPONSE

¿Vino ayer?   No, dijo que vendría mañana.
¿Te dijo el nombre ayer?   No, dijo que me lo diría mañana.
¿Pudo terminar el trabajo ayer?
¿Tuvo listo el auto ayer?
¿Salió a comprar el regalo de bodas ayer?

12. ir + a + INFINITIVE → CONDITIONAL

Yo pensaba que no ibas a saber re-   Yo pensaba que no sabrías regatear.
  gatear. ⊗
Creíamos que no iba a querer gastar
  tanto.
Dijiste que no iba a haber muchos
  turistas.
¿No te dije que ese prendedor iba a ser
  carísimo?
Creíamos que no iba a valer la pena
  esperar.
Tú dijiste que íbamos a poder volver.
Yo no pensaba que iba a caber tanta gente
  en esa tienda.

13. FREE RESPONSE

¿A ustedes les gustaría ir a pasear hoy?

¿Preferirían ir al circo o al zoológico?

¿A qué hora saldríamos?

¿Podríamos ir en auto?

¿Sabrían ustedes llegar?

¿Habría mucho que ver allí?

¿Valdría la pena llevar un almuerzo?

¿Tendríamos que volver temprano? ¿Por qué (no)?

¿Querrían ustedes ver los elefantes y los osos?

¿Qué más querrían ver?

¿Cabríamos todos en mi auto?

Writing

SENTENCE COMPLETION

Complete each of the following sentences using the conditional of the same verb that occurs in the first part of the sentence.

MODEL   Si aquí como mucho, allá . . .   Si aquí como mucho, allá comería más.

1. Si aquí salgo mucho, allá . . .
2. Si aquí nos levantamos temprano, allá . . .
3. Si aquí está bien, allá . . .
4. Si aquí tienes que regatear, allá . . .
5. Si aquí hay anillos bonitos, allá . . .
6. Si aquí las pulseras son caras, allá . . .

BASIC MATERIAL II

Preocupaciones

ELLA   Tendrás que darme dinero para comprar esa bandeja de oro. Es lo último, no te pediré ni un centavo más, te juro.

ÉL   No te dejarán pasar eso en la aduana, ¿cuántas veces tengo que decirte? Y si lo dejan pasar, habrá que pagar un impuesto enorme.

ELLA   ¿Pero no ves que allá jamás podremos comprar cosas a estos precios? Dame 500 pesos, por favor.

ÉL   ¡No! Tú crees que no es más que soplar y hacer botellas. Además, ¿sabes cuánto tendremos en exceso de equipaje? Mejor ni pensar en eso.

Supplement

Es lo último, te juro.

Eso es lo que dijiste cuando te compré esas sandalias de cuero.

Eso es lo que dijiste cuando te compré ese cinturón.

Eso es lo que dijiste cuando te compré esa billetera.

Dame 500 pesos, por favor.

Olvídate de esa bandeja. No te la compro.

Tendremos que pagar exceso de equipaje.

¿Por qué? Esta maleta es muy liviana.

Es verdad. Esta maleta es muy pesada.

Worries

SHE   You'll have to give me money to buy that gold tray. It's the last thing. I won't ask you for one penny more, I swear.

HE   You'll never get that through customs. How many times do I have to tell you? And if they let it through, we'll have to (it will be necessary to) pay an enormous tax.

SHE   But don't you see that back there we'll never be able to buy things at these prices? Give me 500 pesos, please.

HE   No! You think money grows on trees (that it's only a matter of blowing and making bottles). Besides, do you know how much excess baggage we'll have? Better not even think about it.

Supplement

It's the last thing, I swear.

That's what you said when I bought you those leather sandals.

That's what you said when I bought you that belt.

That's what you said when I bought you that wallet.

Give me 500 pesos, please.

Forget about that tray. I'm not going to buy it for you.

We'll have to pay excess baggage.

Why? This suitcase is very light.

That's true. This suitcase is very heavy.

Vocabulary Exercises

14. QUESTIONS ON BASIC MATERIAL

1. ¿Qué quiere comprar ella? Según ella, ¿es esa bandeja la última cosa que va a comprar?
2. ¿Cree el señor que la van a dejar pasar esa bandeja en la aduana?
3. Y según él, si la dejan pasar, ¿qué van a tener que pagar?
4. ¿Por qué insiste ella en comprar esa bandeja allí? ¿Cuánto dinero le pide a su marido?
5. ¿Qué opinión tiene la señora con respecto al dinero, según su marido?
6. ¿Cuál otra preocupación tiene él con respecto al equipaje?

15. FREE RESPONSE

1. *María,* ¿es pesada o liviana su cartera? ¿Por qué? ¿Tiene muchas cosas dentro?
2. ¿Tiene usted sandalias de cuero?
3. *Pablo,* ¿usa usted cinturón? ¿De qué es?
4. ¿Tiene una billetera? ¿Dónde la compró? ¿De qué es?

16. ENGLISH CUE DRILL

Hay que pagar un impuesto enorme.
We have to buy that gold tray.
You have to forget those sandals.
One has to be careful with money.
You have to buy a belt and a wallet.

Grammar

The Future

PRESENTATION

Compraré esa bandeja.	Jamás **podré** encontrarla allá.
Comprarás esa bandeja.	Jamás **podrás** encontrarla allá.
Comprará esa bandeja	Jamás **podrá** encontrarla allá.
Compraremos esa bandeja.	Jamás **podremos** encontrarla allá.
Comprarán esa bandeja.	Jamás **podrán** encontrarla allá.

Do the verbs in each of the above sentences refer to the present or to a future time? In the sentences on the left, what is the base to which the future endings are attached? And in the sentences on the right? Are the future endings attached to the same base as the conditional endings? What endings are attached to the infinitive or irregular stem to form the future?

GENERALIZATION

1. The endings shown below are attached to the infinitive to form the future.

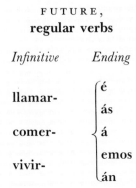

FUTURE,
regular verbs

Infinitive	*Ending*
llamar-	é
	ás
comer-	á
	emos
vivir-	án

All the future forms except first person plural end in a stressed syllable.

2. Verbs that are regular in the conditional are also regular in the future, and verbs irregular in the conditional are also irregular in the future. The stem of the future is the same as that of the conditional.

> **Jamás <u>podré</u> encontrarla allá.**
> **<u>Tendremos</u> que pagar exceso de equipaje.**

3. In Spanish the present is frequently used in place of the future.

> **<u>Hablo</u> con ella más tarde.**   *I'll talk with her later.*

4. The **ir + a +** <u>infinitive</u> construction is often used in place of the future, just as *going to +* <u>infinitive</u> is often used in English.

> **¿Vas a comprar el anillo?**   *Are you going to buy the ring?*

STRUCTURE DRILLS

17. PERSON-NUMBER SUBSTITUTION

1. Le mandaremos una billetera de cuero. ⊗   Le mandaremos una billetera de cuero.
   (yo)   Le mandaré una billetera de cuero.
   (ella)   Le mandará una billetera de cuero.
   (ustedes)   Le mandarán una billetera de cuero.
   (tú)   Le mandarás una billetera de cuero.
   (nosotros)   Le mandaremos una billetera de cuero.

2. No te pediré ni un centavo más.
   (ella–nosotros–tu hermana–los empleados–yo)

3. Tendremos que pagar exceso de equipaje.
   (usted–yo–los turistas–tú–ustedes y yo)

4. Jamás podremos comprar cosas a estos precios.
   (yo–tú–usted y yo–ellos–el señor)

18. PAST + CONDITIONAL → PRESENT + FUTURE

Dijo que me compraría un anillo. ⊗   Dice que me comprará un anillo.
Juró que no se olvidaría.
Yo sabía que sería caro.
Pero creía que él tendría bastante dinero.
También dijo que me traería unas sanda-
  lias.
Pero después dijo que no cabrían en la
  maleta.

19. PATTERNED RESPONSE

1. ¿Van a ir ustedes a México? ⊗   ¿Quién sabe si iremos?
   ¿Va a caber la bandeja en el auto?   ¿Quién sabe si cabrá?
   ¿Van a querer los niños viajar?   ¿Quién sabe si querrán?
   ¿Voy a poder ir con ustedes?   ¿Quién sabe si podrá?
   ¿Va a haber muchos turistas allá?   ¿Quién sabe si habrá?

2. Ayer nos levantamos tarde. ⊗   Pero mañana nos levantaremos temprano.
   Ayer comiste mucho.
   Ayer hizo frío.
   Ayer llovió poco.
   Ayer volviste tarde.
   Ayer ella vino temprano.

20. PROGRESSIVE SUBSTITUTION

Yo le compraré una pulsera. ⊗
_____ sandalias.
_____ traeré _____.
Tú _____.
_____ swéater.
_____ harás _____.
Su hermana _____.
_____ adornos.
_____ conseguirá _____.
Nosotros _____.

21. FREE RESPONSE

Si usted hace un viaje este verano, ¿adónde irá?

¿Me mandará una tarjeta?

Si usted les dice a sus padres que quiere hacer un viaje solo, ¿qué dirán?

¿Necesitará usted una visa? ¿Por qué (no)?

Si usted compra muchas cosas de oro, ¿lo dejarán pasarlas en la aduana?

¿Qué le comprará a su papá? ¿unos gemelos? ¿un cinturón de cuero? ¿un cenicero?

Y a su mamá, ¿qué le comprará? ¿una pulsera? ¿unas sandalias? ¿una botella de perfume?

¿Qué le traerá a su hermano? ¿una billetera? ¿un prendedor de corbata?

¿Cabrán tantos regalos en su maleta?

Si su maleta está muy pesada, ¿tendrá que pagar exceso de equipaje?

Writing

PARAGRAPH REWRITE

Rewrite the following paragraph, changing to the future the underlined verbs in the present or the **ir** + **a** + infinitive construction.

Tenemos examen de inglés mañana y como probablemente yo no voy a saber nada, lo mejor es no ir a la escuela. Pero tal vez puedo estudiar esta noche . . . ¡Claro!, esta noche me pongo a estudiar como loco; leo todo el libro . . . lo aprendo de memoria . . . me acuesto a las tres de la mañana y . . . no, mejor no voy. Le digo al maestro que estaba enfermo y le voy a preguntar cuándo puedo hacer el examen. Probablemente él va a comprender mis razones y me va a contestar que puedo hacerlo cualquier otro día.

READING

Word Study

I

Many verbs which have a stem alternation (**o**[or **u**]-**ue**, **i-ie**) are related to nouns. If the noun is stressed on the syllable which corresponds to the stem of the verb, it has a vowel cluster instead of a single vowel.

VERB		NOUN	
almorzar	*have lunch*	**almuerzo**	*lunch*
jugar	*play*	**juego**	*set, game*
mostrar	*show*	**muestra**	*display, sign*
recordar	*remember*	**recuerdo**	*memory, souvenir*
soñar	*dream*	**sueño**	*dream*
comenzar	*begin*	**comienzo**	*beginning*

II

Spanish has many nouns ending in **-ez** or **-eza** which refer to a quality suggested by an adjective with the same base. These nouns are feminine.

bello	*beautiful*	**belleza**	*beauty*
natural	*natural*	**naturaleza**	*nature*
pobre	*poor*	**pobreza**	*poverty*
puro	*pure*	**pureza**	*purity*
rico	*rich*	**riqueza**	*wealth*
tímido	*timid, shy*	**timidez**	*timidity, shyness*
triste	*sad*	**tristeza**	*sadness*

El mineral° de Chañarcillo

Eran más o menos las seis de la mañana de un día de mayo. Como siempre a esa hora, desde hacía ya dos años, Juan Godoy, el joven arriero, llevaba las mulas con su carga de alimentos para los habitantes de Chañarcillo, pequeño pueblo perdido entre las
5 montañas de Chile, ese largo y angosto° país de Suramérica.

Juan era un muchacho simple, de cara morena y fornido para sus dieciséis años. Era humilde como casi todos los muchachos del pueblo y, como ellos, tenía que trabajar para ayudarle a su padre a vestir y alimentar al resto de su familia. Él esperaba
10 ansioso los días de fiesta para ir a la calle principal a ver pasar a los jinetes en hermosos caballos haciendo sonar alegremente las espuelas°. Juan soñaba con poder tener también, algún día, un fuerte caballo negro y un par de espuelas de plata grandes y brillantes como las de un forastero° que una vez vio pasar.
15 —¡Arre, camina!—Su mismo grito sacó a Juan de sus pensamientos, y la mula con una pequeña campana colgada del cuello guiaba a las demás mulas por los estrechos caminos del cerro°.

Así continuaba la marcha y al lento compás de las mulas, Juan
20 cantaba:

"El sol° se acerca a un arroyo
por refrescarse la cara,
el agua le lame° el rostro
con lengua fresca y delgada
25 y las mulitas se llevan
las tristezas en su carga . . ."

mineral *m:* *mineral deposit*

angosto: *narrow*

espuela: *spur*

forastero: *stranger*

cerro: *hill*

sol *m:* *sun*

lamer: *lick*

De pronto, sin motivo, una de las mulas se asusta y huye.

—¡Eh, vuelve acá, mula estúpida!—Pero la mula no vuelve.
Juan, desesperado, corre tras ella, pero el animal ya ha desapare-
30 cido entre las rocas de un monte desconocido para el joven arriero.

        monte *m*: *wooded mount*

—¿Qué voy a hacer ahora?—se pregunta—, ¿qué le diré al
patrón?

Se interna en el monte, sube y baja quebradas° llamando

        quebrada: *ravine*

el animal pero nada consigue, todo es silencio, no hay ningún
35 ruido que le indique dónde está la bestia.

Pasan las horas y el muchacho sigue buscando; está cansado
y con hambre. Decide por fin detenerse un momento para des-
cansar° y comer un pedazo de pan que llevaba en su bolsa.

        descansar: *rest*

Mientras come, piensa en su mala suerte y llora amargamente°.

        amargamente: *bitterly*

40 De repente escucha un ruido; levanta los ojos y ve que algo se
mueve en un grupo de rocas. Sí, es la mula perdida. Lleno de
alegría corre hacia el lugar; por llegar rápido, cae y se pega en
la frente° con una piedra°. La toma para lanzarla lejos pero se

        frente *f*: *forehead*

detiene al ver que es una piedra diferente a todas las que él ha

        piedra: *stone, rock*

45 visto. Es una piedra con metales blancos muy brillantes. Juan mira
a su alrededor, todas las rocas son iguales a la que él tiene en
la mano. ¡PLATA! El mineral tan ambicionado por tantos
hombres.

Por muchos años, en aquella zona se buscó este precioso metal
50 y ahora era él quien había encontrado lo que parecía imposible.
Desde ese momento, todo sería diferente: su familia tendría una
hermosa casa blanca llena de cosas; podría comprarle a su padre
un elegante sombrero, pero primero compraría lo que siempre
ambicionó—un hermoso caballo negro—y se haría un par de
55 espuelas iguales a aquéllas que una vez le vio a un forastero.

Juan formó un grupo de piedras para marcar el lugar de la
mina; regresó con la mula perdida al lugar donde había dejado
el resto de los animales y se dirigió al pueblo cantando alegremente:

60   "El sol se acerca a un arroyo
          por refrescarse la cara . . ."

Y así fue cómo se descubrió uno de los minerales de plata más
grandes de la historia, el mineral de Chañarcillo.

                    PATRICIO LERZUNDI
                        (*Chile*)

Dictionary Section

alimento comida sólida o líquida: *La leche es muy buen alimento para los niños.*

¡Arre! exclamación para hacer a los animales moverse más rápidamente: *—¡Arre!—gritó Juan, pero la mula no se movió.*

arriero persona que lleva los animals de carga de un lugar a otro: *Juan era un arriero; su oficio consistía en llevar las mulas de carga a Chañarcillo.*

arroyo un río pequeño y con poca agua: *Las mujeres del campo lavan la ropa en los arroyos.*

brillante que refleja la luz: *El oro y la plata son metales muy brillantes.*

camino pasaje para animales, personas o vehículos que conecta al menos dos lugares: *El camino tiene muchas curvas.*

cuello lo que conecta la cabeza con los hombros: *Tenía un collar muy bonito en el cuello.*

compás: al compás de al mismo paso o ritmo en que otro (animal o persona) camina: *Príncipe, el perro de Raúl, caminaba al compás del jovencito.*

estrecho angosto: *Chile es un país muy largo y estrecho.*

fornido que tiene mucha fuerza: *Ese boxeador es un hombre muy fornido.*

fresco moderadamente frío: *El día está fresco.*

guiar conducir un grupo de gente (o animales); indicarles la ruta a otros: *La señorita de uniforme azul guía a los turistas.*

huye: presente del verbo **huir:** escapar: *Si un prisionero tiene la oportunidad, huye.*

internarse entrar: *El explorador se internó en el monte.*

jinete *m-f* persona que va montada a caballo: *Los jinetes de carreras son hombres pequeños y delgados.*

moreno de piel oscura: *Juan era un muchacho moreno, de ojos castaños y pelo negro.*

patrón *m* jefe: *El patrón me dio permiso para salir temprano.*

pensamiento acción y efecto de pensar: *Mi novia está siempre en mis pensamientos.*

Mina de cobre en Chile, país que ocupa el tercer lugar en la producción mundial de este metal.

SEGURIDAD ANTE TODO

22. QUESTIONS

1. ¿Cómo se llamaba el arriero?
2. ¿Qué hacía Juan a las seis de la mañana? ¿De qué era la carga?
3. ¿Dónde se encuentra el pueblo de Chañarcillo?
4. ¿Cómo era Juan Godoy? ¿Cuántos años tenía? ¿Por qué trabajaba él?
5. ¿Qué hacía los días de fiesta?
6. ¿Con qué soñaba él?
7. ¿Qué llevaba una de las mulas colgado del cuello?
8. ¿Se acuerda usted de la canción de Juan?
9. ¿Qué hizo de pronto una de las mulas? ¿Qué hizo Juan entonces?
10. ¿Qué hizo después de que se internó en el monte? ¿Dónde encontró por fin la mula?
11. ¿Qué pasó cuando él corrió hacia el lugar donde estaba la mula?
12. ¿Cómo era la piedra con que se pegó en la frente? ¿Qué metal contenía?
13. ¿Cómo pensó él que su vida podría cambiar desde ese momento?
14. ¿Qué podría comprarle a su padre? ¿Qué tendría su familia? ¿Qué se compraría para él?
15. ¿Cómo marcó el lugar donde había descubierto la mina?
16. Cuando iba de regreso al pueblo, ¿cómo mostraba su alegría?

Noun Exercise

23. COMPLETION

1. ¿Su hermano es un buen jinete?   Sí, es ____ jinete bastante ____ .
2. ¿Su hermana es una buena jinete?   Sí, ella es ____ jinete bastante ____ .
3. ¿Qué le diré al patrón?   ____ patrón se va a poner ____ .
4. ¿Qué le pasó a la patrona?   ____ patrona se fue para la ciudad.
5. La mula se internó en el monte.   Juan vivía y trabajaba en ____ monte.
6. ¡Hay un sol magnífico hoy!   Me encanta este lugar. Siempre hay ____ sol.
7. ¿Tengo la frente limpia?   No, tiene ____ frente un poco ____ .
8. ¿Cómo sabes que ese metal es plata?   ____ metal es ____ , y la plata es blanca.

Verb Exercises

The verb **soñar** has the same **o-ue** stem alternation as **encontrar.**

Pres. ind.   **sueño, sueñas, sueña, soñamos, sueñan**
Pres. subj.   **sueñe, sueñes, sueñe, soñemos, sueñen**

The Spanish equivalent of *dream of* or *dream about* is **soñar con.**

24. PAIRED SENTENCES

Sueño con una mina de plata.
(nosotros)
(yo)

Sueña todas las noches.
(nosotros)
(ese muchacho)

¡Qué película! ¡Ojalá no sueñes con fantasmas!
(nosotros)
(tú)

Sueño con una mina de plata.
Soñamos con una mina de plata.
Sueño con una mina de plata.

RECOMBINATION EXERCISES

25. NARRATIVE VARIATION

Lea el párrafo de la narración que empieza en la línea 36, cambiando "el muchacho" por "yo". *Empiece así:* Pasan las horas y yo sigo buscando . . .

26. ir + a + INFINITIVE → CONDITIONAL

Dijo que todo iba a ser diferente. ⊗
Que su familia iba a tener una hermosa
    casa blanca.
Que iba a poder comprarle un sombrero
    elegante a su papá.
Que él se iba a comprar unas espuelas
    de plata.
Que iba a dejar de trabajar.
Y que por fin iba a descansar.

Dijo que todo sería diferente.

27. PAST + CONDITIONAL → PRESENT + FUTURE

Juan no sabía qué diría su patrón. ⊗
Pensaba que estaría enojado.
Estaba seguro que encontraría la mula.
Pero sabía también que podría caerse en
    una quebrada.
Juan juró que seguiría buscando hasta
    encontrarla.

Juan no sabe qué dirá su patrón.

28. PATTERNED RESPONSE

¿Llevó Juan los alimentos a Chañar- No, los llevará mañana.
cillo? ⊗

¿Llegó ayer el arriero?

¿Vino esta mañana con sus mulas de
carga?

¿Vio pasar al forastero?

¿Buscó la mula perdida?

¿Volvió a la mina de plata?

29. SUSTAINED TALK

1. Si usted tiene la misma suerte que Juan Godoy y se hace una persona muy rica, diga todas
las cosas que haría. Hable de por lo menos cuatro de los temas siguientes: viajes, compras,
regalos, trabajos, estudios, casa y familia. *Empiece así:* Con tanto dinero, yo no sabría qué
hacer. Tal vez . . .

2. Hable sobre un país de Suramérica. Conteste por lo menos seis de las preguntas siguientes:

¿Dónde está el país? ¿en la costa atlántica? ¿en Centroamérica?

¿Qué forma tiene? ¿Es largo y angosto?

¿Qué sabe usted de su geografía? ¿Cuáles son los ríos más importantes?

¿Cómo son los habitantes? ¿Hay muchos indios?

¿Cuáles son los productos principales? ¿la plata? ¿el oro? ¿el cobre?

¿Cuál es la capital? ¿Cuáles son las ciudades más importantes?

¿Cuáles son los países vecinos?

¿Sabe usted algo de la historia de este país? ¿Quiénes eran los primeros habitantes? ¿Quiénes
llegaron después? ¿Puede hablar de algunos hombres o mujeres importantes en la historia
del país?

¿Quiénes son algunas personas famosas que nacieron allí?

Conversation Buildup

I

DEPENDIENTE   ¿Qué se le ofrece, señora?

TURISTA   ¿Tendría la amabilidad de decirme cuánto cuestan estos
aretes de oro?

DEPENDIENTE   ¿Cuáles, éstos?

TURISTA   No, aquéllos. Ojalá no sean muy caros.

DEPENDIENTE	Ésos cuestan mil quinientos pesos el par.
TURISTA	Están muy caros. ¿No podría dármelos un poquito más baratos?
DEPENDIENTE	No, señora, lo siento. Imposible.
TURISTA	Me encantaría comprarlos pero no puedo. Están demasiado caros.
DEPENDIENTE	¿Cuánto puede ofrecerme?
TURISTA	Ochocientos.
DEPENDIENTE	Son suyos. ¿Qué otra cosita podemos ofrecerle? Mire este broche.

REJOINDERS

¿No puede darme esta bandeja un poquito más barata?
¿Quinientos? ¿Está loco? Le doy cien.

CONVERSATION STIMULUS

Vaya a una tienda y regatee con el empleado sobre algunos adornos de plata o de oro.

II

MARINA	El sábado es el cumpleaños de Cecilia y no sé qué comprarle.
ESTELA	Yo le compraría algún adorno. Le encantan las joyas.
MARINA	Eso sería muy caro. No puedo gastar más de cuarenta pesos.
ESTELA	Por treinta podrías comprar un bonito broche de cobre, o tal vez unos aretes de plata.
MARINA	Ya tiene muchos aretes. ¿No le gustaría una botella de perfume?
ESTELA	Ella casi nunca usa perfume. Además eso sí que sería caro.
MARINA	¿O una bonita billetera de cuero?
ESTELA	Mmmm, no sé.

REJOINDERS

El sábado es el cumpleaños de mi hermano y no sé qué comprarle.
No puedo gastar más de cinco dólares.

CONVERSATION STIMULUS

Usted tiene que comprárle un regalo a un amigo y no tiene la menor idea qué le gustaría. Pregúntele a su hermano.

Writing

SENTENCE CONSTRUCTION

Using the items given in each of the following pairs, write a statement with the verb in the future and a rejoinder with the verb in the conditional.

MODEL   S: algún día / (yo) / tener / caballo negro
          R: yo / preferir / caballo blanco

         S: Algún día tendré un caballo negro.
         R: Yo preferiría un caballo blanco.

1. S: (yo) / entrar / tienda / comprar / espuelas / oro
   R: a mí / no gustar / tener / espuelas / oro

2. S: a papá / (nosotros) / regalarle / prendedor / corbata
   R: a él / no gustarle / eso / yo / regalarle / otro / cosa

3. S: mamá / volverse loco / cafetera / plata
   R: ser / mejor / comprarle / juego / té / completo

REFERENCE LIST

Nouns

aduana	caballero	dependiente, -a	joya	precio
anillo	cafetera	espuela	juego	prendedor *m*
arete *m*	carga	exceso	metal *m*	pulsera
arriero	cinturón *m*	forastero	mina	quebrada
bandeja	cobre *m*	frente *f*	monte *m*	salero
billetera	collar *m*	gemelos	mula	sandalia
botella	cuello	impuesto	patrón, -a	sol *m*
broche *m*	cuero	jinete *m-f*	porcelana	tipo
				turista *m-f*

Verbs

caber (quepo)
descansar
mostrar (o-ue)
ofrecer (zc)

olvidarse (de)
regatear
soñar (o-ue) (con)

Adjectives

liviano
pesado

Adverbs

jamás
quizá

Expressions

haber que
No es más que soplar
   y hacer botellas.
¿Qué se le ofrece?
volverse loco

Del Mundo Hispánico

Unidades monetarias de los países hispanoamericanos

País	Unidad monetaria	Cambio[2]
México	peso	12.5 pesos = 1 dólar[2]
Guatemala	quetzal	1 quetzal = 1 dólar
El Salvador	colón	2.5 colones = 1 dólar
Honduras	lempira	2 lempiras = 1 dólar
Nicaragua	córdova	7 córdobas = 1 dólar
Costa Rica	colón	6.625 colones = 1 dólar
Panamá	balboa	1 balboa = 1 dólar
Colombia	peso	17 pesos = 1 dólar
Venezuela	bolívar	4.5 bolívares = 1 dólar
Ecuador	sucre	18 sucres = 1 dólar
Perú	sol	43.5 soles = 1 dólar
Bolivia	peso	12 pesos bolivianos = 1 dólar
Paraguay	guaraní	125 guaraníes = 1 dólar
Chile	escudo	11.5 escudos = 1 dólar
Argentina	peso	350 pesos = 1 dólar
Uruguay	peso	250 pesos = 1 dólar
Cuba	peso	1 peso = 1 dólar
República Dominicana	peso	1 peso = 1 dólar

---

[2] All rates are subject to change.

BASIC MATERIAL I

No dejes para mañana lo que puedes hacer hoy

JOSEFINA   Si no fuera por las vacaciones de Semana Santa, yo no sé qué haría. Tengo tanto que estudiar que siento que me ahogo. Gracias a Dios tenemos esos días libres. Así puedo ponerme al día . . . quizá. Es algo horrible la cantidad de trabajo que estos maestros nos dan.

GUILLERMO   No exageres. Tú hablas como si fueras una mártir. Si estudiaras un poco cada día, si no dejaras para mañana lo que podrías hacer hoy, tendrías tiempo para disfrutar de las vacaciones. Tu vida sería diferente. Veme a mí.

JOSEFINA   Ja ja, quién habla.

Supplement

Tengo tanto que estudiar que siento que me ahogo.

No te quejes tanto.
Pues aprovecha las vacaciones.
¿Vas a terminar tu trabajo para la Navidad?

¿Qué vas a hacer durante las vacaciones?

Quiero aprender a tocar la guitarra.
Quiero aprender a tocar el piano.
Quiero aprender a tocar el violín.
Quiero aprender a tocar los tambores.

◄ *Procesión de Semana Santa en Sevilla.*

Don't Leave for Tomorrow What You Can Do Today

JOSEFINA If it weren't for Easter (Holy Week) vacation, I don't know what I'd do. I've got so much to study that I feel like I'm drowning. Thank heaven we have those days off. That way I can catch up . . . maybe. It's something awful the amount of work these teachers give us.

GUILLERMO Don't exaggerate. You talk as if you were a martyr. If you studied a little each day, if you didn't leave for tomorrow what you could do today, you would have time to enjoy your vacation. Your life would be different. Look at me.

JOSEFINA Ha, ha, look who's talking.

Supplement

I have so much to study I feel like I'm drowning.

Don't complain so much.
Well, take advantage of the vacation.
Are you going to finish your work by Christmas?

What are you going to do during vacation?

I want to learn to play the guitar.
I want to learn to play the piano.
I want to learn to play the violin.
I want to learn to play the drums.

Vocabulary Exercises

1. QUESTIONS ON BASIC MATERIAL

1. ¿Cuándo piensa ponerse al día Josefina?
2. ¿Por qué siente que se ahoga?
3. ¿Les dan mucho trabajo los maestros, según Josefina?
4. ¿Cree Guillermo que ella exagera?
5. ¿Qué debe hacer ella cada día, según Guillermo?
6. ¿Qué podría hacer entonces?
7. ¿Cómo sabemos que Guillermo estudia más que Josefina?
8. ¿Qué le dice ella a él?

2. FREE RESPONSE

1. ¿Aprovecha usted los fines de semana para estudiar?
2. ¿Cuándo es la Semana Santa? ¿y la Navidad?
3. ¿Va a aprender a tocar la guitarra durante las vacaciones? ¿Sabe tocar el piano?
4. ¿Le gustaría aprender a tocar el violín? ¿y los tambores?

Noun Exercise

3. COMPLETION

1. Ana, tú hablas como si fueras una mártir.
2. Pedro, tú hablas como si fueras un mártir.
3. ¿Sabes tocar el violín?
4. ¿De quién son esos tambores?

Ana habla como si fuera ＿＿ mártir.
Pedro habla como si fuera ＿＿ mártir.
No, pero Juan sabe tocar ＿＿ violín.
¿＿＿ tambores? Son de los gemelos.

Grammar

The Past Subjunctive

PRESENTATION

Ellos **necesitaron** ayuda.
Ellos **fueron** mártires.
Ellos **trabajaron** mucho.
Ellos no **tuvieron** plata.

Ellos **sufrieron** mucho.

Yo hablo como si **necesitara** ayuda.
Tú hablas como si **fueras** un mártir.
Usted habla como si **trabajara** mucho.
Nosotros hablamos como si no **tuvié-
ramos** plata.
Ellos hablan como si **sufrieran** mucho.

In each of the sentences in the left-hand column, what is the tense of the verb? What are the person and number? In each of the sentences in the right-hand column, is the underlined part of the verb in heavy type the same as the underlined part of the corresponding verb in the left-hand column? In each of the verbs in heavy type, what ending is attached to the underlined part? In the sentences in the right-hand column, what two words always precede the verb in heavy type?

GENERALIZATION

1. The verbs in the right-hand column of the Presentation are in the <u>past subjunctive</u>.

2. For all verbs, regular or irregular, the stem of the past subjunctive is based on the third person plural form of the preterit. There are no exceptions.

PAST SUBJUNCTIVE

		Third Person Plural Preterit	Past Subjunctive
REGULAR VERBS	habla- comie- vivie-		
VERBS WITH STEM VOWEL ALTERNATIONS	pensa- volvie- pidie- sintie- murie-		ra ras
IRREGULAR VERBS	anduvie- cupie- estuvie- hubie- tuvie- pudie- pusie- supie- hicie- quisie- vinie- dije- traje-	ron	ra ´ramos ran

3. The **nosotros** form is stressed on the third-from-last syllable: **pensáramos, pudiéramos.** All other forms are stressed on the next-to-last syllable.

4. The past subjunctive is always used in clauses introduced by **como si.** Other uses of the past subjunctive will be taken up later in this Unit and in Level III.

STRUCTURE DRILLS

4. PRETERIT → PAST SUBJUNCTIVE

1. Fueron mártires. ⊗
   No tuvieron plata.
   No pudieron disfrutar de las vacaciones.

   Sufrieron mucho.
   No nos creyeron.
   Estudiaron mucho.

   Hablan como si fueran mártires.
   Hablan como si no tuvieran plata.
   Hablan como si no pudieran disfrutar de las vacaciones.
   Hablan como si sufrieran mucho.
   Hablan como si no nos creyeran.
   Hablan como si estudiaran mucho.

2. No supieron regatear.
   Tuvieron mucho dinero.
   Fueron tontos.
   Quisieron discutir.
   No hablaron castellano.
   No entendieron nada.

   Se portan como si no supieran regatear.

5. PERSON-NUMBER SUBSTITUTION

1. ¡Como si no tuviera otra cosa que hacer! ⊗
   (nosotros)
   (tú)
   (los empleados)
   (yo)

   ¡Como si no tuviera otra cosa que hacer!
   ¡Como si no tuviéramos otra cosa que hacer!
   ¡Como si no tuvieras otra cosa que hacer!
   ¡Como si no tuvieran otra cosa que hacer!
   ¡Como si no tuviera otra cosa que hacer!

2. Gritan como si necesitaran ayuda. ⊗
   (tú–usted–ustedes–nosotros–yo)

3. Hablamos como si fuéramos pobres.
   (esa gente–yo–tú–ustedes–el patrón–usted y yo)

4. Lo miran como si no le creyeran.
   (tú–el patrón y yo–los turistas–yo–usted)

6. INFINITIVE → PAST SUBJUNCTIVE

1. Usted habla como si fuera el rey. ⊗
   (saber mucho)
   (no tener un centavo)
   (estar enfermo)
   (pensar en otra cosa)

   Usted habla como si fuera el rey.
   Usted habla como si supiera mucho.
   Usted habla como si no tuviera un centavo.
   Usted habla como si estuviera enfermo.
   Usted habla como si pensara en otra cosa.

(continued)

(*continued*)

2. Se quejan como si sufrieran mucho.
   (no haber gozado–ser muy pobres–no disfrutar de las vacaciones)

3. Ellas gritan como si tuvieran miedo.
   (estar ahogándose–no poder salir–haberse cortado)

4. Me miras como si yo tuviera la culpa.
   (estar mintiendo–haberlo hecho–poder ayudarte)

7. PATTERNED RESPONSE

1. ¿Sabe mucho ese muchacho? ⊗   No, pero habla como si supiera mucho.
   ¿Trabajan mucho ustedes?
   ¿Toca bien la guitarra Pedro?
   ¿Salen mucho esas chicas?
   ¿Ha disfrutado de las vacaciones Ana?
   ¿Es muy aplicado Carlos?
   ¿Sufro mucho yo?

2. ¿Tienen mucho trabajo los alumnos?   No, pero se quejan como si tuvieran mucho
                                           trabajo.

   ¿Sufren mucho ustedes?
   ¿Son mártires los maestros?
   ¿Está enferma ella?
   ¿Tiene usted que ayudarle mucho a su
      mamá?
   ¿Se ahoga Josefina?

8. REJOINDERS

Give a rejoinder using **como si** to each of the following cues. Three suggested answers are given for the first cue.

¡Dios mío! ¿Dónde voy a conseguir la   ¡Tú hablas como si fueras pobre!
   plata para comprarle un regalo a Ana?   ¡Tú te quejas como si no tuvieras un centavo!
                                              ¡Me preguntas a mí como si yo supiera!

Tengo tanto trabajo que siento que me ahogo.
Juanita, barre el piso, sacude los estantes y no te olvides de lavar los platos.
¡Qué guapo es ese muchacho! ¡Y qué inteligente! Toca el violín y el piano y además habla
   tres lenguas.

Writing

9. SENTENCE CONSTRUCTION

MODEL: (tú) hablar / ser / mártir
Hablas como si fueras un mártir.

1. (ellos) quejarse / estar ahogándose
2. (usted) hablar / haber estado / España
3. (tú) llorar / sentirse / horrible

4. (yo) hablar / no poder / ponerse al día
5. (ellos) vivir / tener / mucho / dinero
6. (nosotros) portarse / no saber nada

BASIC MATERIAL II

Dos estudiantes extranjeros en España

ESTEBAN   ¡Qué suerte estar en Sevilla para la Semana Santa!

ROBERTO   Claro, las procesiones son lindísimas. ¿Cuánto tiempo más vas a estar aquí?

ESTEBAN   Dos días más. Ya llevo casi una semana aquí.

ROBERTO   Si yo pudiera, pasaría un mes en Sevilla. ¡Hay tanto que ver!

ESTEBAN   Yo también. Pero hay que volver a clases en Madrid.

ROBERTO   Oye, ¿tú sabes dónde está la oficina de correos? Quiero mandarle una tarjeta a mi mamá.

ESTEBAN   Claro, vas a la esquina, doblas a la derecha, y sigues caminando hasta llegar a un pequeño café al aire libre. Está en esa cuadra.

ROBERTO   Gracias, hasta luego.

Supplement

¡Qué suerte estar en Sevilla!

Claro, ¡cómo nos hemos divertido!
Quisiera[1] pasar un mes aquí.

¿Dónde está la oficina de correos?

¿Tienes que comprar estampillas?
¿Tienes que pesar un paquete?
¿Tienes que comprar sobres aéreos?
No sé, pero hay un buzón en la esquina.

---

[1] The past subjunctive form of **querer** is frequently used in Spanish equivalents of *I* (*you, etc.*) *would like.*

Two Foreign Students in Spain

ESTEBAN   What luck to be in Spain for Holy Week!

ROBERTO   That's for sure. The processions are really nice. How much longer will you be here?

ESTEBAN   Two more days. I've already been here almost a week.

ROBERTO   If I could, I'd spend a month in Seville. There's so much to see!

ESTEBAN   So would I. But we have to get back to classes in Madrid.

ROBERTO   Listen, do you know where the post office is? I want to send my mom a card.

ESTEBAN   Sure, you go to corner, turn right, and keep walking until you come to a little open-air cafe. It's on that block.

ROBERTO   Thanks, see you later.

Supplement

What luck to be in Seville!

It sure is. We've certainly had fun!
I'd like to spend a month here.

Where is the post office?

Do you have to buy stamps?
Do you have to weigh a package?
Do you have to buy airmail envelopes?
I don't know, but there's a mailbox on the corner.

Vocabulary Exercises

10. QUESTIONS ON BASIC MATERIAL

1. ¿Dónde están los dos chicos?
2. ¿Están allí para la Navidad?
3. ¿Qué hay de interesante en Sevilla durante la Semana Santa?
4. ¿Cuánto tiempo más estará Esteban en Sevilla?
5. ¿Cuánto tiempo ya lleva allí?
6. ¿A Roberto le gusta Sevilla? ¿Qué dice él?
7. ¿Es interesante Sevilla? ¿Hay muchas cosas que ver? ¿Puede usted nombrar algunas?
8. ¿Por qué tienen que volver a Madrid los dos chicos?
9. ¿Adónde quiere ir Roberto? ¿Por qué quiere ir allí?
10. ¿Cómo se llega a la oficina de correos?

11. FREE RESPONSE

1. ¿Ha estado usted en España? ¿Quisiera ir este verano?
2. ¿Cuáles son algunas de las ciudades más importantes de España?
3. Muestre en un mapa dónde está Sevilla. Muestre dónde está Madrid.
4. ¿Qué se hace en la oficina de correos?
5. ¿Qué se necesita para mandar una carta?
6. ¿Dónde hay un buzón?

The adjective **más** precedes the noun it modifies if no other adjective of quantity modifies the same noun: **Tráigame más sobres.** If another adjective of quantity does modify the same noun, however, **más** follows the noun: **Tráigame dos sobres más.** Note that the English *more* may precede the noun in both cases: *Bring me more envelopes. Bring me two more envelopes.*

12. ENGLISH CUE DRILL

Dígame una cosa más.   Dígame una cosa más.
Send me two more kilos.   Mándeme dos kilos más.
Tell me one more time.
Bring me several more envelopes.
Buy ten more stamps.
Tell me one more thing.

Noun Exercise

13. COMPLETION

1. Necesito un sobre.   ¿——— sobre ——— o ——— sobre grande?
2. Busco un buzón.   ¿Sabes dónde hay ——— buzón?
3. ¡Qué grande ese paquete!   ——— paquete ——— es para Ana.
4. Los estudiantes trabajan mucho.   ¿Hay ——— estudiantes ——— aquí?
5. ¿Conoces a esa estudiante mexicana?   Ana es ——— estudiante ———.

Verb Exercise

The verb **divertir** has the same **e-ie-i** verb alternation as **sentir.**

Pres. ind.	**divierto, diviertes, divierte, divertimos, divierten**
Pres. subj.	**divierta, diviertas, divierta, divirtamos, diviertan**
Pret.	**divertí, divertiste, divirtió, divertimos, divirtieron**

14. PAIRED SENTENCES

Me divierto mucho aquí.   Me divierto mucho aquí.
(nosotros)   Nos divertimos mucho aquí.
(yo)   Me divierto mucho aquí.

Ojalá te diviertas en España.
(nosotros)
(tú)

Es imposible que se divierta allí.
(nosotros)
(usted)

Me divertí mucho ayer.
(ellos)
(yo)

¿Te divertiste en la fiesta?
(él)
(tú)

Grammar

Indicative and Subjunctive in "si" Clauses

PRESENTATION

Si **estudio** ahora, **puedo** disfrutar de las vacaciones.
Si **estudio** ahora, **podré** disfrutar de las vacaciones.
Si **estudiara** ahora, **podría** disfrutar de las vacaciones.

Each of the above sentences consists of two clauses. Identify the two clauses in each sentence. In the first two sentences, is the verb in the clause which begins with **si** in the present indicative or the past subjunctive? In the second clause in the first sentence, what is the tense of the verb in heavy type? And in the second clause in the second sentence? If the verb of the **"si"** clause is in the present indicative, what two tenses may occur in the following clause? In the last sentence, is the verb in the **"si"** clause in the present indicative or the past subjunctive? In the second clause of the last sentence, what is the tense of the verb in heavy type?

GENERALIZATION

A <u>conditional sentence</u> is one with the form "if X, then Y" (*then* may be omitted).

If I have money, (then) I can go with you.
If I have money, (then) I'll go with you.
If I had money, (then) I would go with you.

Spanish equivalents of conditional sentences like the first two English examples have the present indicative in the *"if"* clause, and either the present indicative or the future in the *"then"* clause:

Si tengo dinero, puedo ir contigo.
Si tengo dinero, iré contigo.

Spanish equivalents of conditional sentences like the third English example have the past subjunctive in the *"if"* clause, and the conditional in the *"then"* clause.

Si tuviera dinero, iría contigo.

STRUCTURE DRILLS

15. PERSON-NUMBER SUBSTITUTION

1. Si estudiaras, sacarías buenas notas. ⊗   Si estudiaras, sacarías buenas notas.
   (yo)   Si estudiara, sacaría buenas notas.
   (nosotros)   Si estudiáramos, sacaríamos buenas notas.
   (ellos)   Si estudiaran, sacarían buenas notas.
   (usted)   Si estudiara, sacaría buenas notas.
   (tú)   Si estudiaras, sacarías buenas notas.
   (ustedes)   Si estudiaran, sacarían buenas notas.

2. Si pudiera, me quedaría un mes. ⊗
   (ellos–mis compañeros y yo–yo–el estudiante extranjero–tú)

3. Si tuvieran tiempo, irían a la oficina de correos.
   (yo–Esteban–los turistas–tú–él y yo–nosotros)

4. Si fuéramos a Sevilla, nos divertiríamos mucho.
   (tú–el estudiante extranjero–yo–ustedes)

16. PRESENT INDICATIVE + FUTURE → PAST SUBJUNCTIVE + CONDITIONAL

1. Si tengo tiempo, iré a la oficina de correos. ⊗

   Si voy a la oficina de correos, llevaré este paquete.

   Si llevo este paquete, el empleado lo pesará allí.

   Si pesa mucho, me costará mucho mandarlo.

   Si me cuesta mucho mandarlo, tú me prestarás plata.

   Si me prestas treinta centavos, te los devolveré la semana próxima.

2. Si voy a la oficina de correos, compraré estampillas.

   Si compro estampillas, podré mandar esta tarjeta.

   Si la mando hoy, llegará la semana próxima.

   Si llega la semana próxima, mis padres estarán muy contentos.

   Si están contentos, me dejarán quedarme unas semanas más.

Si tuviera tiempo, iría a la oficina de correos.

17. RESTATEMENT DRILL

Esteban quiere quedarse una semana más, pero no tiene dinero. ⊗

Ana quiere ir al cine, pero necesita estudiar.

Yo quiero mandar esta tarjeta, pero no tengo estampillas.

Nosotros queremos visitar el museo, pero no podemos salir.

Los alumnos extranjeros quieren salir a pasear, pero están muy cansados.

Tú quieres descansar, pero tienes mucho trabajo.

Ustedes quieren marcharse, pero no pueden.

Si tuviera dinero, se quedaría una semana más.

18. STATEMENT → QUESTION

No soy rico.

No tengo tiempo.

No sé manejar.

No podemos salir.

No tenemos dinero.

No estoy en Sevilla.

No me marcho.

¿Qué haría si fuera rico?

19. FREE RESPONSE

¿Qué haría usted si fuera rico? ¿Compraría muchas cosas? ¿Haría un viaje?

Si pudiera hacer un viaje largo, ¿adónde iría?

¿Viajaría solo o con algún compañero?

Si fuera a México, ¿qué visitaría?

¿Le gustaría ir a Sevilla? Si fuera a Sevilla, ¿vería las procesiones de la Semana Santa?

Si estuviera en Argentina ahora, ¿qué clase de ropa necesitaría?

Si fuera a Argentina, ¿me mandaría una tarjeta?

Si ustedes tuvieran el día libre, ¿qué harían? ¿Irían a pasear? ¿Descansarían?

Si usted pudiera ser otra persona, ¿quién quisiera ser? ¿Por qué?

El Alcázar de Sevilla, construido en estilo árabe por arquitectos españoles entre los siglos XII y XVI.

Writing

PARAGRAPH REWRITE

Rewrite the following paragraph, changing the verb in each **"si"** clause to the past subjunctive. Make any other necessary changes.

Si puedo, pasaré por lo menos un mes en Sevilla. A ver . . . si paso unas dos semanas en Granada, dos semanas en Córdoba, y una en Málaga, eso me deja solamente tres semanas para Sevilla. Si me quedo en Granada sólo una semana y en Córdoba dos, podré pasar cuatro en Sevilla, pero no tendré tiempo para ver todo lo que quiero en Granada. Dios mío, ¡qué problema! ¿Y qué pasa si voy a Suramérica en vez de a España este verano?

READING

Word Study

I

Many adjectives—a large number of which end in **-able, -ible, -ante, -ente,** or **-iente**—are related to verbs with a similar or identical base. Many nouns ending in **-ión** or **-ción** are related to verbs with a similar or identical base. These nouns are feminine.

VERB		ADJECTIVE		NOUN	
adorar	*adore*	**adorable**	*adorable*	**adoración**	*adoration*
aparecer	*appear*	**aparente**	*seeming*	**aparición**	*appearance, apparition*
explicar	*explain*	**explicable**	*explicable*	**explicación**	*explanation*
imaginar	*imagine*	**imaginable**	*imaginable*	**imaginación**	*imagination*

II

Many adjectives of nationality are formed by adding **-ano, -eno,** or **-eño** to the base of the name of the country.

Cuba	**cubano**
México	**mexicano**
Chile	**chileno**
Puerto Rico	**puertorriqueño**
Brasil	**brasileño**

La Virgen de Guadalupe

Además de la lengua y la cultura, las antiguas° colonias de **antiguo:** *former*
España en América heredaron de la Madre Patria su religión, el
catolicismo, que es hoy día la fe predominante en todos los países
de Hispanoamérica.

5   Una característica del católico hispanoamericano, heredada
también de los españoles, es la devoción especial que le tiene a
la Virgen, particularmente a la que es la patrona de su patria. En
cada país la Virgen María adquiere un nombre particular que la
distingue de la Virgen de otras naciones. Así, la santa patrona
10 de los cubanos es Nuestra Señora de la Caridad del Cobre, la de
los venezolanos Nuestra Señora de Coromoto, la de los dominicanos Nuestra Señora de Altagracia. Todos los países tienen su
Virgen propia.

    El origen de cada uno de estos nombres está basado en una
15 leyenda sobre la aparición de la Virgen o sobre el hallazgo° de **hallazgo:** *finding, discovery*
su imagen en forma de una pequeña estatua de piedra o de
madera, o sobre algún milagro ocurrido en cierto lugar y atri-
buido a la Virgen. Quizá la más conocida de estas leyendas es
la de la Virgen de Guadalupe de Tepeyac, santa patrona de
20 México.

    La historia comienza un día frío de diciembre, hace más de
cuatrocientos años, en un lugar abandonado y solitario llamado
Tepeyac, un pequeño cerro que antes había estado dedicado a
la adoración de los dioses paganos. Pasaba por allí ese día del
25 año 1531 un indio pobre y viejo llamado Juan Diego, cuando de
pronto apareció sobre unas rocas la radiante imagen de una
bellísima dama quien, hablándole al indio en su propia lengua
azteca, le dijo que Ella era la Madre de Dios y quería ver cons-
truida en ese preciso lugar una iglesia en su honor. Juan Diego
30 corrió con el mensaje al Obispo° Juan de Zumárraga, primer **obispo:** *bishop*
Obispo de México, y le contó detalladamente la visión que
había tenido. El Obispo no le creyó y atribuyó el fenómeno a la
simple imaginación del indio. Sin embargo, Juan Diego tuvo la
misma visión dos veces más, y cada vez regresaba con el mismo
35 mensaje de la "linda señora". Y cada vez el Obispo insistía en
su convicción de que estas apariciones sólo ocurrían en la mente
del humilde indio. "Si pudiera traer alguna prueba°", pensaba **prueba:** *proof*
Juan Diego, "el señor Obispo tal vez me creería; pero no tengo
más que mi palabra y todos piensan que estoy loco".
40   Ocurrió entonces el milagro. Días después pasaba Juan Diego
por el mismo lugar, cuando de pronto apareció por cuarta vez su

"linda señora" y habló con ella de nuevo. El indio le anunció tristemente los malos resultados que había tenido durante tres visitas al Obispo. La Virgen lo escuchó en silencio y cuando Juan
45 Diego terminó de hablar, vio con gran asombro ante sus mismos ojos cómo de aquella tierra estéril y fría iban saliendo unas rosas rojas.

—Recógelas y llévalas al Obispo; esta vez te creerá,—ordenó la señora. Juan Diego las puso en su capa y, siguiendo las indica-
50 ciones de la Señora las llevó inmediatamente ante las autoridades de la Iglesia donde ocurrió un nuevo milagro. Al abrir la capa para dejar caer las rosas, quedó pintada en ella una imagen de la Virgen en radiantes colores.

Los deseos expresados por la Virgen, según la leyenda, se
55 hicieron realidad y hoy día la gran Basílica de Nuestra Señora de Guadalupe de Tepeyac es un centro religioso que atrae a millones de personas que cada año vienen de todas partes de México en romerías°.

romería: *pilgrimage*

La fe del católico hispanoamericano en su Virgen nacional
60 es muy profunda, y los numerosos ornamentos de oro y plata que adornan las paredes de la Basílica de Guadalupe y de otras iglesias de América, son testimonios de los muchos favores que tanta gente expresa haber recibido de parte de su santa patrona.

Dictionary Section

atraer tener atracción, llamar la atención: *Buenos Aires atrae a muchos turistas.*

de nuevo otra vez: *No entendí la primera vez; explícame eso de nuevo.*

heredar recibir por disposición legal después de la muerte de alguien; recibir por medio de la tradición; recibir una calidad o característica de los padres de uno: *Heredé el pelo negro de mi padre y los ojos azules de mi madre.*

mensaje *m* recado: *María llamó y dejó un mensaje para usted.*

mente *f* pensamiento; la parte mental o intelectual de una persona: *¿Qué clase de adorno quiere comprar?—¿Tiene algo de particular en mente?*

patria el país donde una persona ha nacido o donde ha adquirido su nacionalidad: *México es la patria de los mexicanos.*

20. QUESTIONS

1. ¿Sabe usted el nombre de algunas de las antiguas colonias de España?
2. ¿Qué heredaron estos pueblos de España, además de la lengua y la cultura?
3. ¿Cuál es la religión predominante en Hispanoamérica?
4. ¿Tiene la Virgen María el mismo nombre en todos los países donde Ella es la santa patrona?

5. ¿Cuál es el origen de cada uno de los nombres dados a la Virgen María?
6. ¿Cuál es tal vez la más conocida de estas leyendas?
7. ¿En qué año ocurrió esta historia?
8. Antes de la aparición de la Virgen en ese cerro, ¿a quién había estado dedicado?
9. ¿Quién era Juan Diego?
10. ¿Qué pasó un día cuando él caminaba por el cerro de Tepeyac?
11. ¿Cómo era la imagen de la dama que apareció sobre unas rocas?
12. ¿Le habló a Juan Diego en español?
13. ¿Quién era la dama?
14. ¿Qué deseaba ella ver construido allí?
15. ¿A quién le llevó el mensaje Juan Diego?
16. ¿A qué atribuyó el Obispo la visión que había tenido el indio?
17. ¿Cuántas visiones más tuvo Juan Diego antes de poder traerle una prueba al Obispo?
18. ¿Qué ocurrió la cuarta vez durante su conversación con la Virgen?
19. ¿Qué hizo Juan Diego después de recoger las rosas y ponerlas en su capa?
20. ¿Cuál fue el nuevo milagro que ocurrió cuando llevó las rosas a las autoridades de la Iglesia?
21. ¿Cómo se llama la iglesia que construyeron en ese lugar?
22. ¿Cómo están adornadas las paredes de ésta y otras iglesias de Hispanoamérica?

Noun Exercise

21. COMPLETION

1. Apareció la imagen de la Virgen.   Era ____ imagen ____.
2. ¿Sabes la historia de la Virgen?   ¿De ____ Virgen de Guadalupe?
3. Juan Diego le llevó el mensaje al Obispo.   Era ____ mensaje ____.
4. El Obispo pensaba que todo estaba en la mente del indio.   Dijo que las apariciones sólo ocurrían en ____ mente de Juan Diego.
5. Tenían muchos dioses paganos.   ¿Quién era ____ dios de la lluvia?

RECOMBINATION EXERCISES

22. NARRATIVE VARIATION

1. Lea de nuevo el quinto párrafo de la narración, cambiando todos los verbos al presente. *Empiece así:* Ocurre entonces el milagro.

2. Lea de nuevo el cuarto párrafo de la narración, comenzando en la línea 24. Lea la historia en la primera persona singular, como si usted fuera Juan Diego. *Empiece así:* Yo pasaba por allí ese día del año 1531, cuando de pronto . . .

23. SUSTAINED TALK

Cuente la historia de la Virgen de Guadalupe. Use por lo menos ocho de las expresiones siguientes:

Tepeyac	un milagro
Juan Diego	empezar a crecer unas rosas
una radiante imagen	recogerlas y ponerlas en su capa
el primer Obispo de México	el segundo milagro
el mensaje de la Virgen	una imagen pintada en la capa
la mente del indio	la Basílica de Nuestra Señora de Guadalupe

24. PATTERNED REJOINDERS

Give a suitable rejoinder to each of the following sentences. Base your rejoinders on the narrative, and use **como si** in each one.

Juan Diego no estaba loco.

Pero el Obispo lo trataba como si estuviera loco.

Juan Diego no mentía.
Juan Diego no era tonto.
Las apariciones no ocurrían sólo en la mente de Juan Diego.
El Obispo se equivocaba.
El mensaje era verdadero.

25. PRESENT INDICATIVE + FUTURE → PAST SUBJUNCTIVE + CONDITIONAL

Si traigo alguna prueba, el Obispo me creerá. ⊗

Si trajera alguna prueba, el Obispo me creería.

Si la Virgen aparece de nuevo, le preguntaré qué hacer.
Si me da alguna prueba, se la llevaré al Obispo.
Si el Obispo me cree, hará construir una catedral.
Si la Virgen hace algún milagro, todos verán que yo tenía razón.
Si les muestro mi capa, me creerán.

26. PATTERNED COMPLETION

Complete the sentence with any appropriate words.

Si yo fuera a México . . .

Si yo fuera a México, iría a ver la Basílica.

Si nosotros trajéramos alguna prueba . . .

Si usted visitara la Basílica . . .

Si ustedes hicieran algún hallazgo . . .

Si yo viera la capa de Juan Diego . . .

Si usted fuera Juan Diego . . .

Si nosotros hiciéramos una romería . . .

Si yo fuera mexicano . . .

Conversation Buildup

I

ELENA ¿Sabes lo que me contó Marta?

LUISA No quiero oír esos chismes. Si Marta estudiara tanto como habla, sería la mejor estudiante de la clase.

ELENA No seas pesada. Me contó que vamos a tener una nueva directora.

LUISA Puros rumores. Hasta si fuera verdad, ¿qué me importa a mí?

ELENA Y me dijo también que Margarita va a hacer un viaje a Argentina.

LUISA Yo ya sabía eso. Ellos siempre pasan el verano en Buenos Aires. Además no me interesan esas tonterías.

ELENA Y también me dijo que Dolores se va a casar con Mario Cabeza. La boda será el 20 de este mes.

LUISA ¿Cómo? ¿Dolores se casa con Mario? ¡Cuéntame más!

REJOINDERS

Vamos a tener una nueva directora.
¿Sabes lo que me contó Carmen?

CONVERSATION STIMULUS

Usted tiene un amigo que siempre cuenta chismes. Hoy le dice que el profesor de química se casa con la profesora de francés.

II

SEÑORITA	Perdón, ¿me puede usted decir cómo se llega a la oficina de correos?
SEÑOR	Claro, es muy fácil. Se baja por esta calle hasta llegar a una pequeña iglesia, allí se dobla a la derecha y se sigue caminando hasta llegar a un café al aire libre.
SEÑORITA	A ver si entendí . . . Se baja por esta calle hasta llegar a un pequeño café y allí se sigue hasta . . .
SEÑOR	No, señorita, hasta llegar a una pequeña iglesia y allí se dobla . . .
SEÑORITA	Ah, sí, se dobla a la izquierda y se sigue hasta llegar a un café . . . ¿o era una escuela?
SEÑOR	No, señorita . . . mire, yo creo que sería más fácil si yo le mostrara. ¿Me permite que la acompañe?

REJOINDERS

Perdón, ¿me puede usted decir cómo se llega a la farmacia?
¿Me permite que la acompañe?

CONVERSATION STIMULUS

Usted quiere ir a la tintorería pero no sabe cómo se llega. Pregúntele a alguien.

Writing

PARAGRAPH CONSTRUCTION

Write a paragraph telling about a trip you would like to take to Mexico. Use all the items below in the order given. Each sentence should contain a **"si"** clause with the past subjunctive. Use the model as the first sentence in your paragraph.

MODEL   si / (yo) tener / plata / pasar / vacaciones / México
          Si tuviera plata, pasaría las vacaciones en México.

1. si / (yo) poder / partir / fines de junio
2. si / (tú) querer / poder / ir / conmigo
3. si / nuestros padres prestar / dinero / (nosotros) poder / ir / avión
4. si / (ellos) ayudarnos / pagarnos / hoteles / (nosotros) pagar / resto
5. si / (nosotros) poder / hacerlo / ser / viaje / fantástico
6. si / (nosotros) ir / México / gustarme / visitar / Basílica / también / museos
7. si / (yo) ir / México / comprarle / mamá / pulsera / plata
8. si / (yo) quedarme / bastante tiempo / aprender / hablar / español / bien

9. si / (yo) tener tiempo / ir / Guadalajara / Acapulco
10. si / (yo) ir / México / mandarles / amigos / cartas / tarjetas
11. si / (yo) visitar / escuela / mexicano / conocer / jóvenes / mexicano
12. cuánto / encantarme / hacer / viaje / México / si / (yo) poder

REFERENCE LIST

Nouns

aparición *f*	correos	mensaje *m*	romería
autoridad *f*	cuadra	Navidad *f*	rosa
buzón *m*	estampilla	obispo	sobre *m*
cantidad *f*	estudiante *m-f*	oficina de correos	tambor *m*
capa	honor *m*	paquete *m*	violín *m*
catolicismo	imagen *f*	piano	virgen *f*
colina	mártir *m-f*	procesión *f*	visión *f*

Verbs

adornar
ahogarse
aprovechar
disfrutar (de)
divertir(se) (e-ie-i)
doblar
pesar
quejarse (de)

Expressions

correo aéreo
de nuevo
ponerse al día
santa patrona
Semana Santa
Yo llevo casi una semana
  (un mes, un año) aquí.

Adjectives

aéreo
antiguo
predominante

Del Mundo Hispánico

Proverbios

No dejes para mañana lo que puedes hacer hoy.	*Don't leave for tomorrow what you can do today.*
Dime con quién andas y te diré quién eres.	*Birds of a feather flock together.*
Cuando el río suena, piedras trae.	*Where there's smoke, there's fire.*
Mal de muchos, consuelo de tontos.	*Misery loves company.*
Ojos que no ven, corazón que no siente.	*Out of sight, out of mind.*
Más vale tarde que nunca.	*Better late than never.*
De tal palo, tal astilla.	*Like father, like son. (A chip off the old block.)*
Más vale pájaro en la mano que cien volando.	*A bird in the hand is worth two in the bush.*
Lo bueno viene en frasco chico.	*Good things come in small packages.*
A caballo regalado no se le mira el diente.	*Don't look a gift horse in the mouth.*
Roma no se hizo en un día.	*Rome wasn't built in a day.*
Más vale prevenir que curar.	*An ounce of prevention is worth a pound of cure.*

—¡En todos los viajes se olvida algo! ¿No? ¡Pues en éste olvidé la gasolina!

Articles

DEFINITE ARTICLES				INDEFINITE ARTICLES		
	Masculine	*Feminine*			*Masculine*	*Feminine*
SINGULAR	el chico	la chica		SINGULAR	un chico	una chica
PLURAL	los chicos	las chicas		PLURAL	unos chicos	unas chicas

Contraction of the Definite Article

a + el → al

de + el → del

Adjectives

ADJECTIVES WHICH END IN o

	Masculine	*Feminine*
SINGULAR	chico alto	chica alta
PLURAL	chicos altos	chicas altas

ADJECTIVES WHICH END IN e

	Masculine	*Feminine*
SINGULAR	chico inteligente	chica inteligente
PLURAL	chicos inteligentes	chicas inteligentes

ADJECTIVES WHICH END IN A CONSONANT

	Masculine	*Feminine*
SINGULAR	chico <u>menor</u>	chica <u>menor</u>
PLURAL	chicos <u>menores</u>	chicas <u>menores</u>

ADJECTIVES OF NATIONALITY

	Masculine	*Feminine*
SINGULAR	chico <u>francés</u>	chica <u>francesa</u>
PLURAL	chicos <u>franceses</u>	chicas <u>francesas</u>

NOTE: Some adjectives which end in **-or** follow the same pattern as adjectives of nationality: **chico encantador; chica encantadora; chicos encantadores; chicas encantadoras.**

ADJECTIVES WHICH DROP THE FINAL O BEFORE A MASCULINE SINGULAR NOUN

alguno	algún chico
bueno	buen chico
malo	mal chico
primero	primer chico
tercero	tercer chico
ninguno	ningún chico

Demonstrative Adjectives

este

	Masculine	*Feminine*
SINGULAR	<u>este</u> chico	<u>esta</u> chica
PLURAL	<u>estos</u> chicos	<u>estas</u> chicas

ese

	Masculine	*Feminine*
SINGULAR	<u>ese</u> chico	<u>esa</u> chica
PLURAL	<u>esos</u> chicos	<u>esas</u> chicas

aquel

	Masculine	*Feminine*
SINGULAR	<u>aquel</u> chico	<u>aquella</u> chica
PLURAL	<u>aquellos</u> chicos	<u>aquellas</u> chicas

Demonstratives: Neuter

esto   eso   aquello

Possessive Adjectives

POSSESSIVE ADJECTIVES: SHORT FORMS

1   mi hijo, mi hija   nuestro hijo, nuestra hija
    mis hijos, mis hijas   nuestros hijos, nuestras hijas

2   tu hijo, tu hija
    tus hijos, tus hijas

3   su hijo, su hija
                    sus hijos, sus hijas

POSSESSIVE ADJECTIVES: LONG FORMS

1   hijo mío, hija mía   hijo nuestro, hija nuestra
    hijos míos, hijas mías   hijos nuestros, hijas nuestras

2   hijo tuyo, hija tuya
    hijos tuyos, hijas tuyas

3   hijo suyo, hija suya
                    hijos suyos, hijas suyas

Pronouns

SUBJECT PRONOUNS

Singular	*Plural*
1 yo	nosotros
2 tú, usted*	ustedes*
3 él, ella	ellos, ellas

*NOTE: Even though they are second person pronouns, **usted** and **ustedes** are used with the third person form of the verb.

PRONOUNS USED
AS OBJECTS OF
PREPOSITIONS

	Singular	*Plural*
1	mí*	nosotros
2	ti,* usted	ustedes
3	él, ella	ellos, ellas

*NOTE: With the preposition **con,** the special forms **conmigo** and **contigo** are used.

DIRECT OBJECT PRONOUNS		INDIRECT OBJECT PRONOUNS		REFLEXIVE PRONOUNS	
Singular	*Plural*	*Singular*	*Plural*	*Singular*	*Plural*
1 me	nos	1 me	nos	1 me	nos
2 te	los, las	2 te	les*	2 te	
3 lo, la		3 le*		3	se

*NOTE: **Se** replaces **le** and **les** before **lo, los, la, las.**

Negation

NEGATIVE WORDS

Affirmative	*Negative Counterpart*
sí	no
algo	nada
alguien	nadie
alguno	ninguno
algunas veces	nunca, jamás
también	tampoco
o...o...	ni...ni...

NOTE: A negative word may occur before a verb: **Nadie viene.** A negative word may also occur after a verb. If it does, **no** or another negative word must appear before the verb: **No viene nadie.**

Comparisons

COMPARISONS
OF UNEQUAL
QUANTITIES

$$\left.\begin{array}{l} \textbf{más} \\ \textbf{menos} \end{array}\right\} \quad \textbf{que*}$$

NOTE: Spanish has four irregular comparative adjectives: **mejor, peor, menor, mayor.**

*NOTE: Except in a few special cases, **de** instead of **que** is used before numbers.

COMPARISONS OF
EQUAL QUANTITIES

$$\textbf{tan} + \left\{\begin{array}{l} \text{adjective} \\ \text{adverb} \end{array}\right\} + \textbf{como}$$

tanto, -a + {singular noun} + **como**
tantos, -as + {plural noun} + **como**

tanto + **como**

ser *and* estar

estar	**ser**
Noun Phrase (other than an event) + **estar** + Location	Noun Phrase + **ser** + Noun Phrase Ese señor es el maestro.
Los chicos están aquí.	Noun Phrase + **ser** + Source or Destination El regalo es para usted. La carta es de mi mamá.
	Noun Phrase (event) + **ser** + Time or Place La fiesta es a las ocho. La fiesta es aquí.
Noun Phrase + **estar** + Adjective (to express an attribute at a particular time; English equivalents frequently use *look, seem,* or similar words) María no está bonita en la foto.	Noun Phrase + **ser** + Adjective (to express a norm; that is, what someone or something is normally like) María no es bonita.

Verbs which Require a Preposition before an Infinitive

VERBS WHICH REQUIRE a

aprender	entrar
ayudar	invitar
comenzar	ir(se)
continuar	ponerse
empezar	salir
enseñar	venir

VERBS WHICH REQUIRE de

acabar	dejar
acordarse	olvidarse
cesar	terminar
	tratar

VERBS WHICH REQUIRE en

insistir	retrasarse
pensar*	tardar

*NOTE: when used with the meaning *think about.*

VERBS WHICH REQUIRE con

soñar

Regular Verbs

Infinitive	**hablar**	**comer**	**vivir**
-ndo FORM (PRESENT PARTICIPLE)	hablando	comiendo	viviendo
-do FORM (PAST PARTICIPLE)	hablado	comido	vivido

Commands

tú	habla	come	vive
usted	hable	coma	viva
ustedes	hablen	coman	vivan

Simple Forms

PRESENT INDICATIVE	habl-	o as a amos an	com-	o es e emos en	viv-	o es e imos en
PRESENT SUBJUNCTIVE	habl-	e es e emos en	com- viv-	a as a amos an		
IMPERFECT	habl-	aba abas aba ábamos aban	com- viv-	ía ías ía íamos ían		
PRETERIT	habl-	é aste ó amos aron	com- viv-	í iste ió imos ieron		
PAST SUBJUNCTIVE	habl-	ara aras ara áramos aran	com- viv-	iera ieras iera iéramos ieran		
FUTURE	hablar-	é ás á emos án	comer- vivir-	é ás á emos án		
CONDITIONAL	hablar-	ía ías ía íamos ían	comer- vivir-	ía ías ía íamos ían		

Perfect Forms

INDICATIVE

PRESENT PERFECT	he has ha hemos han	hablado	comido	vivido

PAST PERFECT	había habías había habíamos habían	hablado	comido	vivido

FUTURE PERFECT	habré habrás habrá habremos habrán	hablado	comido	vivido

CONDITIONAL PERFECT	habría habrías habría habríamos habrían	hablado	comido	vivido

SUBJUNCTIVE

PRESENT PERFECT	haya hayas haya hayamos hayan	hablado	comido	vivido

PAST PERFECT	hubiera hubieras hubiera hubiéramos hubieran	hablado	comido	vivido

Progressive Forms

INDICATIVE

PRESENT PROGRESSIVE	estoy estás está estamos están	hablando	comiendo	viviendo
PAST PROGRESSIVE	estaba estabas estaba estábamos estaban estuve estuviste estuvo estuvimos estuvieron	hablando	comiendo	viviendo
FUTURE PROGRESSIVE	estaré estarás estará estaremos estarán	hablando	comiendo	viviendo
CONDITIONAL PROGRESSIVE	estaría estarías estaría estaríamos estarían	hablando	comiendo	viviendo

SUBJUNCTIVE

PRESENT PROGRESSIVE	esté estés esté estemos estén	hablando	comiendo	viviendo
PAST PROGRESSIVE	estuviera estuvieras estuviera estuviéramos estuvieran	hablando	comiendo	viviendo

Verbs with Stem Alternations

Verbs listed in this section have no irregularity other than the stem-vowel alternations. The only sets of forms listed are those in which stem-vowel alternations occur; and the forms in which the vowel cluster occurs are printed in dark type. Verbs which have a stem-vowel alternation plus some other irregularity are listed under "Verbs with Irregular Forms".

The alternations z ↔ c, c ↔ qu, gu ↔ g, and g → j are not taken into account since they are spelling changes only, and do not reflect any irregularity in sound.

---

pensar

PRESENT INDICATIVE	**pienso, piensas, piensa,** pensamos, **piensan**
PRESENT SUBJUNCTIVE	**piense, pienses, piense,** pensemos, **piensen**

---

encontrar

PRESENT INDICATIVE	**encuentro, encuentras, encuentra,** encontramos, **encuentran**
PRESENT SUBJUNCTIVE	**encuentre, encuentres, encuentre,** encontremos, **encuentren**

---

jugar

PRESENT INDICATIVE	**juego, juegas, juega,** jugamos, **juegan**
PRESENT SUBJUNCTIVE	**juegue, juegues, juegue,** juguemos, **jueguen**

---

perder

PRESENT INDICATIVE	**pierdo, pierdes, pierde,** perdemos, **pierden**
PRESENT SUBJUNCTIVE	**pierda, pierdas, pierda,** perdamos, **pierdan**

---

mover

PRESENT INDICATIVE	**muevo, mueves, mueve,** movemos, **mueven**
PRESENT SUBJUNCTIVE	**mueva, muevas, mueva,** movamos, **muevan**

---

adquirir

PRESENT INDICATIVE	**adquiero, adquieres, adquiere,** adquirimos, **adquieren**
PRESENT SUBJUNCTIVE	**adquiera, adquieras, adquiera,** adquiramos, **adquieran**

---

sentir

-ndo FORM	**sintiendo**
PRESENT INDICATIVE	**siento, sientes, siente,** sentimos, **sienten**
PRESENT SUBJUNCTIVE	**sienta, sientas, sienta,** sintamos, **sientan**
PRETERIT	**sentí, sentiste, sintió,** sentimos, **sintieron**
PAST SUBJUNCTIVE	**sintiera, sintieras, sintiera, sintiéramos, sintieran**

dormir

-ndo FORM	**durmiendo**
PRESENT INDICATIVE	**duermo, duermes, duerme,** dormimos, **duermen**
PRESENT SUBJUNCTIVE	**duerma, duermas, duerma, durmamos, duerman**
PRETERIT	dormí, dormiste, **durmió,** dormimos, **durmieron**
PAST SUBJUNCTIVE	**durmiera, durmieras, durmiera, durmiéramos, durmieran**

pedir

-ndo FORM	**pidiendo**
PRESENT INDICATIVE	**pido, pides, pide,** pedimos, **piden**
PRESENT SUBJUNCTIVE	**pida, pidas, pida, pidamos, pidan**
PRETERIT	**pedí,** pediste, **pidió,** pedimos, **pidieron**
PAST SUBJUNCTIVE	**pidiera, pidieras, pidiera, pidiéramos, pidieran**

Verbs with Irregular Forms

In this section the only sets of forms listed are those in which one or more irregular forms occur. Irregular forms are printed in dark type.

The alternations z ↔ c, c ↔ qu, g ↔ gu, and g ↔ j are not taken into account since they do not reflect any irregularity in *sound*. Less common spelling alternations (g ↔ gu, etc.) are included as reminders even though they do not necessarily reflect any change in sound. Forms which show only a spelling change, such as **caído,** are marked with the symbol[+].

abrir

-do FORM	**abierto**

andar

PRETERIT	**anduve, anduviste, anduvo, anduvimos, anduvieron**
PAST SUBJUNCTIVE	**anduviera, anduvieras, anduviera, anduviéramos, anduvieran**

caber

PRESENT INDICATIVE	**quepo,** cabes, cabe, cabemos, caben
PRESENT SUBJUNCTIVE	**quepa, quepas, quepa, quepamos, quepan**
PRETERIT	**cupe, cupiste, cupo, cupimos, cupieron**
PAST SUBJUNCTIVE	**cupiera, cupieras, cupiera, cupiéramos, cupieran**
FUTURE	**cabré, cabrás, cabrá, cabremos, cabrán**
CONDITIONAL	**cabría, cabrías, cabría, cabríamos, cabrían**

caer

-ndo FORM	**cayendo**
-do FORM	⁺caído
PRESENT INDICATIVE	**caigo,** caes, cae, caemos, caen
PRESENT SUBJUNCTIVE	**caiga, caigas, caiga, caigamos, caigan**
PRETERIT	caí ⁺**caíste, cayó,** ⁺**caímos, cayeron**
PAST SUBJUNCTIVE	**cayera, cayeras, cayera, cayéramos, cayeran**

conocer

PRESENT INDICATIVE	**conozco,** conoces, conoce, conocemos, conocen
PRESENT SUBJUNCTIVE	**conozca, conozcas, conozca, conozcamos, conozcan**

construir

-ndo FORM	**construyendo**
PRESENT INDICATIVE	**construyo, construyes, construye,** construimos, **construyen**
PRESENT SUBJUNCTIVE	**construya, construyas, construya, construyamos, construyan**
PRETERIT	construí, construiste, **construyó,** construimos, **construyeron**
PAST SUBJUNCTIVE	**construyera, construyeras, construyera, construyéramos, construyeran**

continuar

PRESENT INDICATIVE	**continúo, continúas, continúa,** continuamos, **continúan**
PRESENT SUBJUNCTIVE	**continúe, continúes, continúe,** continuemos, **continúen**

creer

-ndo FORM	**creyendo**
-do FORM	⁺creído
PRETERIT	creí, ⁺**creíste, creyó,** ⁺**creímos, creyeron**
PAST SUBJUNCTIVE	**creyera, creyeras, creyera, creyéramos, creyeran**

dar

PRESENT INDICATIVE	**doy,** das, da, damos, dan
PRESENT SUBJUNCTIVE	**dé, des, dé, demos, den**
PRETERIT	**di, diste, dio, dimos, dieron**
PAST SUBJUNCTIVE	**diera, dieras, diera, diéramos, dieran**

decir

-ndo FORM	**diciendo**
-do FORM	**dicho**
tú COMMAND	**di**
PRESENT INDICATIVE	**digo, dices, dice,** decimos, **dicen**
PRESENT SUBJUNCTIVE	**diga, digas, diga, digamos, digan**
PRETERIT	**dije, dijiste, dijo, dijimos, dijeron**
PAST SUBJUNCTIVE	**dijera, dijeras, dijera, dijéramos, dijeran**
FUTURE	**diré, dirás, dirá, diremos, dirán**
CONDITIONAL	**diría, dirías, diría, diríamos, dirían**

escribir

-do FORM	**escrito**

esquiar

PRESENT INDICATIVE	**esquío, esquías, esquía,** esquiamos, **esquían**
PRESENT SUBJUNCTIVE	**esquíe, esquíes, esquíe,** esquiemos, **esquíen**

estar

PRESENT INDICATIVE	**estoy, estás, está,** estamos, **están**
PRESENT SUBJUNCTIVE	**esté, estés, esté,** estemos, **estén**
PRETERIT	**estuve, estuviste, estuvo, estuvimos, estuvieron**
PAST SUBJUNCTIVE	**estuviera, estuvieras, estuviera, estuviéramos, estuvieran**

haber

PRESENT INDICATIVE	**he, has, ha, hemos, han**
PRESENT SUBJUNCTIVE	**haya, hayas, haya, hayamos, hayan**
PRETERIT	**hube, hubiste, hubo, hubimos, hubieron**
PAST SUBJUNCTIVE	**hubiera, hubieras, hubiera, hubiéramos, hubieran**
FUTURE	**habré, habrás, habrá, habremos, habrán**
CONDITIONAL	**habría, habrías, habría, habríamos, habrían**

hacer

-do FORM	**hecho**
tú COMMAND	**haz**
PRESENT INDICATIVE	**hago,** haces, hace, hacemos, hacen
PRESENT SUBJUNCTIVE	**haga, hagas, haga, hagamos, hagan**
PRETERIT	**hice, hiciste, hizo, hicimos, hicieron**
PAST SUBJUNCTIVE	**hiciera, hicieras, hiciera, hiciéramos, hicieran**
FUTURE	**haré, harás, hará, haremos, harán**
CONDITIONAL	**haría, harías, haría, haríamos, harían**

ir

-ndo FORM	**yendo**
tú COMMAND	**ve**
PRESENT INDICATIVE	**voy, vas, va, vamos, van**
PRESENT SUBJUNCTIVE	**vaya, vayas, vaya, vayamos, vayan**
IMPERFECT	**iba, ibas, iba, íbamos, iban**
PRETERIT	**fui, fuiste, fue, fuimos, fueron**
PAST SUBJUNCTIVE	**fuera, fueras, fuera, fuéramos, fueran**

morir

-ndo FORM	**muriendo**
-do FORM	**muerto**
PRESENT INDICATIVE	**muero, mueres, muere,** morimos, **mueren**
PRESENT SUBJUNCTIVE	**muera, mueras, muera, muramos, mueran**
PRETERIT	morí, moriste, **murió,** morimos, **murieron**
PAST SUBJUNCTIVE	**muriera, murieras, muriera, muriéramos, murieran**

oír

-ndo FORM	**oyendo**
-do FORM	+oído
PRESENT INDICATIVE	**oigo, oyes, oye,** +oímos, **oyen**
PRESENT SUBJUNCTIVE	**oiga, oigas, oiga, oigamos, oigan**
PRETERIT	oí, +oíste, **oyó,** +oímos, **oyeron**
PAST SUBJUNCTIVE	**oyera, oyeras, oyera, oyéramos, oyeran**

poder

-ndo FORM	**pudiendo**
PRESENT INDICATIVE	**puedo, puedes, puede,** podemos, **pueden**
PRESENT SUBJUNCTIVE	**pueda, puedas, pueda,** podamos, **puedan**
PRETERIT	**pude, pudiste, pudo, pudimos, pudieron**
PAST SUBJUNCTIVE	**pudiera, pudieras, pudiera, pudiéramos, pudieran**
FUTURE	**podré, podrás, podrá, podremos, podrán**
CONDITIONAL	**podría, podrías, podría, podríamos, podrían**

poner

-do FORM	**puesto**
tú COMMAND	**pon**
PRESENT INDICATIVE	**pongo,** pones, pone, ponemos, ponen
PRESENT SUBJUNCTIVE	**ponga, pongas, ponga, pongamos, pongan**
PRETERIT	**puse, pusiste, puso, pusimos, pusieron**
PAST SUBJUNCTIVE	**pusiera, pusieras, pusiera, pusiéramos, pusieran**
FUTURE	**pondré, pondrás, pondrá, pondremos, pondrán**
CONDITIONAL	**pondría, pondrías, pondría, pondríamos, pondrían**

producir

PRESENT INDICATIVE	**produzco,** produces, produce, producimos, producen
PRESENT SUBJUNCTIVE	**produzca, produzcas, produzca, produzcamos, produzcan**
PRETERIT	**produje, produjiste, produjo, produjimos, produjeron**
PAST SUBJUNCTIVE	**produjera, produjeras, produjera, produjéramos, produjeran**

querer

PRESENT INDICATIVE	**quiero, quieres, quiere,** queremos, **quieren**
PRESENT SUBJUNCTIVE	**quiera, quieras, quiera,** queramos, **quieran**
PRETERIT	**quise, quisiste, quiso, quisimos, quisieron**
PAST SUBJUNCTIVE	**quisiera, quisieras, quisiera, quisiéramos, quisieran**
FUTURE	**querré, querrás, querrá, querremos, querrán**
CONDITIONAL	**querría, querrías, querría, querríamos, querrían**

reír

-do FORM	[+] reído
PRESENT INDICATIVE	**río, ríes, ríe,** [+]**reímos, ríen**
PRESENT SUBJUNCTIVE	**ría, rías, ría, riamos, rían**
PRETERIT	reí, [+]reíste, **rio,** [+]reímos, **rieron**
PAST SUBJUNCTIVE	**riera, rieras, riera, riéramos, rieran**

reunir

PRESENT INDICATIVE	[+]reúno, [+]reúnes, [+]reúne, reunimos, [+]reúnen
PRESENT SUBJUNCTIVE	[+]reúna, [+]reúnas, [+]reúna, reunamos, [+]reúnan

romper

-do FORM	roto

saber

PRESENT INDICATIVE	**sé,** sabes, sabe, sabemos, saben
PRESENT SUBJUNCTIVE	**sepa, sepas, sepa, sepamos, sepan**
PRETERIT	**supe, supiste, supo, supimos, supieron**
PAST SUBJUNCTIVE	**supiera, supieras, supiera, supiéramos, supieran**
FUTURE	**sabré, sabrás, sabrá, sabremos, sabrán**
CONDITIONAL	**sabría, sabrías, sabría, sabríamos, sabrían**

salir

tú COMMAND	**sal**
PRESENT INDICATIVE	**salgo,** sales, sale, salimos, salen
PRESENT SUBJUNCTIVE	**salga, salgas, salga, salgamos, salgan**
FUTURE	**saldré, saldrás, saldrá, saldremos, saldrán**
CONDITIONAL	**saldría, saldrías, saldría, saldríamos, saldrían**

ser

tú COMMAND	**sé**
PRESENT INDICATIVE	**soy, eres, es, somos, son**
PRESENT SUBJUNCTIVE	**sea, seas, sea, seamos, sean**
IMPERFECT	**era, eras, era, éramos, eran**
PRETERIT	**fui, fuiste, fue, fuimos, fueron**
PAST SUBJUNCTIVE	**fuera, fueras, fuera, fuéramos, fueran**

tener

tú COMMAND	**ten**
PRESENT INDICATIVE	**tengo, tienes, tiene, tenemos, tienen**
PRESENT SUBJUNCTIVE	**tenga, tengas, tenga, tengamos, tengan**
PRETERIT	**tuve, tuviste, tuvo, tuvimos, tuvieron**
PAST SUBJUNCTIVE	**tuviera, tuvieras, tuviera, tuviéramos, tuvieran**
FUTURE	**tendré, tendrás, tendrá, tendremos, tendrán**
CONDITIONAL	**tendría, tendrías, tendría, tendríamos, tendrían**

traer

-ndo FORM	**trayendo**
-do FORM	[+] traído
PRESENT INDICATIVE	**traigo,** traes, trae, traemos, traen
PRESENT SUBJUNCTIVE	**traiga, traigas, traiga, traigamos, traigan**
PRETERIT	**traje, trajiste, trajo, trajimos, trajeron**
PAST SUBJUNCTIVE	**trajera, trajeras, trajera, trajéramos, trajeran**

valer

PRESENT INDICATIVE	**valgo,** vales, vale, valemos, valen
PRESENT SUBJUNCTIVE	**valga, valgas, valga, valgamos, valgan**
FUTURE	**valdré, valdrás, valdrá, valdremos, valdrán**
CONDITIONAL	**valdría, valdrías, valdría, valdríamos, valdrían**

venir

-ndo FORM	**viniendo**
tú COMMAND	**ven**
PRESENT INDICATIVE	**vengo, vienes, viene,** venimos, **vienen**
PRESENT SUBJUNCTIVE	**venga, vengas, venga, vengamos, vengan**
PRETERIT	**vine, viniste, vino, vinimos, vinieron**
PAST SUBJUNCTIVE	**viniera, vinieras, viniera, viniéramos, vinieran**
FUTURE	**vendré, vendrás, vendrá, vendremos, vendrán**
CONDITIONAL	**vendría, vendrías, vendría, vendríamos, vendrían**

ver

-do FORM	**visto**
PRESENT INDICATIVE	**veo,** ves, ve, vemos, ven
PRESENT SUBJUNCTIVE	**vea, veas, vea, veamos, vean**
IMPERFECT	**veía, veías, veía, veíamos, veían**

volver

-do FORM	**vuelto**
PRESENT INDICATIVE	**vuelvo, vuelves, vuelve,** volvemos, **vuelven**
PRESENT SUBJUNCTIVE	**vuelva, vuelvas, vuelva,** volvamos, **vuelvan**

THE VOSOTROS FORMS

Subject pronoun: **vosotros (-as)**

Object pronoun:[1] **os**

Possessive adjective: **vuestro (-a, -os, -as)**

Verb endings:	*-ar*	*-er*	*-ir*
Present:[2]	**-áis**	**-éis**	**-ís**
Preterit:[3]	**-asteis**	**-isteis**	**-isteis**
Imperfect:[4]	**-abais**	**-íais**	**-íais**
Affirmative Commands:[5]	**-ad**	**-ed**	**-id**
Present Subjunctive:[6]	**-éis**	**-áis**	**-áis**
Negative Commands:[7]	**-éis**	**-áis**	**-áis**
Past Subjunctive:[8]	**-arais**	**-ierais**	**-ierais**
Conditional:[9]	**-íais**	**-íais**	**-íais**
Future:[10]	**-éis**	**-éis**	**-éis**

[1] Direct, indirect, reflexive.

[2] Attached to the stem of the infinitive. The following are the only two exceptions: **sois (ser), vais (ir).**

[3] Attached to the stem of regular verbs and to the **tú**-form stem of irregular verbs: **hablasteis, comisteis, escribisteis, fuisteis.**

[4] Attached to the stem of regular or irregular verbs: **llegabais, comíais, decíais, ibais, erais, veíais.**

[5] Attached to the stem of the infinitive form: **hablad, tened, venid, id, sed.**

[6] Attached to the stem of the present subjunctive form: **toméis, comáis, vayáis, seáis.**

[7] Stem for irregular verbs is the same as that for present subjunctive: **no vayáis.**

[8] Attached to the stem of regular verbs or to the preterit stem of irregular verbs: **llegarais, vivierais, supierais.**
Note: **Ir, ser,** and verb stems ending in **-j** drop the first **-i** of the ending **-ierais: fuerais, dijerais.**

[9] Attached to the stem of the conditional form: **tomaríais, vendríais, iríais, diríais.**

[10] Attached to the stem of the future form: **hablaréis, viviréis, haréis, pondréis.**

NUMERALS

Cardinals

0	cero	18	dieciocho	70	setenta
1	uno (un, una)	19	diecinueve	80	ochenta
2	dos	20	veinte	90	noventa
3	tres	21	veintiuno (veintiún)	100	cien
4	cuatro	22	veintidós	101	ciento uno
5	cinco	23	veintitrés	200	doscientos, -as
6	seis	24	veinticuatro	300	trescientos, -as
7	siete	25	veinticinco	400	cuatrocientos, -as
8	ocho	26	veintiséis	500	quinientos, -as
9	nueve	27	veintisiete	600	seiscientos, -as
10	diez	28	veintiocho	700	setecientos, -as
11	once	29	veintinueve	800	ochocientos, -as
12	doce	30	treinta	900	novecientos, -as
13	trece	31	treinta y uno	1.000	mil
14	catorce	32	treinta y dos	1.001	mil uno
15	quince	40	cuarenta	2.000	dos mil
16	dieciséis	50	cincuenta	1.000.000	un millón (de)
17	diecisiete	60	sesenta	2.000.000	dos millones (de)

Ordinals

1º	primero (primer), -a	6º	sexto, -a
2º	segundo, -a	7º	séptimo, -a
3º	tercero (tercer), -a	8º	octavo, -a
4º	cuarto, -a	9º	noveno, -a
5º	quinto, -a	10º	décimo, -a

Dates

May 1, 1786	1	de mayo de 1786	(el primero de mayo de mil setecientos ochenta y seis)
June 2, 1801	2	de junio de 1801	(el dos de junio de mil ochocientos uno)
August 3, 1919	3	de agosto de 1919	(el tres de agosto de mil novecientos diecinueve)
February 14, 1970	14	de febrero de 1970	(el catorce de febrero de mil novecientos setenta)

INDEX OF IRREGULAR VERBS

The alphabetical list below will guide you to the appropriate chart for the verb itself or for a verb whose pattern it follows.

This vocabulary includes the words and phrases which appear in Levels One and Two. Not included are names of people and verb forms other than the infinitive, except when another form has been introduced first.

The number of letter-number combination after each definition refers to the unit in which the word or phrase first appears. For Units 1–15, a number by itself refers to the Basic Dialog of that unit; the letter S refers to the Supplement; G refers to the Grammar section; and N refers to the Narrative. For Units 16–27, BI refers to Basic Material I, BII refers to Basic Material II; SI refers to Supplement I, SII refers to Supplement II; R refers to the Reading section, including Word Study; D refers to the Dictionary Section; M refers to Del Mundo Hispánico, and C refers to caption. In the event that a word is used inactively the first time it appears and is activated in a later unit, both unit references are indicated.

For adjectives and for nouns that have a masculine and a feminine form, the feminine ending is listed immediately following the masculine form, for example, **barato, -a; tío, -a.**

Alternations in verb stems are given in parentheses after the corresponding verb.

ABBREVIATIONS

abbrev	abbreviation of	*m*	masculine noun
adj	adjective	*pl*	plural
f	feminine noun	*pp*	past participle
fn	footnote		

A

a to, 1; at, 3

a causa de because of, 17R; **a diferencia de** unlike, 17R; **a eso de** about, 24R; **a fines de** around the end of, 9S; **a la una** at one o'clock, 9S; **al menos** at least, 15; **a menos que** unless, 25G; **a pesar de que** in spite of the fact that, 17BI: **a propósito** by the way, 5; **¿a qué hora?** at what time?, 3; **a veces** sometimes, 18M; **a ver** let's see, 6

abajo down, 14S

abandonar abandon, 14N

abierto *pp* **abrir,** 13S

abogado lawyer, 22SI

abrazo hug, 15N

abrigo coat, 4S

abril April, 9S

abrir open, 12S

absoluto, -a absolute, 8N

absurdo, -a absurd, 13N

abuelo, -a grandfather, grandmother, 6S

aburrido, -a bored, 10S; boring, 13N

aburrir bore, 10S

  aburrirse get bored, 13S

acá here, 21BI

acabar finish, 22R

  acabar de have just, 10; **Acaba de salir.** He has just left., 10; **acabarse: se acabó** we ran out, 20BII; that's all, 23BI

accidental accidental, 25D

accidente *m* accident, 17R

acción *f* action, act, 18D

aceite *m* oil, 21M

aceptable acceptable, 11N

aceptar accept, 11N

acercarse approach, go towards, 13N

acompañar accompany, 17M, 19R

acondicionado: aire acondicionado air-conditioned, 18M

aconsejar advise, 25R

acontecimiento event, 17R

acordarse (o-ue) (de) remember, 19BI

acostar (o-ue) put to bed, 13G

acostarse go to bed, lie down, 13

acostumbrado, -a accustomed, 10N

acostumbrar accustom, 10N

actitud *f* attitude, 18R

activo, -a active, 9N

acto act, 17D

adaptación *f* adaptation, 11N

adaptar adapt, 11N

adelante forward, 22BII

pasar adelante come in, 22BII

de ese día en adelante from that day on, 23R

además besides, 12S

adicto, -a addicted, 10N

adiós good-bye, 4

adivinar guess, 6

admiración *f* admiration, 9N

admirador, -a admirer, 25R

adobe *m* adobe, 16R

adónde where, 1

adorable adorable, 27R

adoración adoration, 27R

adorar adore, 17BI

adornar adorn, 27R

adorno ornament, trinket, 25BII

adquirir (i-ie) acquire, 24R

aduana customs, 26BII

adulto, -a adult, 13N

advertir (e-ie) warn, 22BI

aéreo, -a air mail, 27BII

aeropuerto airport, 5S

afectar affect, 20R

afecto affection, 10N

afeitarse shave, 23SI

aflicción *f* affliction, 25D

afortunado fortunate, 19R

África Africa, 17M

agencia agency, 24R

agente *mf* agent, 24BI

agosto August, 9

agotar exhaust, run out, 24R

agitar shake, 18R; wave, 23R

agradable agreeable, nice, 20D, 25R

agradecido, -a grateful, 25R

agregar add, 21M

agricultor, -a farmer, 17R

agua (el agua) *f* water, 8S (*see fn page 133I*)

aguacate *m* avocado, 20M

¡ah! oh! (*exclamation*), 1

ahí there, 21R

ahogarse drown, 27BI

ahora now, 2S

ahora mismo right now, 23BI

aire *m* air, 18M

aire acondicionado air-conditioned, 18M; **al aire libre** open-air, 27BII

ajá aha, 5

ají chili, 24M

ajo garlic, 20M, 21M

al (a + el) to the, 3; **al llegar** on arriving, 18BI; **al lado** beside, 19R; **al mando de** in command of, 17R; **al natural** natural, without anything added, 24M

alarma alarm, 22D

álbum *m* album, 6

alegrar make happy, 15N

alegrarse be glad, 15N

alegre gay, 15S

alegría joy, 19R

alejar put at a distance, 19R

alemán *m* German, 2S

alemán, -a *adj* German, 4

álgebra (el álgebra) *f* algebra, 15S (*see fn page 291I*)

algo *pn adj* something, 3; somewhat, a little, 25R

algodón *m* cotton, 25SII

alguien someone, 2S

alguno, -a; -os, -as some, 10G

algún some, 10

alimentar feed, 26R

alimento food, 26R

alma (el alma) *f* soul, 16M

almacén *m* department store, 12S

almirante *m* admiral, 17R

almohada pillow, 21BI

almorzar (o-ue) have lunch, 8

almuerzo lunch, 6S

aló hello (*on phone*), 10

alquilar rent, 24SI

alquiler *m* rent, 24SI

alrededor (de) around, 16R

Juan mira a su alrededor. Juan looks around him., 26R

altar *m* altar, 25R

alto, -a tall, 4S; stop, halt, 18R; high, 24SI

alumno, -a student, 4S

allá there, 9 (*see fn page 155I*)

allí there, 8S (*see fn page 155I*)

amabilidad *f*: **¿Tendría la amabilidad de . . . ?** Would you please be kind enough to . . . ?, 26BI

amable nice, 25R

amanecer (zc) start the day off, 17BII; dawn, 19R (*see fn page 169II*)

amanecer *m* dawn, 19R

amargo bitter, 26R

amarillento, -a yellowish, 23R

amarillo, -a yellow, 7S

ambicionar long for, 26R

ambicioso, -a ambitious, 9N

ambos, -as both, 17R

amenazar threaten, 21R

americano, -a American, 2

amigo, -a friend, 1

tan amiga de él so friendly with him, 4

amor *m* love, 12

mi amor darling, 12

amoroso, -a loving, 24R

anciano, -a old man, woman, 22M

andar walk, 11

Anda tomando agua. He's out drinking water, 11

ángel *m* angel, 17BI

angosto, -a narrow, 26R

ángulo angle, 16M

anillo ring, 26SI

animal *m* animal, 10N

anís *m* anise, 20R (*see fn page 200II*)

aniversario anniversary, 13S

anoche last night, 16SI

anochecer (zc) reach nightfall, grow dark, 19R

anochecer *m* dusk, 19R

ansioso, -a anxious, 22R

ante before, 19R

anteayer the day before yesterday, 16SI

anteojos *m pl* glasses, 14

anteojos negros sunglasses, 14

anterior earlier, prior, 17R

antes first, beforehand, 3S

antes de before, 7G; **antes (de) que** before, 25G

antes (de) que before, 25G

antiguo, -a old, ancient, 17M, 25R; former, 27R

antipatía dislike, unpleasantness, 22R

antipático, -a unpleasant, 4S

anunciar announce, 19BI

anuncio announcement, 21R

año year, 7

¿Cuántos años tiene? How old are you?, 7; **tener ____ años** be ____ years old, 7

apagar turn off, 19BII

aparato apparatus, 10N

aparato eléctrico electrical appliance, 23R

aparecer (zc) appear, 13N

aparente seeming, 27R

aparición *f* apparition, appearance, 27R

apariencia appearance, 16R

apellido last name, 22BI

apenas hardly, 22R

aplaudir applaud, 16R

aplauso applause, 23R

aplicación *f* application, 11N

aplicado, -a studious, 16BII

aplicar apply, 12N

apoyo support, 17R

aprender learn, 14S

apretar (e-ie) squeeze, 3

Me aprietan mucho los zapatos. My shoes are too tight., 3

apropiado, -a appropriate, 23R

aprovechar take advantage of, 27SI

aproximado approximate, 20D

apunte *m* note, 11S

apurarse hurry, 13G

apúrate hurry up, 3G

aquel, aquella that, 19BII

aquello that, 19BII

aquí here, 5

árabe Arabic, 27C

Argentina Argentina, 12N

árbol *m* tree, 19R

área *f* (el área) area, 19D

arete *m* earring, 26BI

armada navy, naval forces, 22R

Armada Invencible (*see fn page 255*II)

armario armoire, 21SI (*see fn page 209*II)

arquitecto architect, 18R, 27C (*see fn page 144*II)

arte: artes plásticas art, 22M

artículo article, 11N

artístico, -a artistic, 10N

arrastrar drag, 24R

¡arre! yell of the mule driver, 26R

arreglar fix, clean, 5

arrestar arrest, 23R

arriba up, 14; on top, 23R

arriero mule driver, 26R

arrojar hurl, 25R

arroyo stream, 26R

arroz *m* rice, 20SII

arruinar ruin, 25R

asar roast, 20M

asegurar assure, 17R

así thus, that way, 16R

asignatura subject, 22M

Asia Asia, 17M

asociado, -a associated, 12N

asomar stick out, peep out, 24R

asombrar amaze, surprise, 25R

asombro surprise, 27R

aspecto aspect, appearance, 19R

aspiradora vacuum cleaner, 17SII

pasar la aspiradora vacuum, 17SII

astilla splinter, 27M

astronauta *m* astronaut, 16SII

asunto subject, matter, 18R

asustado, -a frightened, 10S

asustar frighten, 10S

asustarse get frightened, 13S

atardecer *m* late afternoon, 19R

atardecer (zc) draw toward evening, get dark, 19R

atención *f* attention, 11

aterrar terrify, 19R

ático attic, 24SI

Atlántico Atlantic, 9N

atleta, *mf* athlete, 19D

atracción *f* attraction, 27D

atractivo, -a attractive, 23D

atraer (atraigo) attract, 27R

atribuir attribute, 27R

aumentar make bigger, increase, 24BII

Esta balanza aumenta tres kilos. This scale is three kilos heavy., 24BII

aunque although, 21R; even though, even if, 25BI

ausencia absence, 20D

auto auto, car, 18R

autobús *m* bus, 9S

automático, -a automatic, 19R

automóvil automobile, 18M

autor, -a author, 13N

autoridad *f* authority, 17D, 27R

avanzar advance, 25R

ave *f* bird, 25C

avenida avenue, 18R

aventura adventure, 9N

avión *m* plane, 9

avisar advise, 15N

¡ay! oh! (*exclamation*), 5

ayer yesterday, 16BI

ayudar help, 16BI

azteca Aztec, 27R

azúcar *m* sugar, 20SI

azul blue, 7

B

bailar dance, 10S

baile *m* dance, 3S

bajar go down, 19R; come down, get off, 23R

bajo, -a short, 4S

bajo under, 17R

balanza scale, 24BII

banca bench, 22R

banco bank, 5S

bandeja tray, 26BII

bandera flag, 23R

bañar bathe, 13G

bañarse bathe, 13N

baño bathroom, 5S

barato, -a cheap, 5S

barba beard, 23SI; **dejarse barba** grow a beard, 23SI

barbaridad *f*: **¡Que barbaridad!** That's awful!, 11

barco boat, 9

barniz *m* polish, 24SII; **barniz para las uñas** nail polish, 24SII

barrer sweep, 17SII

barril *m* barrel, 25R

barrio neighborhood, 24BI

basar base, 14N

Basílica large or privileged church, 27R

básquetbol *m* basketball, 16C

bastante pretty, enough, 2S

bastar be sufficient, enough, 23BII

bastón *m* cane, 25R

basura trash, 22SII

bata robe, 14N

baúl *m* trunk, 14S

belleza beauty, 10, 26R

  salón de belleza beauty shop, 10

bello beautiful, 25R

beso kiss, 15N

bestia beast, animal, 26R

biblioteca library, 2S

bicicleta bicycle, 9S

bien well, 2S

  bien, gracias fine, thanks, 5S; **muy bien** all right, 4

bigote *m* moustache, 23SI

billetera wallet, 26SII

biología biology, 22R

bistec *m* steak, 20SII; **bistecs** (*pl*) (*see fn page 192*II)

blanco, -a white, 7S

blusa blouse, 4S

boa boa (*snake*), 15N

boca mouth, 13N

boda wedding, 25BI; **regalo de bodas** wedding present, 25BII

boleta (traffic) ticket, 18SII

boleto ticket, 5

Bolivia Bolivia, 12N

boliviano, -a Bolivian, 17C

bolsa bag, 8

bolsillo pocket, 20R

bondad *f* kindness, 22BII; **tener la bondad** be kind enough, 22BII

bonito, -a pretty, nice, 4 (*see fn page 90*I); cute, 6

borrador *m* eraser, 22SII

borrar erase, 22SII

bota boot, 25SII

botella bottle, 26BII; **Tú crees que no es más que soplar y hacer botellas.** You think that money grows on trees., 26BII

boxeador *m* boxer, 26D

Brasil Brazil, 12N; **brasileño** Brazilian, 27R

bravo mad, 18BI

brazo arm, 15S

brillante shiny, 26R

británico: Islas Británicas British Isles, 17M

broche *m* pin, 26SI

bromear kid, 22SI

brutal brutal, terrific, 14S

bueno, -a good, 1

  buen good, 10G

bufanda scarf, 25SII

bulto bundle, 21R

burlarse (de) make fun (of), 23BII

busca: en busca de in search of, 25R

buscar look for, 5

buzón *m* mailbox, 27BII

C

caballero gentleman, 25R, sir, 26BI

caballo horse, 15N

  montar a caballo horseback ride, 15N

caber fit, 26SI

cabeza head, 15S

cable *m* cable, 15N

cacerola casserole, 20M

cada each, 10N

  cada vez always, 19R

cadáver *m* corpse, 19BII

caer: dejar caer drop, 27R; **caerse (me caigo)** fall down, 20R

café *m* café 5; coffee, 8S; *adj* brown, 7S (*see fn page 110*I)

cafetera coffee pot, 26SI

caída fall, 24R

cajero teller, 21R

calcetín *m* sock, 5S

calcular calculate, 9N

calidad *f* quality, 27R

caliente hot, 8S (*see fn page 132*I)

calificación grade, 22M

calma calm, 18R

calmar calm down, 23R

callarse shut up, be quiet, 23BII

calle *f* street, 7S

calmar(se) calm (down), 19R

calor *m* heat, 8S

  tenor calor be warm (*for a person*), 8S; **Tengo mucho calor.** I'm very warm., 8S (*see fn page 132*I)

cama bed, 21BI

camarero, -a waiter, waitress, 10S

camarón *m* shrimp, 20M

  camarones a la plancha: broiled shrimps, 20M

cambiar change, 13N

cambio change, 20R

  en cambio on the other hand, 23R

caminar walk, 3

camino road, 26R

camión *m* truck, 18R

camisa shirt, 4S

campana bell, 19SI

campanada chime, 19R

campeón *m* champion, 5

campesino, -a peasant, 21R

campo country, 15S

Canadá Canada, 7

canadiense Canadian, 12N

canal *m* canal, 9N; channel, 13N

canario canary, 25BI

canción *f* song, 2S

cansado, -a tired, 6S

cansar tire, 13G

  cansarse get tired, 13S

cantante *mf* singer, 25R

cantar sing, 10S

cantidad *f* quantity, 15N

capa cape, 27R

capacidad *f* capacity, 18D

capilla chapel, 25R

capital *f* capital, 8N

captar catch, grasp, understand, 24R

cara face, 8

carabela caravel, 17R

característica characteristic, 27R

¡caramba! darn it! (*exclamation*), 5

carga cargo, 9N

cargado full, laden, 18R

Caribe Caribbean, 12N

caridad *f* charity, 17R

cariño affection, 20R

  muchos cariños lots of love, 20R

cariñoso affectionate, 17BI

carmín bright red, 22M

carne *f* meat, 8S

carnicería butcher shop, 20BII

caro, -a expensive, 5S

carpintería carpentry, 22C

carta letter, 7; menu, 20M

cartel *m* poster, 22M

cartera purse, 14S

cartero mailman, 8

carrera race, 1

  carrera de perros dog races, 1; career,

major, 22R; **seguir una carrera** major (*in college*), 22R

carreta wagon, 18R

carro car, 1

casa house, 1

en casa at home, 1

caserón *m* big old house, 19R

casi almost, 3

casino casino, 16M

caso case, 9N

en todo caso in any case, 12; **hacerle caso a** pay attention to, 18R

castaño, -a brown, 7S (*see fn page 110*I)

castellano Spanish (language), 22R

catástrofe *f* catastrophe, 11N

catedral *f* cathedral, 8N

Catolicismo Catholicism, 27R

católico Catholic, 27R

catorce fourteen, 6S

causa: a causa de because of, 17R

causar cause, 19R

cebolla onion, 20SII

celebrar celebrate, 25R

cena supper, dinner, 6S

cenar to have dinner, 8S

cenicero ashtray, 21SI

centavo cent, 21R (*see fn page 230*II)

central central, 16C, 16M, 21R

centro center, downtown, 3S

Centroamérica Central America, 9N

centroamericano, -a Central American, 12N

cepillo brush, 14S

cepillo de dientes toothbrush, 24SII

cerca near, close, 19R

cerdo pork, 20M; pig, 21SII

ceremonioso ceremonious, 24R

cero zero, 10

certeza certainty, 17R

con certeza for sure, 17R

cerrar (e-ie) close, 3

cerro hill, 26R

cesar (de) stop, cease, 19R

césped *m* lawn, grass, 24SI

cesta waste-basket, 22SII

Cía *abbrev* Compañía, 24M

ciclo cycle, 16R

cielo: cielo raso ceiling, 24SI

cien one hundred, 9S

ciencia science, 22R

ciento uno one hundred one, 9S

cierto, -a correct, 11N; true, 22BI; certain, 22D, 27R

cifra mark, 22M

cinco five, 3S

cincuenta fifty, 9S

cine *m* movies, 3

cinturón *m* belt, 26SII

circo circus, 21SII

ciudad *f* city, 14S

cívica civics, 22M

civil civil, 16SII

La Guerra Civil The Civil War, 16SII

civilizacion *f* civilization, 9N

claridad *f* clarity, 24R

claro of course, 4; clear, 12N

clase *f* class, 6N; kind, type, 19SI

clasificación *f* classification, 12N

cliente, -ta client, 10 (*see fn page 179*I)

clientela clientele, customers, 23R

clima *m* climate, 9

cobre *m* copper, 26SI

cocina kitchen, 1

cocinar cook, 16SI

cocinero, -a cook, 17BII

cocodrilo crocodile, 15N

codo elbow, 25BI

aunque hablen hasta por los codos even though they chatter their heads off, 25BI

coeducativo, -a coeducational, 17C

coger pick, 21R

cola tail, 25SI

colchón *m* mattress, 21BI

colegial *mf* student, 22M

colegio high school, 22M, 24BI

colgar (o-ue) hang up, 10

colina hill, 26R

Colombia Colombia, 6G

colombiano, -a Colombian, 22C

Colón Columbus, 17BII

colonia colony, 17R

colonial colonial, 16C

colonizador, -a colonist, 16SII

colonizar colonize, 17R

color *m* color, 7

¿De qué color es? What color is it?, 7S

collar *m* necklace, 26BI

coma comma, 11

comedor *m* dining room, 5S

comentador *m* commentator, 13N

comentar comment, 17R

comenzar (e-ie) commence, begin, 10N

comer eat, 7S

¿Qué hay de comer? What's there to eat?, 8S

comercial commercial, 16M

comercio commerce, business, 17R

cometer commit, 25R

comida dinner, meal, food, 3S

comienzo beginning, 26R

como as, like, 5G; since, 8N; about, more or less, 20R; the way, as, 25GI

cómo how, 1; what?, 1

¿Cómo eres tú? What are you like?, 7; **¿Cómo te llamas?** What's your name?, 7S; **¿Cómo le va?** How's it going?, 22SII; **cómo no** of course, 25BI

cómodo, -a comfortable, 23R

compañero, -a kid, companion, 4

compañía company, 10N

compás: al compás de in the rhythm of, 26R

competir compete, 23R

completar complete, 17D

completo, -a complete, 11N

componerse (*like* **poner**) compose, consist, 22R

comprar buy, 3

compras shopping, 12

ir de compras go shopping, 12

comprender comprehend, be composed of, 12N

común common, 19D

comunicación *f* communication, 10N

comunista *mf* communist, 18R

con with, 1

con razón no wonder, 4; **con permiso** excuse me, 8 (*see fn page 131*I)

con tal (de) que provided, 25BI

concebir (e-i) conceive, 17R

concentrar concentrate, 19R

condición *f* condition, 9N

en buenas condiciones in good condition, 18M

conducir conduct, 26D

conectar connect, 26D

conejo rabbit, 25SI

confesar confess, 10N

confianza trust, 21R

confirmar confirm, 24R

conformidad *f* conformity, 18D

confortable comfortable, 9N

confusión *f* confusion, 12N

confuso confused, 19D

conglomerar conglomerate, gather, 23R

conocer (zc) know, 8; *preterit:* met, 18G

conmigo with me, 2

conquistador, -a conqueror, 17R

conquistar conquer, 16SII

conseguir (e-i-i) get, 19R

consejo piece of advice, 25R

consecuencia: en consecuencia therefore, 22M

consentido spoiled, 25R

conservar conserve, 18D

considerable considerable, 17M

consideración *f* consideration, 18R

considerar consider, 17M, 24BI

consiguiente: por consiguiente therefore, 12S

consistir (en) consist (of), 14N

consomé *m* consommé, 20M

constante constant, 21R

construir construct, build, 16R

consuelo consolation, 27M

consulado consulate, 18M

consultar consult, 9N

contacto contact, 10N

contador, -a accountant, 22SI

contar (o-ue) tell, 9

contemplar contemplate, 14N

contener *(like* **tener***)* contain, 12N

contenido contents 24M

contento, -a happy, 6S

contestar answer, 2

contigo with you, 7S

continuar (ú) continue, 9N

contrario contrary, opposite, 17D

contraste *m* contrast, 23D

conveniencia convenience, 11N

conveniente convenient, 23R

  si no tiene inconveniente if it's not too much trouble, 23R

conversación *f* conversation, 10N

conversar converse, 10N

convertir (e-ie) convert, 9N

convicción *f* conviction, 27R

copa stemmed wine glass, 20SI (*see fn page 179*II); crown of a hat, 25R

corazón *m* heart, 27M

corbata tie, 4S

coro chorus, 22M

cortar cut, 23BII

corte *m* cut, 23R

cortina curtain, 21SI

corto, -a short, 17R

correo mail, 8

correos post office, 16M; mail, 27BII; **oficina de correos** post office, 27BII; **correo aéreo** air mail, 27SII

correr run, 15N

corresponder correspond, 11N

correspondiente corresponding, 22M

cosa thing, 5

costa coast, 9N; cost, 24R

  a toda costa at any cost, 24R

Costa Rica Costa Rica, 12N

costar (o-ue) cost, 5

  ¿Cuánto cuestan los boletos? How much are the tickets?, 5; **No saben lo que cuesta el dinero.** They don't know the value of a dollar., 12

costarricense Costa Rican, 15N

costoso costly, 25R

costumbre *f* custom, 16R

cowboy *m* cowboy, 13N

crear create, 10N

crecer (zc) grow, 16R

credencial *m* credential, 18R

creer think, believe, 7

creo I think, I believe, 5

criada maid, 10S

crisis *f* crisis, 21R

cristal *m* crystal, window, 22M

Cristóbal Colón Christopher Columbus, 17R

crónico, -a chronic, 10N

cuaderno notebook, 11S

cuadra block, 27BII

cuadrado square, 16M

cuadro picture, 21SI

cuál, cuáles which, 4

cualidad *f* quality, 9N

cualquier any, 18M, 24BII

cuando when, 5

cuándo when, 1

cuanto: en cuanto as soon as, 25GI

cuánto, -a how much, 5

  cuántos, -as how many, 5G

cuarenta forty, 9S

cuarto room, 5; quarter, 8

  Es la una y cuarto. It's a quarter past one., 8S

cuarto, -a *adj* fourth, 10S

cuatro four, 3S

cuatrocientos, -as four hundred, 16BII

Cuba Cuba, 11N

cubano, -a Cuban, 11N

cubierto silverware, 20BI

cubrir cover, 21R

cuchara spoon, 20BI; **curcharada** spoonful, 21M

cucharita teaspoon, 20BI

cuchillo knife, 20BI

cuello neck, 26R

cuento story, 19SI

cuero leather, 25SII

cuestión *f* question, matter, problem, 15N

cueva cave, 15N

cuidado care: **tener cuidado** be careful, 17SI

cuidar take care of, 20R

culebra snake, 8

culpa fault, 18BI

  echar la culpa blame, 18SI; **tener la culpa** be guilty, 18R

culpable guilty, 18R

cultivar cultivate, 17D

cultura culture, 27R

cumpleaños *m* birthday, 13

cumplir fulfill, 13

  cumplir quince be fifteen, 13

cuñado, -a brother-in-law, sister-in-law, 12S

curar cure, 27M

curioso curious, 25R

curita Band Aid, 24SII

curso course, 15N

curva curve, 26D

cuyo whose, 25R

CH

chaqueta jacket, 23R

champiñón *m* mushroom, 20M

charco puddle, 14N

cheque *m* check, 21R

chica girl, 1

chico, -a boy, girl, 2; *adj* small, 14N

Chile Chile, 12N

chileno Chilean, 27R

China China, 11N

chino, -a Chinese, 11N

chiquillo little kid, 23BII

chisme *m* gossip, 22SI

chispa spark, 17BII

  echar chispas be in a rage, 17BII

chocar crash, have an accident, 18BI

chocolate *m* chocolate, 24M

chofer *m* driver, 18R

choque *m* collision, 18SI

chorizo sausage, 20BII

chorro stream, 23R

chuleta chop, 20SII

D

dama lady, 18R

dan they give, 3

  ¿qué dan? what's playing?, 3

daño damage, 20R

dar give, 6G

  dar de regalo give as a gift, 25BII; **dar la hora** strike the hour, 19R; **dar las gracias** thank, 20R; **dar muestras** show signs, 17R; **dar la hora** ring the hour, 19R; **dar vergüenza** make ashamed, 23BI

de of, from, 1

  de acuerdo con in accordance with, 18R; **de nada** you're welcome, 14S; **de ojos azules** with blue eyes, 7; **¿De qué color es?** What color is it?, 7S; **de repente** all of a sudden, 14N; **de veras** really, 9

debajo de underneath, 19SII

deber must, 7

decente decent, 15N

decidir decide, 21R

décimo, -a tenth, 10S

decir (e-i) (digo) say, tell, 7

dedicar(se) dedicate, 17R

definitivo, -a definitive, 22M

déjame let me, 18BII

dejar leave, 10; let, 12

dejarse barba grow a beard, 23SI; **dejar**

caer drop, 27R; **dejar (de)** stop, 20R

del (de + el) of the, 5

delante (de) in front (of), 7S

delgado, -a thin, 6S

demás rest, everything else, 20R

  por lo demás as for everything else, 20R

demasiado too much, 23BII

demoler demolish, 24R

denominar denominate, name, 11N

dentista *mf* dentist, 10S

dentro (de) in, within, 15S

  dentro inside, 19R

departamento apartment, 14S; department, 22M

depender (de) depend (on), 23R

dependiente, -a salesman, -woman, 26SI

deporte *m* sport, 16SI

derecho, -a right, 14

  a la derecha on the right, 14

derivación *f* derivation, 11N

derivar derive, 11N

desalojar move out, leave vacant, 24R

desaparecer disappear, 18R

desarrollar develop, 17R

desayunar have breakfast, 8S

desayuno breakfast, 8S

descalzo, -a barefooted, 21R

descansar rest, 26R

desconfianza distrust, 21R

desconocido, -a unknown, 21R

describir describe, 10N

descubridor, -a discoverer, 17R

descubrimiento discovery, 17R

descubrir discover, 16BII

desde from, 18R; since, 22R

desear wish, 10

deseo desire, 27R

desesperación *f* desperation, 17R

desesperado, -a desperate, 19R

desesperar despair, be in despair, 21R

desfile *m* parade, 3S

desgraciadamente unfortunately, 13N

deshacer ruin, destroy, 18BII

desierto deserted, 24R

desocupado, -a free, 21BII

desocupar vacate, 21R

desordenado, -a messy, disorderly, 22SII

despacio slowly, 11

despedir (e-i) fire, 20R

despedirse (e-i) (de) say good-bye (to), 21R

despertar (e-ie) awaken, wake up, 13G

  despertarse awaken, wake up, 13S

despertador *m* alarm clock, 22R

despierto, -a awake, 19R

después later, afterward, 3

  después de after, 7G; **después de que** after, 25GI

destino destiny, 21R

destrucción *f* destruction, 20D

destruir destroy, 24D

detallado detailed, 27R

detalle *m* detail, 21R

detener(se) (*like* **tener**) stop, 18R

detrás (de) behind, in back (of), 7S

devolver (o-ue) return, 15

devoto devout, 25R

día *m* day, 3

  buenos días good morning, 4S; **El Día de la Madre** Mother's Day, 3; **hoy día** nowadays, 25R; **ponerse al día** catch up, 27BI; **todos los días** every day, 10N

diablo devil, 21R

dibujar draw, 17M

dibujo drawing, 15S

diccionario dictionary, 7

dice he, she says; you say, 7

diciembre December, 9S

dictado dictation, 11

dicha luck, 20BI

  por dicha luckily, 20BI

dicho *pp* decir, 13S

dichoso, -a lucky, 24BII

diecinueve nineteen, 6S

dieciocho eighteen, 6S

dieciséis sixteen, 6S

diecisiete seventeen, 6S

diente *m* tooth, 24SII

  diente de ajo garlic clove, 21M

  pasta de dientes toothpaste, 24SII

dietético, -a dietetic, 20M

diez ten, 3S

diferencia difference, 17R

  a diferencia de unlike, 17R

diferente different, 9N

difícil difficult, 4S

dificultad *f* difficulty, 19R

dignatario dignitary, 23R

dime tell me, 18BI

dinero money, 5

Dios God, 16M, 21BI

¡Válgame Dios! Oh, for goodness sake!, 21BI

dirección *f* direction, 9N; address, 10S

con dirección a en route to, 21R

directo, -a direct, 15N

director, -a principal, 22BI

dirigir direct, 18SI

dirigirse (a) address oneself (to), 17R

disco record, 2

disculpar forgive, 25R

discurso talk, 25R

discutir argue, 23BI

disfrutar (de) enjoy, 27BI

disposición *f* disposition, 22M, 27R

distancia distance, 19R

distante distant, 9N

distinguido distinguished, 25R

distinguir distinguish, 27R

distraído, -a absent-minded, 7S

divertirse have fun, 27BII

divisar spy, spot at a distance, 17R

doblar turn, 27BII

doble *m* double, 13

el doble de hombres twice as many men, 13

doce twelve, 3S

docena dozen, 18R

dólar *m* dollar, 9N

doler (o-ue) hurt, 15S

dolor *m* ache, pain, 25BII

dolor de cabeza headache, 25GII

doméstico, -a domestic, 10N

dominar dominate, 24R

domingo Sunday, 3S

dominicano Dominican, 27R

don title of respect, 4 (*see fn page 47*I)

donde where, 9N

dónde where, 1

doña title of respect, 4 (*see fn page 47*I)

dormido asleep, 19D

dormir (o-ue-u) sleep, 9S

dormir la siesta take a nap, 22R

dormirse go to sleep, 13S

dormitorio bedroom, 5S

dos two, 3S

dos puntos colon, 11S

doscientos, -as two hundred, 16GII

ducha shower, 24SII

duda doubt, 17R

dudar doubt, 21SII

dulce sweet, 17BI

durante during, 7

durar last, 21R

E

e and, 17R (*see fn page 113*II)

economizado, -a saved, economized, 9N

economizar save, economize, 9N

Ecuador Ecuador, 14

ecuatoriano, -a Ecuadorian, 23R

echar throw, 17BII; pour, 21M; throw out, 24R; **echar a la calle** throw out, 24R; **echar la culpa** blame, 18SI; **echar chispas** be in a rage, 17BII

edad *f* age, 25R

edición *f* edition, 10

edificio building, 14S

editorial publishing, 19C

educación *f* education, 22M; **educación física** physical education, 22M; **educación musical** music, 22M; **educación para el hogar** home economics, 22M

efectivo, -a real, effective, 17D

efecto effect, 26D

ejemplo example, 9N

por ejemplo for example, 9N

el the, 1

él he, 2G; him, 7G

El Salvador El Salvador, 12N

electricidad *f* electricity, 10N

eléctrico, -a electrical, 10N

aparato eléctrico electrical appliance, 10N

elefante *m* elephant, 21SII

elegante elegant, 18R

elemento element, 18R

eliminar eliminate, 10N

ella her, 2; she, 2G

ellas they, 2G; them, 7G

ellos they, 2G; them, 7G

emitir emit, 24R

emoción *f* emotion, 14

¡qué emoción! how exciting!, 14 (*see fn page 265*I)

empanada Spanish American dish, 18R (*see fn page 142*II)

empeorar worsen, 23R

empezar (e-ie) start, begin, 3

Ya casi empieza. It's about to begin., 3

empleado, -a employee, 10

empleo job, employment, 21R

emprendedor, -a enterprising, 17R

empujar push, 20BI

en in, on, at, 1

en punto exactly, on the dot, 8S

en cuanto as soon as, 25G

en seguida right away, 25R

enamorarse (de) fall in love (with), 16R

encaje *m* lace, 25SII

encantador, -a charming, 20R

encantar delight, 9

Me encanta. I love it., 9

encender (e-ie) turn on, 19SII

encima on top, 21BI

pasar por encima run over, 21R

encontrar (o-ue) find, 5

enchilada cornmeal pancake with chili, 20M, 21M, 23SII

endosar endorse, 21R

enemigo enemy, 24R

enérgico, -a energetic, 18R

energía energy, 9N

enero January, 9S

enfermo, -a sick, 6S

enfilado, -a in a row, 16M

enfrente in front, 23R

enjuto, -a slender, 22M

enojado, -a angry, 10S

enojar anger, make angry, 10S

enojarse get angry, 13S

enorme enormous, 12N

ensalada salad, 8S

enseñanza education, 17C

enseñar teach, 14S; show, 21R

ensuciar dirty, get dirty, 17SII

entender (e-ie) understand, 8S

entero, -a entire, 17M

entonces then, 2

entrada entrance, 24R

entrar enter, 9N

entre between, among, 13N

entrecortado intermittent, faltering, 24R

entregar hand over, 21R

entremés *m* appetizer, 20M

entusiasmado enthusiastic, 23R

entusiasmo enthusiasm, 25R

entusiástico enthusiastic, 25R
envolver (o-ue) wrap, 21M
época epoch, period, 17R
equipaje *m* baggage, 14S
equipo team, 16R
equivocado, -a mistaken, 10
equivocar mistake, 10
  equivocarse be mistaken, make a mistake, 13G
es he, she is; you are, 1
esa that, 8G
ésa that one, 1
escandinavo, -a Scandinavian, 17R
escapar escape, 26D
escaso, -a scarce, few 23R
escena scene, 18R
escoba broom, 21SI
escolar school, 18R
esconder hide, 19SII
escribir write, 7
escrito *pp* **escribir**, 13S
escritorio desk, 11S (*see fn page 200*I)
escuchar listen to, 2
escuela school, 2
ese that, 4
ése that one, 6
eso that, 8G
  a eso de about, 24R
espalda back, 16M
espanto horror, scare, 19BII
espantoso, -a awful, 14S
España Spain, 9
español *m* Spanish, 2S
español, -a Spaniard, 11
español, -a *adj* Spanish, 4G
especialmente especially, 9N
espejo mirror, 23BI
esperanza hope, 22R
esperado, -a hoped for, expected, 23R
esperar wait, 15N; hope, 15N
espionaje espionage, 19SI
  cuento de espionaje spy story, 19SI
esplendor *m* splendor, 25R
esposo, -a husband, wife, 12S (*see fn page 224*I)
espuela spur, 26R
esquiar (í) ski, 23SII
esquina corner, 7S
esquivar dodge, 21R
esta this, 4

ésta this one, 14G
está he, she is; you are, 1
  está bien okay, 24BII
establecer (zc) establish, 17R
establecimiento establishment, 22M
estación *f* station, 7S; season, 13S
  ¿En qué estación estamos? What season is this?, 13S
estadio stadium, 5S
estado state, 1
Estados Unidos United States, 1
estadounidense American, from the United States, 11N
estampilla stamp, 27BII
están they are, 1
estante *m* bookshelf, 21SI
estar be, 6
  ¿Está el Sr. Campos? Is Mr. Campos there?, 10; *preterit:* got (someplace), 18G
estatua statue, 25R
este this, 6 ^a
éste this one, 14G
este . . . uh . . . (*see fn page 69*I)
estereofónico stereophonic, 18M
estéril sterile, 27R
estilo style, 27C
estimado, -a esteemed, dear (*in letters*), 7N (*see fn page 127*I)
esto this, 8
estos, -as these, 8G
éstos, -as these, 14G
estómago stomach, 15S
estrecho narrow, 26R
estricto, -a strict, 8N
estudiante *mf* student 22C, 27BII
estudiar study, 2
  estudiar para study to be, 22R
estudio study, 16SI
estupendo, -a wonderful, 14S
estúpido stupid, 26R
eternidad eternity, 24R
eterno, -a eternal, 11N
Europa Europe, 17M, 18M
evidente evident, 20D
evitar avoid, 21D
exacto, -a exact, 9N
exagerar exaggerate, 12
  tan exagerado don't exaggerate, 12
examen *m* exam, 3S
  hacer examen give an exam, 19BI

excelente excellent, 11N
excepcion *f* exception, 9N
excepto except, 4
exceso excess, 26BII
exclamación *f* exclamation, 11S
  signo de exclamación exclamation mark, 11S
exclamar exclaim, 18R
exhausto exhausted, 19R
existencia existence, 17M
existir exist, 17C, 17D
expedición *f* expedition, 17R
experto, -a expert, 18R
explicable explicable, 27R
explicación *f* explanation, 11N
explicar explain, 15N
explorador, -a explorer, 17R
explorar explore, 17R
expresar express, 27R
expulsar expel, 22R
extender extend, 25R
extensión *f* extension, 12N
extranjero, -a foreign, 23R, 27BII
extrañar miss, 20R
extraño strange, 24R
extraordinario, -a extraordinary, 25D
extremista *mf* extremist, 11N
extremo, -a extreme, 9N

F

fácil easy, 4S
facultad *f* faculty, 23R
facha get-up, 23BI
  en tal facha in such a get-up, 23BI
faja strip, 12N
falda skirt, 4S
falso false, 17D
falta fault, 15
  sin falta without fail, 15
faltar lack, be lacking, 22R
familia family, 6
famoso, -a famous, 9N
fantasma *m* ghost, 19R
fantástico, -a fantastic, 14N
farmacia drugstore, pharmacy, 24SI (*see fn page 287*II)
farol *m* street light, 22R
fatiga fatigue, 19R
favor: por favor please, 10
  hazme el favor de please, 23BI

favorito, -a favorite, 13N

fe *f* faith, 25R

febrero February, 9S

fecha date, 9S

¿Qué fecha es hoy? What's the date today?, 9S

femenino, -a feminine, 17D

fenómeno phenomenon, whiz, 25BI

feo, -a homely, ugly, 6S

Fernando Segundo Ferdinand II, 16SII (*see fn page 74*II)

ficción *f* fiction, 19SI

fiera wild animal, 17BII

fiesta party, 3S

figura figure, 10N

fijarse notice, 13

fíjate just imagine, 13

fila row, 16M

en fila in a row, 16M

filete *m* filet, 20M

filete miñón filet mignon, 20M

fin *m* end, 9

a fines de toward the end of, 9; **por fin** finally, 10

final final, 9N

final *m* end, 25R

al final at the end, 25R

finca farm, 21SII

fino, -a fine, 20R

firmar sign, 21R

física physics, 22R

físico:educación física physical education, 22M

flan *m* custard, 20M

flor *f* flower, 24SI

florero vase, 20BI

flotilla flotilla, group of ships, 17R

folklore *m* folklore, 14N

folklórico, -a folk, 14N

forastero stranger, 26R

forma form, 12N

en forma de in the form of, 27R

formar form, 26R

fórmula formula, 22D

fornido husky, 26R

foto *f* picture, photograph, 6

francamente frankly, really, 6

francés *m* French, 2S

francés (francesa) *adj* French, 4G

frasco bottle, jar 27M

frase *f* sentence, 11

frazada blanket, 19SII

frecuente frequent, 10N

freír (e-i, i) fry, 21M

freno break, 18SII

frente (a) in front (of), 16R

frente *f* forehead, 26R

fresco, -a fresh, 25R; cool, 26R

frijol *m* bean, 20SII

frío cold, 8

tener frío be cold (*for a person*), 8S; **Tengo mucho frío.** I'm very cold, 8

frío, -a *adj* cold, 8

frito, -a fried, 8S

papas fritas French fries, 8S

fruta fruit, 19D, 20SI

fuera outside, 17BI

fuerte strong, heavy, 19R

fuerza force, 19D

fugitivo, -a fugitive, 22M

funcionar work, 18SII; function, 21D

funda pillowcase, 21BI

furioso, -a furious, 10N

fútbol *m* soccer, 5

partido de fútbol soccer game, 5; **fútbol americano** football, 5 (*see fn page 69*I)

G

galleta cookie, 23SII

gallina chicken, 21SII

gallo rooster, 20BII

ganar earn, win, 12S

ganas: tener ganas (de) feel like, 17SI

ganga bargain, 12S

garganta throat, 15S

gasolina gas, 9N

gastar spend, 12

gato cat, 25SI

gelatina jello, 20M

gemelo, -a twin, 4

gemelos *m* cufflinks, 26SI

generación *f* generation, 15N

general general, 16C, 23D

genio nature, 17BII

tener buen (mal) genio be good- (bad-) natured, 17BII

Génova Genoa, 17R

gente *f* people, 14N

geografía geography, 8N

geográfico, -a geographic, 12N

geométrico, -a geometric, 16D

gigante giant, 20M

gimnasio gymnasium, 16M

glorioso, -a glorious, 16R

gobierno government, 16M, 20D

gol *m* goal, 16R

meter un gol score a goal, 16R

golpe *m* blow, thud, 23D, 24R

golpear knock, 21R

gordito, -a little fat boy, girl, 7

gordo, -a fat, 6S

gorro cap, 25SII

gozar enjoy, have a good time, 20R

gracias thank you, thanks, 5S

bien, gracias fine, thanks, 5S

gracioso, -a funny, 6

grada step, 22R

grado grade, 17BI

graduarse (ú) graduate, 22R

gran great, 10G

grande big, 4S

gris grey, 7S

gritar shout, scream, 5

grito cry, shout, 18R

grotesco, -a grotesque, 19R

grupo group, 22D

guacamole *m* a Mexican dish made with avocado, 20M

guante *m* glove, 5S

guapo, -a handsome, pretty, 6S (*see fn page 90*I)

guardafango fender, 18SII

guardar have, 18R; keep, 21R

guardar respeto have respect, 18R

guardia *m* policeman, guard, 18SI

Guatemala Guatemala, 11N

guatemalteco, -a Guatemalan, 11N

guerra war, 16SII

guiar drive, guide, 26R

guitarra guitar, 27SI

gusta it pleases, 4

A ti te gusta? Do you like it?, **Me gusta mucho!** I like it a lot, 4

gustar please, 4

Me gusta. I like it, 4

gusto pleasure, 25R; taste, 25R

al gusto to order, to your taste, 20M; **a su gusto** to her (his) taste, 25R; **tener mucho gusto en** be (my) pleasure to, 25R

H

haber have (*auxiliary verb*), 10

hay there is, there are, 8; **¿Qué hay de comer?** What's there to eat?, 8; **hay que** we (I, you) have to, 26BII; **no hay más remedio** there's nothing left to do, 24R

habitación *f* room, 24R

habitante *mf* inhabitant, 11N

habitar inhabit, 25R

hábito habit, 10N

hablar talk, speak, 2

hablar hasta por las codos chatter one's head off, 25BI

hacer make, do, 7

Hace buen tiempo. The weather is nice., 9S; **Hace calor.** It's warm, hot, 9; **Hace frío.** It's cold., 9; **Hace mal tiempo.** The weather is bad., 9S; **hace poco (una hora, tres años)** a little while (an hour, three years) ago, 16SI; **¿Cuánto tiempo hace que viven aquí?** How long have you been living here?, 23BII; **hacer caso** pay attention, 18R; **hacer examen** give an exam, 19BI; **hacer una fiesta** have a party, 13; **hacer las maletas** pack, 14S; **hacer una pregunta** ask a question, 22R; **hacer un viaje** take a trip, 9; **hágame (hazme) el favor de** please, 23BI

hacia toward, 17R

hacienda farm, ranch, 15S

Haití Haiti, 12N

hallazgo finding, discovery, 27R

hambre (el hambre) *f* hunger, 8 (*see fn page 132*I)

tener hambre be hungry, 8

hamburguesa hamburger, 20M

hasta until, 4; even, 15N

hasta luego see you later, 4S; **hasta mañana** see you tomorrow, 4

hasta que until, 25GI

hay there is, there are, 8

hay que we (I, you) have to, it is necessary to, 26BII

hecho *pp* **hacer**, 13

helado ice cream, 8S

hemisferio hemisphere, 11N

heredar inherit, 27R

hermano, -a brother, sister, 4S

hermoso beautiful, 25R

hermosura beauty, 25R

héroe *m* hero, 13N

hielo ice, 20BI

hijo, -a son, daughter, 5 (*see fn page 134*II)

Hispanoamérica Spanish America, 12N

hispanoamericano, -a Spanish American, 12N

historia story, 14N; history, 15S

hogar:educación para el hogar home economics, 22M

hogareño, -a homebody, 16BI

hoja sheet of paper, 22R

¡hola! hi!, 1

hombre *m* man, 13

hombro shoulder, 16R

Honduras Honduras, 12N

honor *m* honor, 23R

honrado, -a honest, 21R; honored, 25R

hora hour, 3

¿A qué hora? At what time?, 3; **dar la hora** ring the hour, 19R; **es hora de** it's time to, 24R; **hora de almuerzo** lunch time, 8; **hora del desayuno** breakfast time, 8S; **¿Qué hora es?** What time is it?, 8

horizonte *m* horizon, 14N

horrible horrible, 8N

horrorizar horrify, 19R

hotel *m* hotel, 9N

hoy today, 2

de hoy en ocho días a week from today, 15S; **de hoy en quince días** two weeks from today, 15S (*see fn page 290*I); **hoy día** nowadays, 25R

hueco, -a hollow, 19R

huevo egg, 8S

huir flee, 26R

humanidad *f* humanity, 22R (*see fn page 255*II)

humilde humble, 17R

humor *m* mood, humor, 25R

de buen humor good-naturedly, good-humoredly, 25R

hundir crush, sink in, 18R

huye he, she flees; you flee, 26R

I

idea idea, 6

ideal ideal, 9N

idéntico, -a identical, 4

iglesia church, 16R

igual the same, 16R

iguana iguana, 15N

ilegal illegal, 23R

imagen *f* image, 27R

imaginable imaginable, 27R

imaginación *f* imagination, 14N

imaginar imagine, 17M

imaginario imaginary, 15N

impacto impact, 18R

imperativo, -a imperative, commanding, 24R

imperfecto imperfect, 22G

impermeable *m* raincoat, 14S

importancia importance, 11N

importante important, 8N

importar matter, 21SII

imposible impossible, 8N

impresión *f* impression, 20D

impresionar impress, 23R

impuesto tax, 26BII

impulso impulse, 22R

inca Inca, 16SII

incluir include, 12N

inclusive including, 10N

inconveniencia inconvenience, 15N

inconveniente *m* inconvenient, 23R

si no tiene inconveniente if it's not inconvenient, 23R

increíble incredible, 18M

Indias Indies, 17R

indicación indication, instruction, 21R

indicar indicate, 9N

indiferente indifferent, 23R

indio, -a Indian, 9N

indispensable indispensable, 10N

inesperado, -a unexpected, 23R

inexplorado, -a unexplored, 17M

infantil childlike, of children, 22M

infección *f* infection, 19R

informar inform, 10N

ingeniero engineer, 18R

inglés *m* English, 8

inglés (inglesa) *adj* English, 4G

inicial *f* initial, 11N

iniciar initiate, 9N

inmediato, -a immediate, 8N

inmenso, -a immense, 15N

inquieto, -a restless, uneasy, troublesome, 23R

inseparable inseparable, 22R

insistir (en) insist, 18R

insolente insolent, 18R
inspirar inspire, 20D
instante *m* instant, 19R; 22BII
institución *f* institution, 22BII
instrumento instrument, 10N
insultar insult, 17BII
intelectual intellectual, 27R
inteligencia intelligence, 20D
inteligente intelligent, 4S
intención *f* intention, 9N
interesante interesting, 9N
interesar interest, 13N
interior *m* interior, inside, 17G, 19C, 19D
intermediario intermediary, 10N
intermitencia intermittence, 24D
internacional international, 23R
internarse (en) go (into), 26R
intérprete *mf* interpreter, 23R
intersección *f* intersection, 18R
intervenir (e-ie) intervene, 18R
interrogación *f* question, 11
  signo de interrogación question mark, 11S
interrumpir interrupt, 19R
intimidar intimidate, 18R
invencible invincible, 22R
investigación *f* investigation, 17R
invierno winter, 13S
invitación *f* invitation, 25R
invitado, -a guest, 24BII
  invitado a dormir overnight guest, 24BII
invitar invite, 13
ir go, 1
  ir de compras go shopping, 12; **ir para** head for, 18BII; **ir por (alguien, algo)** go for (someone, something), 18GII; **irse** go, leave, 13; **¿Cómo le va?** How's it going?, 22SII; **¡Vamos!** let's go!, 8; **vamos a ver** let's see, 4
irreal unreal, 23R
isla island, 17M
  Islas Británicas British Isles, 17M
Italia Italy, 17R
italiano, -a Italian, 3
izquierdo, -a left, 14
  a la izquierda on the left, 14

J

ja ja ha ha, 27BI
jabón *m* soap, 24BII

jadeo panting, 24R
jalar pull, 17BI
Jamaica Jamaica, 12N
jamás never, 26BII
jamón *m* ham, 20SII
Japón Japan, 11N
japonés *m* Japanese, 11N
jardín *m* garden, 14
jeep *m* jeep, 9N
jefe (jefa) boss, 10S (*see fn page 179*I)
jinete *mf* rider, 26R
joven young, 13S
joya jewel, 26SI
  joyas jewelry, 26SI
juego set, 25BII; game, 26R
jueves *m* Thursday, 3S
jugar (u-ue) play, 5
julio July, 9S
junio June, 9S
juntarse get together, 22D
junto *adj-adv* together, 16BII
junto, -a a next to, 22M
jurar swear, 18BI
juventud *f* youth, 16R

K

kilo kilo, 20BII (*see fn page 189*II)
kilómetro kilometer, 18M

L

la the, 2; her, it, you, 12G
labio lip, 23SI, 24BII
  pintarse los labios wear lipstick, 23SI
  pintura de labios lipstick, 24BII
laca hair spray, 24SII
lado side, 16R
  al lado de beside, 19R
lágrima tear, 16M, 25R
  llorar a lágrima viva cry one's eyes out, 25R
lamer lick, 26R
lámpara lamp, 21SI
lana wool, 25SII
lanzar throw, 23R
lápiz *m* (**lápices** *pl*) pencil, 11S
largo, -a long, 15N
largura length, 25R
las the, 2S; them, you, 12G

lástima shame, 21SII
  ¡Qué lástima!, 21SII
latino, -a Latin, 12N; Latin American, 15N
Latinoamérica Latin America, 12N
latinoamericano, -a Latin American, 12N
lavadora washing machine, 17SII (*see fn page 102*II)
lavandera laundress, 21R (*see fn page 230*II)
lavandería laundry, 24SI
lavar wash, 13S
lavarse wash up, 13S
lavatorio sink 24SII
le to him, to her, to you, 4S
  A él le gusta mucho. He likes it a lot., 4S; **A ella le gusta mucho.** She likes it a lot., 4S; **A usted le gusta mucho.** You like it a lot., 4S
lección *f* lesson, 11
leche *f* milk, 8S
lechuga lettuce, 20SII
leer read, 7
legal legal, 23R
legumbre *f* vegetable, 20SII
lejos far, 21SII
lengua language, tongue, 11N
lento slow, 19R
león, -a lion, 17BI
les to them, to you, 9G
letra letter, 18R
levantar lift, 13G
levantarse get up, 13; rise, 19BII
ley *f* law, 18R
leyenda legend, 14N
libre free, 12N
  al aire libre open air, 27BII; **un día libre** a day off, 26BI
librería bookstore, 10
libro book, 6S
licencia license, 18SI
licenciado attorney, 18R (*see fn page 144*II)
liceo high school, 16M, 22R
Lima Lima (capital of Peru), 9
limitar limit, 11N
limosina limousine, 23R
limpiar clean, 5S, 17SII
limpiaparabrisas *m* windshield wipers
limpio, -a clean, 16R
lindo, -a pretty, nice, 4 (*see fn page 90*I)

línea   line, 10

lingüístico, -a   linguistic, 12N

liquidación *f*   sale, 12

líquido, -a   liquid, 23D, 26D

lista   list, 13

   pasar lista   take the roll, 22R

listo, -a   bright, clever, 7S; ready, 11

literatura   literature, 22R

liviano, -a   light, 26SII

lo   it, 8; him, you, 12G

   lo mismo todo   everything the same, 16R; **lo que**   what, 11; **lo único (bueno, malo)**   the only (good, bad) thing, 19BII

loco, -a   crazy, 11

   volver loco   drive crazy, 20BI; **volverse loco**   go crazy, 26BI

locura   madness, 25R

lógicamente   logically, 12N

loro   parrot, 25BI

los   the, I; them, you, 12G

lotería   lottery, 18R (*see fn page 142*II)

loza   china, 20BI

luego   then, 4S

   hasta luego   see you later, 4S

lugar *m*   place, 5

lúgubre   gloomy, dismal, 19R

lujoso, -a   luxurious, 23R

luna   moon, 16SII

lunes *m*   Monday, 3

lustrar   shine, 23SI

luz *f* (**luces** *pl*)   light, 19BII

LL

llamar   call, 2

   llamarse   be called, named, 7; **¿Cómo te llamas?**   What's your name?, **Me llamo Conchita.**   My name is Conchita., 7; **se llama**   her name is, 7

llanta   tire, 18SII

llave *f*   key, 14S

llega   he, she arrives; you arrive, 1

llegada   arrival, 22R, 24R

llegar   arrive, 2

lleno, -a   full, 15N

llevar   take, 15N; carry, 16R

   Ya llevo casi una semana aquí.   I've been here almost a week., 27BII

llorar   cry, 12

   llorar a lágrima viva   cry one's eyes out, 25R

llover (o-ue)   rain, 9

lluvia   rain, 19SII

M

madre *f*   mother, 3

   El Día de la Madre   Mother's Day, 3 (*see fn page 27*I)

   madre patria   fatherland, 27R

madera   wood, 23R

maestra   teacher, 2S

maestro, -a   teacher, 3

mágico   magic, 16R

magnífico, -a   magnificent, 18M

maíz *m*   corn, 23SII

mal   badly, 2

mal   bad, 10

maleta   suitcase, 14

malo, -a   bad, 10

mamá   mom, 3

mami *f*   mom, 5

mancha   spot, stain, 22M

mandar   send, 15S; command, give orders, 21BII

mando: al mando de   in command of, 17R

manejar   drive, 18SI

manera   manner, 9N

   manera: de esta manera   in this way, 17R

mango   mango, 19R

manicura   manicurist, 23R

mano *f*   hand, 13N

mantel *m*   tablecloth, 20SI

mantener (e-ie)   maintain, 18R

mantequilla   butter, 8S

mantilla   mantilla, 25SII

manzana   apple, 20SII

mañana   tomorrow, 2S; morning, 12S

   hasta mañana   see you tomorrow, 4; **mañana por la mañana**   tomorrow morning, 15S

mapa *m*   map, 9

maquillaje *m*   make-up, 23SI

maquillarse   make up, 24SII

máquina de escribir   typewriter, 15S

mar *m*   sea, 11N

maravilla   marvel, fantastic thing, 26BI

maravilloso   marvelous, 24BII

marcar   dial, 10S; mark, 17R; show (time), 22R

marcha   walk, 26R

marcharse   leave, 24R

marido   husband, 12 (*see fn page 224*I)

marinero   sailor, 14N

marisco   shellfish, 20M

marítimo, -a   maritime, sea, 17R

martes *m*   Tuesday, 3S

mártir *mf*   martyr, 27BI

marzo   March, 9S

más   more, 2

   más tarde   later, 2; **No puedo caminar más.**   I can't walk any more., 3; **¿Qué más dice?**   What else does she say?, 7

matar   kill, 12

matemáticas   mathematics, 15S

materia   matter, subject, topic, 18R; academic subject, 22R

mayo   May, 9S

mayor   older, 4; greater, 18R; more, 24R

mayoría   majority, 17R

me   to me, 3; me, 12; myself, 13G

   Me aprietan mucho los zapatos.   My shoes are too tight., 3; **Me llamo Conchita.**   My name is Conchita., 7S

media   stocking, 5; half, 8S

   Es la una y media.   It's half past one., 8S

mediados   middle, 9S

   a mediados de julio   around the middle of July, 9S

mediano   medium, 12N

medianoche *f*   midnight, 19BII

médico   doctor, 10S

medio   means; 10N; half, 18N

mediodía   noon, 20BI

Mediterráneo   Mediterranean, 17R

mejor   better, instead, 3

mejorar   improve, 23R

melena   shock of hair, 23BI

memoria   memory, 16BII

   aprender de memoria   learn by heart, 16BII

mencionar   mention, 10N

menor   younger, 4S; least, slightest, 6

   No tengo la menor idea.   I don't have the slightest idea., 6

menos   least, minus, 8S; less, 14G

   a menos que   unless, 25G; **al menos**   at least, 15; **la una menos cinco**   five minutes to one, 8S; **por lo menos**   at least, 15N

mensaje *m*   message, 27R

mental   mental, 23R

mente *f* mind, 27R

mentir (e-ie-i) lie, 21R

mentira lie, 11

mercado market, 3S

mes *m* month, 9S

¿En qué mes estamos? What month is this?, 9S

mesa table, 6S

metal *m* metal, 26R

meter: meter un gol score a goal, 16R

metido, -a pretending (trying) to be, 23BII

  metido a grande trying to be a big shot, 23BII

metro meter, 15N (*see fn page 305*I)

mexicano, -a Mexican, 11N

México Mexico, 9N (*see fn page 173*I)

mezclar mix, 21M

mi my, 1

mí me, 4

miedo fear, 17BI

  tener miedo be afraid, 17BI; **¡qué miedo!** it was really frightening!, 19BII

miembro member, 22R

mientras while, 20R, 23R; as long as, 25GI

  mientras tanto in the meantime, 20R

miércoles *m* Wednesday, 3S

mil thousand, 12

mil cuatrocientos noventa y dos fourteen ninety-two, 16BI

milagro miracle, 25R

milanesa veal prepared in Milanese fashion, 20M

millón *m* a million, 16GII

mina mine, 26R

mineral mineral, 20M

mineral *m* mineral deposit, 26R

minifalda miniskirt, 15N

minuto minute, 13N

miñón: filete miñón filet mignon, 20M

mío, -a my, mine, of mine, 12

mirar look at, 12N

mis my, 55

misionero, -a missionary, 17R

mismo, -a same, 16R; very, 25R

  ahora mismo right now, 23BI; **yo mismo** I myself, 16M; **ella misma** she herself, 21R

misterio mystery, 19BII

misterioso, -a mysterious, 14N

mitad *f* half, 13

mixto, -a mixed, 20M

mocoso runny-nosed, 23BII

moda style, fashion, 15N, 23BI

  de última moda the latest style, 15N

modelo model, 18R

moderado moderate, 26D

moderno, -a modern, 6N

modestia modesty, 25R

modo way, 12

  de todos modos anyway, 12

mojado, -a wet, 10S

mojar wet, 10S

mojarse get wet, 13G

mole *m* a Mexican dish made with chocolate and spices, 20M

molestar bother, fool around, 11

  no se moleste don't bother, 25BI

molido, -a ground, 21M

momento moment, 13N

monetario monetary, 26M

mono monkey, 15N

monopolizar monopolize, 10N

montaña mountain, 15N

monotonía monotony, 22R

monótono, -a monotonous, 19R

montar mount, 15N

  montar a caballo horseback ride, 15N

monte *m* wooded hill, 26R

morado, -a purple, 16R

moreno dark-skinned, 26R

morir(se) (o-ue-u) die, 14N

mosca fly, 17BI

mostrar (o-ue) show, 26BI

motivo reason, motive, 18M, 26R

motor *m* motor, 18M

mover(se) (o-ue) move, 23D, 26R

movimiento movement, 24R

muchacho, -a boy, girl, 13

mucho much, a lot, 3

mucho, -a much, 5

  muchos, -as many, 7

mudarse move, 24BII

mueble *m* piece of furniture, 21SI (*see fn page 209*II)

muerte *f* death, 27D

muerto *pp* morir, 14N

muestra sign, 17R

  dar muestras show signs, 17R

mujer *f* woman, 12 (*see fn page 102*II); wife 20BI

mula mule, 26R

multa fine, 18SII

multitud *f* multitude, crowd, 18R, 23R

mundial world, 26C

mundo world, 5

  todo el mundo everybody, 9

municipalidad city hall, 16M

murió *pret* **morir,** 17R

murmullo murmur, 24R

museo museum, 9N

musical musical, 13N

  educación musical music, 22R

muslo thigh, 20M

muy very, 2

N

nacer (zc) be born, 16BII

nación *f* nation, 12N

nacional national, 10N

nacionalidad *f* nationality, 10N

nada nothing, 3

  de nada you're welcome, 14S

nadar swim, 10S

nadie no one, 10N

naranja orange, 20SII

nariz *f* (*pl* narices) nose, 25BI

narración *f* narrative, 6N

narrador, -a narrator, 10N, 17G

natilla custard, 20M

natural natural, 11N, 17BI

  al natural without anything added, 24M

naturaleza nature, 26R

navaja razor, 24SII

navegación *f* navigation, 17R

navegar navigate, 17R

Navidad *f* Christmas, 27SI

necesario, -a necessary, 21BII

necesitar need, 2

negocio business, 23R

negro, -a black, 7S

neón *m* neon, 23R

nervio nerve, 19R

nervioso, -a nervous, 14N

ni nor, 11

  ni . . . ni . . . neither . . . nor, 11

¿Ni para qué? What's the use?, 21R

¿Ni para qué te digo? What's the sense of talking about it?, 18BII; **ni siquiera** not even, 11

nieto, -a grandson, granddaughter, 12S

ninguno, -a neither, none, 4

ningún no, 10G

niña title of respect, 17BI (*see fn page 93*II)

niño, -a child, 13N

no no, 2G; not, 2

noche *f* night, 4S

Buenas noches. Good evening., Good night., 4S (*see fn page 48*I)

Noel *m* Christmas 15N

Papá Noel Santa Claus, 15N

nombre *m* name, 11N

nombre de casada married name, 25BII

nopalito type of cactus, 24M

normal normal, 18R

norte *m* north, 12N

Norteamérica North America, 12N

norteamericano North American, 12N

nos to us, 9G; us, 12G; ourselves, 13G

nosotros, -as we, 2G

nota grade, 15; note, 15S

notar note, notice, 14N

noticias *f pl* news, 2S

novecientos, -as nine hundred, 16SII

novela novel, 15S

noveno, -a ninth, 10S

noventa ninety, 9S

noviembre November, 9S

novio, -a boyfriend, girlfriend, 6S

nube *f* cloud, 19R

nuestro, -a our, 10S; ours, of ours, 12S

nuevamente again, 24R

nueve nine, 3S

nuevo, -a new, 4

de nuevo again, 27R

¿Qué hay de nuevo? What's new?, 22SII

número number, 10

número de teléfono telephone number, 10

numeroso numerous, 27R

nunca never, 9

nylon *m* nylon, 25SII

O

o or, 1

o . . . o either . . . or, 11

obediencia obedience, 25R

obispo bishop, 27R

objeto object, 16D

obligación *f* obligation, 24R

obligado, -a obliged, forced, 23R

obligatorio, -a obligatory, 22C

obrero workman, laborer, 22SI

observar observe, 12N

obtener (*like* **tener**) obtain, 18R, 19D

occidental occidental, western, 11N

occidente *m* Occident, West, 17R

octavo, -a eighth, 10S

octubre October, 9S

ocupado, -a busy, 10

ocupar occupy, 26C

ocurrir occur, 10N

ochenta eighty, 9S

ocho eight, 3S

ochocientos, -as eight hundred, 16SII

oficial official, 12N

oficina office, 10S

oficio work, 16BI

oficio de la casa housework, 16BI

ofrecer (**zc**) offer, 21R, 26BI

¿Qué se le ofrece? Can I help you?, 26BI

oír (**oigo**) hear, 8

¡oiga! oh!, 26BI

ojalá I hope, 21BII

ojo eye, 7

olvidarse (de) forget (about), 26SII

olla pot, 25BII

once eleven, 3S

operación *f* operation, 23R

oportunidad *f* opportunity, 10N

opuesto opposite, 16D

orden *f* order, 10

a sus órdenes at your service, 10

ordenar order, 10N

orégano oregano, 21M

oreja ear, 24R

orgulloso, -a proud, 15N

origen origin, 27R

ornamento ornament, 27R

oro gold, 25BII

oscurecer (**zc**) get dark, 19R

oscuro, -a dark, 18M, 19R

oso bear, 21SII

otoño autumn, 13S

otro, -a other, 4

P

P.D. (**postdata**) P.S. (postscript), 15N

paciencia patience, 10N

paciente patient 25R

Pacífico Pacific, 9N

padre *m* father, 6S

padres *m pl* parents, 12S

pagano pagan, 27R

pagar pay, 18SII

página page, 19SI

país *m* country, 11N

pájaro bird, 25BI

palabra word, 11

pálido, -a pale, 23R

palo stick, 25R

pan *m* bread, 8S

pánico panic, 19R

pantalones *m pl* pants, 5S

pañuelo handkerchief, 5S

papa potato, 8S

papas fritas French fries, 8S

papá *m* papa, dad, 10N

Papá Noel Santa Claus, 15N

papaya papaya (a tropical fruit), 20M

papel *m* paper, 11

papi *m* dad, 9

paquete *m* package, 21D, 27BII

par *m* pair, 18R

para for, 3; toward, 18BII

para que in order for, that, 25BII;

para qué what for, 25BII; **ni para qué te digo** what's the sense of talking about it, 18BII; **ir para** head for, 18BII

parabrisas *m* windshield wiper, 18SII

parachoques *m* bumper, 18SII

paraguas *m* umbrella, 14S

Paraguay Paraguay, 12N

paralizar paralize, 19R

pardo, -a brown, 22M

parecer (**zc**) seem, 9, look like, 23BII

¿Qué te parece la idea? What do you think of the idea?, 9

pared *f* wall, 10N

pareja couple, 25BII

pariente *mf* relative, 12

parque *m* park, 3S

parte *f* part, 10N

de parte de from, on the part of, 27R;

por todas partes everywhere, 19R

particular particular, 16BI; private, 22M

nada de particular nothing in particular, 16BI

partido game, 5

partir depart, leave, 17R

párrafo paragraph, 11S

parrilla barbecue, 20M

parroquial parish, 16M

pasado, -a last, 16SI; past, 23R

  pasado mañana the day after tomorrow, 15S; **la semana pasada** last week, 16SI; **la vez pasada** the last time, 23R

pasaje *m* passage, 26D

pasaporte *m* passport, 9N

pasar pass, 2

  ¿Qué pasa? What's the matter?, 2; **pasado mañana** the day after tomorrow, 15S; **pasar adelante** come in, 22BII; **pasar la aspiradora** vacuum, 17SII; **pasar lista** take roll, 22R; **pasar las páginas** turn the pages, 19R; **pasar las vacaciones** spend the vacation, 9S; **pasar por** stop by, 2; **pasar por (alguien)** pick (someone) up, 18GII; **pasar por encima** run over, 21R; **pasarse el alto** go through the stop sign, 18R; **No te dejarán pasar eso en la aduana.** You'll never get that through customs., 26BII; **Todavía no me pasa.** I still haven't gotten over it., 20BI

pasear go for a ride, for a walk, 21BII

pasillo hall, 21SI

paso step, 19R

pasta: pasta de dientes toothpaste, 24BII

pastel *m* cake, 20SI

pata leg, 25BI

patinar skate, 23SII

patio patio, 14N

patria homeland, 27R

  madre patria fatherland, homeland, 27R

patrón, -a boss, 26R; patron saint, 17M

  santo patrón, santa patrona patron saint, 27R

pecado sin, 25R

pedazo piece, 21R, 26R

pedir (e-i-i) ask for, 11; order, 20BII

pegar hit, 17BI; glue, 24R

peinarse comb one's hair, 20R

peine *m* comb, 14S

pelado, -a peeled, 21M

pelear fight, 13N

película film, movie, 3

peligro danger, 18SI

pelirrojo, -a redheaded, 7S

pelo hair, 7S

tomar el pelo tease, 22SI

pelón bald, plucked, 23BII

peluca wig, 23R

peluquería barber shop, beauty shop, 10S

peluquero, -a barber, hairdresser, 10S

pellizcar pinch, 17BI

pena sorrow, 21SII

  no vale la pena it's not worth it (the trouble), 21SII

pensamiento thought, 26R

pensar (e-ie) think, expect, intend, 13

  pensar en think about, 5

pensión *f* pension (small hotel), 16M

peón *m* peon, 15N

peor worse, 13N

pequeño, -a small, 4S

pera pear, 20SII

percibir perceive, 24R

perder (e-ie) lose, 10N

perdón *m* pardon me, 20BMII

perdonar pardon, forgive, 25D

perezoso, -a lazy, 7S

perfecto, -a perfect, 9N

perfume *m* perfume, 24SII

periquito parakeet, 25SI

periódico newspaper, 6S

período period, 16D

permiso permission, 8

  con permiso excuse me, 8

permitir permit, 9N

pero but, 1

persona person, 10N

personal personal, 18M, 23R

personalidad *f* personality, 10N

Perú Peru, 9

peruano, -a Peruvian, 19C, 22C

perro dog, 1

  carreras de perros dog races, 1

pesadilla nightmare, 19BII

pesado, -a dull, slow, 22BI; heavy, 26SII

pesar weigh, 24BII

  a pesar de que in spite of the fact that, 17BI

pescado fish, 20M

peso peso (*Spanish-American monetary unit*), 5

pez (*pl* **peces**) *m* fish, 25SI

  pez dorado goldfish, 25SI

piano piano, 27SI

picado, -a minced, 21M

picante hot (sharp, spicy), 23SII

pie *m* foot, 15S

  de pie stand up, 22BII; **ponerse de pie** stand up, 22SII

piedra stone, rock, 26R

piel *f* skin, fur, 25SII

  abrigo de pieles fur coat, 25SII

pierna leg, 15S

piloto pilot, 17M

pimienta pepper, 20SI

pintar paint, 16R

  pintarse la cara put on make-up, 20R; **pintarse los labios** wear lipstick, 23SI; **pintarse las uñas** polish one's nails, 23SI

pintoresco, -a picturesque, 9N

pintura paint, 24BII

  pintura de labios lipstick, 24BII

pirámide *f* pyramid, 9N

piscina swimming pool, 15S

piso floor, 21BI

pistola pistol, 13N, 21D

pizarra blackboard, 22BII

placa licence plate, 18SII

plan *m* plan, 9N

plancha iron, 16SI, 17BII

  camarones a la plancha broiled shrimp, 20M

planchar iron, 16SI

plástico: artes plásticas art, 22M

plata money, silver, 23BI

plátano banana, 20SII

platicar chat, 25R

platillo dish, 20M

plato dish, 20SI

playa beach, 15S

plaza plaza, square, 7S

pluma pen, 11

población *f* population, 11N

pobre poor, 16R

pobreza poverty, 26R

poco little, 7

poco, -a little, 10G

  pocos, -as few, 10G; **poco a poco** little by little, 19R

poder (o-ue) can, be able, 9G; *preterit:* managed, 18GI

policial police, 19SI

  cuento policial detective story, 19SI

política politics, 16SI

polvo dust, 21BI

polvos powder, 24BII

pollo chicken, 20SII

pompa pomp, 25R

poner (o-ue) (pongo) put, 8; put on, 13G

poner atención pay attention, 11; **¿Por qué pones esa cara?** Why are you making that face? 8; **poner la mesa** set the table, 20SI; **ponerse** put on, 13S; **ponerse al día** catch up, 27BI; **ponerse (bravo)** get, become (mad), 18BI; **ponerse de pie** stand up, 22SII; **ponerse a (llorar)** start (crying), 18SI

popularidad _f_ popularity, 16C

por through, by, 2S

por consiguiente therefore, 12S; **por ejemplo** for example, 9N; **por favor** please, 10; **por fin** finally, 10; **por lo demás** as for everything else, 20R; **por lo menos** at least, 15N; **por medio de** through, 23R; **por qué** why, 2; **por supuesto** of course, 20R; **pasar por** stop by, 2; **ir por (algo, alguien)** go for (something, someone), 18GII; **venir por** come by for, 18GII

porcelana china, 26SI

porque because, 2

portarse behave, 19BI

posible possible, 17R

posición _f_ position, 12N

postre _m_ dessert, 20SI

¿Qué hay de postre? What's for dessert?, 20SI

practicar practice, 2

precaución _f_ precaution, 20R

preceder precede, 17D

precio price, 18M, 26BI

precioso, -a lovely, 25R, 26BI

preciso, -a precise, 18R

es preciso it's necessary, 21SII

predecesor, -a predecessor, 17R

predominante predominant, 27R

preferir (e-ie-i) prefer, 8S

pregunta question, 22R

hacer preguntas ask questions, 22R

preguntar ask, 9S

prendedor de corbata tie clasp, 26SI

prensar press, 21BI

preocupación _f_ worry, 26BII

preocupado, -a worried, 10

preocupar worry, 10S

preocuparse get worried, 13S

preparación _f_ preparation, 9N

preparado, -a prepared, 9N

preparar prepare, 9N

presencia presence, 23R

presentar present, 13G

presentarse show up, present oneself, 13

presente present, 18R

presidencial presidential, 23R

presidente president, 17D

prestar lend, 11

pretencioso, -a pretentious, 4

¡Qué pretencioso! What a showoff!, 4

pretender claim, pretend to, 25R

pretendiente _m_ suitor, pretender, 25R

pretérito preterit, 17D

prevenir foresee, prevent, 27M

primaria elementary school, 22R (_see fn page 235_II)

primavera spring, 13

primero, -a first, 10S (_see fn page 156_I)

primer first, 10G

primo, -a cousin, 6

principal principal, main, 9N

principio beginning, 9

a principios de around the beginning of, 9

prisa _f_ haste, 5

¿Adónde vas con tanta prisa? Where are you going in such a hurry?, 5; **tener prisa** be in a hurry, 14

prisionero prisoner, 26D

privado, -a private, 25D

probable probable, 9N

problema _m_ problem, 5

proceder procede, 18R

procesión procession, 27C, 27BII

producción _f_ production, 26C

producir (zc) produce, 11N

producto product, 8N

profesión _f_ profession, 22D

profesor, -a professor, 22R

profundo profound, 27R

programa _m_ program, 13N

prolongar prolong, 19R

prometer promise, 12

promover promote, 22M

promoción _f_ promotion, 22M

pronto soon, 11

de pronto all of a sudden, 24R

tan pronto como as soon as, 25GI

pronunciación _f_ pronunciation, 11N

pronunciar pronounce, 2

propiedad _f_ property, 22D

propio own, 24BII

propósito: a propósito by the way, 5

protección _f_ protection, 17R

protesta protest, 10N

protestar protest, 18R

proverbio proverb, 25R

provincia province, 16R

próximo, -a next, 15

proyecto project, 9N

prueba test, 19SI; proof, 27R

psicología psychology, 22R

público public, 19C

pueblo village, 14N

puedo I can, 3

puerta door, 3S

puerto port, 9N

puertorriqueño Puerto Rican, 11N

pues since, 17R; well, 23BI

puesto _pp_ **poner**, 13S

pulpo octopus, 20M

pulsera bracelet, 26SI

pulso pulse, 19R

punto dot, 8S; period, 11S

Es la una en punto. It's one on the dot., It's exactly one o'clock., 8S; **dos puntos** colon, 11S; **punto** point, 16D; **punto y coma** semicolon, 11S

puntual punctual, 23R

puño fist, 24R

pupitre _m_ desk, 11 (_see fn page 200_I)

pureza purity, 26R

puro, -a pure, nothing but, 22SI, 26R

Q

que that, which, who, 1

qué what, 1; how, 4

¿Qué hay de nuevo? What's new?, 22SII; **¿Qué tal?** How are you?, 22SII

quebrada ravine, 26R

quedarse stay, 13

quejarse (de) complain (about), 27SI

quemar burn, 17BII

querer (e-ie) want, 8; love, 12

preterit: intended, planned, tried, was determined, 18GI; **no quiso** he refused,

18GI; **querer decir** mean, 22R; **querer pagar** try to pay, 23R

querido, -a dear, 15N

queso cheese, 20M, 21M, 23SII

quien who, whom, 10N

quién who, whom, 2

quién habla look who's talking, 27BI

quiere he, she wants; you want, 1

quieres you want, 2

quiero I want, 2

quieto, -a quiet, still, 23R

química chemistry, 22C, 22R

quince fifteen, 6S

quinientos, -as five hundred, 16SII

quinto, -a fifth, 10S

quisiera I would like, 27BII

quitar take off, 13G; take away, 23R

quitarse take off, 13S

quizá maybe, perhaps, 26BI

R

radiador *m* radiator, 18R

radiante radiant, 27R

radio radio, 8N

rallado, -a grated, 21M

rápido fast, rapid, 11

raro, -a strange, 17BII

¿qué raro! that's funny!, 17BII

raso: cielo raso ceiling, 24SI

raspar scrape, 15

pasar raspando barely pass, 15

rato while, 13

rayo ray, 22R

razón *f* reason, 4

¡con razón! no wonder!, 4

tener razon be right, 17SI

razonable reasonable, 18M

reacción *f* reaction, 19R

reaccionar react, 10N

realidad *f* reality, 9N

realizar carry out, achieve, 17R

realmente really, 10N

rebeldía rebellion, 17R

recado message, 10

recámara bedroom, 25R

recepción *f* reception, 23D

recibir receive, 10

recién recently, newly, 18M

reciente recent, 25D

recoger pick up, 22SII

reconocer (zc) recognize, 8S

recordar (o-ue) remember, 5

recorte *m* clipping, 20R

recreo recess, 7

rector *m* principal, 22M

recuerdo memory, 16R

rechazar reject, 17R

referencia reference, 21R

reflejar reflect, 19R, 26D

refrescar(se) freshen, 26R

refresco soft drink, 20M, 23SII

refrigerador *m* refrigerator, 10N

refrito, -a refried, 20M

regalar give (as a gift), 25BII

regalo gift, 3

regatear bargain, 26SI

región *f* region, 12N

reglamento regulation, 22M

regresar return, 14S

regreso return, 14

estar de regreso be back, 14

rehusar reject, 25R

reina queen, 17R

reír (e-i, í) laugh, 16R

reírse de laugh at, 23BII

relámpago (flash of) lightning, 19SII

religión *f* religion, 22M, 27R

reliquia relic, 9N

reloj *m* clock, watch, 8

remedio: no tener más remedio not be able to do anything else, 24R

remoto, -a remote, far-away, 19R

rendir render, 22M

repasar review, 22R

repente: de repente all of a sudden, 14N

repetido, -a repeated, 10N

repetir (e-i-i) repeat, 11

representar represent, 17M, 18R

reproducción *f* reproduction, 17C

república republic, 9N

República Dominicana Dominican Republic, 12N

requerir (e-ie-i) require, 9N

reservar reserve, 12N

resfriado, -a: Está resfriado. He has a cold., 10S

resfriarse catch a cold, 10G

residencial residential, 16M

respectivamente respectively, 9N

respecto respect, 18R

con respecto a with respect to, 9N

restaurante *m* restaurant, 5S

resto rest, 19R

restos remains, 17R

resultado result, 21R

retener (e-ie) retain, 18R

retrasarse be delayed, 24R

reunión *f* meeting, 6S

reunirse gather, 22R

revista magazine, 15S

rey *m* king, 16SII

rezar pray, 19R

rico rich, 18R

ridículo, -a ridiculous, 13N

río river, 15N

riqueza wealth, 26R

ritmo rhythm, 26D

roca rock, 26R

rodear surround, 18R

rogar beg, 24R (*see fn page 303*II)

rojo, -a red, 7S

romance Romance, 12N

romántico, -a romantic, 16R

romería pilgrimage, 27R

romper break, 20R

ronco hoarse, deep, husky, 24R

ropa clothes, clothing, 12

rosa rose, 27R

rostro face, 26R

roto *pp* **romper**, 20R

rótulo sign, placard, 21R

rubio, -a blond, 4

ruido noise, 19R

ruidoso noisy, 18R

rumor *m* rumor, 22BI

Rusia Russia, 11N

ruso Russian, 2S

ruso, -a *adj* Russian, 4G

ruta route, 9N

S

sábado Saturday, 1

sábana sheet, 21BI

sabe he, she knows; you know, 1

saber (sé) know, 7

quién sabe I don't know, 12; *preterit:* find out, hear, 18BI

sabroso, -a tasty, delicious 23SII

sacar take out, 22R
  sacar un diez en matemáticas get a ten in mathematics, 15S
saco jacket, 12S
  saco sport sport coat, 12S
sacudir dust, 17SII
sal *f* salt, 20SI
sala living room, 1
  sala de clase classroom, 22SII
salario salary, 21D
salero salt shaker, 26SI
salida exit, 24R
salir (salgo) go out, leave, 8S
salón *m* salon, 10
  salón de belleza beauty shop, 10
salsa sauce, 23SII
saltar jump, 19R
saludar greet, 23R
saludo greeting, 15N
San Saint, 17M
  San Cristóbal Saint Christopher, 17M
sandalia sandal, 26SII
sandwich *m* sandwich, 20M
sangría a drink made with wine and fruit, 20M
santo, -a holy, 20R
  Santo Saint's day, 13 (*see fn page 246*I); **santo patrón, santa patrona** patron saint, 27R
santo saint, 25R
Santos *m:* **El Santos** Brazilian soccer team, 5
sartén *f* frying pan, 21M
sastre *m* tailor, 22SI
satisfacción *f* satisfaction, 11N
satisfactorio, -a satisfactory, 11N
se himself, herself, yourself, itself, themselves, yourselves, 13
  Se llama Sue. Her name is Sue., 7
sé I know, 1
sección *f* section, 22R
seco, -a dry, 17SII
secretaria secretary, 10
sector *m* sector, 23D
secundaria high school, 22R
sed *f* thirst, 8
  tener sed be thirsty, 8S; **Tengo mucha sed.** I'm very thirsty., 8S
seda silk, 25SII
seguida: en seguida immediately, 25R

seguir (e-i-i) continue, follow, 11G (*see fn page 203*I)
  La línea sigue ocupada. That line's still busy., 10; **seguir una carrera** major, 22R
según according to, 8; the way, according to what, 25GI
segundo, -a second, 10S
  Fernando Segundo Ferdinand the Second, 16SII
segundo *noun* second, 18R
seguridad *f* certainty, sureness, 17D, 19R
seguro, -a sure, 12
seis six, 3S
seiscientos, -as six hundred, 16SII
seleccionar select, 10N
semáforo traffic light, 18SI
semana week, 15
  Semana Santa Holy Week, 27BI; **vacaciones de Semana Santa** Easter vacation, 27BI
sembrar (e-ie) sow, plant, 21R
semestre *m* semester, 22D
semi- semi-, 16R
sensacional sensational, 16R
sentado, -a seated, 6
  ése que está sentado the one who's sitting, 6
sentar (e-ie) seat, 13G
  sentarse sit down, 13S
sentimiento sentiment, feeling, 19D
sentir (e-ie-i) regret, be sorry, 8
  lo siento I'm sorry, 8
sentirse feel, 19SII
señal *f* sign, 18SI
señor *m* gentleman, Mr., 2S
señora lady, Mrs., 2S
señorita young lady, Miss, 2S
separado, -a separated, 21D
separar separate, 25D
septiembre September, 9
séptimo, -a seventh, 10S
ser be, 4
  ¿Cómo eres tú? What are you like?, 7; **Es la una.** It's one o'clock., 8S; **Son las dos.** It's two o'clock., 8S
serenata serenade, 25R
servicial obliging, 21R
servicio service, 10
servidor, -a servant, 25R
servilleta napkin, 20SI

servir (e-i-i) serve, 11
  No sirve. It's no good., 11
serrano, -a mountaineer, 20M
sesenta sixty, 9S
setecientos, -as seven hundred, 16BII
setenta seventy, 9S
Sevilla Seville, 27BII
sexto, -a sixth, 10S
si if, whether, 1
sí yes, 1
siempre always, 10N
siesta siesta (afternoon nap), 22R
  dormir la siesta take a nap, 22R
siete seven, 3S
siglo century, 27C
signo: signo de exclamación exclamation mark, 11S; **signo de interrogación** question mark, 11S
sigue he, she continues; you continue, 10
  sigue molestando he's still fooling around, 11G
siguiente following, next, 17R
sílaba syllable, 11N
silencio silence, quiet, 10N
silencioso silent, 22R
silla chair, 6S
sillón *m* armchair, 21SI
simpático, -a nice, 4
simpatía friendly feeling, 22R
simple simple, 9N
sin without, 7S
sin embargo nevertheless, 12N
sin que without, 25GI
sincero, -a sincere, 10N
siquiera: ni siquiera not even, 11
sirena siren, 22R
sirviente, -a servant, 17BII
sitio place, 22BII
situación *f* situation, 13N
situado, -a situated, 12N
situar situate, locate, 19R
sobre *m* envelope, 27BII
sobre on, about, 16SI
sobremesa after-dinner conversation, 22R (*see fn page 256*II)
sobrenatural supernatural, 25D
sobrino, -a nephew, niece, 12S
sociedad *f* society, 25R
sofá *m* sofa, 1
sol *m* sun, 26R

solamente only, 7

sólido, -a solid, 26D

solitario, -a solitary, lonely, 19R

sólo only, 8

solo, -a alone, 13S

Han vuelto solos. They've come back by themselves, 13S

sollozar sob, 24R

sollozo sob, 24R

soltero, -a bachelor, unmarried woman (spinster), 25R

solución *f* solution, 9N

solucionar solve, 23R

sombra shadow, 19R

sombrero hat, 4S

sonar (o-ue) ring 19SI; sound, make noise, 27M

sonido sound, 19SII

sonoro, -a loud, 22M

sonreír (*like* **reír**) smile, 24R

sonrisa smile, 23R

soñar (o-ue) (con) dream (about), 26R

sopa soup, 20M, 23BII

soplar blow, 26BII

Tu crees que no es más que soplar y hacer botellas. You think money grows on trees., 26BII

sordo, -a deaf, 5

sorprendente surprising, 25R

sorprender surprise, 25R

sospecha suspicion, 24R

sótano basement, 24SI

Sr. *abbrev* **señor** (*see fn page 38*I)

Sra. *abbrev* **señora** (*see fn page 38*I)

Srta. *abbrev* **señorita** (*see fn page 38*I)

su its, 1; his, her, your, their, 11G

subir get in (a car, bus, etc.), 18R; go up, climb, 19R

sucio, -a dirty, 17BII

sueldo salary, wages, 21R

suelo floor, 6

sueño sleepiness, 17SI; dream, 19R

tener sueño be sleepy, 17SI

suerte *f* luck, 10

tener suerte be lucky, 17SI

suéter (*pl* **sueters**) *m* sweater, 12S (*see fn page 224*I)

suficiente sufficient, 22M

sufrir suffer, 10N

suntuoso, -a sumptuous, luxurious, 23D

superior superior, upper, 12N

supermercado supermarket, 9N

suponer (supongo) suppose, 18R

sur south, 12N

Suramérica South America, 12N

suramericano, -a South American, 12N

suspiro sigh, 24R

susto scare, 19BI

suyo, -a (of) his, hers, yours, theirs, 12G

T

taco a Mexican dish consisting of a tortilla (flat cornmeal pancake) filled with meat, chicken, or cheese, 20M

tajada slice, 21M

tal: tal como as, 17M

tal vez maybe, 2; **¿Qué tal?** How are you?, 22SII; **con tal (de) que** provided that, 25BI

tamal *m* Spanish-American dish, 18R (*see fn page 142*II)

tamaño size, 12N

también too, also, 3

tambor *m* drum, 27SI

tampoco either, neither, 3

tan so, so much, 4

tan pronto como as soon as, 25GI

tanto, -a so, such, so much, 5

tantos, -as so many, 10G

tardar take a long time, delay, 19R

temblar (e-ie) tremble, 19R

tarde late, 2

más tarde later, 2

tarde *f* afternoon, 4S

buenas tardes good afternoon, 4S

tardío, -a late, 22R

tarea assignment, 11S; task, 23R

tarjeta card, 15S

taxi *m* taxi, 18BI

taxista *mf* taxi driver, 18R

taza cup, 20SI

te to you, 4; you, 12; yourself, 13

¿A ti te gusta? Do you like it?, 4; **¿Cómo te llamas?** What's your name?, 7S

té *m* tea, 8S

teatro theater, 16M, 18R

técnica technique, technology, 10N

técnico, -a technical, 11N

techo roof, 24SI

teja tile, 24SI (*see fn page 237*II)

Tejas Texas, 8N

telefónico, -a telephone, 10

"telefonitis" *f* "telephonitis", 10N

teléfono telephone, 1

televisión *f* television, 10N

tema *m* theme, topic, subject, 20R

temblar tremble, 19R

temblor earthquake, 20BI

tembloroso, -a trembling, 19R

temperatura temperature, 8N

temprano early, 8

tender (e-ie): tender la cama make the bed, 21BI

tenebroso, -a gloomy, dismal, 19R

tenedor *m* fork, 20SI

tener (e-ie) (tengo) have, 8G

aquí tiene here you are, 8; **tener la bondad** be kind enough, 22BII; **tener buen (mal) genio** be good- (bad-) natured, 17BII; **tener calor** be warm (*for a person*), 8S; **tener cuidado** be careful, 17SI; **tener la culpa** be guilty, 18R; **tener frío** be cold (*for a person*), 8S; **tener ganas (de)** feel like, 17SI; **tener hambre** be hungry, 8; **no tener más remedio** not be able to do anything else, 24R; **tener miedo** be afraid, 17BI; **tener prisa** be in a hurry, 14; **tener razón** be right, 17SI; **tener sed** be thirsty, 8S; **tener sueño** be sleepy, 17SI; **tener suerte** be lucky, 17SI; **tener de todo** have everything, 24BII; **tener vergüenza** be ashamed, 17SI (*see fn page 93*II); **tener _____ años** be _____ years old, 7

tengo I have, 6

tenis *m* tennis, 7N

tentativa attempt, 17R

teoría theory, 11N

tercer third, 10S

tercero, -a third, 10S

terminar (de) terminate, end, 13N

término term, 11N

terminología terminology, 18R

ternera veal, 20SII

terraza terrace, 24BI

terremoto earthquake, 20R

territorio territory, 12N

terror *m* terror, 19D

tesoro treasure, 15N

testimonio testimony, 27R

ti you, 4

¿A ti te gusta? Do you like it?, 4

tía aunt, 1

tiempo weather, 9S; time, 15N

Hace buen (mal) tiempo. The weather is nice (bad)., 9S

tienda store, 3

tiene he, she has; you have, 3

tienes you have, 4

tienes que you have to, 3

tierra land, 12N

timbre *m* bell, 21R; quality of voice, 22M

tímido timid, 21R

timidez *f* timidity, shyness, 26R

tina bathtub, 24SII

tinta ink, 20M

tintorería cleaner's, 24SI

tío, -a uncle, aunt, 1

típico, -a typical, 13N

tipo type, 24BI; guy, 26BI

tirar: tirar la puerta slam the door, 17BII

tiza chalk, 22SII

toalla towel, 24BII

tocar touch, 14; play (an instrument), 27BI

tocar el timbre ring the bell, 21R

todavía yet, still, 2

todo, -a all, 4

en todo caso in any case, 12; **todo el mundo** everybody, 9; **todos los días** every day, 10N; **de todos modos** anyway, 12S

todo everything, 5

tomar drink, take, 8S

¿Qué hay de tomar? What's there to drink?, 8S; **tomar el pelo** tease 22SI

tomate *m* tomato, 20SII

tono tone, 18R

tonto, -a stupid, silly, 20R

tópico topic, 10N

tormenta storm, 19SII

tortilla cornmeal pancake, 21M, 23SII (*see fn page 270*II)

tortuga turtle, 25SI

tostada a Mexican dish of toasted tortillas (flat cornmeal pancakes), 20M

total total, 9N

trabajador, -a worker, 23R

trabajar work, 9S

trabajo job, work, 11S

tradición *f* tradition, 14N

traer (traigo) bring, 8

tráfico traffic, 18SI

traje *m* suit, 12S

traje de baño *m* bathing suit, 12S

tranquilo tranquil, calm, 14N

tranquilizarse become tranquil, calm down, 14N

transitado busy, well-trafficked, 18R

transportación *f* transportation, 9N

trapo rag, 17BII

tras behind, 22M; after, 25R

tratar treat, 17BII

tratar (de) try, 18R; **tratarse** be about, 19SI

trece thirteen, 6S

treinta thirty, 9S

treinta y uno thirty-one, 9S

tremendo, -a tremendous, 21D

tren *m* train, 9S

tres three, 3S

de tres en tres three by three, 22R

trescientos, -as three hundred, 16GII

triángulo triangle, 12N

trigonometría trigonometry, 22R

trigueño -a brunette, 7S

triplicar triple, 23R

triste sad, 15S

tristeza sadness, 26R

triunfar triumph, 24R

tronar (o-ue) thunder, 22M

tropical tropical, 19D, 25C

trueno thunder, 19SII

tu your, 1

tú you, 1

tumba tomb, 17R

tumbar knock down, 21R

turista *mf* tourist, 26BI

tuyo, -a your, yours, of yours, 12

U

últimamente lately, 23R

último, -a last, 15; latest 23R

de última moda the latest style, 15N

un a, an, one, 4

una a, 2; one, 3S

a la una at one o'clock, 3S; **es la una** it's one o'clock, 3S

unas some, 4

único, -a only, 16R

lo único the only thing, 21R

unidad *f* unit, 26M

uniforme *m* uniform, 10N

unir unite, 12N

universidad *f* university, 22R

uno one, 3S

unos some, 2

uña nail, 23SI

barniz para las uñas nail polish, 24SII

pintarse las uñas polish one's nails, 23SI

Uruguay Uruguay, 12N

usado used, 9N

usar use, 9N

uso use, 11N

usted (*pl* **ustedes**) you, 2G

útil useful, 25BII

V

va he, she goes; you go, 5S

vaca cow, 21SII

vacaciones *f pl* vacation, 9 (*see fn page 155*I)

vainilla vanilla, 20M

valer (valgo) be worth, 21SII

¡Válgame Dios! Oh, for goodness sake!, 21BI; **¿cuánto vale?** how much is it?, 25SI; **no vale le pena** it's not worth it, 21SII

vamos we'll go, 1; let's go, 3

varios, -as several, 21R

vas you go, 1

vaso glass, 20BI

ve: veme a mí look at me, 27BI

vecino, -a (*adj*) next-door, 24R

vacino, -a neighbor, 25R

vehículo vehicle, 18R

veinte twenty, 6S

veinticinco twenty-five, 9S

veinticuatro twenty-four, 9S

veintidós twenty-two, 9S

veintinueve twenty-nine, 9S

veintiocho twenty-eight, 9S

veintiséis twenty-six, 9S

veintisiete twenty-seven, 9S

veintitrés twenty-three, 9S

veintiuno twenty-one, 9S

vela candle, 14N

vencer conquer, defeat, take over, 24R

vendedor, -a salesman, saleswoman, 18R

vender sell, 12S

venezolano Venezuelan, 27R

Venezuela Venezuela, 12N

venir (e-ie) (vengo) come, 8

  venir por come by for, 18II

ventana window, 3S

ventanilla teller's window, 21R

ver see, 5

  a ver let's see, 6; **ver televisión** watch television, 13N; **verse obligado** be forced to, 23R

verano summer, 13S

veras: de veras really, 9

verdad *f* truth, 4

  ¿verdad? aren't they, isn't it?, 4; **de verdad** really, 13N

verdadero real, true, 17R

verde green, 7S

vergüenza shame, 17SI (*see fn page 93*II)

  ¡qué vergüenza! it was really embarrassing, 20R; **dar vergüenza** make ashamed, 23BI

  tener vergüenza be ashamed, 17SI

verter (e-ie) spill, shed, 16M

vertical vertical, 23R

vestido dress, 4S

vestir (e-i-i) dress, 13G

  vestirse get dressed, 13S

veterano, -a veteran, experienced, 18R

vez (*pl* **veces**) *f* time, 10; **a veces** sometimes, 18M, 23R; **cada vez** always, 19R; **de vez en cuando** once in a while, from time to time, 16R; **en vez de** instead of, 21R

viajar travel, 9S

viaje *m* trip, 9

viajero, -a traveler, 17M

vicepresidente, -a vice-president, 23R

viceversa vice versa, 9N

vida life, 10N

vidrio glass, 25SII

viejo, -a old, 13S (*see fn page 305*I)

viento wind, 19SII

viera you should see, 12

viernes *m* Friday, 3S

vigencia: en vigencia in effect, 22M

vino wine, 20SI

violín *m* violin, 27SI

violento violent, 18D

virgen *f* virgin, 27R

virtud *f* virtue, 25D

visa visa, 9N

visión *f* vision, 27R

visita visitor, 16BI

visitar visit, 9N

vista vision, view, sight, 18R

visto *pp* **ver**, 13S

viudo, -a widower, widow, 25R

vivir live, 7

vivo, -a lively, vivid, 20D

vocecita *diminutive of* **voz**, 17BI

volante *m* steering wheel, 18SI

volar fly, 27M

volver (o-ue) return, come back, 9

  volver loco drive crazy, 20BI; **volverse loco** go crazy, 26BI

vosotros, -as you, 2G

voz (*pl* **voces**) *f* voice, 13N

vuelta return, 14

  estar de vuelta be back, 14

vuelto *pp* **volver**, 13S

Y

y and, 1

ya already, 3; now, 8

  ya que since, inasmuch as, 22BII

yo I, me, 1

Z

zapatería shoe store, 10S

zapatero, -a shoemaker, 10S

zanahoria carrot, 23SII

zapato shoe, 3

zona zone, 16M, 26R

zoológico zoo, 21SII

GRAMMATICAL INDEX

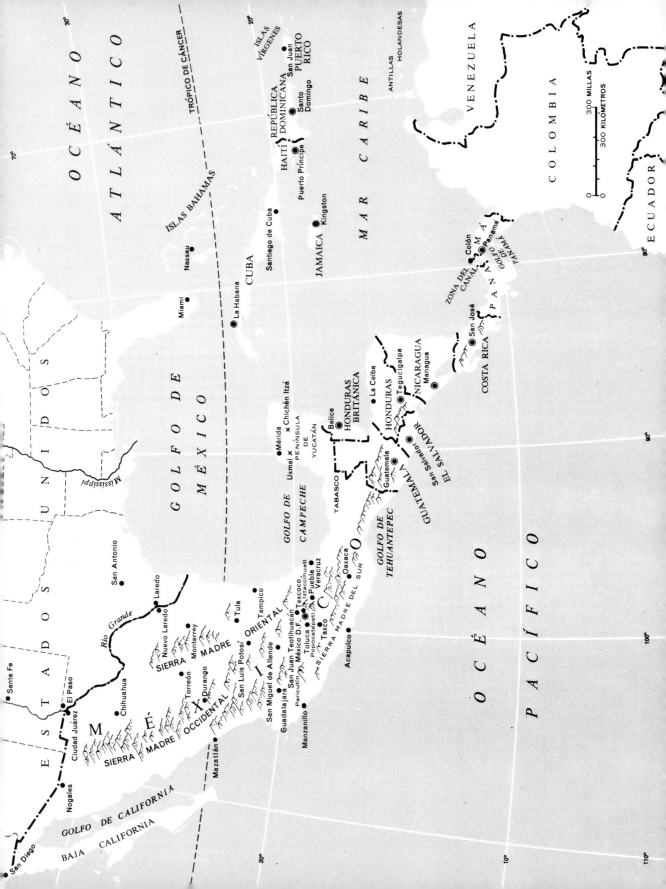

ANTILLAS HOLANDESAS
ISLA DE MARGARITA (Ven.)
TRINIDAD

Barranquilla
Coro
Maracaibo
Caracas
Cumaná
VENEZUELA
Río Orinoco
Georgetown
GUAYANA
Paramaribo
Cayena
Medellín
SIERRA DE
SURINAM
(Hol.)
GUYANA
FRANCESA
Bogotá
COLOMBIA
LAS GUAYANAS
Río Magdalena

0°
Quito
ECUADOR
Guayaquil
Río Guayas
Río Negro
Río Blanco
Río Amazonas
Belém
Fortaleza
ECUADOR
0°

PERÚ
Río Madeira
BRASIL
Río Tapajós
Río Xingú
Río Tocantins
Río Parnaíba

Callao
Lima
Cuzco
ANDES
AMÉRICA DEL SUR
MATO GROSSO
Brasilia
Río São Francisco
SIERRA DEL ESPINAZO
OCÉANO ATLÁNTICO

Arequipa
La Paz
BOLIVIA
Sucre

ISLAS GALÁPAGOS
0° (Ec.)
90°
Iquique
Río Paranaíba
Belo Horizonte
20°

OCÉANO PACÍFICO

Antofagasta
PARAGUAY
Río Paraná
Río Paraguay
Río de Janeiro
São Paulo
TRÓPICO DE CAPRICORNIO
SIERRA DEL MAR
20°

Tucumán
Asunción

Chañarcillo
Río Paraná
Río Uruguay

Córdoba
Santa Fe
URUGUAY

Valparaíso
Aconcagua
Mendoza
Rosario
CHILE
ARGENTINA
Santiago
Buenos Aires
Montevideo
Río de la Plata

Concepción
Río Bío-Bío
Río Colorado
PAMPAS

Valdivia
PATAGONIA

40°
40°

Estrecho de Magallanes
ISLAS MALVINAS
(Ingl.)

Punta Arenas
TIERRA DEL FUEGO

CABO DE HORNOS

0   600 MILLAS
0   600 KILÓMETROS

MAR CANTÁBRICO

FRANCIA

• Tolosa

GALICIA
La Coruña
• Santiago
• Vigo

ASTURIAS
Gijón
• Oviedo
Santander
CORDILLERA CANTÁBRICA

Bilbao San Sebastián
PROVINCIAS
VASCONGADAS
Pamplona

PIRINEOS

Perpiñán

Roncesvalles
ANDORRA

Río Miño

• León

LA VIEJA

NAVARRA

Río Ebro

CATALUÑA

Oporto

LEÓN

CASTILLA

Valladolid
Zamora

Río Duero

CORDILLERA
IBÉRICA

Zaragoza

Barcelona
Tarragona

Salamanca

SIERRA DE
GUADARRAMA

Ávila
Escorial
• Madrid

ESPAÑA

CASTILLA LA NUEVA

ARAGÓN

VALENCIA

MENORCA

MALLORCA
• Palma

PORTUGAL

Toledo
Río Tajo
Aranjuez

Valencia

IBIZA

ISLAS BALEARES

EXTREMADURA
Mérida
Badajoz

LA MANCHA

Alicante

Lisboa

Río Guadiana

SIERRA MORENA
Córdoba Río Guadalquivir

MURCIA

Murcia
Cartagena

ANDALUCÍA

Sevilla
Jerez de la Frontera
Ronda
Granada
SIERRA NEVADA

Almería

Argel

Cádiz
Algeciras Gibraltar
Málaga

MAR MEDITERRÁNEO

OCÉANO
ATLÁNTICO

ESTRECHO DE
GIBRALTAR

Ceuta

300 MILLAS
300 KILÓMETROS

Orán

Melilla

MARRUECOS

ARGELIA

ÁFRICA DEL NORTE

ESPAÑA
ISLAS
CANARIAS
ÁFRICA
EUROPA

ISLAS CANARIAS

LA PALMA

Santa Cruz
TENERIFE

GOMERA
Las Palmas

HIERRO
GRAN CANARIA

LANZAROTE

FUERTEVENTURA

MARRUECOS

ÁFRICA

300 MILLAS
300 KILÓMETROS